Thomas Ziehe

Pubertät und Narzißmus

Die Studie von Thomas Ziehe über den „narzißtisch strukturierten neuen Sozialisationstypus" steht seit ihrer Veröffentlichung im Jahre 1975 im Mittelpunkt von Diskussionen über den Verhaltenswandel der Jugendlichen in unserer Zeit. Woher rührt die eklatant veränderte Einstellung der Heranwachsenden zu sich selbst und zu ihrer Umwelt? Wie sind die allenthalben zu beobachtenden neuen Verkehrsformen der Jugendlichen zu deuten? Was drückt sich in den gestörten Beziehungen zwischen Erwachsenen und Jugendlichen, Eltern und Kindern aus, wie lassen sich die narzißtischen „Protosymbole", welche die Lebenszusammenhänge der Adoleszenten heute prägen, erklären? Thomas Ziehe ist diesen Fragen nachgegangen. Sein Buch ist ein außerordentlicher Beitrag zur Erhellung der psychischen und sozialen Befindlichkeiten der Jugendlichen heute: ihrer Lebenswelt, ihrer Ängste und ihrer Träume.

Thomas Ziehe, geboren 1947, studierte Politikwissenschaft, Soziologie und Geschichte in Berlin und Hannover. Er lebt heute als Wissenschaftler in Hannover.

Thomas Ziehe

Pubertät und Narzißmus

Sind Jugendliche entpolitisiert?

Mit einem Vorwort von Regina Becker-Schmidt

Europäische Verlagsanstalt

CIP-Kurztitelaufnahme der Deutschen Bibliothek

Ziehe, Thomas:
Pubertät und Narzißmus : sind Jugendl. entpolitisiert? / Thomas Ziehe. Mit e. Vorw. von Regina Becker-Schmidt. – Frankfurt am Main ; Köln : Europäische Verlagsanstalt, 1984.
(Taschenbücher Syndikat, EVA ; Bd. 34)
ISBN 3-434-46034-9

NE: GT

Taschenbücher
Syndikat / EVA Band 34

Reproduktion, Druck und Bindung: Hain-Druck GmbH, Meisenheim/Glan
Printed in Germany 1984
ISBN 3-434-46034-9

Inhalt

TEIL 6:
Zum Zusammenhang von adoleszenter Identifikationsschwierigkeit und narzißtischen Störungen 133

Vorwort

In den Diskussionen zur gegenwärtigen Situation von Schülern fällt durchgehend die Diskrepanz zwischen den Lebensinteressen der zu Erziehenden und den von Erwachsenen formulierenden „pädagogischen Inhalten" auf. Auch und gerade die sich als kritisch verstehenden Vertreter der politischen Didaktik, die ihre Entwürfe von den Leitkategorien der „Emanzipation" und der „Selbstbestimmung" her entwickeln, unterliegen oft einem theoretisch problematischen Begriff von den „Betroffenen". Entweder wird eine „Welt der Jugendlichen" supponiert, die von der Erwachsenenwelt als relativ abgegrenzt erscheint, wobei die Abgrenzung der Jugendlichen auf einer unbefragten Gleichsetzung von Lebensalter und Lebenskompetenz beruht. Oder aber es werden für die Jugendlichen erwünschte Zukunftsziele entworfen, die deren erlebte Wirklichkeit als wissenschaftlich nicht adäquate Unmittelbarkeit ausklammern.

Diesem Vorgehen unterliegt die erkenntnistheoretische Prämisse einer notwendigen Distanz zur eigenen Subjektivität als Voraussetzung für Politisierungsprozesse.

Die hier vorgelegte Arbeit knüpft an die Bemühungen einer sozialwissenschaftlichen Fundierung politischer Didaktik an, die die vorfindliche Subjekt-Objekt-Trennung innerhalb der Jugendforschung zu überwinden sucht.

Im Mittelpunkt der Analyse steht die Frage: Aus welchen gesellschaftlichen Gründen stellen sich heute Adoleszenzprobleme tendenziell als *narzißtische* Entwicklung libidinöser Elternbesetzung dar?

Die Fragestellung, welche die Arbeit durchzieht, ist darum doppelt gefügt: Welches sind die gesellschaftlichen Verhältnisse, aus deren historischer Rekonstruktion die Lebenszusammenhänge und Interaktionsformen von Jugendlichen sich interpretieren lassen? Und: Welches ist die Struktur eines Lernprozesses, der in der Konfrontation der Jugendlichen mit ihrer eigenen Situation die ihr zugrundeliegenden Verhältnisse mitzubegreifen erlaubt?

Aus der Verknüpfung und Explikation beider Problemformulierungen ergibt sich die zentrale These: Nur aus der Reflexion der gegebenen psychosozialen Lage der Jugendlichen und der sie bedingenden konkreten gesellschaftlichen Verhältnisse ist es möglich, Erziehungsstrategien zu entwickeln, die eine veränderte Beziehung der Jugendlichen zu sich selbst und zur sozialen Umwelt evozieren.
Der theoretische Ansatz, auf dem die inhaltliche Analyse der psychosozialen Situation von Jugendlichen heute beruht, läßt sich bestimmen als materialistische Hermeneutik, die sich anlehnt an eine sich selbst als Sozialwissenschaft verstehende psychoanalytische Interaktionstheorie. Die Antwort, warum ein Jugendlicher ein bestimmtes Bewußtsein und bestimmte Interaktionsformen entwickelt, ergibt sich daher aus der Untersuchung symbol-vermittelter Zusammenhänge und der gesellschaftlichen Bedingung dieser Symbol-Vermittlung. Ziel dieses methodologischen Vorgehens ist die Entwicklung einer Didaktik, die Erziehung als praktisch intendierte Aufhebung der Trennung von Jugendlichen als Erziehungsobjekten bzw. „Forschungsgegenständen" und Subjekten eines politischen Lernprozesses versteht. Motor dieser Didaktik ist die Kategorie der Selbstreflexion als Konstituens von politischer Subjektivität.
In zwei explikatorischen Kapiteln werden zunächst die objektiven, in sich widersprüchlichen Individuationsbedingungen freigelegt, denen die Subjekte im Spätkapitalismus unterliegen. Die Argumentation folgt hier den Analysen von Offe und Habermas: aufgenommen werden deren Erklärungsversuche für den Zerfall tradierter bürgerlicher Orientierungsmuster einerseits, sowie für die Möglichkeit von Politisierungspotentialen, die sich gerade aus der Zersetzung bürgerlicher Weltbilder und aus staatlichen Legitimationszwängen ergeben. Zu fragen wäre allerdings, ob nicht die ökonomische Analyse der Situationsveränderung der Subjekte im Spätkapitalismus zu kurz greift: der von Habermas präjudizierte Übergang vom Konkurrenzkapitalismus zum spätkapitalistischen Interventionsstaat berücksichtigt nur ungenügend entscheidende monopolistische Tendenzen.
Diese Diskussion wird dennoch produktiv für die vorliegende Fragestellung gewendet, indem das Kontingenzbewußtsein spätbürgerlicher Subjekte als Orientierungsvakuum interpretiert wird, das partiell durch neue, triebstrukturell fundierte Bindungen an die Welt der Konsumwaren ausgefüllt wird.
Sinn dieser Ausführungen ist die Möglichkeit einer Situationsanalyse der Elterngeneration, verstanden als Wandel ihrer gesellschaftlichen Erfahrungen, ihrer Bedürfnisse und triebstrukturellen Zurichtung.

Erst die Klärung dieses Problemkomplexes, der sich gleichzeitig als Veränderung der Bedingungen, Formen und Inhalte der familiaren Sozialisation im Zuge der kapitalistischen Vergesellschaftung von Subjektivität verstehen läßt, macht es möglich, Identifikationsprozesse zu untersuchen, die über typische Tendenzen in der Konstitution jugendlicher Dispositions- und Verhaltensweisen Auskunft geben. Konsequent wird der Zusammenhang von symbiotischer Mutter-Kind-Bindung auf Grund der gesellschaftlich abgeleiteten affektiven und kognitiven Verunsicherung der Eltern und infantil-narzißtischen Störungen als Ausfluß von Erziehungssituationen aufgezeigt.
Inwieweit die hier dargestellten gesamtgesellschaftlichen Tendenzen klassenspezifischer Differenzierung bedürfen, bleibt offen. Konturiert wird zunächst das Bild eines „neuen", von der traditionellen bürgerlichen Pubertätsproblematik abweichenden Sozialisationstypus, der gekennzeichnet ist, durch

– ein symbiotisches Verhältnis zur Mutter, das zu einer „Konservierung" der archaischen Mutterrepräsentanzen im kindlichen Unbewußten führt;
– ein Streben nach Befriedigung, das nicht so sehr über Objektbeziehungen vermittelt wird, sondern über das Erlebnis von narzißtischen Gleichgewichtszuständen;
– ein diffus ins Kosmische erweitertes, auf Omnipotenz abzielendes archaisches Ichideal;
– eine schwache Identifikation mit den postödipalen Elternrepräsentanzen und ein hierdurch bedingtes „Offenbleiben" des ödipalen Konflikts;
– ein strenges, aus archaischen Projektionen auf die Elternimagines konstituiertes Überich, mit dem man sich jedoch nicht mehr identifizieren kann;
–die Verdrängung der aus den verschärften Überichkonflikten resultierenden Schuldgefühle;
– ein dem Realitätsrisiko narzißtischer Kränkungen aus dem Weg gehendes Verweigerungsverhalten, das vorwiegend der Abstützung des äußerst verletzlichen Selbstwertgefühls dient.

Ohne sich durch eine Diskussion beirren zu lassen, die durch eine jeweils dogmatische Option der Begriffe „Ichstärke" bzw. „Ichschwäche" differenzierte Überlegungen nach Veränderungspotentialen verstellt, legt diese Arbeit die Fermente neuer Verkehrsformen frei, die gerade in den präödipalen narzißtischen Syndromen angelegt sind, ohne deren pathogene Problematik zu verharmlosen.
Das praktische Ziel der theoretischen Arbeit wird im letzten Kapitel

eingeholt: in der Reflexion der Unterrichtssituation werden objektive Zwänge und subjektive Kommunikationsmuster auf die Möglichkeit der Verstärkung bzw. des Abbaues narzißtischer Vermeidungsstrategien herausgearbeitet. In den Überlegungen, wie narzißtische Trennungsängste und halluzinatorische Weltbilder durch angstfreie, kollektiv eingebundene Metakommunikation umstrukturiert werden könnten, stecken Ansätze zu einer sozialwissenschaftlich fundierten Schulpädagogik, die über den bisherigen Stand der Didaktikdiskussion weit hinausgehen.

Regina Becker-Schmidt

Vorbemerkung des Verfassers

Diese Arbeit wurde 1974 von der Geistes- und Sozialwissenschaftlichen Fakultät der Technischen Universität Hannover als Dissertation angenommen. Mein besonderer Dank gilt den Professoren Michael Vester, Regina Becker-Schmidt und Oskar Negt, die das Promotionsverfahren durchgeführt haben, sowie Uta Erlhoff und Rudolf Sinz, die mir gleichfalls wertvolle inhaltliche Anregungen gaben. Des weiteren möchte ich all den hannoverschen Freunden, insbesondere Jutta Ahlers, danken, die sich an der Abschrift des Manuskripts beteiligt haben. Schließlich möchte ich auch der Friedrich-Ebert-Stiftung meinen Dank aussprechen, durch deren finanzielle Förderung diese Arbeit allererst möglich gemacht wurde.

Hannover, im Mai 1975 T. Z.

Teil 1
Jugend als „Untersuchungsgegenstand"

1. DER OBJEKTIVIERTE JUGENDBEGRIFF ALS HERRSCHAFTSINSTRUMENT DER ERWACHSENEN

„Die Diskrepanz zwischen der offiziellen Pädagogik und der vom jungen Menschen erfahrenen Wirklichkeit wird immer größer. Sicherlich ist damit zu rechnen, daß sich das Sprechen über Erziehung erweitert und vertieft; daß immer mehr Lebensgebiete durch die Pädagogik beschlagnahmt werden; daß sich eine wachsende Anzahl von Menschen anheischig macht, eine wachsende Anzahl anderer Menschen zu erziehen; daß didaktische Programme und Lehrmethoden sich weiterhin differenzieren. Aber dies alles wird immer deutlicher den Charakter eines nur in sich selbst schlüssigen Spiels annehmen. Das wirkliche Leben und Denken der Jugend wie auch der meisten Erwachsenen wird davon gar nicht mehr berührt werden."[1]

Diese Bemerkung *Kupffers* gibt unseres Erachtens eine gute Charakterisierung der gegenwärtigen Situation schulischer Erziehung bzw. ihrer Rezeption von seiten der Jugendlichen wieder.

Zwar ist gegenwärtig eine Vergesellschaftung fast aller „pädagogisch geplanten Felder"[2] zu konstatieren: im Sinne einer versuchten Funktionalisierung der Sozialisationsqualifikationen für die Erfordernisse des Verwertungsprozesses und im Sinne einer versuchten Rationalisierung der institutionell geplanten Qualifikationsprozesse selber. Die Diskrepanz zwischen den Lebensinteressen der zu Erziehenden und den „pädagogischen Inhalten" ist jedoch geblieben. Der Wechsel von der Leitvorstellung zweckfreier gymnasialer Bildung zu der curriculumorientierten Lerneffizienz, die sich aus Qualifikationsdefinitionen und ihnen entsprechenden Verhaltensänderungen ergeben soll, hat diese Situation nicht verändert.

Die Diskrepanz hat sich in gewisser Hinsicht sogar verschärft, denn indem die Funktionalisierung der Schule für „gesellschaftliche Erwar-

---

1 *Kupffer* (1974), S. 177.
2 *Giesecke* (1971 a), S. 137.

tungen“ ihr eigenes offizielles Programm geworden ist, ist ihr auch der Schleier der Selbstlegitimation genommen worden. Je mehr die Schule auf die Berufswelt hin funktionalisiert wird, um so weniger transportiert sie in ihren Inhalten noch „Ideale“, die gegen die Schulwirklichkeit ausgespielt werden könnten. Den schulischen Verhältnissen ihre „eigene Melodie vorzuspielen“ *(Marx)*, bedeutet dann lediglich, ihr zunehmend instrumentales Selbstverständnis von seiten der Schüler durch instrumentale Schul*rezeption* zu reproduzieren.
Schule wird „ertragen“, weil ihr mit der Lizensierung des Ausbildungs abschlusses eine gesellschaftliche Plazierungsfunktion[3] gegeben ist: Sie wird im Verständnis der Betroffenen zu „unbegründeter, zwangsweiser Beschäftigung“[4]. Die Frage nach dem „Sinn“ wird kaum mehr gestellt – dies aber nicht, weil die Institution fraglos anerkannt wäre, sondern weil, gemessen an den eigenen Lebensinteressen, von einer fraglosen *Gewöhnung* an Sinnlosigkeit ausgegangen werden kann. Der Widerspruch zwischen eigenen Erfahrungen und abverlangten Lernleistungen ist dann nicht einmal mehr ein brisanter.
Dieses ganze Verhältnis hat die problematische Folge, daß zweierlei Erfahrungspotentiale aus dem Erwartungshorizont der Schüler ausgeblendet zu werden drohen:
– Institutionalisierte Sozialisation, kollektive Lernsituation, Aneignung gesellschaftlich akkumulierten Wissens wird von den Schülern mit ihren eigenen Lebensinteressen kaum in eine Verbindung gebracht (und sei es nur als eine *Forderung*);
– Lebensinteressen, Alltagsbedürfnisse, „Freizeit“-Situationen werden kaum mit den Möglichkeiten produktiven Bearbeitens und kollektiven Lernens verbunden (und sei es zunächst nur als artikulierter Selbstanspruch).
Dies ist hauptsächlich

> der Schade der Schüler, denn sie gewöhnen sich frühzeitig daran, Selbsttätigkeit und Freiheit außerhalb des Bereichs ihrer gesellschaftlichen Tätigkeit zu suchen; in dieser virtuellen bewegungsfreien ‚Privat‘-Sphäre lassen sie ihre Erfahrungen, dort – in jenem Bereich möglicher Praxis – ihr Denken verkümmern.“[5]

Nun schlägt diese von der Institution produzierte und von den Betroffenen rezipierte Isolierung der Lebensinteressen von den offiziellen „pädagogischen Inhalten“ nicht nur in der soeben wiedergegebenen

---

3 Vgl. *Neidhard* (1970 b), S. 24.
4 *Lepper* (1971), S. 34.
5 Ebenda, S. 39.

Weise auf die Schülerinteressen zurück, sondern wird auch im Verständnis der Institution dysfunktional.
Nicht nur, daß ab einem bestimmten Minimalgrad der Identifikation mit den schulischen Inhalten die Lerneffizienz empfindlich gestört wird; darüberhinaus droht hiermit ein „Schwinden der ‚Fähigkeit', sich mit dem *politischen System* zu identifizieren"[6], das ja durch die staatlichen Erziehungsinstitutionen repräsentiert wird.
In dieser Situation, in der sich wachsende Legitimationsschwäche des politischen Systems (einschließlich seiner Erziehungsinstitutionen) und sinkender Motivationsgrad der Individuen scherenförmig auseinanderzuentwickeln drohen[7], erlangen die wissenschaftlichen Disziplinen der Jugendforschung und der politischen Didaktik eine (affirmativ intendierte oder ideologiekritisch analysierte) Klammerfunktion. „Allgemeine" und „politische" Pädagogik gewinnen an Aktualität; das Problem ihrer Wirkung wird zum Politikum.[8]

1.1. Didaktik als theoretisch vorfixierte Subjekt-Objekt-Trennung

Auch und gerade die sich als kritisch verstehenden Vertreter der politischen Didaktik[9], die ihre Entwürfe von den Leitkategorien der „Emanzipation" und der „Selbstbestimmung" her entwickeln, sehen sich zunehmend genötigt, eine sozialwissenschaftliche Fundierung der politischen Didaktik zu fordern oder selbst anzugehen[10]: diese Fundierung bezieht sich vor allem auf einen Problemzusammenhang, der durch die Begründung der Unterrichtsinhalte, die Wirkungsweise politischer Sozialisation und Bildung und durch die Frage der Schülerinteressen gebildet wird.
Insbesondere die Forderung an die Inhalte und Methoden, bei den Schülern das Bewußtsein der Selbstbetroffenheit hervorzurufen, ver-

---

6 So der Titel einer Kritik von *Preuss-Lausitz* (1973) an affirmativer politischer Sozialisationsforschung (Hvg. vom Verf.).
7 S. unten, Teil 4, Abschn. 2.
8 Vgl. beispielhaft die politischen Auseinandersetzungen um die staatlich reformierten Curricula, wie die Hessischen Rahmenrichtlinien, die 1973 landespolitischer Streitpunkt „Nr. 1" gewesen sind.
9 In den folgenden Anmerkungen soll keinerlei Anspruch auf einen systematischen und ausführlichen Beleg der vielfältigen Ansätze der politischen Didaktik erhoben werden. Die angeführten Belegstellen sind nur eine Auswahl, um den Theoriemangel in *einem* (für *unsere* Untersuchung allerdings zentralen) Aspekt zu verdeutlichen: dem der Situation der „Adressaten" politischer Didaktik.
10 Vgl. *Fischer* (1970/71), S. 59; *Giesecke* (1971 a), S. 171; *Roloff* (1972), S. 16 u. 101: schließlich *Schmiederer* (1971), S. 138 ff.

sucht, diesen politisch-didaktischen Zusammenhang von Inhalten, Wirkungsweisen und Interessen anzuerkennen und zu festigen.[11]
Dic vorliegende Untersuchung steht diesen Ansätzen im Ganzen gesehen nahe und will selbst einen Versuch bieten, für diese eine sozialwissenschaftliche Fundierung zu sein.
Nichtsdestotrotz unterliegen diese Ansätze einem theoretisch problematischen Begriff von den „Betroffenen", wobei sich allerdings diese Problematik, je nach Autor, in verschiedenen Aspekten zeigt. Dies mag mit drei Beispielen unter jeweils anderem Aspekt verdeutlicht werden:
So heißt es bei *Giesecke* (im Zusammenhang einer Auseinandersetzung mit politisch-didaktischen Gedankengängen *Sprangers*):

„*Sprangers* Vorschlag enthält die psychologische Voraussetzung, daß Jugendliche ein Bedürfnis hätten, über ihre unmittelbaren Erfahrungen in der Familie und im Freundeskreis tatsächlich nachzudenken. Diese kann aber nur mit gehöriger Einschränkung gelten. Die Fülle der Erwachsenenwelt, ihre Möglichkeiten, Chancen und Gefahren, sind der jugendlichen Suche heute weitaus wichtiger."[12]

Diese Bemerkung impliziert eine „Welt der Jugendlichen", die von der *Erwachsenenwelt* relativ abgegrenzt sei – und zwar abgegrenzt in dem Sinne, daß die Erwachsenen den subjektiv „interessanteren" Bereich repräsentierten.

Lingelbach schreibt:

„Soll Erziehung ‚Selbstbestimmung' ermöglichen, dann dürfen wir diese Rolle des künftigen Staatsbürgers in der politischen Auseinandersetzung nicht nur als eine rational stellungnehmende, sondern im Rahmen der gegebenen Verhältnisse mitverantwortliche, d.h. politisch aktive auffassen. Wir möchten diese Leitvorstellung mit dem Begriff des demokratischen Aktivbürgers kennzeichnen."[13]

---

11 So z.B. *Roloff* (1972, S. 53):
„Für eine politische Didaktik, deren Grundkategorie die Entscheidung ist, ist das Prinzip der Betroffenheit konstitutiv, d.h. oberstes Kriterium für die Lernzielbestimmung, die Organisation des Lernprozesses und die Auswahl der Gegenstände, m. a. W. für den Curriculum. Der politische Unterricht ist der Ort, an dem die politischen und gesellschaftlichen Zusammenhänge von Entscheidungen erkennbar werden, von denen der Einzelne betroffen ist."
Ähnlich auch *Schmiederer* (1971, S. 104):
„Politische Bildung, die politische Aufklärung mit dem Ziel der Politisierung der Schüler sein soll, ist nur möglich, wenn ihre Inhalte den Schüler ‚erreichen', d.h. wenn dieser begreift, daß ihn die Inhalte des Unterrichts auch tatsächlich etwas angehen und daß er von den behandelten Themen betroffen ist. Das aber heißt: Die politische Didaktik muß beim Schüler selbst ansetzen, muß von ihm ausgehen und an seiner Situation, seinen Problemen und Interessen anknüpfen."

12 *Giesecke* (1971 a), S. 124.
Vgl. auch *Fischers* (1970/71, S. 39 ff.) mißverständliche Bemerkungen, die nahelegen könnten, die Zentrierung des politischen Unterrichts um Alltagsinteressen würde notwendig in provinzialistischer Heimatkunde enden.

13 *Lingelbach* (1970). S. 114 f.

Hier wird das Leitziel der „Selbstbestimmung" auf einen Zustand bzw. ein erwünschtes Verhalten *in der Zukunft* bezogen.
Nehmen wir schließlich *Schmiederer,* bei dem es heißt:

„Jede politische Erziehung, die versucht, das Gefühl anzusprechen und Emotionen zu wecken bzw. zu beeinflussen, jede politische Bildung, die auf einem anderen Weg als über die Vernunft Einstellungen und Verhaltensweisen erzeugen, verhindern oder verändern will, wird zur Manipulation und bevormundet den Schüler, weil sie ‚das Richtige' unbefragt und undiskutiert voraussetzt."[14]

Dieser Bemerkung liegt offenbar ein Rationalitäts-Begriff zugrunde, der sich den Anspruch der strengen *Entsubjektivierung* gestellt hat; dieser Begriff bildet sich auf der Grundlage einer methodischen Trennung von Vernunft und Subjektivität.
Es wurde bereits vorweggesagt, daß wir in diesen Äußerungen einen problematischen Begriff der von politischer Didaktik „Betroffenen" repräsentiert sehen. So verschieden die in den Zitaten angesprochenen Aspekte sind, ein ihnen strukturell gemeinsames Merkmal haben sie: die Betroffenen sind „Be-troffene", d.h. sie stellen sich als passive Rezipienten heraus; sie sind quasi „Opfer" einer vorgängigen Subjekt-Objekt-Trennung.[15]
Bei *Giesecke* wird vom Erwachsenenstandpunkt aus eine Erwachsenen- und eine Jugendwelt konstruiert. Die Jugendlichen werden gewissermaßen vom definierenden Subjekt in einer *„räumlichen"* Distanz angesiedelt.
Lingelbach entwirft – auch als definierendes Subjekt – „für" die betroffenen Objekte ein erwünschtes Zukunftsziel, womit eine *zeitliche* Distanz bezeichnet wird.
Schmiederer schließlich will nahelegen, daß die Selbstreflexion, die er selbst fordert (vgl. Anm. 11), eine objektivierende Geistesbewegung

14 *Schmiederer* (1971), S. 63.
Vgl. a. die Akzentverschiebung bei *Giesecke:*
„Wenn die politische Didaktik also die rationale, kritische Aufklärung in den Vordergrund stellt . . . , dann tut sie das nicht, weil sie den emotionalen Dimensionen der Person feindlich oder ignorant gegenüber stünde, sondern weil planmäßige rationale Aufklärung über das Ich und seine Beziehung zur politischen Welt sonst in unserer Gesellschaft überhaupt nicht stattfinden würde." (1971 a, S. 218); in einem späteren Text heißt es:
„Die politische Bildung war den Emotionen feindlich gesinnt, sie war einseitig auf kognitive Lernleistungen orientiert. (. . .) Die Aufforderung zur ‚Rationalität' im politischen Urteil und Verhalten lief darauf hinaus, die Menschen ihren eigenen Sorgen und Bedürfnissen zu entfremden." (1970, S. 13); „In dem Maße, wie die Subjekte wichtig werden, muß auch der Zusammenhang von Rationalität und Emotionalität neu geprüft werden." (ebenda, S. 15) (Titel im Nachtrag).
15 Wobei hier, wie gesagt, nicht unterstellt werden soll, die zitierten Autoren unterlägen jeweils allen drei Aspekten einer Subjekt-Objekt-Trennung gleichzeitig.

sein könnte; als wäre es der Selbst-Erkenntnis förderlich, wenn sich das Subjekt im Erkenntnisakt zu entsubjektivieren und quasi von „außen" zu verstehen trachtete: Hier wird eine *erkenntnistheoretische* Distanz zur eigenen Subjektivität gefordert.

Die so hier nur angedeutete Subjekt-Objekt-Trennung, sei sie nun „räumlich", zeitlich oder erkenntnistheoretisch konzipiert, ist durchgängiges (und häufig „verstecktes") Merkmal der meisten erziehungswissenschaftlichen und politisch-didaktischen Entwürfe.[16] Dieser Subjekt-Objekt-Trennung liegt unbefragt ein Jugendbgriff zugrunde, von dem im folgenden zu zeigen sein wird, daß er historisch überholt ist und seine wissenschaftliche und soziale Legitimation verloren hat. Wird dennoch an einem objekthaften Jugendbegriff implizit festgehalten, so sind auch die „emanzipatorischen" Erziehungs- und Didaktikkonzepte nicht davor gefeit, in einen theoretischen und praktischen Zusammenhang eingebunden zu sein, der sich letztlich als Ideologie und als Herrschaft erweist.[17]

Aus der Verallgemeinerung der soeben angeführten drei Aspekte der Subjekt-Objekt-Trennung kristallisieren sich Axiome der konventionellen Pädagogik heraus, die in Anlehnung an *Kupffer*[18] als drei falsche Gleichsetzungen verstanden werden können:

– als Gleichsetzung von Lebensalter und Lebenskompetenz, was eine hierarchische Ausgrenzung der Jugend aus der Erwachsenenwelt bedeutet;

– als eine Gleichsetzung von formuliertem Ziel und erlebter Wirklichkeit, was ein teleologisches Verständnis der Pädagogik bedeutet;

– als eine Gleichsetzung zwischenmenschlicher Prozesse mit beobachtbaren Naturvorgängen, was einen empiristischen Wahrheitsbegriff impliziert.

---

16 Vgl. hierzu den kritischen Überblick über Erklärungsmodelle der Jugendforschung von *Kupffer* (1974), S. 52–65.

17 Es gibt daneben eine Anzahl neuerer Ansätze, die einerseits eine sozialwissenschaftliche Fundierung der politischen Didaktik leisten und gleichzeitig auch die (letztlich positivistische und herrschafts-wissenschaftliche) Subjekt-Objekt-Trennung zu überwinden versucht:
Vgl. an Beiträgen zur didaktischen Theoriebildung:
– *Negt* (1971), bes. S. 21–31;
– *Mitscherlich* (1973), S. 31–43;
– *Büttenbinder/Rittelmeyer* (1971), S. 31–46;
– *von Staehr* (1973), bes. S. 111–134;
an Beiträgen zur politischen Sozialisationsforschung:
– *Michel* (1971);
– *Preuss-Lausitz* (1973), Heft 2 u. 3;
an Unterrichtsberichten:
– *Hartwig* (1972);
– *Lepper* (1971) (1972);
– *Projektgruppe* (1974), bes. S. 174–266 u. 284–323.

18 Vgl. *Kupffer* (1974), S. 5.

Was wir weiter unten (Teil 5) als interaktionelles Problem des Eltern-Kind-Verhältnisses herausarbeiten werden, nämlich die Neigung der Eltern, ihre Kinder für die eigene psychische Stabilisierung zu funktionalisieren, findet hier im erziehungswissenschaftlichen Zusammenhang seine Entsprechung: Die spezifische Definition des Jugendbegriffs durch die Erwachsenen dient letztlich ihrer eigenen Identitätssicherung; sie ist kein Ergebnis des „Verstehens" der Jugendlichen, sondern Funktion der Erwachsenenbedürfnisse.

„Der Jugendliche wird idealtypisch vom Erwachsenen abgehoben, denn der Erwachsene will am Jugendlichen das bewältigen, was ihm selbst zu schaffen macht. Dies läßt auch das Drängen nach Exaktheit in der Jugendforschung begreiflich werden: wer über genaue ‚Kenntnisse' der Jugend verfügt, glaubt sich imstande, seine eigene Situation kundiger bewältigen zu können. (. . .) Der Erwachsene kann den Jugendlichen überhaupt nur ‚erforschen', weil er sich ihm entfremdet hat. Zugleich bedarf er aber des Jugendlichen, um seine eigene Identität nicht völlig zu verlieren."[19]

Diese Funktionalisierung gilt insbesondere bezüglich der „Probleme" von Jugendlichen. So wie in der familialen Binnenkommunikation die Ausgrenzung eines Mitgliedes als „Fall" für das Familiensystem als Ganzes eine affektive Entlastung darstellt[20], so verstellen viele „Jugendprobleme" schützend die Misere der Erwachsenensituation, obwohl diese sich von der Jugendsituation gar nicht so weitreichend unterscheidet.[21] Ein Gutteil aller Erziehungsmaßnahmen und -konzepte dient also vor allem der „qualitative(n) Trennung von Erziehern und Jugendlichen"[22] als Aufrechterhaltung eines Herrschaftsverhältnisses, welches

19 Ebenda, S. 47.
20 S. unten, Teil 6, Abschn. 4.2.
21 S. unten, Teil 6, Abschn. 1.2.
„Hat man erst einmal erkannt, daß nicht unbedingt die einzelnen sich dem Ganzen entfremden, sondern dieses Ganze angesichts seiner Widersprüche selbst entfremdet ist, dann könnte man ebenso gut sagen: es handelt sich um eine Aggression der Gesellschaft gegen Individuen oder Gruppen. Die Gesellschaft als das ‚Ganze' überspielt die tatsächliche Entfremdung durch Projektionen strukturbedingter Mißstände auf bestimmte Populationen. Damit haben wir das Modell der Jugendforschung. Um nicht sehen zu müssen, daß die Lebensverhältnisse für *alle* durch den Verlust der Kommunikation inhuman geworden sind, interpretiert man die Jugend als eine ausgegrenzte Gruppe mit bestimmten Merkmalen." (*Kupffer,* 1974, S. 45 f.).
22 *Kupffer* (1974), S. 130.
„Sie (i.e. die normsetzende Erziehung, T.Z.) sucht keine Maßstäbe für den praktischen Gebrauch, sondern wünscht eine qualitative Trennung von Erziehern und Jugendlichen. Nur die Erzieher haben nach dieser Vorstellung überhaupt so etwas wie eine Norm und leben daher so, wie man ‚eigentlich' leben sollte; die Jugendlichen werden dagegen außerhalb der Norm postiert, um sie erziehen und beherrschen zu können. ‚Erziehung zur Norm' enthüllt sich als Legitimierung von Erziehungsgewalt durch Diskriminierung des jungen Menschen." (ebenda).

wiederum der welt-orientierenden und affektiven Stabilisierung der Erwachsenen förderlich ist.
Mit der sich beschleunigenden Veränderung der gesellschaftlichen Realität und der durch sie produzierten Erfahrungen kommt es demgemäß auch zu einer Intensivierung dieses Stabilisierungsbemühens auf dem Wege der Formulierung immer neuer Erziehungsziele.

„Die schnelle Abnutzung der auf den Markt geworfenen Erziehungsziele ist beabsichtigt. Wie alles, was den Charakter von Gegenständen angenommen hat, unterliegen solche Ziele dem Verschleiß, sind auf alsbaldigen Konsum programmiert und halten damit die Produktion in Bewegung. (. . .) Worauf es ankommt, ist weniger der Nutzen einzelner Gebrauchsgegenstände als vielmehr das Grundverhältnis von Produzent und Konsument. Wie auf allen anderen Lebensgebieten, so müssen sich die Herrschenden auch auf dem Erziehungsfeld laufend Geltung verschaffen. Ihr Herrschaftsanspruch könnte sonst dadurch, daß er nicht wahrgenommen wird, rasch verfallen.“[23]

Nun implizieren der Jugendbegriff und die formulierten Erziehungsziele gleichzeitig die Erwartung einer methodisch kontrollierten Steuerung der jugendlichen Entwicklung. Je „wissenschaftlicher“ dieser Steuerungsprozeß von der Erziehungswissenschaft entworfen wird, umso mehr nähern sich die von ihr vorgeschlagenen Verfahren der technologischen Struktur von Zweck-Mittel-Relationen an. Erziehung wird dann zu einem eigentlich instrumental verstandenen Vorgang, bei dem der Zustand A eines beeinflußbaren Objekts in den Zielzustand B transformiert werden soll.[24] Die technologische Struktur einer solchen Pädagogik schlägt nun aber auf ihr *ganzes* Erkenntnisinteresse und Erkenntnisvermögen zurück.

„In der Tat steht die Pädagogik im Begriff, sich zu einem System zu verengen, das es wesentlich mit Kontrolle und Planung zu tun hat. Über Erziehung reflektieren, heißt dann, die Programmierung und den Vollzug begrenzter Zwecke überdenken. Als Zweck kommt nur in Frage, was sich im Rahmen dieses Ansatzes überhaupt verwirklichen läßt. Die Grenze der technischen Potenz wird damit auch zur Grenze des pädagogischen Aktionsraumes. Was nicht mehr kontrolliert werden kann und deswegen für die Programmierung ausfällt, verliert an Bedeutung und wird in den Bereich der bloßen Spekulation verwiesen.“[25]

---

23 ebenda, S. 23, S. a. S. 19.
24 So z.B. bei *Hornstein* (1970, S. 185):
„Es wird die These aufgestellt, daß die erziehungswissenschaftliche Diskussion und Erforschung der Jugendprobleme in unserer Gesellschaft nach dem Muster einer Didaktik zu erfolgen habe, und zwar in dem umfassenden Sinne einer Wissenschaft davon, was in dieser Altersstufe von wem und unter welchen Bedingungen gelernt werden sollte und könnte und wie dies zu organisieren sei.“
25 *Kupffer* (1974), S. 18.
Vgl. a. *Ortmann* (1974), S. 149, und *Stubenrauch* (1971 a), S. 114 f.
Die technologische Struktur der neueren Pädagogik wird auch in dem Bemühen deutlich. Unterrichtssituationen, die doch interaktionelle symbol-

Das hier gemeinte Problem liegt also nicht eigentlich in der Strittigkeit dieser oder jener *Zielvorstellung* der Didaktiken, sondern in der Existenz der technologisch strukturierten Didaktik *selbst,* insoweit sie sich anschickt, die ganze Pädagogik zu okkupieren.[26]

1.2. Erziehung als praktisch intendierte Aufhebung der Subjekt-Objekt-Trennung

Indem dem zu Erziehenden ein Objektstatus zudiktiert wird, erwachsen auch weitreichende Folgen für die *erkenntnistheoretische* Grundlegung einer solchen Pädagogik, die dann wiederum *praktisch* werden im Ergebnis der als „Jugend" Erkannten und Bewerteten. Solange die Pädagogik ihre erkenntnistheoretische Grundlage nicht radikalisiert, bleibt sie in einem *Zirkel* von vorgängiger Jugenddefinition, von durch diese Definition vorstrukturierter Beobachtung und von durch die Beobachtungsergebnisse vorstrukturiertem Zielentwurf gefangen.
Zu radikalisieren wäre diese Pädagogik durch das Aufgeben der Vorstellung, man hätte Jugend bereits als empirisch vorfindliches und altersspezifisch zu charakterisierendes Objekt fixiert und es gehe nur noch um das Problem der Formulierung von Lernaufgaben für dieses Objekt.

---

vermittelte Prozesse darstellen, in Analogie zum naturwissenschaftlichen Laborversuch szientifisch zu „beobachten". Den Objektstatus verlieren die Schüler noch nicht dadurch, daß man bestimmte diagnostizierte Zustände der Lerngruppe *verändern* will; sondern erst dadurch, daß, statt quantifizierende Messungen vorzunehmen, die Kriterien der Zustandsbewertung selbst im lebensgeschichtlichen Kontext der Beteiligten verstanden und diskursiv weiterentwickelt werden.
Deutlich wird dieses Problem auch bei soziometrischen Verfahren, wie sie z.B. *Haller/Wolf* (1972) vorstellen.
Der Objektstatus der zu Verändernden wird besonders krass deutlich bei den sicherlich „emanzipatorisch" gemeinten provokativen Anstößen zur Selbstreflexion wie sie *Büttenbinder/Rittelmeyer* (1971, S. 57–60) und *Müller/Grösch* (1971, S. 115–122) beschreiben: vgl. auch die hierauf zielende Kritik *Gieseckes* (1973, S. 74), die Methode der Provokation beruhe eigentlich darauf
„. . . , daß die Lehrenden die Lernenden düpieren und kränken. Die Schüler werden manipuliert, und zwar auf eine prinzipiell unumkehrbare Weise, d.h. die Schüler können bei dieser Methode niemals auch ihre Lehrer ‚hereinlegen'. So ist die Methode der Provokation geradezu der klassische Fall einer ‚autoritären' Beziehung zwischen Schülern und Lehrern . . .".

26 *Bernfeld* (1971 b, S. 26) ironisiert treffend den zum Fehlschlagen verurteilten Versuch der Schule, sich mithilfe einer wissenschaftlichen Didaktik qualitativ verändern zu wollen:
„Es ist eine amüsante Detektivgeschichte. Der Mörder ruft Polizei und Detektive und läßt sie suchen. Kein Schimmer Verdacht fällt auf ihn, denn er scheint das Übermenschliche zu tun, die schreckliche Tat aufzuklären, und genießt ihre Früchte im Rummel der abgelenkten Spürer. Die Schule ruft die Didaktik zu Hilfe und diese, im Respekt vor ihrer Herrin . . . findet nicht, daß diese Herrin die Übertäterin ist."

„Anstatt sich dem Problem, wie man überhaupt mit dieser Jugend kommunizieren kann, zu stellen, zieht man sich in das Luftschloß einer heilen Welt zurück, wo die Jugend das, was sie offiziell lernen soll, auch wirklich lernt und die Autorität des Lehrenden akzeptiert. Eine solche Theorie geht aber von falschen Voraussetzungen aus. Das Problem liegt ja gerade darin, daß die Jugend sich nicht in der Weise integrieren läßt, wie wir es ihr vorschreiben. Es geht in der Jugendforschung also weniger darum, was didaktisch zu planen ist, also vielmehr schlechthin um die fragwürdige Rolle des Pädagogen, der diese Didaktik konzipieren und verwirklichen könnte. Eine realistische Theorie des Jugendalters kann nicht sagen wollen, was getan werden müßte, sondern sollte aufzuhellen suchen, unter welchen Voraussetzungen Beziehungen zwischen älteren und jüngeren Menschen allererst möglich sind."[27]

Dies ist aber nicht zu erreichen durch methodisch immer verfeinertere Beobachtung und Abgrenzung des beobachteten Objekts von seiten des forschenden Subjekts; im Gegenteil, die Objektivierung dieses Beobachtungsprozesses würde gerade die inhaltliche *Entleerung* des zu Erkennenden bedeuten.

„Je intensiver man auf eine imaginäre Jugend hinschaut, desto weiter droht man sich aus der Gesellschaft zu entfernen. Niemand ist von Hause aus dazu bestimmt, andere zu beobachten oder von anderen beobachtet zu werden, denn jedermann existiert in mannigfaltigen Zuordnungen und komplexen Bindungen. Wer sich zutraut, andere so zu beurteilen, als ob sie aus diesen Bezügen herausgelöst wären, legt willkürlich durch die Gesellschaft einen Schnitt und stellt sich ihr gegenüber. Wer die Jugend zum Forschungsobjekt stilisiert, opfert dabei zugleich auch seine eigene gesellschaftliche Existenz. Wer einen Standpunkt usurpiert, von dem aus er sein Objekt überblicken kann, löst sich selbst aus dem sozialen Zusammenhang heraus. Damit gibt er die Bedingungen preis, unter denen die möglichen Ergebnisse seiner Beobachtung fruchtbar werden könnten. Denn was nur dann gilt, wenn es keinen gesellschaftlichen Zusammenhang gibt, gilt überhaupt nicht."[28]

Erst ein bewußtes Eindringen der eigenen Subjektivität (des Erziehers als „Forscher") in die *soziale Beziehung*, die eine pädagogische Situation immer darstellt, ist Bedingung der Möglichkeit von Erkenntnis. Dies wirft dann allerdings den Problemschwerpunkt auf den Erwachsenen zurück, der nun erkennen muß, daß sein pädagogisches Handeln und Denken durch seine eigenen Interessen, Erfahrungen und Wahrnehmungen vordefiniert ist, daß diese Determinanten seines Handelns und Denkens keinen apriorischen Wahrheitsanspruch zur Geltung bringen und daß ihnen legitimerweise keine unbefragte Vorherrschaft über die Zielformulierungen gegenüber dem Jugendlichen zukommen kann. Mit dieser Erkenntnis

---

27 *Kupffer* (1974), S. 59.
28 Ebenda, S. 11.

„bricht eine neue Wirklichkeit auf, in der Erziehung auf einmal nicht mehr die von Erwachsenen an Kindern vollzogene Handlung ist, sondern ein Problem der Erwachsenen selbst, die sich darüber Rechenschaft ablegen müssen, in welchem Wirklichkeitsbezug sie leben."[29]

Damit ist gemeint, Pädagogik auf die Selbstreflexion des Erziehers erst einmal zurückzuführen (nicht, sie darauf zu reduzieren), um sie *danach* auf ein *wechselseitiges* Verhältnis der Reflexion wieder erweitern zu können. In der pädagogischen Situation findet dann nicht mehr ein Vorgang des Zielentwurfs, der Beobachtung und der Erfolgskontrolle statt, sondern ein Prozeß der Selbstdarstellung der Beteiligten mit dem Ziel des gegenseitigen Kennenlernens, d.h. des gegenseitigen Verstehens der jeweiligen Lebensform. Pädagogische Erkenntnis

„vollzieht sich nicht so, daß ich zunächst aus der Ferne das Allgemeine erkenne, um es dann auf derselben logischen Ebene ‚anzuwenden'. Sie erwächst vielmehr aus dem Umgang mit dem einzelnen Jugendlichen und richtet sich auf die Erkenntnis jener Strukturen gemeinsamen Lebens, die eine Kommunikation bedingen."[30]

Kupffer vergleicht diesen Prozeß mit der Aufgabe eines Ethnologen, der versucht, eine andere Kultur zu verstehen.[31] Die fremde Lebensform kann nicht aus der distanzierten Beobachtung verstanden werden (es sei denn, man begnügte sich mit der Deskription sinn-entleerter Verhaltensakte), sondern nur im Prozeß des hermeneutischen „Hineintauchens" in diese andere Lebensform; verständlich kann die andere Lebensform aber immer nur werden im Maße des Verstehens durch die *eigene* Lebensform *hindurch*. Die wechselseitige hermeneutische Explikation von Sinn versucht demnach, die Andersartigkeit des Kommunikationspartners durch den Rekurs auf eine *gemeinsame* Basis von „Sinn" begreifbar zu machen, die in der grammatischen Struktur der jeweiligen Lebensäußerung enthalten ist.
Das Verstehen eines anderen richtet sich auf die hinter dessen Ausdrükken stehenden symbolischen Zusammenhänge, die ihrerseits intersubjektiv verstehbare Formulierungen für Motive oder Intentionen sind. Denn der vom anderen gemeinte Sinn ist nur zu explizieren, indem ich „den Prozeß der Hervorbringung von Sinn"[32] in mir selbst nachzuvollziehen versuche, und zwar im Medium der intersubjektiven Symbolik der Umgangssprache. Nur in diesem Medium kann ich im anderen

29 Ebenda, S. 145.
30 Ebenda, S. 49.
31 Ebenda, S. 72.
32 *Habermas* (1968 a), S. 187.

„mich selbst“ wiedererkennen, ohne daß meine Interpretation entweder „nur-mir-allein-zugänglich“ oder „mir-überhaupt-nicht-zugänglich“ wäre. Das heißt, nur im Medium der Umgangssprache drückt sich völlig individuell Gemeintes in intersubjektiv nachvollziehbaren Ausdrücken aus: Weil die Umgangssprache sich „in der Mitte zwischen Monolog und der Unmöglichkeit sprachlicher Kommunikation überhaupt bewegt“[33], ist sie das Medium zum *intersubjektiven* Verstehen von *individuell* Gemeintem.

Durch diesen Gedankengang ist man auch veranlaßt, die Dialektik von Individuellem und Allgemeinem auf unseren Begriff von verstehender Kommunikation anzuwenden, wie *Librucks* es vorschlägt:

„‚Verstehen‘ heißt nicht, unter den gleichen Zeichen den gleichen Inhalt meinen, sondern Bildung und Eröffnung der gleichen Sphäre, in der die entsprechende Bedeutung in aktivem Selbstvollzug erweckt wird. Beim Erklingen des Wortes ‚Pferd‘ wird eine entsprechende, nicht die gleiche Bedeutung in uns ekphoriert. Innerhalb des gleichen Bedeutungs*hofes* ‚Pferd‘ erzeugen wir durch den Sprachzusammenhang gebildete individuelle Bedeutung. (. . .) Begriffe werden nicht als individuelle erzeugt und als allgemeine verstanden, sie sind im Erzeugen und Verstehen zugleich individuell und allgemein.“[34]

Der Versuch, den anderen in seiner Lebensform zu verstehen, folgt der Struktur einer *Übersetzung* von Bedeutungen aus einem Sprachspiel in das jeweils andere.[35]

Der erkenntnislogische Status dieses „Übersetzens“ ist ein anderer als der des naturwissenschaftlichen Erklärens. „Übersetzen“ bedeutet nicht die Konstruktion von Ursache-Wirkung-Beziehungen (bzw. Mittel-Zweck-Techniken), sondern die Interpretation[36] von subjektiv gemeintem Sinn. Hierbei aber ist „Sachlichkeit“ nicht als Entsubjektivierung denkbar; im Gegenteil, eine der „Sache“ adäquate Erkennt-

33 Ebenda, S. 208.
34 Zit. nach *Lorenzer* (1970b), S. 58.
35 Vgl. *Habermas* (1971, S. 257): „Zur Grammatik eines Sprachspiels gehört es nicht nur, daß sie eine Lebensform definiert, sondern daß sie eine Lebensform im Verhältnis zu anderen Lebensformen als die eigene gegenüber fremden definiert. Weil jede in einer Sprache artikulierte Welt eine Totalität ist, umspannt der Horizont einer Sprache auch das, was sie nicht ist: sie reflektiert sich als Besonderes unter Besonderen. (. . .)
Übersetzung ist nicht nur auf horizontaler Ebene zwischen konkurrierenden Sprachgemeinschaften, sondern ebenso zwischen den Generationen und Epochen notwendig. Die Überlieferung als das Medium, in dem Sprachen sich fortpflanzen, vollzieht sich als Übersetzung, nämlich als Überbrückung von Abständen zwischen den Generationen.“
36 Vgl. ebenda, S. 254: „Die Rolle des Gesprächspartners enthält virtuell auch die Rolle des Interpreten, d.h. desjenigen, der nicht nur in einer Sprache sich bewegen, sondern eine Verständigung zwischen verschiedenen Sprachen herbeiführen kann.“

nis setzt die Aufhebung der Subjekt-Objekt-Trennung gerade voraus, Erkenntnis ist nur in dem Maße ermöglicht, in dem das Subjekt sich in seiner Subjektivität begreift:

„Der Interpret kann sich ... von seiner hermeneutischen Ausgangslage nicht abstrakt lösen. (...)
... ist Sachlichkeit des hermeneutischen Verstehens in dem Maße zu erreichen, als das verstehende Subjekt über die kommunikative Aneignung der fremden Objektivationen sich selbst in seinem Bildungsprozeß durchschauen lernt. Eine Interpretation kann die Sache nur in dem Verhältnis treffen und durchdringen, in dem der Interpret diese Sache *und zugleich* sich selbst als Momente des beide gleichermaßen umfassenden und ermöglichenden objektiven Zusammenhangs reflektiert."[37]

Ist Erziehung aber erst einmal als Verstehensprozeß begriffen, sind „Ziel" und „Sinn" bzw. „Verifikation" und „Verstehen" nicht mehr austauschbare Begriffe.
Theorieformulierungen mit einem technischen Erkenntnisinteresse bleiben dem zu beobachtenden und zu kontrollierenden Prozeß selbst äußerlich. Sie lassen sich

„... als Aussagen über die Kovarianz beobachtbarer Größen interpretieren; sie erlauben bei gegebenen Anfangsbedingungen Prognosen."[38]

Der „Sinn" dieser Prognosen ergibt sich aus ihrer technischen Verwertbarkeit.
Der Sinn einer Erziehung dagegen, die nicht technisch hervorgerufene Objekt-Beeinflussung sein will, bleibt dem „Objekt" nicht äußerlich, sondern ist gerade erst Ergebnis seiner Selbstreflexion und Selbstdarstellung. Das „Objekt" *ist* sein eigener Sinn, insoweit es sich selbst versteht und dieses sein eigenes Verstehen dem anderen kommunikativ vermitteln kann.
Die Ergebnisse eines solchen gegenseitigen Verstehensprozesses können also nicht an äußeren Verifikationskriterien gemessen werden, sondern sie

„... gelten, wenn sie gelten, für das forschende Subjekt und alle, die seine Stellung einnehmen können, nur in dem Maße, in dem diejenigen, die zum Gegen-

37 *Habermas* (1968 a), S. 227.
38 *Habermas* (1968b), S. 156.
Wobei wir in diesem Zusammenhang *Habermas'* Insistieren darauf beiseite lassen können, daß auch die naturwissenschaftlichen Basissätze nichts „Unmittelbares" sind, sondern auch immer in die vorgängige lebensgeschichtliche Erfahrungsorganisation des Forschers eingebettet bleiben.

stand einzelner Interpretation gemacht werden, darin *sich selber erkennen.* Das Subjekt kann eine Erkenntnis vom Objekt nicht gewinnen, ohne daß sie für das Objekt Erkenntnis geworden wäre und dieses durch sie zum Subjekt sich befreit hätte."[39]

Es hat die gesellschaftliche Veränderung des Generationsverhältnisses, die sich darin ausdrückt, daß die Erwachsenen *real* nicht mehr als Repräsentanten einer Kultur fungieren können, die sie als die ihre verstehen und in die sie die nachwachsende Generation einführen könnten[40], beträchtliche Folgen für den Begriff von Erziehung.
Die umfassende Umwälzung aller Lebensbereiche im Zuge der kapitalistischen Vergesellschaftung macht tendenziell *alle* gleichermaßen zu Bewohnern eines „unbekannten Landes". Die Vermittlung des je gültigen gesellschaftlichen Wissensstandes ist dann kaum mehr an eine generationsspezifische Kompetenz gebunden. Sie ist nicht Weitergabe eines kulturell unbefragten Bestandes[41], und sie ist auch nicht prognostische Zielformulierung für den erwünschten Erziehungsverlauf der jungen Generation.
Sie ist vielmehr Orientierungs-, Erkenntis- und Verstehensversuch *aller* Beteiligten; Erziehung basiert dann auf kollektiver Selbstreflexion.

„Ältere und jüngere Menschen müßten dann erforschen, welche Interessen ihnen gemeinsam sind, und sich solidarisieren, um sie wahrzunehmen. Als strukturierendes Prinzip wirkten nicht mehr die Altersunterschiede, sondern die an der Sache orientierte politische Willensbildung."[42]

Nun ist es andererseits klar, daß der hier (vor allem in Anlehnung an *Kupffer*) theoretisch entwickelte Erziehungsbegriff als ein konkret-utopischer zu verstehen ist. Die Ableitung der heutigen Unmöglichkeit, pädagogische Herrschaft zu legitimieren, hebt natürlich die *Realität* der Herrschaft in den institutionalisieren Erziehungsfeldern noch nicht auf. Es ist ja bereits darauf verwiesen worden, daß weit eher eine Entwicklung konstatiert werden kann, die die Herrschaft in den pädagogischen Institutionen nicht aufhebt, sondern in eine veränderte Erscheinungsform *verschiebt:* nämlich in die der scheinhaften Herrschaftsfreiheit technologisch-zweckrational konzipierter Systeme.
Ein irreversibler geschichtlicher Bruch ist aber trotzdem vollzogen: Die Erziehungsziele sind vom Himmel der kulturell gegebenen „Selbstverständlichkeiten" zur Erde der gesellschaftlich planvoll zu vollziehen-

39 *Habermas* (1968 a), S. 319.
40 S. unten, Teil 6, Abschn. 1.1.
41 S. unten, Teil 4, Abschn. 2.4.
42 *Kupffer* (1974), S. 17.

den „Curriculumrevision" heruntergeholt worden. Auch die technologisch perfektioniertere Lernzielentwicklung birgt somit in sich ein offenkundiges Moment an *gesellschaftlich bewußter* Produktion. Gerade die Curriculumforschung ist darauf verwiesen, den *Produktcharakter* der von ihr formulierten Konzepte zu betonen. Ansatzpunkt einer Bewußtmachung in emanzipatorischer Absicht braucht nicht mehr die Begründung dieses Produktcharakters zu sein, sondern die Frage nach der *Legitimation* der *herrschenden* Produzenten von Erziehung. Der Legitimationsschwund aber, dem diejenigen Instanzen unterliegen, die den Vergesellschaftungsprozeß administrativ zu steuern oder zu sichern suchen, ist nicht nur Wunsch, sondern realer gesellschaftlicher Prozeß.[43]

2. PROBLEMSTELLUNG, METHODE UND AUFBAU DER ARBEIT

Die innere Beziehung zwischen den verschiedenen Fragekomplexen der vorliegenden Arbeit läßt sich am besten dadurch veranschaulichen, daß sie als (sich aus einander ergebende) Frage-*Fortführungen* dargestellt werden.

Die Ausgangsfrage der Erörterung lautet:

1. Inwiefern kann das Nachdenken und Kommunizieren von Jugendlichen über ihre eigene Situation als ein Prozeß der emanzipatorischen Politisierung aufgefaßt werden?

Daraus entwickeln sich zwei weitere Fragestellungen:

2. Wie *ist* die Situation der Jugendlichen, deren Reflexion als relevant erachtet wird?

Und:

3. Wie kann die Reflexion über diese Situation aussehen?

Beides ist aber nicht wirklich voneinander zu trennen, so daß die zusammenführende Frage gestellt werden muß:

4. Welche Bedingungen und Möglichkeiten der Reflexion ergeben sich *auf Grund* der Situation der Jugendlichen?

Vertieft man die Fragen 2 und 3 materialistisch, so lauten sie:

5. Wie sind die gesellschaftlichen Verhältnisse, aus deren Analyse die Lebensgeschichte und die Interaktionsformen des Jugendlichen zu verstehen sind?

---

43 S. unten, Teil 4, Abschn. 2.4.

Und:
6. Welches ist die Struktur eines Lernprozesses, der in der Reflexion der eigenen Situation die ihr zugrundeliegenden Verhältnisse mit zu begreifen erlaubt?
Wiederum beides zusammengefaßt, läßt sich die Fragestellung wieder an den Ausgangspunkt 1. anknüpfen:
7. Welche Bedingungen und Möglichkeiten der Reflexion sind in der gegenwärtigen spezifischen psychosozialen Lage der Jugendlichen und der sie bedingenden konkreten gesellschaftlichen Verhältnisse gegeben, um über das Verstehen der eigenen Situation und der gesellschaftlichen Verhältnisse eine veränderte Beziehung zu sich selbst und zur gesellschaftlichen Umgebung zu entwickeln, die als emanzipatorische Politisierung im Sinne von 1. aufgefaßt werden kann?
Genau dies ist die Problemformulierung der vorliegenden Arbeit.
Wenn im eben ausgeführten Sinne „Jugend" nicht so aufgefaßt werden kann, daß sie bereits als fest definiertes Forschungsobjekt fixiert wäre, so muß sich die damit implizierte Veränderung der methodischen Grundlegung von Erziehungswissenschaften und Didaktik auch in der vorliegenden Arbeit niederschlagen.
Es sollen hier gerade die Möglichkeiten und Bedingungen dafür untersucht werden, daß sich der „alte" Jugendbegriff im Selbstverständnis und der Selbsttätigkeit der Betroffenen *aufhebt.* Der Jugendbegriff, den wir damit selbst verwenden, ist einer, der von denen, die darunter subsumiert werden, negiert werden soll. Untersucht werden sollen also gerade die Potentiale des „Objekts", die dieses befähigen könnten, sich vom Objektstatus zu befreien.
Diese Potentiale sind aber schwerlich auffindbar mit einer Untersuchungsmethode, die diesen Objektstatus gerade *fortschreibt.* Die quantifizierende Erhebungsmethode stünde hier vor einem Zirkel, aus dem heraus nicht *mehr* zu belegen wäre als als operationalisierte Hypothese bereits in den Untersuchungsansatz eingegangen wäre. Die objektivierende Methode würde einen objektivierten Jugendbegriff affirmieren, nicht aber *neue* Erkenntnisse ermöglichen.
Es handelt sich dann um genau den Fehlschluß, auf den *Adorno* verwiesen hat, um den Alleinanspruch auf wissenschaftliche Kompetenz, den die erfahrungswissenschaftlich vorgehenden Disziplinen oder Schulen gelegentlich erheben, zurückzuweisen.

„Prätendiert wird, eine Sache durch ein Forschungsinstrument zu untersuchen, das durch die eigene Formulierung darüber entscheidet, was die Sache sei: ein schlichter Zirkel. Der Gestus wissenschaftlicher Redlichkeit, der sich weigert, mit anderen Begriffen zu arbeiten als mit klaren und deutlichen, wird zum Vorwand, den selbstgenügsamen Forschungsbetrieb vors Erforschte zu schieben."[43a]

„Anstelle der Dignität der zu untersuchenden Gegenstände tritt vielfach als Kriterium die Objektivität der mit einer Methode zu ermittelnden Befunde, und im empirischen Wissenschaftsbetrieb richten sich die Auswahl der Forschungsgegenstände und der Ansatz der Untersuchung ... weit mehr nach den verfügbaren und allenfalls weiter zu entwickelnden Verfahrensweisen als nach der Wesentlichkeit des Untersuchten."[44]

Es wird hier versucht, ein Konzept der Funktion und der Bedingungen der Selbstreflexion von Jugendlichen zu entwickeln. Funktion und Bedingungen dieser Reflexion können aber *nicht außerhalb* der Sinnsetzung der Betroffenen bestimmt werden. Die Selbstreflexion hat die unmittelbaren Erfahrungen der Jugendlichen zum Ansatzpunkt und zur Basis. Der *Sinn* dieser Erfahrungen[45] ist mit quantifizierenden Methoden aber nur – scheinhaft – erfaßbar, wenn er als vordefiniertes Kriterium bereits in eine Befragung eingeht. Als solcherart vordefinierter Erfahrungs-„Sinn" hat er die Sinn*gebung* als konstitutiven Akt des Subjekts bereits verfehlt. Der „Sinn" ist dann ein qua methodischer Vordefinition dem Subjekt von außen attachierter.
Die Frage, warum ein Jugendlicher ein bestimmtes Bewußtsein und bestimmte Interaktionsformen entwickelt, ist eine nach *symbol*-vermittelten Zusammenhängen und nach den *gesellschaftlichen* Bedingungen dieser Symbolvermittlung; sie ist keine nach Ursache-Wirkung-Ketten unter externen Bedingungen, die jederzeit versuchsweise rekonstruiert werden können.
Auch dann, wenn sich das Motiv, das der Kommunikation oder dem Handeln zugrundeliegt, dem Subjekt (auf Grund innerer psychischer Widerstände) selbst nicht entschlüsselt, ist es *nicht* Glied eines funktionalistischen Zusammenhangs im Sinne der experimentellen Naturwissenschaften bzw. technischer Vorgänge.

„Diesen Sinn können wir nicht nach dem Handwerkermodell mit Zwecken gleichsetzen, die durch Mittel verwirklicht werden. Es handelt sich nicht um eine Kategorie von Sinn, die dem Funktionskreis instrumentalen Handelns entnommen ist, ... Es handelt sich um einen Sinn, der sich, obgleich nicht als solcher intendiert, durch kommunikatives Handeln hindurch bildet und reflexiv als lebensgeschichtliche Erfahrung artikuliert."[46]

43a *Adorno* (1972 c), S. 201.
Den Zirkel von empirischer Erhebungsmethode und (ungewollt) „notwendiger" Bestätigung durch das Antwortmaterial belegt an einem Beispiel *Preuss-Lausitz* (1973, Heft 3, S. 45 ff.) sehr eindrücklich.
44 *Adorno* (1972 c), ebenda.
45 Vgl. zum *Verstehen* von Erfahrungen unten, Teil 2, Abschn. 2.1. sowie Teil 7, Abschn. 2.1.; vgl. auch *Adorno* (1972 d), S. 545.
46 *Habermas* (1968 a), S. 317.

Daß es sich bei „Erkenntnissen über Jugendliche" nicht um die Ergebnisse eines Beobachtungs- und Kontrollvorganges handeln kann, sondern um eine kommunikative Explikation, die strukturell dem Vorgang des „Übersetzens" ähnelt, ist bereits ausgeführt worden; d.h. daß sich der „Übersetzer" stets in das Sinnsystem des anderen *hineinbegeben* muß.

„Das Maß meiner Interaktion mit wirklich existierenden jungen Menschen bildet auch das Maß meiner pädagogischen Erkenntnis. Was meinem Forschungsvorhaben Schranken setzt, ist nicht die Beschaffenheit des ‚Gegenstands' oder die Unzulänglichkeit der Methode, sondern die Größe meiner Bereitschaft zur Kommunikation."[47]

Selbst dort, wo die Sinngebung auf Grund affektiver Kommunikationsschranken im Subjekt blockiert sein sollte, besteht keine Veranlassung, das Sprach- und Interaktionssystem „als Forscher" zu verlassen und sich wieder beobachtend „außerhalb" anzusiedeln.
Das Subjekt überschreitet in diesem Falle der Sinn-Blockierung zwar „die Dimension des subjektiv *vermeinten* Sinnes intentionalen Handelns"[48], aber eben nicht die Dimension *intentionalen* Handelns überhaupt. Es handelt sich dann immer noch um einen (unbewußt) symbolvermittelten Zusammenhang[49], in dem

„die Subjekte *sich* mit der Sprache über sich *täuschen* und zugleich in ihr *sich verraten.*"[50]

Diejenige *Empirie* aber, die die Dimension des subjektiv vermeinten und des subjektiv versteckten Sinnes immer noch am adäquatesten zu verstehen vermag, ist die der psychoanalytischen Therapie-Kommunikation; allerdings einer materialistisch verstandenen Psychoanalyse, die die lebensgeschichtliche Entwicklung des Subjekts so auffaßt, daß diese

„in vollem Umfang zugleich als Naturgeschichte wie auch als soziale Bildungsgeschichte aufgrund objektiver politisch-ökonomischer Prozesse gelesen werden kann, ohne an irgendeiner Stelle vorgegebene, geschichtsunabhängige subjektive Komptetenzen und Strukturen unterstellen zu müssen . . ."[51]

---

47 *Kupffer* (1974), S. 69.
In diesem Sinne betrachtet der Verfasser seine Erfahrungen aus eigener schulischer Lehrtätigkeit und Arbeit mit Jugendgruppen ebenfalls als wissenschaftlich legitime Erkenntnisgrundlage.
48 *Habermas* (1968a), S. 313 (Hvg. v. Verf.).
49 Es kann in diesem Zusammenhang außer acht gelassen werden, daß in diesem Falle allerdings nicht mehr von „Symbol" gesprochen werden sollte; vgl. unten, Teil 7, Abschn. 2.1.
50 *Habermas* (1968 a), S. 313.
51 *Lorenzer* (1972), S. 11.

Da die aus psychoanalytischem Fallmaterial gewonnenen Erkenntnisse der *intensivst-möglichen* Kommunikationsform mit Jugendlichen entstammen, und Erkenntnis „über" Jugendliche, die nicht in einem „Verblendungszusammenhang"[52] steckenbleiben will, stets an kommunikative „Übersetzungs"-Situationen gebunden ist, hielten wir es für gerechtfertigt und für angebracht, den Kerngehalt der vorliegenden Arbeit überwiegend auf *psychoanalytische* Darstellungen und Interpretationen zu stützen.
Dies macht die Aussagen und Interpretationen dieser Arbeit – geht man von einem Standpunkt aus, der auf statistisch belegbare Allgemeinheit zielt – angreifbar.

„Einem strengen Psychoanalytiker würde es so wenig schwer fallen, quantitative Untersuchungen anzugreifen, die selbst naturgemäß keine ausgeführten Psychoanalysen sein können, wie der orthodoxe Sozialforscher an ihnen eben die Momente beanstandenswert finden mag, die – vielleicht – sich produktiv zeigten."[53]

Der Begriff von Allgemeinheit, von dem wir hier ausgehen, ist ein anderer als derjenige quantifizierender Sozialforschung. In kommunikativen Dialogsituationen gewonnene Erkenntnisse könnten ihren „Allgemeinheitsgrad" (in quantitativen Sinne) nur dadurch unter Beweis stellen, daß ihr Entstehungszusammenhang vorweg in eine Form gepreßt würde, die eine testweise beliebig häufige Wiederholung gestattete. Diese „Versuchsanordnung" würde aber unweigerlich auf die Dialogsituation selber zurückschlagen und den Kommunikationszusammenhang gerade erst deformieren.
Das Verhältnis des gesellschaftlichen Besonderen zum gesellschaftlichen Allgemeinen ist nicht das eines isolierten Einzelteils zur Gesamtheit eines technischen Aggregats:

„. . . alles gesellschaftlich Einzelne trägt die allgemeinen Bestimmungen in sich, denen die quantitativen Generalisierungen gelten."[54]

Die Symbole des *allgemeinen* Bedeutungssystems sind erst das Medium, das die Verständigung mit dem *besonderen* Subjekt ermöglicht.

„Mein Umgang mit einzelnen Partner hat allgemeinen Charakter, denn er erfüllt sich nur, wenn die singuläre Aktion in den Horizont einer ‚Lebensform' . . . eingebettet ist."[55]

52 *Adorno* (1972 c), S. 198.
53 *Adorno* (1972 d), S. 543.
54 *Adorno* (1972 c), S. 204.
55 *Kupffer* (1974), S. 49.

Als „gesellschaftlich typisch" kann diese Kommunikation dann bezeichnet werden, wenn die aus ihr erwachsenden Erkenntnisse das Besondere *und* das Allgemeine besser verstehen lassen. Das Status des *Typischen* in diesem Sinne ist nicht an einen empirischen Verbreitungsgrad gebunden, sondern an das Kriterium des sich im Einzelfall erweisenden Schlüsselcharakters für das Verständnis des Ganzen.

Die oben wiedergegebene Problemformulierung dieser Arbeit knüpft nur indirekt an die gegenwärtige Diskussion politischer Didaktikmodelle an, da sie auf anderen Ebenen liegt. Die Fragerichtung ist, verglichen mit denen der politischen Didaktiken[56], *enger* und *weiter* zugleich:
Enger, weil sie sich inhaltlich gänzlich auf die unmittelbaren Erfahrungen von Jugendlichen und deren Reflexion richtet (d.h., sie richtet sich nicht auf diese Erfahrungen „als solche", sondern will eine Bedingungs- und Funktionsanalyse für deren reflektierte Verarbeitung sein); sie ist andererseits weiter als der Ansatz der politischen Didaktiken, weil sie eine Untersuchung der psychosozialen *Gesamtsituation* der Jugendlichen anstrebt (d.h.: auch nicht der Gesamtsituation „als solcher", sondern derjenigen typischen sozialen und psychischen Merkmale dieser Situation, denen für eine Bedingungs- und Funktionsanalyse von Selbstreflexion entscheidende Bedeutung zukommt).
In Termini der Didaktik könnte man sagen, es handelt sich hier sowohl um eine Analyse der *objektiven Adressatensituation* wie auch um eine Analyse der *subjektiven Rezeptionsbedingungen;* wir ziehen es allerdings (wegen der terminologisch implizierten Subjekt-Objekt-Trennung) vor zu sagen: es handelt sich um eine Analyse des *Subjekts* der Selbstreflexion *und* des (mit ihm identischen) *Objekts* der Selbstreflexion. Hierbei liegt die Analyse des Objekts (also der „Situation" im Teil 3–6) der Analyse des Subjekts (also der Reflexion selber – im Teil 7–8) zugrunde.
„Jugend" wird hier – das dürfte deutlich geworden sein – weder als anthropologisches Fixum noch als gesellschaftsunabhängiges Monadentum verstanden. Daher folgt im kommenden Text, nach einer Bestimmung der Struktur von Selbstreflexion im *Teil 2,* eine kurze Verdeutlichung der historischen Genesis der Jugendkategorie im *Teil 3* sowie eine Analyse derjenigen gesellschaftlichen Veränderungen im Spätkapitalismus, die sich in veränderten Erfahrungen der Subjekte niederschlagen (*Teil 4*).[57] Wir hielten es für angebracht und notwendig, die Erör-

56 Vgl. die Literaturangaben in Anm. 10 dieses Teils.
57 Vgl. unten, Teil 4, Abschn. 1, die eingehendere inhaltliche Einführung in den Teil 4.

terung dieser Gesellschaftsveränderungen nicht gar zu pauschal ausfallen zu lassen (wie es gelegentlich in der Literatur mit Hilfe der Topoi „gesellschaftlicher Wandel“ oder „Veränderung der Werte“ geschieht), sondern hierbei in gewissem Umfange der Differenzierungsnotwendigkeit gerecht zu werden.
Die gesellschaftlichen Veränderungen werden als eine *Vergesellschaftungsbewegung* analysiert, in deren Verlauf u.a. der tradierte Bestand kultureller Symbole zersetzt und partiell durch neu produzierte warenästhetische Symbolik substituiert wird.
Dieser Veränderungen wirken sich auf die Bedürfnisstruktur der Subjekte vor allem dergestalt aus, daß diese (in unserem Zusammenhang: in der Elternfunktion) geneigt sind, ihre eigene psychische Stabilisierung auf Kosten anderer zu betreiben (in unserem Zusammenhang: auf Kosten des Kindes). Im *Teil 5*[58] wird versucht, hieraus die Tendenz zu *symbiotischen* Mutter-Kind-Beziehungen in der Weise zu begründen, daß die Mutter in dieser Symbiose ihre eigene Stabilisierung sucht. Die Mutter-Kind-Symbiose wiederum ist als Entstehungszusammenhang einer infantil-*narzißtischen* Persönlichkeitsentwicklung aufzufassen.
In *Teil 6* werden die gesellschaftlichen Veränderungen und die narzißtische Persönlichkeitsstruktur des Jugendlichen insofern aufeinander bezogen, als die *Identifikation* mit den Eltern gesellschaftlich erschwert, wenn nicht verunmöglicht wird. Das Defizit an (ich-stärkenden) Identifikationen gibt nun aber dem jugendlichen Narzißmus einen infantil-*archaischen* Zug, der sich in Vermeidungsverhalten und symbiotischen Bedürfnissen äußert.
Diese infantil-narzißtische Struktur ist jedoch nicht nur als defizitäres, sondern auch als real-utopisches Moment aufzufassen. Im *Teil 7* wird versucht zu entwickeln, daß gerade in dieser Struktur die politisch relevanten Verhaltens- und Bewußtseinsqualitäten der *Kollektivität* und *Kreativität* aufbewahrt sind. In bestimmten, die narzißtischen Ängste „therapeutisch“ berücksichtigenden Gruppenzusammenhängen können diese Qualitäten aktualisiert und weiterentwickelt werden.
Die Bearbeitung narzißtischer Ängste ist allerdings auf reflektierte *Methoden* verwiesen bzw. darauf, bestimmte „Fehler“ narzißtisch-regressiven Gruppenverhaltens unbedingt zu vermeiden. Dies wird im *Teil 7 und 8* (hier u.a. bezogen auf schulische Interaktionssituationen) erörtert werden.
Die hauptsächlichen Argumentationsstationen dieser Arbeit bilden also – um es zu wiederholen – folgende „Kette“:

58 Vgl. unten, Teil 5, Abschn. 1, die inhaltliche Einführung in die Teile 5 und 6.

Subsumtionsprozeß des gesellschaftlichen Symbolsystems unter das Kapital (Teil 4) – Mutter-Kind-Symbiose als Stabilisierungsversuch (Teil 5) – narzißtische Persönlichkeitsentwicklung und entsprechende Interaktionsstrukturen der Jugendlichen (Teil 6) – Explikation sowohl der realutopischen Gehalte dieser Interaktionsstrukturen als auch der ihnen inhärenten Reflexionsbarrieren (Teil 7 und 8).
Dem allen vorweg wird zunächst die Frage nach der kognitiven Struktur und der Relevanz von Selbstreflexion gestellt (Teil 2).[59]

59 Diesen einleitenden Bemerkungen ist noch eine Einschränkung hinzuzufügen:
Der Verfasser sieht sich außerstande, die Darstellung dahingehend zu spezifizieren, daß die Veränderung gesellschaftlicher Erfahrungsmuster, die Mutter-Kind-Symbiose, die narzißtische Persönlichkeitsentwicklung und die Bedingungen von Selbstreflexion *klassen- und schichtenmäßig* differenziert würden.
Die landläufig wiedergegebenen Differenzierungen schichtenspezifischer Sozialisationsverläufe stützen sich in der Regel letztlich immer auf angelsächsische Untersuchungen der 50er und 60er Jahre (*W.C. Becker, Bernstein, Bronfenbrenner, Hollingshead/Redlich, Miller/Swanson* u.a.), in denen Korrelationen zwischen Schichten-„zugehörigkeit" und Erziehungspraktiken, kindlicher Motivationsstruktur sowie Sprachverhalten festgestellt werden.
Der Verfasser sah keine hinreichende Möglichkeit, Aussagen dieser Untersuchungen auf die hier behandelten Inhalte aussagekräftig zu beziehen: Vielmehr deutet alles darauf hin, daß die hier dargestellten gesellschaftlichen Veränderungsprozesse und ihr Niederschlag in den Persönlichkeits- bzw. Interaktionsstrukturen die herkömmlichen Merkmale der Schichtenspezifität *unterlaufen*.
Dies wird sowohl bezüglich der Zersetzung des tradierten Normensystems als auch bezüglich der narzißtischen Persönlichkeitsentwicklung und der Jugendsubkultur nahegelegt: Die Dichotomie-Modelle Mittelschicht/Unterschicht-Weltbild, Neurose/Psychose-Struktur, Oberschülerkultur/Lehrlingskultur bedürfen unseres Erachtens dringend der Uberprüfung. Dies hat die vorliegende Arbeit nicht leisten können und wollen; sie hat daher auch auf Ansatzversuche schichtenspezifischer Differenzierungen verzichtet.
Dies gilt im gleichen Sinne für einen Verzicht auf *schulspezifische* Differenzierungen, die ja letztlich auch wieder auf schichtenspezifische Sozialisationsverläufe der schultypischen Schülerkontingente zurückzuführen gewesen wären.
Vgl. an kritischen Ansätzen schichtenspezifischer Differenzierungen: *Lorenzer* (1972), S. 148–150; *Milhoffer* (1973), S. 153–219; *Negt* (1971), S. 62–82; *Neumann/Schönwetter* (1973), S. 181–185; *Vinnai* (1973), S. 28–49.

Teil 2
Selbstreflexion als emanzipatorische Aneignung von Subjektivität

1. EMANZIPATION UND DIE „ERWEITERUNG" DES POLITIK- UND DES SUBJEKTIVITÄTSBEGRIFFS

„Nur wenn das Individuum zwischen die Reflexion und sein Ich als Subjekt und der daraus möglicherweise entstehenden Handlung den Willensakt der Erkenntnis schiebt, in dem es sich als Objekt eines bestimmten objektiven Lebenszusammenhanges erkannt hat, kann seine Handlung als emanzipatorische Handlung wirksam werden. Die Tätigkeit der Selbstreflexion ist dann eine emanzipatorische, wenn sie ein Leben ändert."[1]

Der über die Selbstreflexion hergestellte Zusammenhang von Erkenntnis und verändernder Praxis beinhaltet die Deckungsgleichheit von (erkennendem) Subjekt und (erkanntem) Objekt, die von zentraler Bedeutung für die methodische Grundlegung einer emanzipatorischen Erziehung ist. Als exemplarisch für diese Deckungsgleichheit kann die Selbstreflexion während der psychoanalytischen Kur angesehen werden.
Ich-Qualität und Emanzipation stehen in einem beiderseitigen Abhängigkeitsverhältnis: so wie die Qualität des Ichs sich erst im Verlaufe emanzipatorischer Praxis verändert, so ist der Prozeß der Emanzipation selbst gebunden an ich-gesteuerte Handlungen. Die Verklammerung beider, der Ich-Funktion und des emanzipatorischen Prozesses, geschieht im Akt der Selbstreflexion.
Habermas hat darauf verwiesen, daß die Bedeutung der Selbstreflexion zwar für die analytische Therapie fundamental ist, als somit herausragende Ich-Funktion jedoch von *Freud* nicht genügend expliziert worden ist.[2] Dies mag in der noch zu behandelnden [2a] Doppelfunktion des Ich begründet sein, gleichzeitig als „innerer" Agent psychi-

1 *von Staehr* (1973), S. 98.
2 Vgl. *Habermas* (1968 a), S. 300.
2a Vgl. unten, Teil 7, Abschn. 1.2.

scher Unterdrückung im Dienste des Überich zu fungieren und als Instanz, die sich von eben dieser Unterdrückung befreien kann.

„Unser Weg, das geschwächte Ich zu stärken, geht von der Erweiterung seiner Selbsterkenntnis aus. Wir wissen, dies ist nicht alles, aber es ist der erste Schritt. Der Verlust an solcher Kenntnis, bedeutet für das Ich Einbuße an Macht und Einfluß, er ist das nächste greifbare Anzeichen dafür, daß es von den Anforderungen des Es und des Überich eingeengt und behindert ist."[3]

D.h.: die Selbstreflexion als Funktion des Ich vermag eben dieses Ich zu stärken; das Ich vermag in der (vom Analytiker methodisch ermöglichten) Reflexion seiner Einengungsich selbst aus falschen „Diensten" zu befreien, die der eigenen Unterdrückung gedient haben. Gerade dieser Tatbestand aber macht das exemplarisch Emanzipatorische der analytischen Selbstreflexion aus: Das erkennende Subjekt ist mit dem zu verändernden Objekt identisch, der Prozeß des Bewußtmachens fällt mit dem des Veränderns zusammen.
Kennzeichnend für diesen Vorgang ist also genau die *Aufhebung* einer Subjekt-Objekt-Trennung, wie wir sie oben (im Teil 1) am Beispiel des Auseinanderreißens von pädagogischer „Zieldefinition" und „Mittelbestimmung" auf der einen Seite (durch den Erzieher als Subjekt) und zielausgerichteter „Leistung" auf der anderen Seite (durch den zu Erziehenden als Objekt) kritisiert haben.
Im Akt der Selbstreflexion wird der Erkenntnisprozeß vom betroffenen Subjekt selbst vollzogen (wenn auch unter methodischer Anleitung); Gegenstand der Erkenntnis und die „Mittel" zur Veränderung des Erkannten sind dem Subjekt nicht äußerlich.
Aus der spezifischen Struktur dieses reflektorischen Erkenntnisprozesses sind für eine emanzipatorische Pädagogik, wie sie hier im Ansatz für die Politisierung Jugendlicher entwickelt werden soll, prinzipielle Folgerungen zu ziehen: Erziehung kann, wenn sie emanzipatorisch sein will, nicht nach dem Modell erfahrungswissenschaftlicher Verfahrensweisen vorgehen, bei denen eine zielsetzende Hypothese operationalisiert und mit Hilfe von Versuchsschritten einer abschließenden Erfolgskontrolle unterworfen wird; Erziehung ist keine dem zu erkennenden „Objekt" äußerliche

„eigenmächtige Maßnahme der Erziehenden, sondern der Versuch, die zu Erziehenden als verstehbare (und nicht als Objekte) zu sehen und mit ihnen in einem gemeinsamen und reziproken kommunikativen Prozeß die Ziele der Emanzipation zu entwickeln."[4]

---

3 *Freud,* GW XVII, S. 103.
4 *Ortmann* (1974), S. 155.

Wird die auf Emanzipation gerichtete pädagogische Intention als „Lernziel" im verhaltenstheoretischen Sinne aufgefaßt, so hat das problematische Folgen: Zunächst entsteht ein Widerspruch zwischen der begrifflichen Substanz der „Lernziels" und der Struktur des Lernprozesses, der zu diesem Ziel hinführen soll („Selbstbestimmung" durch Adaption *vorgegebener* „Lernschritte")[5]; sodann aber bleibt das Element der Fremdbestimmung, das diesen Lernprozeß prägt, auch nicht ohne Einfluß auf die Substanz des Emanzipationsbegriffs selbst; „Emanzipation" verliert ihren herrschaftskritischen Gehalt und verdünnt sich zur Idee innerer Autonomie des „verantwortungsbewußten Staatsbürgers", der sich von „einseitigen Meinungen" emanzipiert und dadurch fähig wird, „mündig" auf dem Markt aller Meinungen auszuwählen.
Die didaktische Formalisierung des Emanzipationsbegriffs hat denn auch zu dessen gegenwärtig zu beobachtender Inflationierung innerhalb der politischen Didaktik erheblich beigetragen. Dennoch stellt *Ortmann,* nachdem sie mehrere diesbezügliche Warnungen vor dem weiteren Gebrauch des Begriffs überhaupt angeführt hat, zutreffend fest:

„Die konstatierte Fragwürdigkeit des Begriffs liegt . . . weniger an seiner Unschärfe und seiner Vieldeutigkeit, als daran, daß vernachlässigt wird, ihn als eine normative Kategorie in einem theoretischen Zusammenhang zu entwickeln."[6]

Ohne theoretische Entwicklung kann die Formalisierung des Emanzipationsbegriffs auch nicht dadurch umgangen werden, daß er „politischer" gefaßt wird. Daß man bei diesem Verfahren einem problematischen Politikverständnis aufsitzen kann, verdeutlicht *Ortmann* am Beispiel *Giesecke*s.[7]
Dieser trifft eine Unterscheidung zwischen pädagogischer und politischer Emanzipation, wobei er der politischen den höheren Rang zumißt.[8]
Das Problem dieser Bewertung liegt darin, daß hier die Verwendung des Politikbegriffs zumindest mißverständlich ist; bezieht man ihn nämlich auf Erziehung in der bürgerlichen Gesellschaft, so wird auch nahegelegt, daß die Reichweite des *bürgerlichen* Politikbegriffs gemeint ist. Der bürgerliche Politikbegriff ist aber nun gerade Ergebnis der *politischen* Emanzipation des Bürgertums von absolutistischer Herrschaft; er ist

5 Vgl. *Stubenrauch* (1971 b).
Ebenso warnt *Negt* (1971, S. 12) davor, „ohne vorgängige Untersuchung spezifischer Probleme der Erziehung den sozialwissenschaftlichen Positivismus-Streit auf die Pädagogik abstrakt zu übertragen und die Bildung auf das Bekenntnis zu emanzipativen Erkenntnisinteressen formal festzulegen."
6 *Ortmann* (1974), S. 148.
7 Ebenda ff. anhand von *Giesecke* (1971 b), S. 147.
8 Vgl. *Giesecke* (1971 b), S. 147 ff.

Ergebnis der Etablierung einer eigenen (staatsbürgerlich-parlamentarischen) Politik-Sphäre. Die bürgerliche Emanzipation hob damit

„den politischen Charakter der Gesellschaft auf, indem sie Staat und Gesellschaft, die allgemeinen als die politischen Angelegenheiten von den individuellen als den privaten Angelegenheiten trennte. Erst durch diese Trennung konnte der die bürgerliche Gesellschaft konstituierende Geist des Privatinteresses sich aus seiner bisherigen Bindung an die Allgemeininteressen befreien. Dadurch war es möglich, daß Politik nur noch als ein Teil der Gesellschaft angesehen werden konnte. (. . .) Das Politische (Obrigkeitliche) als das Allgemeine konnte sich vom Privaten (Egoistischen und Individuellen) ablösen. Die getrennten Bestandteile des gesellschaftlichen Lebens wurden durch die bürgerliche Revolution aber selbst weder revolutioniert noch kritisiert. Sie treten in ein Verhältnis der Über- und Unterordnung . . .“[9]

„Politisch“ ist dann das Bürgerlich-Öffentliche[10]. Immer dann, wenn die politische Didaktik den Emanzipationsbegriff (in guter Absicht) politisieren möchte, und daher die „politischen“ Kategorien über die „sozialen“ stellt, gerät sie in die Nähe eines ‚Ausgrenzungsmechanismus‘, der selbst geniun bürgerlich ist: Aus der gesellschaftlichen Totalität wird einerseits eine politische Ebene und andererseits eine individuell-private herausisoliert – die gesellschaftlichen Verhältnisse selbst fallen durch dieses Ausgrenzungsraster hindurch. Daß Gesellschaft sich aber gerade in der Dialektik von allgemeinen Verhältnissen und besonderen individuell erfahrbaren Lebensbedingungen konstituiert, ist dann nicht mehr zu begreifen. Die Emanzipation innerhalb der alltäglichen Lebensbedingungen ist keine von „niedrigerem“ Rang, es sei denn, man übernähme den bürgerlichen Subjektbegriff der egoistisch, unpolitisch handelnden Monade.

In diesem Sinne ist die geläufige Feststellung, „alle Erziehung ist politisch“, nur *dann* wahr, wenn sie tatsächlich eine *Erweiterung* des Politikbegriffs impliziert und nicht, wenn sie alles pädagogische Handeln auf die staatsbürgerlichen Verhaltensregeln innerhalb des Modells parlamentarischer Beteiligung hinzuorientieren trachtet.

Das gleiche gilt auch für einen Begriff von politischer Bildung. Diesen als der allgemeinen Pädagogik übergeordnet zu behaupten, kann in die Nähe eines „theoretischen Verbalradikalismus“ geraten, wenn der Begriff des Politischen hierbei nicht inhaltlich „vergesellschaftet“ wird. In Bezug auf den bürgerlichen Politbegriff jedenfalls sollte das Pädago-

---

9 *Ortmann* (1974), S. 151.

10 Vgl. *Negt/Kluge* (1972), S. 7:
„Bundestagswahlen, Feierstunden der Olympiade, Aktionen eines Scharfschützenkommandos, eine Uraufführung im Großen Schauspielhaus gelten als öffentlich. Ereignisse von überragender öffentlicher Bedeutung wie Kindererziehung, Arbeit im Betrieb, Fernsehen in den eigenen vier Wänden gelten als privat.“

gische (als soziales Verhältnis) allemal als das Allgemeinere verstanden werden.
Ein Reflex der verengenden „Politisierung" des Emanzipationsbegriffs ist dann auch bei denjenigen zu verzeichnen, die von dieser Art von politischer Didaktik betroffen sind: Sie werden für die „politischen Inhalte" dadurch interessiert, daß ihre Nicht-Betroffenheit vom bürgerlichen Politikbegriff hinterrücks wieder durch „persönliche Interessen" eingeholt werden soll; persönliche Interessen wohlgemerkt, die einmal als nur vorpolitisch begriffen werden und denen demgemäß zum anderen nur die Funktion eines unterrichts-taktischen „Einstiegs" zukommt.
Das entfremdete Verhältnis der Lebensinteressen zur Politik ist innerhalb der bürgerlichen Gesellschaft real; gleichzeitig ist dieses Verhältnis aber als ein historisch produziertes und damit auch als ein aufhebbares zu begreifen. Die Trennung zwischen diesen Interessen und der Politik darf daher von der politischen Didaktik nicht kategorial festgeschrieben werden.
Antithetisch ausgedrückt heißt das, nicht Alltagsinteressen auf einen politischen Bereich hin umlenken zu wollen, sondern das Politische *in* den Alltagsinteressen zu erkennen und begreifbar zu machen.
Der falschen (ungewollt ideologischen) Dichotomie von Lebensinteressen und Politik entspricht eine zweite Dichotomie, die häufig die sog. „Emanzipationsdebatte" prägt: die von Subjektivität und objektiven Verhältnissen. Wechselseitig wird hier den veränderten Verkehrsformen als Vorbedingung die objektive Veränderung zugeordnet – und der Gesellschaftsveränderung als Vorbedingung die Veränderung der Subjekte.
Objektives und Subjektives getrennten „Bereichen" zuzuordnen (womöglich dem der „Ökonomie" und dem der „Individuen"), fällt nun aber allemal hinter die zentrale *Marx*sche Erkenntnis zurück, daß die scheinbar *sachlichen* Verhältnisse der Warenwelt ihrem Wesen nach *gesellschaftliche* Verhältnisse von Personen sind [11] und daß die Subjekte wiederum *Objektivationen* gesellschaftlicher Umstände sind[12].

„Die Rede vom ‚subjektiven Faktor' hat Verwirrung angerichtet; es klang so, als ob damit den Individuen nur als solchen ‚ihr Recht' zugesprochen werden sollte, und entsprechend haben sich Vorstellungen von irgendwelchen ‚unmittelbaren Bedürfnissen' der einzelnen durchgesetzt und manche hilflose Politik ausgelöst und legitimiert. Ich möchte daher von dem *‚objektiven Faktor Subjektivität'* sprechen, der sich in gesellschaftlichen Strukturen, in gegenständlichen Einrichtungen und anderen Mitteln, besonders allerdings in dem Bewußtsein der empiri-

11 Vgl. z.B. *Marx* (1969 a), S. 87.
12 Vgl. z.B. *Marx* (1969 b), S. 21.

schen Individuen niederschlägt, das heißt in ihren Fähigkeiten, Wünschen, Ängsten, Unfähigkeiten."[13]

„Nur bürgerliche Individuen können die gattungsgeschichtliche Ausbildung von Subjektivität mit Individualismus verwechseln und übersehen, daß ihre einseitige Zuordnung zur Zirkulationssphäre bloß eine spezielle Antinomie der bürgerlichen Gesellschaft ist."[14]

Eine emanzipatorische Pädagogik, die nicht ungewollt an ideologischen Dichotomien festhalten will, setzt also weder am abstrakten bürgerlichen Individuum an, das – als politisches – immer nur „Staatsbürger" ist, noch an der Beschwörung scheinbar sachlicher Verhältnisse.
Ansatz ist vielmehr ein Politikverständnis, das einen marxistischen Subjektbegriff zur Grundlage hat[15], in dem Subjektivität und Sozietät vermittelt sind. Erst ein marxistischer Subjektbegriff macht die *Konkretheit*[16] der Subjekte begreifbar, d.h. die Tatsache ihrer gesellschaftlichen Konstituierung wie auch ihr Wesen *als* Produzenten.
Seine eigene Subjektivität in der objektivierten Wirklichkeit nicht mehr wiederfinden zu können, ist dann als Entfremdung begreifbar und nicht als quasi-natürliche Differenz zwischen gesellschaftlichen „Bereichen".

„Politisierung heißt, Verhältnisse und Beziehungen zu sich selbst, zu anderen, zu Gegenständen als Wirkung und Bedingung öffentlicher Zusammenhänge zu begreifen."[17]

Subjektivität und Verkehrsformen werden dann als Produkt und als zu Produzierendes verständlich. Hier gewinnt der Begriff der Produktion „eine emphatische Bedeutung"[18]:

„Der Begriff Produktion ist diesem Prozeß . . . deshalb angemessen, weil diese Aneignung (der Potentiale von Beziehungen, T.Z.) ebenso ein gesellschaftlicher Prozeß ist wie die Produktion von Gütern durch Aneignung von Natur. Die Verkehrsformen werden von den einzelnen Individuen realisiert, aber sie sind eine gesellschaftliche Objektivation."[19]

---

13 *zur Lippe* (1974), S. 27.
14 Ebenda, S. 26.
15 Vgl. ähnlich auch *Duhm* (1974), S. 150.
16 Zum Begriff des Konkreten vgl. unten, Teil 2, Abschn. 2.2. sowie *Marx* (1971), S. 21 ff., sowie *Holzkamp* (1972), S. 100.
17 *zur Lippe* (1974), S. 4.
18 Ebenda, S. 13.
Vgl. auch *Negt/Kluge* (1972, S. 28):
„ . . . der gesellschaftlichen Produktion (lag) die ganze Zeit über (aber verdeckt durch die absolute Dominanz der Warenproduktion) ein Produktionsbegriff zugrunde . . . , der die Produktion der Sozialisationsagenturen, der Sprache, des Aufbaus der Triebstruktur, die Produktion von Erfahrungen, von Gemeinwesen und Öffentlichkeit, das heißt: die Produktion von Lebenszusammenhängen, zum Gegenstand hat. Dieser Produktionsbegriff orientiert sich an der Produktion von gesellschaftlichem Reichtum und der Aneignung dieser Produktion durch die Produzenten selber."; vgl. auch ebenda, S. 187.
19 *zur Lippe* (1974), S. 13.

Ist der Produktcharakter der eigenen Subjektivität begriffen, so kann auch ein schlechter pädagogischer Idealismus entfallen: Der Jugendliche hört auf, seine Identität dadurch finden zu wollen,

„... daß er sich selber sucht, als ob sein eigentliches Ich schon vorhanden, einstweilen jedoch noch irgendwo verborgen wäre."[20]

Erst als erkannte Einheit von Produkt und *Produzierbarem* wird der Jugendliche sich selber verständlich und seine Subjektivität einer Kommunikation zugänglich, die im Verstehen verändern will.

2. SELBSTREFLEXION ALS MATERIALISTISCHER LERNPROZESS

Selbstreflexion ist ein Prozeß, der sich losgelöst von interaktionellen Beziehungen nicht denken läßt, der in seiner Initiierung und seinem Verlauf *Beziehungs*charakter hat – dessen Ziel dem Subjekt aber auch wieder nicht von „außen " vorgegeben wird.
Der kollektive, methodisch strukturierte Selbstreflexionsprozeß hat sein objektives „äußeres Ziel" einzig darin, das Subjekt dadurch befreien zu wollen, daß es die *Erkenntis-* und *Handlungsfähigkeit* gewinnt, über seine Bedürfnisse und Intentionen *selbst* zu bestimmen. Die „äußere" Bestimmung des Zieles der Selbstreflexion ist nur in dem Maße legitim, wie sie *schließlich* mit den *aufgeklärten* Intentionen des sich befreienden Subjekts zusammenfällt.[21]

„Das Ziel emanzipatorischer Praxis ist die Befreiung von undurchschautem Zwang. Das impliziert, wie wir jetzt sehen, daß in solcher Praxis die Entscheidung darüber, was das gute Leben ist, letztlich dem Subjekt selber überlassen bleiben muß, das sich in einem Prozeß der Bildung vom Zwang befreit. Soll das Wissen, das in emanzipatorischer Praxis vermittelt wird, zu einem guten Leben anleiten, muß es das Individuum zur Möglichkeit befreien, von sich aus zu bestimmen, welche Form dieses Leben annehmen soll."[22]

2.1. Selbstreflexion und unmittelbare Erfahrungen

Das „Material" der Reflexion sind die akkumulierten Erfahrungen der Beteiligten; die Verarbeitung des „Materials" ist ein Lernprozeß, im

20 *Kupffer* (1974), S. 6.
21 Vgl. *Giegel* (1971), S. 273.
22 Ebenda, S. 273 f.

Verlaufe dessen eine methodisch strukturierte Reorganisation dieser Erfahrungen vorgenommen wird. Diese Reorganisation intendiert die Aneignung sowohl nicht begriffener Lebensgeschichte als auch der aktuellen Lebenssituation.
Wir sprachen von Reorganisation, weil die ungeheure Fülle des Erfahrungsmaterials „vororganisiert und unorganisiert in einem"[23] ist. Sie ist vororganisiert im Sinne ihrer dialektischen gesellschaftlichen Vermittlung[24] und unorganisiert, solange sie nicht als ein realer Zusammenhang begriffen werden kann. Erfahrung ist also gesellschaftlich vermitteltes „Rohmaterial", das der organisierenden Bearbeitung bedarf, um es zu begreifen. Erfahrung wird weder „als solche" von einem abstrakten Individuum gemacht, noch wird sie „als solche" begriffen.

„Alles, was wirkliche Erfahrung ist, die auch von anderen vernünftigen Subjekten nachgeprüft und wiederholt werden kann, ist Ausdruck eines Produktionsvorganges, der nicht auf isolierte Individuen gestützt ist, sondern die Tätigkeit eines kollektiven gesellschaftlichen Gesamtsubjekts bezeichnet, in das alle Tätigkeiten der Auseinandersetzung mit der äußeren und inneren Natur hineingezogen werden. Erfahrung ist in einem strengen Sinne gleichzeitig Produktionsvorgang und Rezeption gesellschaftlicher Vereinbarungen über die Erscheinungsform oder Gesetzmäßigkeit der Gegenstände."[25]

Erfahrung ist also von ihrer Produktion und von ihrer Rezeption her gesellschaftlich vermittelt. Dies in kollektiver Selbstreflexion zu begreifen, bedeutet, eine „Erfahrung in der Herstellung von Erfahrung"[26] zu machen, und ist somit identisch mit dem materialistischen Verständnis von sich selbst als *gesellschaftlichem Subjekt*.

Vor dem gelungenen Prozeß einer solchen Reorganisation von Erfahrung ist das Erfahrungsmaterial der Jugendlichen zunächst einmal fragmentarisiert – fragmentarisiert in zweifacher Hinsicht: in der alltäglichen Erfahrungsproduktion wie in der schulischen Erfahrungsrezeption. Zunächst einmal bewegt sich der Jugendliche in verschiedenen sozialen Feldern (Familie, peer-group, Öffentlichkeit, Schule u.a.m.), ohne diese als Momente eines gesellschaftlichen Zusammenhangs begreifen zu können. Ein Erfahrungsfeld grenzt sich gegen das andere ab und konstituiert seine spezifische Form von Produktivität, Interaktionen, Normen. So ist also Erfahrung bereits am „Ort" ihrer Produktion gesellschaftlich-arbeitsteilig zersplittert.

---

23 *Negt/Kluge* (1972), S. 25.
24 Vgl. ebenda, S. 24.
25 Ebenda, S. 23.
26 Ebenda, S. 27.
Vgl. zur Problematik der Verarbeitung von Erfahrung im schulischen Unterricht *Schaeffer/Lambrou* (1972), S. 54–68.

Dann aber, wenn die *Schule* versucht, „Wirklichkeit" wissenschaftlich strukturiert zu vermitteln, und damit ja auch Ausschnitte aus den Schülererfahrungen aufgreift, wird diese Zersplitterung noch einmal reproduziert: Diesmal als Folge der gesellschaftlichen Arbeitsteilung von Erkenntnis, als Abbild der Realitäts-Aufteilung der bürgerlichen Wissenschaften. Die verschiedenen sozialen Felder, bzw. ihre Produkte tauchen hier thematisch wieder auf: „Erziehung", „Kunst" u.a.m. – aber nun als fachspezifische Wirklichkeitssegmente. Sexualität – als Beispiel – zerfällt nun in biologische, soziale, ästhetische und andere Aspekte, die um der „wissenschaftlichen Präzision" willen säuberlich auseinandergehalten werden.
Ist also die Erfahrungs-Fragmentarisierung bei ihrer *Produktion* bereits durch voneinander isolierte Felder verfestigt, so wird sie bei ihrer konventionellen schulischen Rezeption noch einmal dadurch reproduziert, daß gesellschaftliche Wirklichkeit als eine – in verschiedenen Fächern zu bearbeitende – *Addition* von Phänomenen erscheint (und nicht als ein Totalitätszusammenhang).
Selbstreflexion im hier gemeinten Sinne intendiert also ein Doppeltes:
– Überwindung der Zersplitterung der Erfahrungs*rezeption*; d.h. der Reflexionsprozeß muß bereits von seiner erkenntnisorganisierenden *Form* her „fächerübergreifend" sein;
– und Überwindung der Zersplitterung der Erfahrungs*produktion;* zumindest in dem Sinne, daß die in den verschiedenen sozialen Feldern gemachten Erfahrungen als Ergebnis eines *realen Zusammenhangs* begriffen werden können. „Sexualität" (um in dem Beispiel zu bleiben) ist nur in gegenseitiger Vermittlung soziologischer, psychologischer, biologischer und anderer *Untersuchungs*ansätze beigreifbar, und „Sexualität" ist genauso erst durch einen *realen* Zusammenhang von historisch-sozialen Normen, Triebpotential, Sozialisationsprozessen, physischer Reifung und anderem mehr *konstituiert.*
Somit sind Erfahrungen in einen doppelten *Kontext* eingebunden – dem ihrer realen Entstehung und dem ihrer theoretischen Verarbeitung. Die unstrukturierte Fülle des Erfahrungs-„Rohmaterials", die Bedürfnisse, Interessen, Versagungen, Konflikte, die dem Jugendlichen selbst in seinen sozialen Feldern bewußt geworden sind, bilden den Hintergrund und den Ansatzpunkt der Selbstreflexion. Hierbei mag vom Versuch einer möglichst umfassenden Beschreibung der verschiedenen Erfahrungsinhalte des Alltags ausgegangen werden oder von einem einzelnen Erfahrungsinhalt, der als bedeutsam und als für alle Beteiligten exemplarisch empfunden wird.
Bereits das gemeinsame Sprechen über die eigenen Alltagserfahrungen,

insbesondere dort, wo diese in irgendeiner Weise als Problem erlebt werden, macht deutlich, daß die Reflexion an begriffliche und interpretative Strukturierung des Erzählten gebunden ist. Sobald die Unmittelbarkeit der Alltagserfahrungen in einer Weise kommuniziert wird, die ebenfalls unmittelbar *bleibt,* gerät das Gespräch über kurz oder lang in eine stationäre Kreisbewegung, die keine *Erkenntnis*entwicklung hervorbringt.

2.2. Selbstreflexion als Destruktion von Pseudokonkretheit

Die Unmittelbarkeit der eigenen Erfahrungen bedarf also einer allmählichen Transponierung auf eine Ebene der Mittelbarkeit: Man könnte sagen, es bedarf der Berechnung durch eine „materialistische Selbstdistanz"[27], um die Unmittelbarkeit über den Weg der Mittelbarkeit verstehen zu lernen und damit wieder zur Unmittelbarkeit zurückzukehren.

Damit aber sind wir bereits am zentralen Punkt einer Selbstreflexion, die materialistisch sein will. Das Begreifen der Notwendigkeit, die Unmittelbarkeit zu brechen, führt sowohl zum veränderten Verständnis von *Erkenntnisprozessen* als auch zum veränderten Verständnis von *Wirklichkeit.*

Daher geht der selbstreflektorische Lernprozeß nach der Phase des Sammelns unmittelbarer Erfahrungen über in eine Phase, die die reale *Vermitteltheit* dieser (jetzt nur noch scheinbar unmittelbaren) Erfahrungen untersucht.[28] Warum ist ein solches „Anheben" der Erfahrungen notwendig?

„Warum ... wird das theoretische Denken zum ‚Universalmedium', durch das alles *noch einmal* durchgeht oder durchgehen kann, was schon im Erlebnis erlebt, im Anschauen angeschaut, in der Vorstellung vorgestellt, in der Tätigkeit getan und im Gefühl gefühlt worden ist?"[29]

Die Vorstellung von der Welt, wie sie in unserer Alltagspraxis über sinnliche Erfahrung sich bildet, heftet sich an die Oberfläche der Dinge und nimmt diese zunächst als gegebene, als selbständige, als nicht abgeleitete wahr. Diese Vorstellung blendet das Prozessuale der Dinge aus, ihren Produktcharakter, ihren inneren Zusammenhang. Sie richtet sich auf die Dinge, „wie sie sind", als scheinbar „konkrete". Die Konkretheit,

---

27 *Milhoffer* (1973), S. 247.
28 Zur Relevanz des „soziologischen Denkens" für die politische Didaktik vgl. *Fritz* (1973), S. 93–105; *Schmiederer* (1971), S. 64–71; *von Staehr* (1973), S. 111–134 sowie *Teschner* (1968), S. 72, 141 u. 149.
29 *Kosik* (1970), S. 25 f.

auf die sich das Alltagsbewußtsein richtet, ist aber eine Pseudokonkretheit, die Sich-Entwickelndes, Produziertes, innerlich Zusammenhängendes auseinanderreißt und pseudo-verselbständigt.

„Das Denken, das die Wirklichkeit adäquat erkennen will, . . . muß die scheinbare Selbständigkeit der Welt des unmittelbaren täglichen Verkehrs *aufheben*. (. . .) Was diesen Erscheinungen den Charakter der Pseudokonkretheit verleiht, ist nicht ihre Existanz an und für sich, sondern die Selbstherrlichkeit, mit der sich diese Existanz darbietet. Die Zerstörung der Pseudokonkretheit, die das dialektische Denken leisten muß, leugnet deshalb nicht die Existenz oder Objektivität dieser Erscheinungen, sondern hebt ihre vermeintliche Selbständigkeit dadurch auf, daß es ihre Vermitteltheit aufzeigt und gegen ihren Anspruch auf Selbständigkeit mit dem Nachweis ihres Abgeleitetseins auftritt.“[30]

Von daher ist alle Erkenntnis, auch diejenige, auf die Selbstreflexion zielt, darauf verwiesen, sich nicht auf „die Fakten“ als solche richten zu können, sondern einen „Umweg“[31] gehen zu müssen.

„Die Selbstverständlichkeit ist keine Offenkundigkeit und Klarheit der Sache selbst, weit eher eine Unklarheit der Vorstellung von der Sache. Die Natürlichkeit erweist sich als etwas Unnatürliches.“[32]

Das scheinbar Gegebene zeigt nicht nur etwas, es verbirgt auch etwas: seine Entstehung, seine Struktur, seine innere Gegensätzlichkeit, kurz: sein Wesen.

„Das Faktum ist eine Chiffre der Wirklichkeit.“[33]
„Die Faktizität der Fakten ist nicht die Wirklichkeit der Fakten, sondern ihre fixierte Oberflächlichkeit, Einseitigkeit und Unbeweglichkeit.“[34]
„Fakten vermitteln eine Erkenntnis der Wirklichkeit, wenn sie als Fakten eines dialektischen Ganzen begriffen werden, d.h. wenn sie nicht als unteilbare und unveränderliche, nicht weiter ableitbare Atome, aus denen sich die Wirklichkeit zusammensetzt, sondern als strukturelle Teile des Ganzen begriffen werden.“[35]

Erkenntnis zielt also auf die „materialistische Destruktion der Pseudokonkretheit“.[36]
Pseudokonkretheit der Selbstreflexion hieße, Bedürfnisse, Interessen, Versagungen, Konflikte als Gegebene zu nehmen, als konstatierbare Fakten, als nicht Abzuleitendes – letztlich als Schicksal.

30 Ebenda, S. 15.
31 Ebenda, S. 20.
„Gerade weil der Umweg der *einzige* gangbare Weg zur Wahrheit ist, versucht die Menschheit periodisch, sich die Anstrengung dieses Umwegs zu ersparen . . .“, (ebenda).
32 Ebenda, S. 21.
33 Ebenda, S. 49.
34 Ebenda, S. 51.
35 Ebenda, S. 37.
36 Ebenda, S. 20.

Das Individuum bildet sich aber nun gerade als gesellschaftliches Wesen aus, *als* Abgeleitetes. Wie die Mensch-Werdung unabdingbar an Interaktionen gebunden ist, welche ihrerseits in einem historischen Kontext stehen, so ist auch das Selbstverständnis des Subjekts (von sich selbst) immer intersubjektiv konstituiert. Das Subjekt und die Identität des Subjekts sind *Produkte*: sie „als solche" isoliert und unvermittelt verstehen zu wollen, ist ein irreführender *Abstraktions*vorgang. Die *Konkretheit* des Subjekts und seiner Identität zu begreifen, heißt, seine Vermitteltheit, seinen Produktcharakter zu begreifen.
Wir können vor der Erörterung des Identitätsbegriffs[37] vorwegnehmen, daß sich Identitätsbildung als ein ständiger Prozeß auf zwei Ebenen vollzieht: auf einer *vertikalen* Ebene als Zusammenhang der eigenen Lebensgeschichte, als Ansammlung der im Sozialisationsprozeß gemachten Erfahrungen; und auf einer *horizontalen* Ebene als Zusammenhang der Verständigung mit anderen, der aktuell intendierten oder auferlegten Interaktionsformen.
Im Prozeß der Selbstreflexion reflektiert das Subjekt über sich selbst (als Objekt); Objekt und Subjekt der Selbstreflexion sind identisch – die materialistische Selbstreflexion ist gekennzeichnet durch die gleichzeitige *Vermitteltheit* ihres Objekts wie ihres Subjekts.
– Für das *Objekt* der Selbstreflexion ist einerseits die Lebensgeschichte erst durch ein Netz von Interaktionen konstituiert, andererseits jegliche Interaktionsform durch die Erfahrungen der bisherigen Lebensgeschichte bestimmt.
– Für das *Subjekt* der Selbstreflexion ist einerseits die Reflexion der Lebensgeschichte an interaktionelle Lernsituationen gebunden, andererseits die Reflexion der Interaktionsformen nur auf der Basis der lebensgeschichtlichen Erfahrungen möglich.
Die Erkenntnis der Vermitteltheit des Reflexionsprozesses wie auch des Objekts der Reflexion macht es möglich, das *Politische in* der eigenen *Subjektivität* zu explizieren (und nicht, es ihr „aufsatteln" zu müssen).
„Individualität" als Vermitteltes kann nicht mehr als Einzigartigkeit gesehen werden, die schlechthin unerklärlich ist; die Bedingung der individuell erlebten Freuden und Ängste sind dann auch nicht mehr genauso unerklärlich und brauchen nicht mehr jeden einzelnen in seinen Lebensmöglichkeiten immer wieder nur auf sich selber zu verweisen. Vielmehr kann jetzt verstanden werden, daß Individualität nicht immer schon „da" ist, (wem es schlecht geht – materiell oder psychisch –, der hat gar keine Gelegenheit, Individualität zu entfalten),

37 Vgl. unten, Teil 7, Abschn. 1.1.

sondern daß Individualität erst *Resultat* komplexer psychosozialer Prozesse ist (erst wenn es mir – materiell oder psychisch – besser geht, habe ich Gelegenheit, Individualität zu entfalten und mich dabei frei und solidarisch auf die anderen beziehen zu können). „Einzigartigkeit" als emphatisch verstandenes Moment von Individualität besteht so gesehen nicht vorwiegend in den „privaten" Ängsten; vielmehr sind gerade die Ängste (überwindbare) schlechte *Allgemeinheit,* die man – wie nun verstanden werden kann – mit den anderen teilt. So erwächst erst *auf der Grundlage* der Veröffentlichung von Angst, die als Privatheit verkleidet war, die *Möglichkeit,* Einzigartigkeit im emphatischen Sinne zu entwickeln.

„Die Einheit beider (von Individualität und Gesellschaftlichkeit, T.Z.) liegt im durchgängigen Widerspruch von Vereinzelung und Vergemeinsamung . . ."[38]
„Die erste Aufgabe der emanzipatorischen Gruppe ist es deshalb, das Gemeinsame als *wirklich* Gemeinsames erfahrbar zu machen (wirklich im Sinne von wirksam; gemeint ist also das real wirkende, konkrete Gemeinsame). Emanzipation ist Aufhebung des Widerspruchs von Individuum und Gattungswesen, weil das Individuelle in Form der Unterschiede erscheint, muß es auf das Gemeinsame, das Verbindende zurückgeführt werden."[39]

Nun ist es wichtig, die Vermitteltheit der eigenen Subjekteigenschaft in ihrem *Produkt*charakter, als Ergebnis konkreter menschlicher *Praxis* zu begreifen: die eigene Subjektivität ist Produkt *und* in dem Maße *Produzent,* als die Konstitutionsbedingungen der eigenen Subjektivität als konkret historische und damit veränderbare begriffen und erfahren werden.
Die Destruktion von Pseudokonkretheit ist materialistisch und nicht metaphysisch: Sie konstruiert nicht eine zweite Wirklichkeit „hinter" den Erscheinungen, welche dann jener gewissermaßen unterworfen wären. Das durch die Erscheinung vermittelte Wesen der Dinge selbst *bildet* konkret die Totalität.

„Die Totalität ist kein fertiges Ganzes, das mit dem Inhalt und den Eigenschaften der Teile . . . angefüllt wird, sondern sie selbst konkretisiert sich, und diese Konkretisierung ist nicht nur eine Bildung des Inhaltes, sondern auch Bildung des Ganzen."[40]

Das Ganze steht nicht „über" den Teilen, sondern bildet gerade durch sie seine konkrete Struktur.
Die Vermitteltheit von Subjektivität zu begreifen, heißt gerade nicht, sich mit einem dogmatischen Determinismus abzufinden, der die Tota-

38 *Duhm* (1973), S. 26.
39 Ebenda, S. 23.
40 *Kosik* (1970), S. 54.

lität als „so gegebene" mißversteht. Das Individuum wird nicht als passiver Sozialisationsrezipient „geprägt", sondern bildet sich über Interaktionen, deren Formen und Bedingungen mitzugestalten es lernen kann. Demgemäß sind die Subjekte zwar Produkt der Verhältnisse, aber nicht auf ewig dazu verdammt, deren „Opfer" zu sein.

„Die gesellschaftliche Wirklichkeit wird ... *nicht* als konkrete Totalität erkannt, wenn der Mensch im Rahmen dieser Totalität nur und vor allem als *Objekt* gesehen wird, wenn also in der gegenständlichen historischen Praxis der Menschheit nicht die erstrangige Bedeutung des Menschen als eines *Subjekts* erkannt wird."[41]

So „geht für die materialistische Destruktion der Pseudokonkretheit die Befreiung des Subjekts (das konkrete Sehen der Wirklichkeit im Unterschied zum fetischistischen Anschauen) auf in der Befreiung des ‚Objekts' (der Gestaltung des menschlichen Milieus als menschlich durchsichtiger und rationaler Verhältnisse) ..."[42]

Demnach sind auch die unmittelbaren Erfahrungen, die Ausgangspunkt der Reflexion sind und deren Inhalt und Form als vermittelte herausgearbeitet werden, nicht „weniger" als die Konkretheit. Diese unbegriffenen Erfahrungen sind nicht Vorläufer, nicht Aufhänger, nicht Spaltprodukt der Wirklichkeit; sondern die Erfahrungen bilden sich an Erscheinungen, *in* denen das *Wesen* vermittelt ist. Die materialistische Selbstreflexion intendiert nichts weniger als eine Diskreditierung oder gar Eskamotierung der Alltagserfahrung. Sie will ja gerade die konventionell-didaktische Subjekt-Objekt-Trennung überwinden und das „Selbstbetroffenheits"-Prinzip von seiner unterrichtstaktischen Instrumentalisierung befreien; sie will nicht „Einstieg" sein, sondern die Sache selbst. Sie bewegt sich nicht über oder neben den Erfahrungen, sondern *in* ihnen.

Selbstreflexion ist so verstanden

„... Explikation der Erscheinungen. Die Wirklichkeit läßt sich nicht durch Reduktion auf etwas anderes als sie selbst erklären, sondern nur durch die Explikation ihrer selbst ..."[43]

Ein Verständnis von Selbstreflexion, das die Erfahrungen der Jugendlichen in diesem Sinne ernstnimmt, ist das genaue Gegenteil einer kategorialen „Subsumtionsgier", der sich unter der Hand die konkrete

---

41 Ebenda, S. 47.
42 Ebenda, S. 19.
43 Ebenda, S. 29 f.
Die Borniertheit eines formalistischen „Reduktionismus" ironisiert *Kosik* (1970, S. 27) mit dem Satz: „Franz Kafka ist ein kleinbürgerlicher Intellektueller. Aber nicht jeder kleinbürgerliche Intellektuelle ist ein Franz Kafka."

Vielheit menschlicher Wirklichkeit in Kategoriensysteme und formalisierte Modelle verwandelt.[44]
Aus diesem Grund kann und soll hier *nicht* über die *Inhalte* der von Jugendlichen möglicherweise artikulierten Erfahrungen vorwegspekuliert werden bzw. gar eine *thematische Gliederung* von Jugenderfahrungen in falsch verstandener didaktischer Antizipation fixiert werden.

2.3. Selbstreflexion als Terminologisierung der Umgangssprache

Die Struktur des Lernprozesses, den eine gelungene Selbstreflexion für die Beteiligten bedeutet, kann hier lediglich am Zusammenhang von unmittelbarer Erfahrung, Umgangssprache und Begrifflichkeit etwas eingehender verdeutlicht werden.
Die begriffliche Strukturierung erst leistet, wie ausgeführt, die Aufhebung der falschen Unmittelbarkeit. Aber diese Strukturierung ist kein der artikulierten Erfahrungssubstanz äußerliches System, sie hat vielmehr die Form der terminologisierten Umgangssprache, wie sie von *Habermas*[45] als die Theoriesprache der Psychoanalyse untersucht worden ist.
Anders als die empirische Umgangssprache und anders als allgemeine (erfahrungswissenschaftliche) Theorien unternimmt es die terminologisierte Umgangssprache, die Vermittlung von Besonderem und Allgemeinem sprachlich aufzubewahren, also beide „Pole" ineinanderzuschieben, anstatt sie in ein hierarchisches Verhältnis setzen zu wollen.
Die Selbstreflexion ist umgangssprachlich, denn

„... nur die eigentümliche Reflexivität der Umgangssprache ermöglicht es, in unvermeidlich allgemeinen Ausdrücken Indivuduelles mitzuteilen."[46]

Die Erfahrungsartikulation hat die Form von Erzählungen. Der Sprecher bedient sich

„... narrativer Aussagen. Narrativ heißen sie, weil sie Ereignisse als Elemente von Geschichten darstellen. Wir erklären ein Ereignis narrativ, wenn wir zeigen, wie ein Subjekt in eine Geschichte verwickelt wird. In jeder Geschichte tauchen

---

44 Vgl. Ebenda, S. 28: „Der Reduktionismus ist die Methode des ‚nichts als': der Reichtum der Welt ist ‚nichts als' unwandelbare oder dynamisierte Substanz. Deshalb kann der Reduktionismus auch *das Neue* und die qualitative Entwicklung nicht rational erklären: alles Neue läßt sich auf Bedingungen und Voraussetzungen reduzieren, das Neue ist ‚nichts als' das Alte."
45 Vgl. *Habermas* (1968 a), S. 322.
Vgl. zur unterrichtlichen Bedeutung auch *Hartwig* (1972), S. 226.
46 *Habermas* (1968 a), S. 321.

Individuennamen auf, denn stets geht es um Zustandsänderungen eines Subjekts oder einer Gruppe von Subjekten, die sich als zusammengehörig verstehen. Die Einheit der Geschichte wird durch die Identität eines ihnen zurechenbaren Erwartungshorizonts gebildet. Die Erzählung berichtet nämlich über den zustandsverändernden Einfluß von subjektiv erfahreren Ereignissen, die in eine Lebenswelt eintreten und für handelnde Subjekte Bedeutung erlangen."[47]

Die kollektive sprachliche Strukturierung solcher Geschichten versucht nun, Einmaligkeit in Allgemeinheit aufzuheben und im Allgemeinen Exemplarisches für das Besondere zu behalten: Sie ist Interpretation *und* ist allgemein.

„Jede Geschichte ist, da sie einen individuierten Zusammenhang repräsentiert, eine besondere Geschichte. Jede historische Darstellung impliziert den Anspruch der *Einmaligkeit.* Eine *allgemeine* Interpretation hingegen muß, obwohl sie die Ebene narrativer Darstellung nicht verläßt, diesen Bann des Historischen brechen. Sie hat die Form einer Erzählung, weil sie Subjekten dazu dienen soll, die eigene Lebensgeschichte in narrativer Form zu rekonstruieren; aber sie kann nur Folie für *viele* solcher Erzählungen sein, weil sie nicht nur für einen individuellen Fall gelten soll. Sie ist eine *systematisch verallgemeinerte Geschichte,* weil sie das Schema für viele Geschichten mit vorhersehbaren alternativen Verläufen abgibt, obgleich jede dieser Geschichten dann wiederum mit dem Anspruch der autobiographischen Darstellung eines Individuierten auftreten können muß. (. . .) In jeder Geschichte, und sei sie noch so kontingent, steckt ein Allgemeines, denn aus jeder Geschichte kann ein anderer Exemplarisches herauslesen."[48]

D.h. weder bleibt die artikulierte Erfahrung, die erzählte Geschichte, auf ihre „Privatheit" beschränkt (denn andere können sie nach der verallgemeinerten Interpretation auf ihre Erfahrungen beziehen), noch wird sie durch strenge Formalisierung ihrer Erfahrungssubstanz entledigt (denn auch nach der verallgemeinerten Interpretation erkennt sich der Erzähler in dieser noch wieder).
Die interpretative Verallgemeinerung erfolgt dadurch, daß das umgangssprachlich Artikulierte durch Begriffe „angereichert" wird.
Dem Erzähler werden durch die anderen (d.h. – bezogen auf die Schule – auch durch den Lehrer) Begriffe angeboten, die eine mögliche interpretative Verallgemeinerung der Erfahrung leisten könnten.
Hierbei darf der Erfahrung durch den Begriff keine Gewalt angetan werden, wenn diese sich noch im Begriff wiederfinden lassen soll.
Das Material, auf das die allgemeinen Interpretationen angewendet werden,

„. . . besteht nicht aus singulären Ereignissen, sondern aus symbolischen Ausdrücken einer fragmentarischen Lebensgeschichte, also aus Bestandteilen eines auf eine spezifische Weise individuierten Zusammenhangs. In diesem Fall hängt

47 Ebenda, S. 320.
48 Ebenda, S. 321.

es vom hermeneutischen Verständnis desjenigen ab, der das Material liefert, ob ein Element seiner Lebensgeschichte durch einen angebotenen theoretischen Ausdruck zureichend interpretiert wird oder nicht."[49]

Natürlich werden damit die in der Artikulation zum Ausdruck kommenden individuellen Probleme noch nicht „gelöst". Aber sie werden der Lösbarkeit durch ihre interpretative Verallgemeinerung und durch die Erkenntnis ihrer Vermitteltheit, ihrer Nicht-Selbstverständlichkeit, allererst zugänglich gemacht.

„Die individuellen Probleme müssen weitgehend auch individuell verarbeitet werden, aber sie können nur im öffentlichen Sinnzusammenhang produktiv umgewandelt werden."[50]

Insofern ist der *Begriff* die Veröffentlichung des schlechten „Privaten" zum Zwecke der Ermöglichung des emphatisch verstandenen Individuellen, zur angstfrei erlebten und zur Kollektivität fähigen Einzigartigkeit.

„Der Begriff der Sache ist das Begreifen der Sache, und das Begreifen der Sache ist die Kenntnis der Struktur der Sache."[51]

Das Verstehen und Anwenden von Begriffen und damit bezeichneten Zusammenhängen führt wiederum zu einer erhöhten „kognitiven Sensibilität", d.h. zu einer Ausweitung und Differenzierung der eigenen Wahrnehmungs- und Erkenntnisfähigkeit.
Die Dialektik der Reflexion besteht also darin, daß die alltagssprachlich formulierten Erfahrungen wissenschaftsterminologisch „angereichert" und strukturiert werden, die hierdurch strukturierte Verarbeitung der Erfahrung aber wieder auf Alltagssituationen rückbeziehbar ist.
„Gesellschaft" schält sich so allmählich heraus nicht als Summe isolierter Phänomene, die lediglich definitorisch zusammengefaßt werden, sondern als realer konkreter Zusammenhang von historisch-ökonomischen Verhältnisse, Normensystemen, Sozialisationspraktiken, Prozessen der Persönlichkeitsbildung u.a.m..
(Um dies wieder am Beispiel zu erläutern: Die Verbalisierung z.B. bestimmter Sexualängste bleibt solange auf einer bloß beschreibenden Ebene, bis sie nicht u.a. durch den Begriff des „Schuldgefühls" strukturiert wird, der einen *Real*zusammenhang zwischen gesellschaftlichen Sexualnormen, Sozialisationspraktiken und psychischen Verarbeitungsmechanismen beinhaltet. Auf der anderen Seite muß der Be-

---

49 Ebenda, S. 324.
50 *Zur Lippe* (1974), S. 25.
51 *Kosik* (1970), S. 12.

griff derart mit Alltagserfahrungen gefüllt werden, daß der Sachverhalt, den er meint, im zukünftigen Alltag vom Jugendlichen besser identifiziert werden kann.)

Die soeben ausgeführte Vermittlung von Erfahrungssubstanz und Begriff führt zur allmählichen Erkenntnis, daß im Begriff nicht nur „nachträglich" ein intellektueller Zusammenhang konstruiert wird, sondern daß *reale* Zusammenhänge das scheinbar isolierte Phänomen erst hervorgebracht haben.

Was in der Allgemeinheit dieser Feststellung als banal erscheinen mag, ist es in der inhaltlichen Bedeutung (z.B. im schulischen Unterricht) durchaus nicht: Es besteht ein gravierender Unterschied darin, den Begriff „Schuldgefühl' – um noch einmal im Beispiel zu bleiben – nur als eine „Bezeichnung" einzuführen, die bestimmte Phänomene subsumiert oder zu erarbeiten, daß die vom Begriff gemeinte *Realität* selbst erst *als Produkt* gesellschaftlicher Zusammenhänge begreifbar wird.

(Anhand unseres Beispiels heißt das: „Für Deine Angst ist nicht nur die gleiche Bezeichnung richtig wie für die der anderen, sondern Deine Angst ist im gleichen gesellschaftlichen Zusammenhang verursacht worden wie bei den anderen. Deine individuell erlebte Angst ist unter Bedingungen entstanden, von denen auch die anderen betroffen sind und die veränderbar ist.")

Der Gang der Selbstreflexion verläßt also die Ebene der Unmittelbarkeit der Erfahrung, verallgemeinert Erfahrung in Begriffen und kehrt zur Ebene der Erfahrung zurück.

„Von der lebendigen, chaotischen und unmittelbaren Vorstellung des Ganzen dringt das Denken zu Begriffen vor, zu abstrakten begrifflichen Bestimmungen, durch deren Zusammenfassung die Rückkehr zum Ausgangspunkt vollzogen wird: diesmal nicht mehr zum lebendigen, aber nicht begriffenen Ganzen des unmittelbaren Aufnehmens, sondern zum reich gegliederten und begriffenen Ganzen des Begriffs. Der Weg von der ‚chaotischen Vorstellung des Ganzen' zur ‚reichen Totalität vieler Bestimmungen und Beziehungen' ist identisch mit dem Begreifen der Wirklichkeit."[52]

Die Theorie erweist sich nicht als „wahrer" als die Erfahrung – und hat dies auch vorweg nicht behauptet. Sie hat sich nicht über die Wirklichkeit gestellt, sondern ist deren „explizit reproduziertes Verständnis".[53]

Selbstreflexion erweist sich als Reflexion der materialistisch verstandenen Subjektivität und – hierzu unabdingbar komplementär – als

52 Ebenda, S. 30.
53 Ebenda, S. 26.

Reflexion der *vergegenständlichten* Subjektivität; Selbstreflexion kann sich natürlich nicht auf „Wirklichkeit“ im umfassenden Sinne des Wortes richten, aber sie verändert den *Begriff* von Wirklichkeit. Sie lehrt, Wirklichkeit zu begreifen als

„... Konkretheit und als Ganzes, das eine Struktur hat (und daher nicht chaotisch ist); das sich entwickelt (und somit nicht unveränderlich und ein für allemal gegeben ist); das sich bildet (und darum nicht in seiner Ganzheit schon fertig, nur noch in seinen Teilen und ihrer Ordnung veränderlich ist) ...“[54]

Materialistische Selbstreflexion kann im Lichte des soeben Ausgeführten nicht lediglich als Wissensvermittlung aufgefaßt werden, sondern sie ist Veränderung des *Verhältnisses* zu den eigenen Erfahrungen und Veränderungen der *Organisation* von Erkenntnis. Sie ist *Bildungsprozeß* in dem Sinne, daß die

„... das System der Erkenntnis organisierenden Strukturen in der Weise verändert werden, daß eine umfassendere und zwanglosere Organisation der Bestandteile des Wissens möglich wird ...“[55]

2.4. Notwendigkeit der Historisierung eines Selbstreflexions-Konzepts

Wenn nun aber die soeben herausgestellte Bedeutung der *Konkretisierung* von Erfahrung in der Selbstreflexion ernst genommen wird, so muß sich dies sicher auch auf die *Konkretisierung der Bedingungen* von Selbstreflexion erstrecken. Sie ist ja nichts weniger als historisch und psychisch voraussetzungslos.

Damit werden vor allem drei Probleme aufgeworfen:

a) Die Umgangssprache, in der die unmittelbaren Erfahrungen erzählt werden, hat auch eine *psycho-dynamische* Dimension;

b) die *semantischen Gehalte* der Umgangssprache und der wissenschaftlichen Begriffe sind ebenfalls als historisch bedingt aufzufassen;

c) die *motivationale Grundlage* der Selbstreflexion, als Vermittlung von plastischem Antriebspotential und („innerer“) sprachlicher Bedürfnisinterpretation, ist ebenfalls historisch zu begreifen, mithin auch eine sich strukturell verändernde.

Zu a): Bei einer materialistischen Konzeption, die Selbstreflexion initiieren und organisieren will, kann nicht implizit davon ausgegangen werden, daß *Nicht-Wissen* ein ausschließlich *kognitives Defizit* sei, das allmählich durch kognitive Aufklärung beseitigt würde:

---

54 Ebenda, S. 37 f.
55 *Giegel* (1971), S. 254.

„Es ist eine längst überwundene, am oberflächlichen Anschein haftende Auffassung, daß der Kranke infolge einer Art von Unwissenheit leide, und wenn man diese Unwissenheit durch Mitteilung (über die ursächlichen Zusammenhänge seiner Krankheit mit seinem Leben, über seine Kindheitserlebnisse usw.) aufhebe, müsse er gesund werden. Nicht dies Nichtwissen an sich ist das pathogene Moment, sondern die Begründung des Nichtwissens in *inneren Widerständen*, welche das Nichtwissen zuerst hervorgerufen haben und es jetzt noch unterhalten."[56]

Die möglichen „inneren Widerstände" gehen in die Umgangssprache selbst mit ein und weisen ihr die Funktion zu, ein (falsches) psychodynamisches Gleichgewicht anzustreben. Die Alltagssprache kann dann nicht mehr die Gänze der Erlebnisse des Subjekts repräsentieren, sondern nur noch einen innerpsychisch lizensierten Ausschnitt davon.
Die Gehalte der Umgangssprache transportieren dann bewußte Inhalte, die sich „unter der Semantik ihrer Oberfläche verbergen"[57] können und daher *anderes* „meinen" als die öffentliche Bedeutung des Ausgesprochenen. Aus dem Bestand intersubjektiv geltender Normen kann dann nicht mehr unbedingt das Motiv des Sprechenden und Handelnden abgeleitet werden[58]: intersubjektiv vereinbartes Sinnsystem und (verstecktes) Motiv divergieren. Weder kann also der Sprecher in diesem Falle alles sagen, was er „möchte", noch „meint" er alles so, wie er es sagt.
Die auf diese Weise deformierend wirkenden inneren Widerstände sind nun aber nicht unableitbar und auch nicht kontingent: Sie sind lebensgeschichtlich vermittelt – in Interaktionsstrukturen, die diese *typischen* Muster inneren Widerstandes produziert haben. Wir werden also weiter unten zu untersuchen haben, inwieweit gegenwärtig die Jugendlichen *typischen*, strukturell gleichen Widerstandsmustern unterworfen sind und welche Folgen dies für unser Konzept der Organisation von Selbstreflexion haben muß.
Zu b): Doch nicht nur psychische Widerstände schränken die Aussagefähigkeit der Sprache ein. Die Veränderung der gesellschaftlichen *Realität* selbst bildet sich nicht notwendig *adäquat* in der mit ihr vermittelten gesellschaftlichen Sprachentwicklung ab. Einerseits kann die Sprache Gehalte transportieren, die sich noch gar nicht realisiert haben (und denen dann mitunter ein realutopischer Gehalt zugesprochen werden kann); andererseits kann die historische Situation entstanden sein, daß qualitativ neue Erfahrungsinhalte mit den im Sprachsystem

56 *Freud*, GW VIII, S. 123.
57 *Rossbroich* (1972), S. 61.
58 Vgl. *Habermas* (1971), S. 293 u. (1968 a), S. 278.

enthaltenen Symbolen nur mehr unzureichend bezeichnet werden können, die Sprache also „zurückbleibt“.[59]
Dies gilt auch analog für wissenschaftliche Begriffe, die ganz wie die umgangssprachliche Semantik, sowohl realutopisch als auch „enthistorisierend“-reaktionär aufgefaßt werden können.
Die ideologiekritische Didaktik betont unseres Erachtens allzu einseitig das *eine* mögliche Verhältnis von Sache und Begriff[60]. Wir werden uns aber auch mit dem Problem auseinanderzusetzen haben, daß Umgangssprache wie auch Begriffe möglicherweise gegenüber neuen Erfahrungsgehalten der Jugendlichen ein *Defizit* aufweisen: Selbstreflexion dann also darauf verwiesen ist, *neue* Symbole in das System der Sprache und der Handlungsnormen erst *hereinnehmen* zu müssen.
Zu c): Das Motivationsproblem verweist uns auf Antriebspotentiale bzw. ihre triebgeschichtliche Modellierung und auf Interpretationsmuster von Bedürfnissen. Wenn nun die interaktionelle Struktur der Triebmodellierung historisch aufgefaßt wird und die in ihr (wie deformiert auch immer) aufgehobenen Bedürfnisse möglicherweise historisch veränderte sind; wenn gleichzeitig die öffentliche Semantik, die Medium der Bedürfnisinterpretation ist, möglicherweise „hinter“ den historisch neuen Triebverarbeitungen „zurückbleibt“, dann ist auch *Motivation* nicht mehr ohne weiteres sprachlich faßbar. Dann kann in Bezug auf Motivation von außen nur noch ein „Mangel“ festgestellt werden, der bis in die betroffenen Subjekte hinein sich als „Sprachlosigkeit“ verlängert.
Das Subjekt erfährt die *Existenz* seiner Bedürfnisse: es weiß, *daß* es „etwas will“; aber die Bedürfnisse sind – psychisch und semantisch gesehen – nicht sprachlich interpretierbar: man weiß nicht, *„was“* man „will“!
Es wird also im Verlaufe unserer Untersuchung zu fragen sein, wie

---

59 *Negt* (1971, S. 62 ff.) sieht beide Divergenzformen in der „zwiespältigen Funktion“ der stereotypisierenden „sozialen Topoi“ der Alltagssprache enthalten: sowohl eine konservative, Bewußtseinsentwicklungen blockierende Funktion, als auch eine „konservativ“-realutopische, Widerstandspotentiale aufbewahrende Funktion.

60 So z.B. die an *Habermas* orientierte Didaktikkonzeption von *von Staehr* (1973, S. 134):
„Der Erkenntnisgegenstand, der in jedem Erkenntnisprozeß einer konkreten Sache entspricht – so wie es sich im subjektiven Interesse zunächst darstellt – wird konfrontiert mit dem Begriff – so wie er sich im objektiven historisch-politischen Lebenszusammenhang selbst versteht. Diese kritische und reflektorische Bewegung des Gegenstandes zu seinem Begriff führt im dialektischen Dreischritt zurück zum Gegenstand, der in einer je gegebenen historisch-politischen Situation mit seinem Begriff insofern praktisch identisch gemacht werden soll, als in ihr der jeweils realutopische Bestandteil des Begriffs ideologiekritisch geklärt und als realisierbar erkannt wurde.“

sich konkret-historisch die gegenwärtige Motivationsstruktur der Jugendlichen konstituiert und welche Bedürfnisse „hinter der Sprachfähigkeit" möglicherweise in sie eingehen.
Ein materialistisches Konzept zur Organisation von Selbstreflexion ist also daran gebunden, auch die Probleme affektiver Reflexionswiderstände, semantischer Reflexionsgehalte und triebgeschichtlich fundierter Reflexionsmotivationen *konsequent* zu *historisieren.*
Dies gilt um so mehr, als wir uns – wie noch entwickelt werden wird – in einer gesellschaftlichen Entwicklungsphase befinden, in der sowohl die triebstrukturelle Zurichtung der Subjekte als auch das gesellschaftliche Symbolsystem Veränderungen unterworfen sind (wenn auch nicht unbedingt gleichlaufenden).
Es sollte nun auch die im Eingang dieses Abschnittes erörterte Destruktion von Pseudokonkretheit noch einmal kurz in einem anderen Licht gesehen werden:
Wenn wir dort die notwendige Aufhebung der Unmittelbarkeit betont haben, so sollte dies wirklich als „Aufhebung" (also auch mit der Implikation der *Bewahrung*) verstanden werden.
Aufhebung der Unmittelbarkeit im hier gemeinten Sinne heißt sicherlich nicht, sich unmittelbaren Erfahrungen nur noch in der Weise „gebrochen" zu nähern, daß man *Erfahrungs*prozesse selbst verlernt und durch eine permanente „Ableitungs-Sucht" ersetzt.
So groß auch die *kognitive* Wahrheit dieser „Dauerreflexion" sein mag, sie hat – in *dieser* Form – dann auch eine psycho-pathologische Dimension: nämlich die einer Angstabwehr von *erfahrener* Unmittelbarkeit, die letztlich eine Affektneutralisierung und Isolierung (im psychoanalytischen Sinne eines Abwehrmusters) bedeutet.
Aufhebung der Unmittelbarkeit heißt also (heute mehr denn je) nicht ihre angsthaft angestrebte „Beseitigung", sondern das Begreifen ihres Produktcharakters mit dem Erkenntnisinteresse ihrer Gestaltungsfähigkeit *als* Möglichkeit positiver *Erlebnisqualität.* Die schlechte (erkenntnislogische)Unmittelbarkeit muß zur „guten Unmittelbarkeit" werden: zur kollektiven Produktion von *Erlebnisfähigkeit,* der das intellektuelle Begreifen letztendlich dient, *nicht* welches es ersetzt.
Im weiteren Verlauf der Untersuchung werden diese Fragen erst nach einem beträchtlichen „Umweg" angegangen werden können.
Bis auf weiteres (Teil 3–6) besteht erst einmal die dies alles fundierende Frage, wie sich die psychosoziale Situation der Jugendlichen geschichtlich entwickelt hat und gegenwärtig *weiter* entwickelt.

Teil 3
Zur historischen Entwicklung der Jugendkategorie

Der Analyse der gegenwärtigen Jugendsituation wird hier zunächst ein kurzer historischer Abriß vorausgehen, in dem verdeutlicht werden soll, daß die Herausbildung von „Jugend“ als einer relativ abgegrenzten Alterskategorie erst Ergebnis der neuzeitlichen politischen Emanzipation des europäischen Bürgertums ist.
Kindheit und Jugendalter sind demnach, abgesehen von in gewissem Rahmen invarianten endogenen Reifungsaspekten[1], keineswegs als naturhafte, sondern als psychosoziale und somit historische Kategorien aufzufassen: „Kinder“ und „Jugendliche“ sind gewissermaßen erst durch säkulare gesellschaftliche Definitionsprozesse produziert worden, in deren Verlauf sie sukzessive aus der komplementär entstehenden „Erwachsenenwelt“ ausgegrenzt wurden.

1. DAS GANZE HAUS

Bis in das 17. Jahrhundert hinein lag die „Volljährigkeitsgrenze“, nach deren Erreichen der Betreffende sich selbst zu versorgen hatte und strafrechtlich haftbar wurde, zwischen dem achten und zwölften Lebensjahr.[2]
Dem historischen Entwicklungsstand der vorbürgerlichen Gesellschaft entsprach ein streng traditionales System standesbezogener Fertigkeiten, die – sei es in Landwirtschaft, Handwerk oder Handel – mehr oder weniger unverändert von einer Generation an die nächste weitergegeben wurden. Gleichermaßen begrenzt, wenig ausdifferenziert und traditional war das System der Sozialnormen.

1 Vgl. hierzu *Ausubel* (1971). S. 86 ff.
2 Vgl. *van Ussel* (1971), S. 96.

Insofern ist es verständlich, daß die damalige Einsozialisierung instrumentaler und kommunikativer Fähigkeiten noch gar nicht als Lernprozeß im eigentlichen Sinne aufgefaßt werden kann, sondern eher als naturwüchsiger Adaptionsprozeß. Um die gesellschaftlich notwendigen Sozialqualifikationen zu erwerben, bedurfte es daher auch keiner lebensgeschichtlichen Lern- und Experimentierphase, die als „psychosoziales Moratorium"[3] zwischen den Kindheits- und den Erwachsenenstatus geschoben wird.

Beides – Kindheits- und Erwachsenenstatus – gingen bis zum 17. Jahrhundert nicht nur bruchlos ineinander, sie wurden auch gar nicht als sich gegenüberstehende Alterskategorien aufgefaßt.[4]

Was unterschied die damalige frühe „Kindheit" von derjenigen innerhalb der sich später entwickelnden Kleinfamilie? Hierzu muß kurz die Struktur des „Ganzen Hauses" beschrieben werden.

Das Ganze Haus war die typische Wohngemeinschaft im Lebensbereich des Grundbesitzers, des Kaufmanns und des Hausindustriellen.

> „Die Großfamilie umfaßte drei bis vier Generationen; fügte man das Personal hinzu, so hatte man ‚das ganze Haus'. An der Spitze stand der ‚Hausvater'; im Gegensatz zum modernen ‚Familienoberhaupt'. (. . .) Der Vater besaß die patria potestas, das heißt eine theoretisch fast absolute Autorität über Frau, Kinder und Personal. Er war das Schattenbild Gottes oder des absoluten Fürsten: derjenige, der das Ganze verwaltete und leitete und den Wohlstand erhielt, ein Prinzip der Einheit und der Ordnung."[5]

Da die landwirtschaftliche oder hausindustrielle *Produktionsgemeinschaft* eine Einheit bildete mit der *Lebensgemeinschaft,* war der Vater also Betriebs- und Familienoberhaupt in einem:

„Die Familie war zuallererst eine Einheit des Besitzes."

Bei der Bildung einer Familie „handelte (es) sich um eine finanzielle Transaktion."[6]

Dementsprechend ging das Element der Liebe in die Ehevorstellung überhaupt nicht ein. Auch bildete das Ehepaar innerhalb des ganzen Hauses weder sexuell noch affektiv eine exkusive Einheit.

> „Die außereheliche Sexualität berührte den Kern dieser Ehe nicht. In den höheren Ständen wurde eine Frau ohne Geliebten bisweilen als reizlos oder gesell-

---

3 *Erikson* (1971 a), S. 137.

4 *van Ussel* (1971, S. 94) erwähnt, daß in der zeitgenössischen Terminologie Begriffe für Erwachsene und für Kinder noch gar nicht unterschieden wurden.

5 Ebenda, S. 81 f.
Es sei hinzugefügt, daß bis in das 19. Jhdt. hinein die Nichtinhaber einer sog. „Vollstelle" (einer wirtschaftlichen Position mit selbständigem Einkommen) keine Heiratserlaubnis hatten. Vgl. *Bolte* (o.J.), S. 25.

6 Ebenda, S. 82.

schaftlich kompromittiert angesehen. Ein Mann ohne Mätresse war entweder impotent oder finanziell ruiniert.“[7]

Wegen mangelnder Affektbeziehung innerhalb der Gemeinschaft, wegen des Betriebscharakters der Hausorganisation und wohl auch wegen spezifischer Mängel der Wohnsituation (unterkühlte, schlecht beleuchtete Räumlichkeiten) konnte jene Atmosphäre von Häuslichkeit, die später mit dem typischen Familienideal in Verbindung gebracht wurde, gar nicht erst entstehen – wurde aber wohl auch vom ganzen Haus gar nicht vermißt.

„Das Verhalten der Eltern gegenüber dem Kind wurde durch eine große Kindersterblichkeit beeinflußt. (...) Die Familie des 18. Jahrhunderts ... stand von Anfang an unter dem Druck einer unaufhörlichen Folge von Geburten und Sterbefällen von Kindern und Müttern. Von hundert Menschen erreichten sechzig das Erwachsenenalter nicht.“[8]

Wo die finanziellen Möglichkeiten hierzu bestanden, wurde das Kind unmittelbar nach der Geburt für etwa drei Jahre einer Amme in Obhut gegeben; mit sieben bis neun Jahren schickte man die Kinder als Hausgehilfen in andere Familien. Jungen aus wohlhabenden Familien gingen ab dem 14. Lebensjahr auf Bildungsreisen, Internate oder Universitäten; die Mädchen in der Regel zeitweilig in ein Kloster.
Es dürfte bereits aus dieser stichworthaften Schilderung deutlich geworden sein, daß also bis zum 18. Jahrhundert von einer *familialen* Erziehung kaum die Rede sein kann. Die quasi a-familialen Sozialisationsergebnisse genügten dem historischen Niveau der instrumentalen und kommunikativen Qualifikationsanforderungen. Der derart gebildete Sozialcharakter der auslaufenden vorbürgerlichen Epoche dürfte mit den Kategorien der *Psychoanalyse* daher auch *nicht* zu beschreiben sein: Weder gab es ein intimes Eltern-Kind-Verhältnis, das für affektive Bindungen und Identifikationen hätte Grundlage sein können, noch eine adoleszente Umbruchphase, die als Bildungsprozeß zur Entwicklung persönlicher Identität hätte führen können.
„Jugend“ als psychische Entwicklungschance und Konflikterfahrung jeder Generation war gesellschaftlich weder notwendig noch herstellbar.

7 Ebenda, S. 83.
8 Ebenda, S. 86.

2. DER UMBRUCH ZUR KLEINFAMILIE

Im Verlaufe des späten 18. Jahrhunderts beginnt die Lebensform des Ganzen Hauses von den sozialstrukturellen Veränderungsprozessen erfaßt zu werden, die aus der sich verschärfenden Zersetzung der vorbürgerlichen Gesellschaftsordnung resultieren. Die Klassenteilung der kapitalistisch-bürgerlichen Gesellschaft zeichnet sich ab.

Der ökonomisch-historische Entwicklungsprozeß sei nur angedeutet: Die vom Handelskapital ökonomisch abhängigen feudalen Grundbesitzer haben sich im Laufe einer Entwicklung, die sich seit mehreren Jahrhunderten anbahnte, gezwungen gesehen, in der Landwirtschaft ein größeres Mehrprodukt herstellen zu lassen und davon einen größeren Teil sich anzueignen. Dies geschieht sowohl durch Konzentrierung des Grundbesitzes (Privatisierung des Gemeindelandes) als auch durch Verschärfung des Steuer- und Pachtsystems: Ein Großteil der Bauernschaft verliert durch diese Maßnahmen seine Existenzgrundlage und „erlangt" seine Eigenschaft als „freier" Lohnarbeiter.

Sodann gelingt im Manufaktursystem durch die Anwendung völlig neuer Formen der Arbeitsteilung eine in der Geschichte qualitativ neue Steigerung der Mehrwertproduktion. Die permanente Steigerung der Produktivkräfte wird gesellschaftlich institutionalisiert.

Werden in der Manufaktur zunächst vorwiegend die Arbeitsleistungen von Handwerkern kombiniert, so erlaubt das sich alsdann entwickelnde Maschinensystem die Verwendung der nicht ausgebildeten proletarisierten Landflüchtigen. Das Überangebot an Arbeitskräften bietet den Unternehmern die Möglichkeit, das Lohnniveau zu drücken[9]; das verminderte Lohnniveau zwingt alle Familienmitglieder zur Lohnarbeit, um überhaupt leben zu können.

Nach dem Durchbruch der kapitalistischen Produktionsweise im Verlauf der Industrialisierung finden sich nun (ab Beginn des 19. Jahrhunderts) vier Familientypen:

Zwei traditionelle Typen, die der Struktur des Ganzen Hauses bis auf weiteres am ehesten entsprechen: Nämlich die Familie des (vorwiegend adligen) Großgrundbesitzers und die des selbständigen Bauern;

und zwei moderne Typen, die quasi aus der Zerteilung des Ganzen Hauses in seine Klassenstruktur resultieren: nämlich die sich entwickelnde bürgerliche und Handwerker-Kleinfamilie (die häufig weiterhin Personal hat, sich aber deutlich „intern" zusammenzuschließen beginnt) und

9 Korrekter: das Niveau des Reallohns zu drücken; vgl. *Kulischer* (1971), S. 462.

die proletarische Familie, deren Lebenszusammenhang freilich nur noch durch den Kampf ums physische Überleben hergestellt ist.
Da die beiden traditionellen Typen tendenziell sich dann der bürgerlichen Familie angeglichen haben, kann ich mich hier auf die Darstellung dieser bürgerlichen Familienform und ihrer Negation, der proletarischen Familie, beschränken.

3. DIE PROLETARISCHE FAMILIE

Die proletarische Familie ist gezwungen, Teil des industriellen Produktionsprozesses zu werden, um sich selbst reproduzieren zu können. Wiederum reproduziert sie sich, um Teil des Reproduktionsprozesses zu werden. Die Lohnarbeit dient der Reproduktion, die Reproduktion der Lohnarbeit.
Im Fabriksystem verkauft der Arbeiter seine Arbeitskraft; der Kapitalist wiederum konsumiert den Gebrauchswert der Arbeitskraft, der darin besteht, daß durch die Veränderung des Arbeitsgegenstandes Wert bzw. Mehrwert produziert wird. Der Wert wird produziert durch die Verausgabung quantitativer Arbeitskraft; diese Arbeit ist ihrem konkreten Inhalt gegenüber völlig gleichgültig, sie abstrahiert vom Gebrauchswertcharakter der Arbeitsprodukte, sie ist vom Aspekt des Wertbildungsprozesses her abstrakte Arbeit.[10]
Die Tatsache der Abstraktheit der Lohnarbeit führt nun zu einer Funktionsveränderung des Qualifikationsbegriffes: Einmal können die Qualifikations*standards* von ihren individuellen Trägern abgelöst und zu formalisierbaren überindividuellen Bewertungsnormen verselbständigt werden; zum anderen löst sich der Qualifikations*inhalt* von den individuellen Interessen des Trägers. Qualifikation wird zum reinen Mittel der Erhöhung des Gebrauchswerts (Arbeitsproduktivität) und des Tauschwerts (Lohn) der Arbeitskraft.

„Erst mit dem Aufkommen des Maschinensystems, der Installation von Produktionsmitteln, die die notwendigen Qualifikationen definieren (und nicht umgekehrt, wo die Qualifikationen die Werkzeuge definieren), bildet sich das Prinzip wirklich heraus, daß die Produktionsmittel in ihrer Kapitalform der Arbeit gegenübertreten. Erst mit unabhängig von den konkreten Qualifikationen der Arbeiter bereits existierenden Arbeitsplätzen an konkreten, besonde-

10 Vgl. *Marx* (1971), S. 204.

ren Produktionsmitteln, können ideelle Anforderungsmodelle für Qualifikationen der Individuen und für die Qualifikationsstruktur des Gesamtarbeiters aufgestellt werden. . ."[11]

Die zunehmende Maschinisierung bewirkt nun zwei gegenläufige Trends innerhalb der Qualifikationsstruktur: Einerseits findet eine Dequalifikationsbewegung statt, indem – mit der Ausnahme einer kleinen technischen Spezialistenschicht – handwerkliche Kunstfertigkeiten überflüssig werden, zum anderen aber wachsen die Anforderungen an diszipliniertes, rigides Sozialverhalten.
Die technische Dequalifikationsbewegung begünstigt die massenhafte Vereinnahmung von Frauen und Kindern im Produktionsprozeß; die Anforderungen an das Sozialverhalten erfordern eine Umstrukturierung des Sozialcharakters.[12]
Beide Funktionen, Einbindung in den Produktionsprozeß und veränderte Sozialisierung, wurden für einen Großteil der Kinder durch das System der Fabrikschulen zusätzlich gefestigt. In der Fabrikschule, die sich in der Regel auf dem Fabrikgelände selbst befand, wurden die in der Fabrik arbeitenden Kinder unterrichtet. Der Unterricht bestand in der Unterweisung minimaler Lese- und Schreibfertigkeiten, vorwiegend jedoch aus Bibelunterricht, dem offen eine disziplinierende Funktion zugewiesen wurde.[13] Er fand in der arbeitsfreien Zeit oder während der Arbeitspausen statt.
Wenn man bedenkt, daß daneben 12–14 Stunden täglicher Arbeit zu absolvieren waren, scheut man sich, überhaupt den Begriff der „Sozialisation" zu verwenden; weit eher kann von einer systematischen Zerstörung vorkapitalistischer Sozialisationsmuster gesprochen werden, anstelle derer eine Einpassung des Verhaltens in das Maschinensystem gewaltmäßig einkonditioniert wurde.
Historisch neu an der Situation der Familie und der Kinder war sicherlich nicht – ich habe bereits darauf hingewiesen – die rücksichtslose Ausbeutung der kindlichen Arbeitskraft, neu war jedoch die Trennung der Produzenten von den Produktionsmitteln: Sie erst atomisiert die Familienmitglieder, in dem sie die meiste Zeit des Tages physisch *voneinander* getrennt werden, indem sie von ihrer *Wohnstätte* getrennt, indem sie von ihren *Arbeitsprodukten* getrennt werden und indem sie von ihren überlieferten *Wertmustern* getrennt und neuen rigiden Verhaltenserwartungen ausgesetzt werden.[14]

11 *Altvater* (1971), S. 89 f.
12 Vgl. auch *Vester* (1970), S. 74 f u. 106.
13 Vgl. *Altvater* (1971), S. 98.
14 *Vester* (1970), S. 62.

Das liberale Gesellschaftsmodell der voneinander unabhängigen, durch Tauschbeziehungen aufeinander bezogenen monadenhaften Individuen erlangt hier eine pervertierte Realität. Jeder Proletarier, ob Erwachsener oder Kind, ist gezwungen, um sein eigenes Überleben zu kämpfen. „Familie" ist hier auf einen Zusammenhang physischer Reproduktion reduziert worden, Kindheit und Jugend im psychosozialen Sinne finden im Proletariat sozusagen nicht statt.

4. DIE BÜRGERLICHE KLEINFAMILIE

Wenden wir uns der Entwicklung der bürgerlichen Kleinfamilie zu, so wie sie aus dem eingangs geschilderten Ganzen Haus hervorging: Diese Hervorentwicklung ist Ergebnis des ökonomischen Aufschwungs der städtischen Bourgeoisie zwischen dem 16. und 18. Jahrhundert. Das Eindringen der Geldwirtschaft in die landwirtschaftliche Produktion, die allmähliche Zersetzung der Naturalwirtschaft verallgemeinerte die Warenproduktion und bereitete der ursprünglichen Akkumulation des Kapitals den Weg. Durch den historischen Sieg der städtischen Warenproduktion über den Grundbesitz wurden Kaufleute und Unternehmer zur ökonomisch bedeutsamsten Klasse. Ihrer objektiven sozialen Funktion und auch ihrem gesteigerten Selbstbewußtsein entsprach die allmähliche Herausbildung eines eigenen klassenspezifischen Sozialcharakters, dessen historisch neue Elemente hier nur umrißhaft skizziert werden können.

Das Selbstverständnis dieser Kaufleute und Unternehmer, bei deren Tätigkeit die Merkmale der Initiative, des Fleißes und der Risikobereitschaft tatsächlich von erheblicher Bedeutung waren, setzte sich polemisch von den Sozialnormen des Feudaladels ab, der als prunksüchtig, arbeitsunfähig und frivol abgelehnt wurde. Es entwickelte sich ein rigider Arbeitsethos; der geschäftliche Erfolg, dann aber auch die Arbeitstätigkeit als solche wurden ethisiert. Es ist gründlich untersucht worden, in welch hohem Maße hierbei Normen des Calvinismus aufgenommen wurden, der Arbeit als Schutz gegen sündhafte Versuchung und Erfolg als irdische Vorzeichen des Heilsversprechens interpretierte.[15]

---

15 Vgl. *Weber* (1920).

Das höhere Maß an Arbeitsteilung, die vermehrte berufliche Differenzierung, die mit der Ausbreitung der Warenproduktion einhergehen, verändern auch die sozialen Beziehungen:

„Man nimmt lebhaftere Kontakte zu einem größeren Personenkreis auf, aber diese Kontakte sind oberflächlich, weil es nur Teilaspekte von Menschen sind, die miteinander in Verbindung treten. Spielen Menschen Rollen, so bedeutet dies, daß sie den Kontakt von Mensch zu Mensch, wie es in der kleinen Dorfgemeinschaft der Fall war, durch instrumentelle, funktionelle, vertragliche und andere Teilbeziehungen ersetzen. (. . .) . . . die echte und existentielle Kommunikation und Interaktion fehlen. Die Aussichten auf Soziabilität werden dadurch kleiner. Die Selbstentfremdung ist verknüpft mit der Entfremdung vom anderen. Man kann seit dem 17. und vor allem seit dem 18. Jahrhundert den Desoziabilisierungsprozeß deutlich beobachten."[16]

Die Funktionalisierung und Segmentierung der Kommunikation unter Menschen, deren Beziehung über Tauschwerte vermittelt ist, erfordert die Disziplinierung von Affekten und hat – im Sinne einer spiralförmigen Entwicklung – eine immer mehr sich verfestigende Disziplinierung auch zur Folge. Was zunächst Akt der Selbstdisziplin innerhalb geschäftlicher Beziehungen war, wurde somit allmählich zu einem Zustand der permanenten Innensteuerung der eigenen Affekte, Gedanken und Handlungen.

Es spricht vieles dafür, daß erst an diesem historischen Punkt sich eine Überich-Instanz herausbildet bzw. strafende Schuldgefühle bei Verstoß gegen Überich-Gebote zu typischen Funktionsweisen dieses neu sich entwickelnden Sozialcharakters werden. Hiervon betroffen wurde allererst das Verhältnis zur Sexualität.

Die Verdrängung sexueller Strebungen, die Entsinnlichung des Alltagslebens, das starre Beharren auf Fleiß, Ordnung, Pünktlichkeit und Sparsankeit geben diesem Typus eindeutig Züge des analen Zwangscharakters, dessen Mechanismen der Triebabwehr zwanghaft den Modalitäten des Reinlich-Seins und des Nicht-Abgeben-Könnens unterworfen sind.[16a]

So wurden denn nach und nach alle „unordentlichen" Elemente der Struktur des Ganzen Hauses beseitigt und ebneten somit den Weg zur Entstehung der bürgerlichen Kleinfamilie:

„Alle anarchischen Elemente wurden ferngehalten: also keine außereheliche Sexualität, nur Ehescheidung, wenn damit eine mögliche Unordnung abgewendet wurde, kein Zölibat, keine voreheliche Sexualität, keine Unterbringung der

---

16 *van Ussel* (1971), S. 36.

16a Vgl. *Reiche* (1972), S. 174, Fn. 25. *Reiche* deutet eine plausible Begründung dafür an, daß sich erst in diesem historischen Stadium die Analphase als typische Phase der psychosexuellen Entwicklung des Kleinkindes herausbildet. Ebenso *Schneider* (1973), S. 113.

Kinder außerhalb der Familie (die Mutter stillte bisweilen selber oder die Amme wurde ins Haus geholt), klare Rollen für das sexuelle Verhalten, klare Beziehungen zwischen den Ehepartnern, zwischen Eltern und Kindern, keine Nachlässigkeit in der Erziehung, keine Unhäuslichkeit ...“[17]

Die ehemals vereinten Funktionen des Ganzen Hauses wurden also zerteilt: Die Familie entwickelte eine eigene, vom väterlichen Betrieb separierte „private“ Binnenstruktur und grenzte intern die Sexualsphäre vom Erfahrungsbereich der Kinder hermetisch noch einmal ab.
Doch ist diese spezifisch bürgerliche Intimisierung des Familienlebens nicht nur in seiner Abwehrqualität gegen die ehedem quasi-öffentliche Sexualität zu sehen; gleichzeitig kommt dieser Intimisierung eine wichtige und ebenfalls historisch neue Sozialisationsfunktion zu.

5. DIE BÜRGERLICHE ADOLESZENZ

Oberstes Ziel des familialen Handelns war – bezogen auf die bürgerliche Klasse – die Bewahrung und Vergrößerung des väterlichen Unternehmens. Dies war aber nur möglich, wenn der Besitz unter der Leitung und Kontrolle der Familie blieb, d.h. wenn der männliche Erbe den Betrieb übernahm und seine Sozialisation ihn zuvor verläßlich für die spezifischen früh- und hochkapitalistischen Verhaltensqualitäten der Betriebsführung befähigt hatte.
Es taucht damit einmal das Problem einer regelrechten praktisch-theoretischen Fachausbildung der Sohnesgeneration auf, das es in dieser Weise bisher für keinen „Beruf“ gegeben hatte und das zur Etablierung von Real- und Gewerbeschulen und polytechnischen Anstalten führte.[18]
Es wird aber auch notwendig, natürlich nicht im Sinne eines damals klar erkannten Sozialisationsdefizits, psychische Handlungsdispositionen zu entwickeln, die erst Basis für die erstrebte Unternehmerqualifikation zu sein hätten.
Den Raum für eine derartige psychische und ausbildungsmäßige Entwicklung der Persönlichkeit hat eine Lebensphase zu bieten, die dadurch entsteht, daß der Sozialstatus der Erwachsenen lebensgeschichtlich erst später erreichbar wird, daß das Triebgeschehen einer rigiden äußeren und inneren Disziplinierung unterworfen wird und sich die Dynamik des abgewehrten Triebs für die Einpassung in Autoritäts-

17 *van Ussel* (1971), S. 88.
18 Vgl. *Altvater* (1971), S. 103.

strukturen und die Fähigkeit zu asketischen Lernleistungen funktionalisieren läßt.
Es entstehen „Kindheit“ und „Adoleszenz“ als abgrenzbare Lebensphasen, die durch aktives elterliches Erziehungsverhalten geprägt werden, gleichzeitig aber von bestimmten Erfahrungszusammenhängen der Erwachsenenwelt abgeschirmt sind.
Es entstehen konflikthafte Identifikations- und Verdrängungsprozesse, die – wahrscheinlich historisch auch erstmalig – heftige Identitätskrisen zur phasentypischen Normalität werden lassen.
Das Motiv, derartige langjährige Konflikte durchzustehen, war für den Jugendlichen, allen zeitgenössischen Mythisierungen der Familie zum Trotz, klar:

„Der zukünftige Anteil des Sohnes am Eigentum seines Vaters war ein ebenso starkes Motiv zum Gehorsam wie die Enterbung eine abschreckende Drohung.“[19]

Die spezifische Form der Verarbeitung derartiger Konflikte ist geprägt durch den Versuch, die leidvoll erfahrene Diskrepanz zwischen der Stärke und dem Erfolg des Vaters einerseits und den eigenen minimalen Möglichkeiten der Bedürfnisbefriedigung andererseits zu reharmonisieren. An diesem Punkt gewinnt die Identifikation mit dem Vater ihre zentrale Bedeutung, wie sie weiter unten für den Verlauf der „klassischen“ Adoleszenz expliziert werden wird.
Die Jugendphase wurde ihrer Funktion gerecht. Solange in ihr – klassenimmanent gesehen – realitätsadäquate Wertungs- und Verhaltensdispositionen entwickelt werden konnten, versprach der erfolgreiche Abschluß dieser Phase dem bürgerlichen Jugendlichen nicht nur psychische Identität und materiellen Besitz, dieser erfolgreiche Abschluß war gleichzeitig erfolgreiche politische Sozialisation für die bürgerliche Klasse:

„In dieser familialen Situation, die für die Entwicklung des Kindes bestimmend ist, wird bereits die Autoritätsstruktur der Wirklichkeit außerhalb der Familie weitgehend vorweggenommen: die herrschenden Verschiedenheiten der Existenzbedingungen, die das Individuum in der Welt vorfindet, sind einfach hinzunehmen, es muß unter ihrer Voraussetzung seinen Weg machen und soll nicht daran rütteln. Tatsachen erkennen, heißt, sie anerkennen. Von der Natur gesetzte Unterschiede sind von Gott gewollt, und in der bürgerlichen Gesellschaft erscheinen auch Reichtum und Armut als naturgegeben. Indem das Kind in der väterlichen Stärke ein sittliches Verhältnis respektiert und somit das, was es mit seinem Verstand als existierend feststellt, mit seinem Herzen lieben lernt, erfährt es die erste Ausbildung für das bürgerliche Autoritätsverhältnis.“[20]

---

19 *Horkheimer* (1973), S. 81.
20 *Horkheimer* (1970), S. 208.

Es sollte in diesem Abschnitt lediglich dargestellt werden, daß die Entstehung von „Jugend“ als gesonderter Alterskategorie zunächst in den nicht-bürgerlichen Klassen nicht möglich war, daß diese Entstehung in einem unzertrennbaren Zusammenhang mit den Sozialisationserfordernissen und der Familienstruktur des aufstrebenden Bürgertums stand. Weiter unten wird zu untersuchen sein, welche Folgerungen daraus zu ziehen sind, daß im gegenwärtigen geschichtlichen Prozeß die Widersprüchlichkeit der bürgerlichen Sozialisation zunehmend durch Identifikationsprozesse nicht mehr aufgefangen werden kann.

Teil 4
Zu Situationsveränderungen der Subjekte im Spätkapitalismus

1. EINLEITUNG

Politische und ökonomische Veränderungen, maßgeblich die Kinder- und Jugendschutz-Gesetzgebung und die relative Verbesserung der materiellen Lebensbedingungen des Proletariats, haben im Verlauf der vergangenen einhundert Jahre bewirkt, daß das Durchlaufen einer Kindheits- und Jugendphase(im psychisch-sozialen Sinne des Wortes) massenhaft Realität wurde; insofern kann man sagen, daß die Form bürgerlicher Sozialisation als Klassenprivileg partiell abgebaut und gesellschaftlich verallgemeinert wurde.[1]
Nun ist andererseits darauf zu verweisen, daß der gleiche historisch-ökonomische Prozeß, der „Kindheit" als gesellschaftlich verallgemeinerten Status ermöglichte (und erforderte), in seiner gegenwärtigen Verlängerung schon wieder dahin tendiert, ihn gesellschaftlich allgemein auszuhöhlen:

> „Nach Abschaffung der Kinderarbeit wurde Kindheit im prägnanten Sinne des neunzehnten Jahrhunderts jener Bereich, in den Sehnsucht zurückruft, temporär für alle möglich. Heute wird sie für alle liquidiert, so wie sie selbst historisch entsprang."[2]

Diese „Liquidations"-Tendenz hat eine andere Erscheinungsform als der historische Entstehungsprozeß von Kindheit; es geht dabei nicht um die Rücknahme der historischen Errungenschaft, den Subjekten Entwicklungsphasen zu ermöglichen, während derer sie von den physischen und psychischen Zwängen und Deformationen der Lohnarbeit „freigestellt" sind. Wohl aber geht es um die Tatsache, daß die Produktion gesellschaftlichen Reichtums im Kapitalismus an Kapitalverwertung gebunden ist und daß die Herstellung günstiger Verwertungsbe-

---

1 Vgl. auch oben, Teil 1, Anm. 59.
2 IFS (1956), S. 126.

dingungen wesentlichster Bestimmungsfaktor für die ökonomische und politische Entwicklung bleibt:
Kindheit wird dann in dem Sinne liquidiert, daß sie (wie andere Lebensformen und -bereiche auch) zunehmend und bis in die innerpsychische Entwicklung hinein durch bestimmte funktionale Erfordernisse des Verwertungsprozesses geprägt wird, obwohl sie gleichzeitig vom Produktionsprozeß abgekoppelt und „freigestellt“ wurde.
Während eine eigenständige, an bestimmte Phantasien, Kommunikationsformen und Gebrauchswerte gebundene Kinder- und Jugendkultur materiell ermöglicht worden ist, haben diese materiellen Möglichkeiten ihre gleichzeitigen Folgekosten: Sie setzen einen hohen Entwicklungsgrad der Technologie und der menschlichen Arbeitsproduktivität voraus, der wiederum die Strukturen der Familie als primärer Sozialisationsinstanz nicht unberührt läßt; je mehr aber die Familie durch die Erfordernisse des Verwertungsprozesses ergriffen und transformiert wird, um so weniger kann sie in irgendeiner Form ihre Funktion wahrnehmen, die Kinder- und Jugendwelt vor den Zugriffen der verwertungsbezogenen Interessen partiell abzuschirmen: Die Freistellung von der Produktionssphäre wird also hinterrücks wieder rückgängig gemacht. Der „Freiraum“ als solcher droht funktionalisiert zu werden.
Diese Veränderung der Kinder- und Jugendsituation, kaum daß sie massenhafte gesellschaftliche Realität geworden wäre, ist objektive gesellschaftliche Veränderung und Veränderung „innerer Natur“ zugleich.
Die Veränderungstendenz wirkt sich auf mehreren, in einem inneren Zusammenhang stehenden Ebenen aus, die – analytisch voneinander getrennt – im Verlaufe dieser Arbeit zu untersuchen sein werden:
– als Veränderung der objektiven und subjektiven Situation der Eltern-Generation; also als veränderte Erfahrungen im beruflichen und Reproduktionsbereich, als Veränderungen der gesellschaftlich herrschenden Normen und Ideologien, als Wandel der eigenen Bedürfnisse und triebstrukturellen Zurichtungen;
– als Veränderung der familialen Sozialisation; also vorwiegend als Veränderungen des Eltern-Kind-Verhältnisses, in dem Bedürfnisdispositionen und Identifikationsprozesse sich gewandelt haben;
– als dadurch hervorgerufene veränderte psychische Struktur der Jugendlichen, welche wiederum ganz bestimmte Dispositionen schafft für die Auseinandersetzung mit der gleichen aktuellen gesellschaftlichen Umwelt, in der auch die eigenen Eltern stehen.
Der diesen Wirkungsebenen gemeinsam zugrundeliegende Zusammen-

hang ist der Prozeß zunehmender spätkapitalistischer *Vergesellschaftung,* d.h. der Erfassung und Umstrukturierung immer weiterer Lebensbereiche nach den Erfordernissen der Kapitalverwertung, was vor allem die Zersetzung vorkapitalistischer Formen der Lebensorganisation der Subjekte bedeutet.

Als Anstoß für diese Vergesellschaftungsbewegung müssen die Verwertungsschwierigkeiten des Kapitals angesehen werden.

Die Möglichkeit, die Produktion des absoluten Mehrwerts[3] ständig zu erhöhen, waren im Verlaufe des liberalkapitalistischen Entwicklungsprozesses auf zwei Grenzen gestoßen: Zum einen auf den Widerstand der sich konstituierenden Arbeiterbewegung, zum anderen auf Restriktionen seitens der Gesetzgebung des bürgerlichen Staates, welcher sich gegenüber den Einzelkapitalien gezwungen sah, die Reproduktionsbasis der lebendigen Arbeit vor der völligen physischen Auszehrung und tendenziellen Vernichtung zu bewahren.[4]

Fortan ist die Möglichkeit der Kapitalakkumulation an die Produktion des relativen Mehrwerts[5] gebunden. Hierfür muß sich das Kapital die Arbeit reell subsumieren, d.h. den Produktionsprozeß einer permanenten Transformation unterwerfen, um ein Anwachsen des Mehrprodukts auf dem Wege der technologischen und arbeitsorganisatorischen Intensifikation erreichen zu können.

Der derart erarbeitete Mehrwert muß nun realisiert werden: Hierbei taucht jedoch für das Gesamtkapital das Problem auf, daß eine Realisation, die lediglich die Bedingungen der vorhandenen Mehrwertproduktion reproduziert, auf längere Sicht die Akkumulationsbewegung stagnieren läßt; vielmehr muß neben dem Fortbestand der vorhandenen Mehrarbeit ein Teil des Mehrprodukts so verwendet werden, daß neue Realisationschancen und neue Aneignungsstrategien des Kapitals möglich gemacht werden.[6]

Im Verlauf der historischen Kapitalentwicklung sind die Verwertungsschwierigkeiten immer wieder auf Grenzen gestoßen, so daß säkulare Krisenzyklen auftraten. Nach *Sinz* sind diese Krisen aber immer auch Anstoß gewesen, die Bedingungen der Kapitalverwertung zu erweitern, indem

„das Mehrprodukt transformiert wurde zu Produkten, welche Aneignungsstrategien des Kapitals dienen. Letztlich also zu Produkten, die neue Bereiche der

---

3 Vgl. *Marx* (1969 a), bes. S. 245 ff.
4 Vgl. ebenda, S. 294–315 sowie *Kulischer* (1971), S. 464–473.
5 Vgl. *Marx* (1969 a), bes. S. 331 ff. u. 431 ff.
6 Vgl. *Sinz* (1971), S. 5.

reellen Subsumtion zu unterwerfen in der Lage sind, die kapitalistische Vergesellschaftung voranzutreiben."[7]

Das bedeutet, daß der kapitalimmanente Zwang, die Realisationschancen permanent zu erweitern und zu verbessern, insofern Motor der gesellschaftlichen Entwicklung ist, als alle Lebensbereiche einer sich ständig verstärkenden Vergesellschaftung und Umwälzung unterliegen.[8] Dieser Subsumtionsprozeß ergreift sowohl den gesamten Bereich der materiellen Produktion als auch das Verhältnis der Produktionssphäre zu den politischen Institutionen und Entscheidungsprozessen; ergreift darüber hinaus, und das ist für unseren Zusammenhang von entscheidender Bedeutung, auch die Erfahrungen der Subjekte im Arbeitsprozeß, die veränderten Bedingungen und Formen des individuellen Konsums, die Veränderung der gesellschaftlichen Normen, Bedürfnis- und Verhaltensdispositionen, und das heißt: auch die Strukturen und Inhalte des Sozialisationsprozesses selbst.
Nicht nur die objektiven Bedingungen, unter denen die Subjekte sich reproduzieren, erfahren also eine Veränderung, sondern auch die psychischen Strukturen der Subjekte selbst.

„... die Rationalisierung, der Fortschritt der Produktivkräfte, hat sich unter kapitalistischen Produktionsverhältnissen bis in die Menschen hinein fortgesetzt ..."[9]

Der Einsatz der Subjekte als Lohnarbeiter im Verlauf der kapitalistisch-industriellen Revolution kann als *formelle* Subsumtion unter das Kapital gesehen werden. Bereits diese Subsumtion hatte bestimmte Deformationen der „inneren Natur" zur Folge, indem vorkapitalistische Verhaltensformen zerschlagen und durch konditionierte Disziplin ersetzt wurden oder zumindet werden sollten.

„Im Unterschied zum bürgerlichen ‚Zwangscharakter', der letzten Endes auf der Priorität des ‚Akkumulationstriebes' gründet, konstituiert sich der proletarische ‚Zwangscharakter' erst im kapitalistischen Arbeitsprozeß, das heißt, ist der sozialpsychologische Niederschlag der durch die kapitalistische Arbeitsteilung bestimmten Arbeits- und Betriebsorganisation. (...) Die neuen zwanghaften ‚Arbeitstugenden', die mit der Entwicklung der kapitalistischen Organisation und Teilung der Arbeit als gesellschaftliche Normen, das heißt als soziale ‚Charaktertugenden' durchgesetzt werden, haben gravierende Rückwirkungen auf die gesellschaftlichen Erziehungs- und Sozialisationspraktiken (zumal der Arbeiterfamilie)."[10]

---

7 Ebenda, S. 6.
8 *Negt/Kluge* (1972, S. 298) weisen darauf hin, daß es auch gegenläufige Entwicklungen gibt, bei denen bestimmte Bereiche aus der reelen in die formelle Subsumption „entlassen" werden, da ihre unmittelbare kapitalistische Formbestimmung dysfunktional geworden ist.
9 *Horn* (1972 b), S. 22.
10 *Schneider* (1973), S. 185.

Die Verwertung aber auch derjenigen Phantasien, Bedürfnisse und Verhaltensweisen, die sich bisher gegen die industrielle Disziplinierung sperren konnten, bedeutet eine historisch neue Qualität der Vergesellschaftung. Jetzt wird der *ganze* Mensch Ziel der Aneignungsstrategie des Kapitals; in Bezug auf seine gattungsgeschichtlich verfestigte Disziplin als *Arbeitsfunktion,* in Bezug auf seine Triebhaftigkeit und Spontanität als *Konsumfunktion.* Dieser „Anspruch" auf den ganzen Menschen bedeutet die *reelle* Subsumtion der Subjekte unter das Kapital.
Nun ist die Expansion des vom Verwertungsinteresse geleiteten Vergesellschaftungsprozesses in die äußere und innere Natur hinein kein geradliniger und auch kein widerspruchsfreier Prozeß. Die Vergesellschaftung tendenziell aller gesellschaftlichen Lebensbereiche impliziert die Aufnahme von Elementen in das Kapitalverhältnis, die diesem substantiell widersprechen und nicht ohne Sprengkraft bleiben.[10a]
Hierdurch wird eine zweifache, miteinander verschränkte *Labilisierung* bewirkt:
– die Labilisierung des Kapitalzusammenhangs, der formfremde Elemente in sich aufgenommen hat;
– die Labilisierung der Widerstandsfunktion, die bisher kapitalfreien Bereichen und subjektiven Strukturen potentiell zu eigen war.

Das Kapital muß „in immer größerem Umfang Lebensverhältnisse, lebendige Arbeit, menschlichen Rohstoff aufnehmen. Der Kapitalismus muß sich am Menschen ‚verunreinigen'. Dies macht seine extreme Labilität aus.
Gerade wenn der Kapitalismus das menschliche Bewußtsein und die Lebenszusammenhänge zum wichtigsten Rohstoff, zum Ort seiner Realisation macht, schafft er Verhältnisse, die zu fast jedem Zeitpunkt zu einer revolutionären Explosion tendieren. Die revolutionären Bewegungen nehmen aber ebenfalls, aus gegensätzlichen Gründen, an der spezifischen Labilität der gesellschaftlichen Verhältnisse teil."[11]

Beide Labilisierungen, die des Kapitalzusammenhangs und die der potentiellen „Widerstands"-Elemente, äußern sich auch auf der Erfahrungsebene der Subjekte und sind als grundlegend zu betrachten, wenn deren veränderte objektive und subjektive Situation untersucht werden soll.
Auf Grund des angedeuteten Zusammenhangs dürfte einsichtig sein, daß *vor* der Analyse der veränderten *Jugendsituation* (Teil 6) und *vor* der Analyse veränderter Bedingungen der *familialen Sozialisation* (Teil 5) die charakteristischen Veränderungen der *Elternsituation* selbst zu behandeln sein werden.
Unter „Elternsituation" soll in unserem Zusammenhang zunächst verstanden werden: die veränderten Bedingungen, unter denen die Sub-

---

10a Vgl. unten, bes. Abschn. 2.
11 *Negt/Kluge* (1972), S. 309.

jekte im Spätkapitalismus gegenwärtig leben und – daraus resultierend – die veränderten Erfahrungen, die im Arbeitsprozeß, im Konsumbereich, im Stadtviertel etc. gemacht werden und welche wiederum ihre Phantasieproduktion, ihre Interesseninterpretation, ihr Wertsystem prägen und umwandeln. (Daß die Jugendlichen natürlich mit den gleichen Veränderungsprozessen konfrontiert werden, allerdings ohne das Erlebnis der Diskrepanz zu vorhergehenden Epochen, wird in den Teil 6, Abschn. 1.2. eingehen.)
Die Veränderungsprozesse können analytisch unterschieden werden nach objektiven ökonomischen und politischen Veränderungen, nach der hierdurch bewirkten Zersetzung bestimmter gesellschaftlicher Interpretationsmuster und nach den neuen Erfahrungen der Subjekte, die durch objektive Veränderungen und Normenzersetzung impliziert sind.
Was die *objektiven ökonomischen und politischen Veränderungen* betrifft, werden wir uns auf Folgendes beziehen:
– die Zunahme staatlicher Funktionen im ökonomischen Bereich;
– die erhöhte Relevanz der Konsumgüter für die Mehrwert-Realisation;
– die erhöhte Relevanz der infrastrukturellen Leistungen sowohl für die kapitalistische Produktion als auch für die Lebensumstände der Bevölkerung;
– die Intensifikation der beruflichen Arbeit, sei es im Produktions- oder im Zirkulations- und Dienstleistungssektor.
Als *Zersetzung bestimmter gesellschaftlicher Interpretationsmuster* begreifen wir:
– die Erschütterung der liberalen Ideologie des gerechten Äquivalententauschs;
– den irreversiblen Zerfall des kulturell tradierten Traditionsbestands als in sich geschlossenes Weltbild;
– die zunehmende Dysfunktionalität des Prinzips des Gratifikationsaufschubs als Leitidee bürgerlicher Verhaltensnormierung.
Diese Prozesse implizieren für die Subjekte die Möglichkeit *neuer Erfahrungen:*
– die Zunahme des gesellschaftlichen Anteils konkreter, gebrauchswertbezogener Arbeit;
– der erhöhte Legitimationsdruck, den die Subjekte auf die staatliche Administration ausüben;
– die Etablierung eines quasi-„ganzheitlichen“ neuen Weltbilds, das als Surrogat des Warenuniversums der Konsumgüter betrachtet werden kann;
– die Sensibilisierung für infrastrukturelle Mängel im Reproduktionsbereich;

– die Konsumtion kollektiver Gebrauchsgüter und Leistungen als Form der Aneignung gesellschaftlichen Reichtums, die nicht mehr über einen Markt vermittelt ist;
– die Erfahrung des „Krank-gemacht-werdens" als Folge des psychischen Belastungsgrades im Arbeitsprozeß.
Soweit die analytische Aufgliederung der unseres Erachtens einschlägigen Veränderungsprozesse.
Die Darstellung im nun folgenden Teil folgt einem anderen Gliederungsprinzip, um diejenigen objektiven Veränderungen, Norm-Zersetzungen und neuen Erfahrungsmuster, die unmittelbar miteinander zusammenhängen, nicht der analytischen Aufgliederung wegen zu sehr auseinanderzureißen. Sie wird sich – in dieser Reihenfolge – mit den Folgen der Staatstätigkeit (Abschn. 2), mit der Bedeutung der Konsumsphäre (3), mit der Infrastrukturversorgung (4) und mit den veränderten Arbeitsbedingungen (5) befassen.

2. NICHT-INTENDIERTE FOLGEN DER STAATSTÄTIGKEIT: LEGITIMATIONSBEDARF UND MOTIVATIONSSCHWUND

Die Ausweitung der Staatsfunktionen ist Vehikel eines immer weiter vorwärtstreibenden Vergesellschaftungsprozesses; dieser manifestiert sich einerseits im weitgehenden Ersatz der vordem liberalkapitalistischen Marktmechanismen durch staatliche Lenkungs- und Korrektivfunktionen, die nicht mehr marktgesteuert sind, und andererseits in der Tendenz, immer weitergehend ganze Lebensbereiche den Kriterien technokratischer Organisationsrationalität zu unterwerfen.
Als derartige administrative Maßnahmen zählt *Habermas* auf[12]:

– Organisation übernationaler Wirtschaftsblöcke; imperialistische Sicherung der internationalen Schichtung;
– strukturpolitische Lenkung des Kapitals in marktautonom vernachlässigte Sektoren;
– Verbesserung der materiellen Infrastruktur (Schul- und Gesundheitssysteme, Stadt- und Regionalplanung usw.);
– Verbesserung der immateriellen Infrastruktur (Wissenschaftspolitik usw.);
– Steigerung der Produktivkraft menschlicher Arbeit (Bildungssystem, Umschulungsprogramme usw.);
– Ablösung sozialer und sachlicher Folgekosten privater Produktion (Arbeitslosenunterstützung, Umweltschäden usw.).

12 Vgl. *Habermas* (1973), S. 53 f. Vgl. auch ebenda, S. 77 ff.

Dieser Prozeß kann, systemtheoretisch gesehen, als eine Ausweitung des politisch-administrativen Systems nach zwei Seiten hin gesehen werden: „hinein“ in das ökonomische System des Kapitalszusammenhangs und „hinein“ in das soziokulturelle System der kulturellen Überlieferung.[13]
Hierbei gerät das politische System zwangsläufig sozusagen in eine makro-ökonomische „double-bind-Situation“[14]:
Einerseits muß es über die steuerlich abgeschöpften Ressourcen so disponieren, daß die Realisationsschwierigkeiten des Kapitals nicht in ökonomische Wachstumskrisen einmünden, sondern die Bedingungen für erweiterte Verwertungschancen geschaffen werden; andererseits sind von diesen Ressourcen „Sozialleistungen“ in solchem Umfang zu finanzieren, daß ein notwendiges Minimum an Massenloyalität dem politischen System gegenüber fortbesteht.
Je nachdem, welchen Ausgabe-Leistungen von seiten der staatlichen Haushaltspolitik der Vorrang gegeben wird, drohen entweder ein Stillstand der Kapitalakkumulation und hieraus resultierende ökonomische Krisenerscheinungen oder ein Loyalitätsschwund und hieraus folgende politische Massenmobilisierung.
Es wird noch gezeigt werden, daß der Staat, indem er solcherart gezwungen ist, in beide „Richtungen“ – die ökonomische und die soziokulturelle – einen Vergesellschaftungsprozeß voranzutreiben, sich gleichsam selbst die normative Basis für seine Tätigkeit entzieht.
Die administrative Übernahme vormals marktvermittelter Funktionen stellt die staatlichen Maßnahmen unter einen Begründungszwang, der als erhöhter Legitimationsbedarf aufzufassen ist.
Der Rationalisierungsprozeß im sozio-kulturellen Bereich wiederum zerstört denjenigen Bestand an traditionalen Normen, auf dem die Motivation zu systemkonformem Verhalten beruht und das bei Gefährdung kompensatorischer „Lebensstandard“-Gratifikationen in Motivationsschwund umzuschlagen droht.
So sehr die ökonomischen Wachstums-Investitionen in einem Spannungsverhältnis zu den sozio-kulturellen Gratifikations-Investitionen stehen, so sehr sind sie doch auch in der Legitimationsproblematik miteinander verkoppelt: Der von den Notwendigkeiten des Verwertungsprozesses erzeugte Vergesellschaftungsprozeß erzeugt gleichermaßen einen erhöhten Legitimationsbedarf und eine verringerte Motivationsbasis.

13 Vgl. ebenda, S. 70.
14 Der Begriff des „double-bind“ bezeichnet einen unauflösbaren Ziel- bzw. Erwartungskonflikt. Auf seine originäre sozialpsychiatrische Bedeutung wird noch eingegangen (Teil 6, Abschn. 4.2.).

Legitimität und Motivation sind aber unter den herrschenden Sozialisationsbedingungen untrennbar aufeinander bezogen:

„Solange wir es mit einer Sozialisationsform zu tun haben, die die innere Natur in eine kommunikative Verhaltensorganisation einbindet, ist keine Legitimation von Handlungsnormen denkbar, die ein auch nur annähernd motivloses Akzeptieren von Entscheidungen sicherstellt: das Motiv für die Bereitschaft zur Konformität gegenüber einer inhaltlich noch unbestimmten Entscheidungsgewalt ist die Erwartung, daß diese übereinstimmend mit legitimen Handlungsnormen ausgeübt wird."[15]

Beides, die Ursachen des erhöhten Legitimationsbedarfs und der reduzierten Motivationsbasis, soll im folgenden in Anlehnung vor allem an *Habermas* und *Offe* behandelt werden.
Sowohl die staatliche Funktion, wichtige Bestandsvoraussetzungen der Produktion zu erhalten und zu erweitern, als auch der bedeutend gestiegene Aufwand für die einfache Reproduktion der Arbeitskraft[16] haben eine erhöhte Bedeutung des Infrastrukturbereichs und eine Ausweitung des Anteils von Dienstleistungs- und Verwaltungsarbeiten zur Folge. D.h. es kommt einmal zu einer „Zunahme von Arbeitsprozessen, die nicht als Verwertungsprozesse organisiert sind"[17] und zum zweiten zur „Zunahme von Wertbestandteilen, die nicht-kapitalistisch verwendet werden"[18]

2.1. Zunahme der gebrauchswertbezogenen Arbeit

Offe sieht die Zunahme[19] der Arbeit im Dienstleistungsbereich, in der Zirkulation, als Unternehmenangestellte und als Arbeitnehmer im öffentlichen Dienst als strukturverändernd an, da diese Tätigkeiten

„. . . zwar supplementär auf den Verwertungsprozeß bezogen sein mögen, aber nicht *als* Verwertungsprozeß, sondern als *konkrete* Arbeit vonstatten gehen.. Steuerndes Kriterium dieser konkreten Arbeit ist nicht die – gegen den Gebrauchswert gleichgültige – Maximierung des Mehrprodukts, seine Realisierung und seine Investition, sondern das konkrete Resultat der Arbeit. Die materielle Entschädigung konkreter Arbeit besteht deshalb nicht in ‚variablem Kapital', sondern in ‚Revenue'."[20]

Je mehr die Aufrechterhaltung und Neuerschließung von Verwertungschancen durch die Zunahme des Anteils an konkreter Arbeit begleitet

15 *Habermas* (1973), S. 64.
16 Vgl. *Offe* (1972 a), S. 157 f.
17 *Offe* (1972 b), S. 52.
18 Ebenda.
19 In den USA vollzog sich fast die gesamte Zunahme an Arbeitsplätzen außerhalb der unmittelbaren Produktion; vgl. *Offe* (1972 b), S. 45.
20 Ebenda, S. 44 f.

ist, um so mehr wird die Universalität der Warenform erschüttert: d.h. die Bedingungen des Verwertungsprozesses erfordern in steigendem Maße Leistungen konkreter Arbeit – oder anders ausgedrückt – die Bedingungen tauschwertbezogener Produktion bedürfen in steigendem Maße eines Bereichs, der eindeutig gebrauchswertbezogen funktioniert. Die gebrauchswertbezogenen Arbeiten sind orientiert auf die Qualität ihrer Resultate und nicht auf das Kriterium ihrer Verwertungsrelevanz. Die *tausch*wertbezogene Arbeit wird letztendlich durch die Auswertungsergebnisse von Marktdaten gesteuert bzw. – korrekter gesagt – eine Steuerung durch derartige Marktdaten kann zumindest apologetisch behauptet werden. Hingegen liegen der *gebrauchs*wertbezogenen Arbeit keine Marktkriterien zugrunde, die als „naturwüchsig" zustandegekommen dargestellt werden können; sie beruht vielmehr auf Entscheidungen, denen zunächst einmal keine derartige „Evidenz" zugesprochen werden kann.

„Während Marktdaten nur registriert werden müssen, bedürfen Entscheidungen der Begründung. Jeder Entscheidung geht ein Prozeß voraus, in dem Alternativen thematisiert und in Betracht gezogen werden müssen. Die Form der Entscheidung bedeutet, daß sein jeweils konkretes Ergebnis auch anders aussehen könnte; sobald eine Handlungsprämisse zum Gegenstand von Entscheidungen wird (und nicht nur aus der Explikation von Situationsdaten hervorgeht), öffnet sich ein Kontingenz-Bereich, dem gegenüber das Entscheidungsresultat rechenschaftspflichtig wird: der Entscheidende muß begründen, warum er – angesichts gegebener Alternativen – nicht anders gehandelt hat."[21]

Dieser Begründungszwang für Entscheidungen, die den gebrauchswertbezogenen Arbeiten und Leistungen zugrundeliegen, stellt sich dar als Legitimationsproblem. Der *Bedarf* an Legitimation ist demnach im gleichen Maße wachsend, in dem die Bedingungen der Kapitalverwertung es erforderlich machen, den gesellschaftlichen Formanteil an konkreter Arbeit ausweiten zu lassen.

2.2. Ausweitung des „öffentlichen Sektors"

So wie der wachsende Legitimationsbedarf aus der Formbestimmung der *Arbeit* analysiert werden kann, ist er gleichzeitig auch als Folge der Zweckbestimmung eines Teils des *Kapitals* zu begreifen:
Gemeint ist hier dasjenige Sachkapital, das im Infrastrukturbereich festgelegt ist zu dem Zwecke, die Umschlagsdauer des Kapitals zu verringern (Kommunikations-, Informations- und Verkehrssysteme) und

21 *Offe* (1972 b), S. 50 f.

die Produktivität der Arbeitskraft zu erhöhen (Ausbildungswesen, Versorgungsleistungen in urbanen Ballungsräumen etc.). Ebenso wie die Ausweitung konkreter, gebrauchswertbezogener Arbeit stellt das Wachstum derartiger Infrastruktur-Investitionen eine systemnotwendige „Formverletzung"[22] der Warenform dar, da diese einer nicht-kapitalistischen Verwendung unterliegen.

Die Mittel zur Bereitstellung infrastruktureller Güter und Leistungen sind dem staatlich angeeigneten Mehrwertanteil, also dem Revenue-Fonds entnommen: „das Resultat (der Infrastrukturinvestitionen, T.Z.) ist nicht Wert-Erzeugung, sondern Wert-Vernichtung"[23]; d.h. es wird weder ein Mehrwert produziert, noch kommt es zu einer Wertrealisation und Rückverwandlung in Kapital.

Die Zunahme von Revenue wirkt sich also einmal als Verringerung des akkumulationsfähigen gesellschaftlichen Mehrprodukts aus. Diese Verringerung kann sich den Kapitalinteressen gegenüber durch die tatsächliche Effizienz der administrativen Investitionen rechtfertigen, welche an ihrer Funktionalität für die Verbesserung der Verwertungsbedingungen gemessen wird.

Diesem Zwang zur kapitalfunktionalen Effizienz steht andererseits ein Zwang zur Legitimation des staatlichen Handelns gegenüber, welches (wie bei der Problematik der gebrauchsbezogenen Arbeit) nicht auf der Grundlage marktvermittelter Daten zustande kommen kann; vielmehr erwächst diese Legitimation aus der administrativen Prioritätensetzung, aus politischen Entscheidungsprozessen, die normativ unter dem Anspruch stehen, allgemeine Lebensbedingungen zu verbessern. Je mehr nun aber die kapitalfunktionale Ausweitung der Infrastrukturinvestitionen sich unter den Anspruch zu stellen hat, Lebensbedingungen zu verbessern, umso mehr verringert sich die Legitimationskraft des Marktes: sie wurde im Liberalkapitalismus noch dadurch aufrechterhalten, daß die Lebensbedingungen als blindes Resultat naturwüchsiger wiewohl „gleichberechtigter" Tauschbeziehungen dargestellt werden konnten. Die gesellschaftliche Tatsache, daß „der Markt" nur fortbestehen kann, wenn er durch einen marktfremden, gebrauchswertbezogenen Bereich zum Teil substituiert, zum Teil korrigiert wird, daß sich gleichzeitig gerade an diesen Bereich wesentliche Bedürfnisse nach Verbesserung der Lebensbedingungen richten, bedeutet eine endogen hervorgerufene Erschütterung der vermeintlichen Deckungsgleichheit von Gerechtigkeit und Tauschprinzip.

---

22 Ebenda, S. 46.
23 Ebenda, S. 53.

Auf diese Weise produziert die administrative Aktivität notwendig die Bedingungen einer Krise des Marktzusammenhanges, zu dessen *Abstützung* sie letztendlich erst ihre Funktion ausgeweitet hatte.
Der Zwang zur Etablierung eines gebrauchswertbezogenen Bereichs *und* zur Bewahrung der tauschwertstützenden Marktideologie stellt den Staat vor das Dilemma, den Strukturwiderspruch des öffentlichen Sektors, die

„. . . Diskrepanz zwischen *Form* und *Funktion* der Infrastrukturpolitik, zwischen ihrer nicht-kapitalistischen Verlaufsform bei aufrechterhaltener Anbindung an Kriterien der Kapitalverwertung . . . "[24]

zu überbrücken.
Die Tendenz zu einer Legitimationskrise des spätkapitalistischen Gesellschaftssystems bleibt demnach festzuhalten als Folge
– einer Ausweitung desjenigen Anteils an der gesellschaftlich erbrachten Arbeit, der der Form nach konkret und der Zweckbestimmung nach gebrauchswertbezogen ist;
– und einer rapiden Expansion desjenigen Anteil des gesellschaftlichen Mehrprodukts, der in staatliche Revenue übergeht und in nicht-kapitalistischer Weise außerhalb eines Marktzusammenhangs verwendet wird.
Auf den notwendigen Zusammenhang zwischen der Legitimität von Handlungen und der Bereitschaft zur Konformität mit der Handlungsinstanz wurde bereits oben verwiesen: Zu fragen wäre also – wenn der fortschreitende Vergesellschaftungsprozeß der spätkapitalistischen Entwicklung einen erhöhten Legitimationsbedarf des Staates zur Folge hat – ob und wieso dem gleichzeitig eine verringerte Motivation zum konformen Handeln von seiten der Gesellschaftsmitglieder gegenübersteht.

2.3. Zerfall der Äquivalententausch-Ideologie

Die Verkehrsformen der Subjekte im Liberalkapitalismus standen im Bezugsrahmen der formal politikfreien marktgesteuerten Tauschsphäre. Der objektiven Entpolitisierung der Produktionsverhältnisse nach der bürgerlichen Okkupation des absolutistischen Staatsapparates entsprach eine inhaltlich diffuse Bereitschaft des Bürgertums zur Konformität mit der politischen Entscheidungsinstanz, solange diese nicht dysfunktional in den gesellschaftlichen Tauschverkehr eingriff.

---

24 Ebenda. S. 57.

Diese inhaltlich diffuse Bereitschaft zur Konformität bedeutet eine Loyalitätsbereitschaft, die sozusagen „auf Vorschuß" gegeben werden konnte, da bürgerliche Subjekte und staatliche Administration innerhalb des gleichen Rahmens der von ihnen anerkannten Legitimitätsregeln handelten:

„Letztes Motiv der Folgebereitschaft ist die Überzeugung, daß ich mich im Zweifelsfall diskursiv überzeugen lassen kann."[25]

Die Grundlage der Folgebereitschaft ist die Existenz von Motivationen, die insoweit generalisiert sein müssen, als sie über individuelle und inhaltlich bestimmte Motive hinausreichen.
Die Beschaffung derart generalisierter Motivationen ist eine wesentliche Bestandsvoraussetzung politischer Herrschaftssysteme: sie bilden sich unter kapitalistischen Produktionsverhältnissen in Korrespondenz zur Ideologie des gerechten Äquivalententauschs.[26]
Insofern ist – auch innerhalb des *spät*kapitalistischen Systems – die Möglicheit der Beschaffung generalisierter Motivationen zunächst gekoppelt an die Aufrechterhaltung bzw. Brüchigkeit dieser Äquivalententausch-Ideologie. Hierbei handelt es sich um einen

„... doppelte(n) Schein der Äquivalenz zwischen qualitativ und quantitativ ungleichen und unvergleichbaren Wertgrößen ..."[27]

Der Schein *qualitativer* Äquivalenz ist Resultat des einfachen Warentausches (W-G-W): Die ausgetauschten Waren entledigen sich ihres Gebrauchswert-Charakters und drücken ihren Tauschwert in der allgemeinen Äquivalentform, in Geld, aus. Qualitativ Verschiedenes – konkrete Gebrauchswerte – werden hier zueinander in ein Verhältnis gesetzt. Sobald dieses Verhältnis sich in der Geldform ausdrückt, verbirgt diese sowohl die in den Waren enthaltene gesellschaftliche Arbeit als auch das „im Tauschwert enthaltene Verhältnis zwischen Personen"[28]:

„Eine Ware scheint nicht erst Geld zu werden, weil die anderen Waren allseitig ihre Werte in ihr darstellen, sondern ... weil sie Geld ist. Die vermittelnde Bewegung verschwindet in ihrem eigenen Resultat und läßt keine Spur zurück."[29]

Das gesellschaftliche Produktionsverhältnis verbirgt sich hinter seiner dinglichen Repräsentation. Diese Verkehrung erfährt eine weitere

---

25 *Habermas* (1973), S. 64.
26 Das gilt nicht in gleicher Weise für die Unterdrückungsgeschichte des Proletariats, vgl. ebenda, S. 38.
27 *Schneider* (1973), S. 202.
28 Ebenda, S. 201.
29 *Marx* (1969 a), S. 107 f. Vgl. auch *Schneider* (1973), S. 201.

Steigerung innerhalb des entwickelten kapitalistischen Warenaustausches (G-W-G'), da hier die Warenproduktion auf einem ganz spezifischen Tauschverhältnis aufbaut, nämlich dem Tausch des Gebrauchswerts der Ware Arbeitskraft gegen Lohn. Nicht nur wird hier qualitativ Verschiedenes, sondern auch *quantitativ* Verschiedenes scheinhaft gleichgesetzt. Gebrauch und Kaufpreis der Ware Arbeitskraft in Form der Lohnarbeit verdecken nämlich deren entscheidende quantitative Differenz: Der Gebrauchswert der Ware Arbeitskraft besteht gerade darin, dem zu bearbeitenden Gegenstand Wert hinzuzufügen, und zwar mehr Wert hinzuzufügen als durch die Reproduktionskosten der Ware Arbeitskraft dem Kapitaleigner wieder in Form des Lohnes verlorengeht. Nur bei einer derartigen Differenz zwischen der Wertsteigerung des bearbeiteten Rohstoffes und dem ausgezahlten Lohn ist eine erweiterte Reproduktion des Kapitals möglich.

„Die Form des Arbeitslohns löscht jede Spur der Teilung des Arbeitstags in notwendige Arbeit und Mehrarbeit, in bezahlte und unbezahlte Arbeit aus. Alle Arbeit erscheint als bezahlte Arbeit."[30]

Durch die allgemeine Mystifikation beim Austausch von Waren (über die Geldform) und durch die besondere Mystifikation beim Kauf der Ware Arbeitskraft kommt es zu einer Verkehrung von gesellschaftlichen und sachlichen Verhältnissen:

„Das Geheimnisvolle der Warenform besteht also einfach darin, daß sie den Menschen die gesellschaftlichen Charaktere ihrer eigenen Arbeit als gegenständliche Charaktere der Arbeitsprodukte selbst, als gesellschaftliche Natureigenschaften dieser Dinge zurückspiegelt, daher auch das gesellschaftliche Verhältnis der Produzenten zur Gesamtarbeit als ein außer ihnen existierendes gesellschaftliches Verhältnis von Gegenständen."[31]

Diese Verkehrung gipfelt in dem Schein, die Wertbildung sei Ergebnis der Produktivkraft des Kapitals, anstatt daß sie noch auf die allein wertkonstitutive Funktion lebendiger Arbeit zurückgeführt werden könnte.
Hier nun wird die wichtige legitimatorische Funktion der Ideologie des Äquivalententausches deutlich:
Wenn nämlich der Lohn als „Wert der Arbeit" erscheint, ist der entscheidende Unterschied zwischen dem Kapitalgewinn als Realisation des Mehrwerts bzw. als *erweiterte Reproduktion* des Kapitals und dem Lohn als Grundlage der *einfachen Reproduktion* der Arbeitskraft nicht mehr durchschaubar.

---

30 *Marx* (1969 a), S. 562, zit. n. *Schneider* (1973), S. 202.
31 *Marx* (1969 a), S. 86.

„Da den Lohnabhängigen suggeriert wird, sie bekämen ihre Arbeit bezahlt (nicht nur die verausgabte Arbeitskraft rückvergütet), müssen sie die einfache Reproduktion ihrer Existenz als mißlingenden Akkumulationsversuch auffassen."[32]

Mit dem qualitativen Unterschied zwischem dem Besitz von Kapital und dem „Besitz" von Arbeitskraft wird aber auch die Tatsache verschiedener Klassen überhaupt verdeckt. Die gesellschaftliche Wirklichkeit, vor allem die Verteilung des gesellschaftlichen Reichtums, erscheint als blindes Ergebnis des Tauschverkehrs privat-autonomer Warenbesitzer, die prinzipiell gleichberechtigt sind, seien sie nun Käufer oder Verkäufer von Arbeitskraft.
Scheinbar gleich, erfolgt alles Handeln der gesellschaftlichen Subjekte aus einer Gewinnorientierung heraus, die sie ihre Waren feilbieten und kaufen läßt und die Gesellschaft einer marktvermittelten Selbstregulation überläßt. „Gerechtigkeit" kann nur sein, was Ergebnis derartigen Handelns auf Grund „gleicher Ausgangschancen" ist.
Dies ist aber die Substanz für generalisierte Motivationen zur Konformität mit den gesellschaftlichen Normen und der politischen Entscheidungsinstanz.

„Die bürgerlichen Ideologien können eine universalistische Struktur annehmen und an verallgemeinerbare Interessen appellieren, weil die Eigentumsordnung (im Liberalkapitalismus, T.Z.) die politische Form abgestreift hat und in ein Produktionsverhältnis übergeführt worden ist, das sich, wie es den Anschein hat, selber legitimieren kann: die Institution des Marktes kann sich auf die dem Äquivalententausch innewohnende Gerechtigkeit stützen."[33]

Die Aufbringung derartiger generalisierter Motivation muß nun empfindlich erschwert sein, wenn die Ideologie des gerechten Äquivalententausches durch die objektiven Funktionsschwächen des Marktes erschüttert wird.
– Der Anteil der gesellschaftlichen Arbeit, der gebrauchswertbezogen, also nicht gleichgültig gegenüber dem Arbeitsergebnis ist, nimmt zu;
– hierdurch bedingt, aber auch durch einen wachsenden Bevölkerungsanteil, der überhaupt außerhalb des Bereichs der Erwerbstätigkeit bleibt[34], nimmt der Anteil abstrakter Arbeit noch mehr ab;
– der Anteil des gesellschaftlichen Reichtums, der einer nicht-kapitalistischen Verwendung unterliegt, nimmt zu und bewirkt einen wach-

32 *Milhoffer* (1973), S. 112.
33 *Habermas* (9173), S. 38.
34 *Offe* (1972 b, S. 41 f.) stellt für die USA fest, daß fast die Hälfte der über 16jährigen Bürger kein Arbeitseinkommen hat, sondern den Status eines Auszubildenden, Rentners, Arbeitslosen usw.

senden Begründungszwang für politisch-ökonomische Entscheidungen – anstelle der Selbstlegitimierung durch den Markt.
„Soziale Gerechtigkeit" ist nicht mehr in gleichem Maße ungefragt das Ergebnis privaten Warentauschs und des sich selbst regulierenden Marktes.

„Die Tendenz, gemeinnützige Gebrauchswertproduktion innerhalb des kapitalistischen Gesamtzusammenhangs zu institutionalisieren, teils durch Kommunalisierung, teils in öffentlich-rechtlicher, teils in gemeinnütziger Organisationsform, bezeichnet eine auch für die Einzelnen, Individuen erfahrbar gewordene praktische Kritik an der Selbstverständlichkeit und universellen Geltung des Privateigentumprinzips."[35]

Generalisierte Motivation zur Konformität ist deshalb zunehmend abhängig davon, ob es gelingt, dem Kapitalfonds und dem Revenuefonds genügend Mittel zu entnehmen, um kompensatorische Gratifikationen („in Form von Geld, arbeitsfreier Zeit und Sicherheit"[36]) zu finanzieren und damit die generelle Motivationsschwäche aufzufangen.
Andererseits darf durch diese Ausgaben weder der akkumulationsfähige Teil des gesellschaftlichen Mehrprodukts zu sehr geschmälert werden noch der Administration so viel finanzieller Dispositionsspielraum genommen werden, daß die infrastrukturellen Investitionen hinter den Erfordernissen des Verwertungsprozesses zurückbleiben.
Maßnahmen zum Erhalt und zur Verbesserung der Verwertungsbedingungen müssen sich also die Waage halten mit Maßnahmen zur Kompensation des Abbröckelns generalisierter Motivationen: Für die Funktion der Administration heißt das, ihre Ausgaben so vorzunehmen, daß

„. . . sowohl die Gefahr einer ‚Unterversorgung' im Infrastrukturbereich vermieden, dabei aber gleichzeitig das beständige Risiko einer dysfunktionalen ‚Überbeanspruchung' der von Verwertungskriterien freigesetzten staatlichen Infrastrukturproduktion nicht aktualisiert wird."[37]

2.4. Zersetzung des Traditionsbestands

Die Möglichkeiten zu systemkonformer effizienter Entschädigung der Subjekte, die nach dem Abbröckeln der Ideologie des Äquivalententausches bestandsnotwendig geworden ist, sind also begrenzt: Die Beanspruchung des Revenue-Fonds durch Haushaltsausgaben, die primär

35 *Negt/kluge* (1972), S. 302.
36 *Habermas* (1973), S. 55.
37 *Offe* (1972 b), S. 57.

die Funktion haben, Realisationsprobleme des Kapitals zu beheben (z.B. Rüstungsproduktion), ist dermaßen groß, daß die tatsächlichen Entschädigungsleistungen permanent hinter den wachsenden Entschädigungserwartungen zurückzubleiben drohen.
Das bedeutet, daß die Gratifikationsleistungen des administrativen Systems der aktiven Unterstützungsfunktion des – davon analytisch unterscheidbaren – legitimatorischen Systems bedürfen: Dieses legitimatorische System soll das Legitimitätsvakuum, das die Tauschideologie zurückgelassen hat, erneut füllen; es versucht die administrative Reaktualisierung von „expressiven Symbolen, die eine unspezifische Folgebereitschaft"[38] wiederherzustellen versprechen.
Nun hat allerdings der Versuch der administrativ gesteuerten Legitimationsbeschaffung „nichtintendierte Nebenfolgen"[39], die seine Zielsetzung nicht nur erschweren, sondern möglicherweise auch strukturell unmöglich machen. Die Legitimationsbeschaffung ist nämlich darauf verwiesen, die für sie notwendigen Symbole dem scheinbar naturwüchsig entstandenen kulturellen Traditionsbestand zu entnehmen, wobei jedoch die gezielte „Benutzung" derartiger symbolischer Elemente zu manipulativen Zwecken deren Substanz nicht unberührt läßt.
Habermas spricht vom

„Verschleißeffekt bei der Ausbeutung von kulturellen Gehalten für administrative und marktstrategische Zwecke"[40], „sobald sie objektivistisch aufbereitet oder strategisch eingesetzt"[41] werden:
„Legitimatorische Kraft behalten Traditionen offensichtlich nur, solange sie nicht aus kontinuitätssichernden und identitätsverbürgenden Deutungssystemen herausgebrochen werden."[42] .

Indem sich hier das politische System (als übergeordnete Kategorie des legitimatorischen Systems) in das sozio-kulturelle hinein ausweitet, erzeugt es ebenso Kontingenzbewußtsein und Begründungszwang wie bei der Übernahme vormals marktvermittelter ökonomischer Funktionen. Der Versuch, Traditionsinhalte legitimatorisch zu instrumentalisieren, schwächt deren normative Substanz und nimmt ihnen den Status des Nichthinterfragbaren.[43] Werden Traditionsinhalte aber erst einmal hin-

38 *Habermas* (1973), S. 99.
39 Ebenda, S. 73.
40 Ebenda, S. 100.
41 Ebenda.
42 Ebenda.
43 *Habermas* (1973, S. 101) verdeutlicht dies am Beispiel der Curriculumforschung, die, indem sie den traditionellen Wissenskanon administrativ korrigieren will, einen Bereich „aufstört", der sich vorher selbst legitimiert hat.

terfragt, so können sie ihre normative Lenkungsfunktion kaum noch ungebrochen wahrnehmen, sondern sind prinzipiell nicht mehr einem Diskurs der betroffenen Subjekte zu entziehen und mit möglichen Alternativinhalten konfrontierbar.
Dieser Effekt der „Aufstörung kultureller Selbstverständlichkeiten"[44] wirkt sich natürlich als erhebliche Verunsicherung auch im Bereich der familialen Sozialisationstechniken und der institutionalisierten Erziehung aus.
Die Intention, das administrative System dadurch zu legitimieren, daß es publikumswirksam vorgibt, sich an Normbestände anzubinden, die sich selbst legitimieren, hat demnach den gegenteiligen Effekt: Die vordem unbefragten kulturellen Symbolsysteme werden in den Rationalisierungsprozeß des politischen Systems mit hineingezogen, um somit den gesellschaftlichen Bereichen, die vermehrt einem Begründungszwang unterliegen, ungewollt zur Expansion zu verhelfen.

„Auf allen Ebenen hat die administrative Planung nicht-intendierte Beunruhigungs- und Veröffentlichungseffekte, die das Rechtfertigungspotential der aus ihrer Naturwüchsigkeit aufgescheuchten Traditionen schwächen. Wenn deren Fraglosigkeit erst einmal zerstört ist, kann die Stabilisierung von Geltungsansprüchen nur noch über Diskurse gelingen. Die Aufstörung kultureller Selbstverständlichkeiten fördert deshalb die Politisierung von Lebensbereichen, die bis dahin der Privatsphäre zugeschlagen werden konnten."[45]

Nun ist aber die Substanz der überlieferten Deutungssysteme, die solcherart verschlissen werden, gleichzeitig das Medium für die herkömmliche (privatistische) Bedürfnisinterpretation der Subjekte, d.h. die Rationalisierung des Traditionsbestands ist nicht nur als Hindernis für administrative Motivations*beschaffung* zu sehen: sie greift gleichzeitig ein in die Möglichkeiten des sozio-kulturellen Systems, ein konformes Motivations*angebot* hervorzubringen.
Das zunehmende Kontingenzbewußtsein in Bezug auf Traditionsinhalte und Sozialisationstechniken, die Politisierung der inhaltlichen Basis des sozio-kulturellen Systems, erschüttert die Syndrome „eines staatsbürgerlichen und eines familial-beruflichen Privatismus"[46] und schwächt somit das überkommene Angebot an systemkonformen Motivationen. Diese beiden Verhaltenssyndrome sind nämlich steuernde Grundlage dafür, daß die Reduktion politischer Verhaltensmöglichkeiten auf die Teilnahme an Wahlakten ebenso akzeptiert wird wie die tendenzielle Eingrenzung gesellschaftlicher Verkehrsformen auf familiale Güterkonsumtion und berufliches Karrierestreben.

44 Ebenda.
45 Ebenda, S. 102.
46 Ebenda, S. 106.

Deshalb ist für unsere Fragestellung nicht nur relevant, wie der Widerspruch zwischen den administrativen Versuchen der Legitimationsbeschaffung und der Struktur des überkommenen Traditionsbestands sich so auswirkt, daß letztere gerade ihre legitimatorische Potenz *verlieren;* wenn die traditional-bürgerlichen Kulturmuster gleichzeitig mit den Einstellungs- und Verhaltenssyndromen der Subjekte verkoppelt sind[47], dann muß die Transformation dieser Kulturmuster auch unmittelbar die Syndrome des bürgerlichen Privatismus berühren.
Was bedeutet dieser Transformationsprozeß bürgerlicher Kulturmuster inhaltlich?
Diese Kulturmuster sind zunächst nach ihren genuin bürgerlichen und nach übernommenen *vor*bürgerlichen Inhaltselementen zu differenzieren, denn

> „die bürgerliche Kultur (hat sich) im ganzen niemals aus ihrem eigenen Bestand reproduzieren können; sie war stets auf die motivationswirksame Ergänzung durch traditionalistische Weltbilder angewiesen."[48]

Nur die traditionellen Weltbilder versprachen die Herstellung von „Sinn", von auf „das Ganze" bezogenen, identitätsstiftenden Deutungen, ohne die die Verinnerlichung rein bürgerlicher Ideologieelemente in den Subjekten ein zu starkes affektives Defizit hinterlassen hätte.
Habermas[49] sieht die Ursachen des Abbaus vorbürgerlicher Traditionsbestände einmal in der bereits dargelegten Infiltration von seiten des administrativen Systems, die sich als „Ausdehnung der Sub-Systeme zweckrationalen Handelns"[50] auf Kosten der Bereiche kommunikativen Handelns analysieren läßt; und zwar dies im Sinne *geplanter* Rationalisierungsstrategien, aber auch im Sinne *nicht-intendierter* Nebenfolgen der versuchten administrativen Legitimationsbeschaffung, wie sie oben angesprochen wurden.
Zum anderen – mit dem höheren ökonomisch-politischen Vergesellschaftungsgrad zusammenhängend – ist dieser Abbau auch als Folge der „vom Wissenschaftssystem ausgehenden kognitiven Einstellungen"[51] zu sehen. Der Rationalisierungs- und Verwissenschaftlichungsprozeß wirkt sich derart aus, daß die durch traditionale Weltbilder gebotene Interpretation des ganzen geschichtlichen und gesellschaftlichen Zusammenhangs positivistisch zerstückelt wird. An ihre Stelle treten

---

47 Vgl. ebenda u. f.
48 Ebenda, S. 109.
49 Vgl. ebenda, S. 111–113.
50 *Habermas* (1968 c), S. 68.
51 *Habermas* (1973), S. 111 f.

wechselnde „Popularsynthesen aus wissenschaftlichen Einzelinformationen“[52], die weder dem Anspruch nach auf gesellschaftliche Totalität gerichtet sind, noch dies ihrer Struktur nach sein können.
Es bleibt aber fraglich, ob diese positivistisch isolierten Erklärungselemente tatsächlich vollwertiges Äquivalent für die kognitiven und affektiven Funktionen sein können, die das Festhalten an einem Weltbild für die Subjekte hatte.

„Die Grundfunktion von weltstabilisierenden ... Deutungssystemen besteht darin, Chaos zu vermeiden, d.h. Kontingenzen zu überwinden. (...) Der ‚Sinn‘, den Religionen verheißen, ist immer ambivalent gewesen: einerseits wird mit diesem Sinnversprechen der für die sozio-kulturelle Lebensform bisher konstitutive Anspruch aufrechterhalten, daß sich die Menschen, wenn sie wissen wollen, warum etwas so geschieht, wie es geschieht, und wie das, was sie tun und tun sollen, gerechtfertigt werden kann, nicht mit Fiktionen, sondern allein mit ‚Wahrheiten‘ zufriedengeben dürfen; andererseits hat das Sinnversprechen immer auch ein Trostversprechen impliziert, weil die angebotenen Deutungen die beunruhigenden Kontingenzen nicht einfach zu Bewußtsein bringen, sondern erträglich machen – auch und gerade dann, wenn sie *als* Kontingenzen gar nicht beseitigt werden können.“[53]

Auf die Möglichkeit, daß das mit der Zersetzung traditionaler Weltbilder auftretende Vakuum, insbesondere das affektive, neben den positivistischen Einzelaussagen mit neuartigen, der Warenwelt entnommenen Ersatz-Weltbildern ausgefüllt werden kann, wird weiter unten einzugehen sein.[53a]
Eine weitere Folge der Transformation des Traditionsbestands in kontingente Normen ist als ambivalent anzusehen: Das Bewußtsein der Kontingenz von Interpretations- und Lebensregeln, die vordem als „naturwüchsig“ angesehen werden mußten, macht diese prinzipiell der Diskussion zugänglich; diese Entwicklung kann aber auf falsche Weise dadurch aufgefangen werden, daß mögliche alternative Diskussionsergebnisse durch einen liberalen Populärpluralismus von vornherein relativiert werden. Es wird dann nicht die diskursiv zu konstituierende „Wahrheitsfähigkeit praktischer Fragen“[53b] anerkannt und angestrebt, sondern aus der angenommenen prinzipiellen Nicht-Entscheidbarkeit von Praxisalternativen folgen dezisionistische Festsetzungen. Auch unter diesem Aspekt der entstehenden Unsicherheit bei der Beurteilung von Lebensregeln wird unten noch zu fragen sein, inwieweit neue Symbolsysteme diese Verunsicherung scheinbar überwinden helfen und sich in den Subjekten affektiv verankern.

52 Ebenda, S. 112; vgl. hierzu auch *Adorno* (1972 b).
53 *Habermas* (1973), S. 163 f.
53a Vgl. Abschn. 3.3.
53b Ebenda, S. 140: *Habermas* (1973).

Daß die in das traditionale Weltbild eingebetteten geniun bürgerlichen Ideologieelemente ihrerseits erschüttert worden sind, ist im Zusammenhang mit der Ideologie des gerechten Äquivalententauschs bereits dargestellt worden.
Die bisherigen gedanklichen Schritte sollen nun noch einmal kurz zusammenfassend verdeutlicht werden.
Die Bedingungen des Verwertungsprozesses haben selbst die Aufnahme systemfremder Elemente in den Produktionsprozeß gesellschaftlichen Reichtums erzwungen: In Form von konkreter gebrauchswertbezogener Arbeit, deren gesellschaftlicher Anteil zunimmt; und in Form von administrativen Ausgaben, die die Herausnahme eines wachsenden Teils des gesellschaftlichen Mehrprodukts aus dem marktvermittelten Warenzusammenhang bedeuten.
Indem hierdurch die Ideologie einer sich selbst legitimierenden Eigensteuerung des gesellschaftlichen Reproduktionsprozesses zunehmend in der veränderten Realität *erfahrbar* korrigiert wird,

„. . . verliert der Markt als leistungsgerechter Mechanismus für die Zuteilung von systemkonformen Lebenschancen seine Glaubwürdigkeit."[54]

Gleichzeitig ist jedoch die Administration, bei dem Versuch den nunmehr erhöhten Legitimationsbedarf des nicht mehr marktgesteuerten Systems zu decken, auf den Rückgriff in den überlieferten Traditionsbestand verwiesen: Der hierdurch hervorgerufene „Entzauberungseffekt" nimmt nun aber gerade dem Traditionsbestand seine legitimatorische Potenz und überantwortet ihn ebenfalls dem Status der Kontingenz.
Erneut wird also das administrative System zum Erbringen kompensatorischer Gratifikationen genötigt, um Ersatzlegitimation aufzubringen und Massenloyalität zu erhalten:

„. . . die fiskalisch abgeschöpfte Ressource ‚Wert' muß die knappe Ressource ‚Sinn' substituieren."[55]

Nun bleibt allerdings im weiteren Verlauf der Argumentation zu fragen, ob nicht die kategoriale Entgegensetzung von „Sinn" und „Wert", wie sie *Habermas* vornimmt, eventuell den Blick für einen weiteren gesellschaftlichen Entwicklungsaspekt verstellt. Es bleibt zu fragen, ob es nicht auf zweierlei Weise zu einer gegenseitigen Durchdringung von „Sinn" und „Wert" kommen könnte:

54 Ebenda, S. 114.
55 Ebenda, S. 104.

– indem derjenige Bestandteil der gesellschaftlichen *Wertmasse*, der die konsumierbare Warenansammlung ausmacht, neue surrogative, aber durchaus „das Ganze" scheinhaft spiegelnde „Sinn"-Zusammenhänge stiftet;
– indem dieser, dem Schein der Warenwelt inhärente „Sinn" zum neuen Strukturmuster *auch* für diejenigen Erfahrungen wird, die gebrauchswertorientiert sind und bei der Konsumtion kollektiver Gebrauchsgüter gemacht werden.
D.h. die oben angeschnittene Problematik des sich affektiv auswirkenden Verlustes der auf Totalität ausgerichteten Deutungssysteme kann noch auf einer anderen Ebene angegangen werden, als dies *Habermas*[56] vorschlägt: Nicht nur auf der Ebene der Kritik der Subsysteme zweckrationalen Handelns und der zeichensystematischen Reduzierung von symbolischen Vermittlungen, um hier einen nicht-befriedigbaren Überschuß an „Totalitätsbewußtsein" bei den Subjekten rekonstruieren zu können; sondern auch auf der Ebene der manipulativen *Anreicherung* der entfremdeten Verkehrsformen mit Symbolelementen, die dem von der Warenwelt produzierten *„Sinn-Reservoir"* entnommen sind.
Dann stellt sich allerdings die Frage, ob das nicht eine quasi verdoppelte Form von Entfremdung bedeutet, eine „Entfremdung vom Bewußtsein dieser Entfremdung"[57] und – des weiteren – ob durch den „Sinn"-Zusammenhang der Warenwelt ein überschießendes Bedürfnispotential produziert werden könnte, das sich gegen eine systemkonforme Reintegrierung auf erhöhter Vergesellschaftungsstufe des Kapitalismus sperrte.

3. DIE REELLE SUBSUMTION DER KONSUMENTEN: UNMITTELBARE BEDÜRFNISBEFRIEDIGUNG UND WARENWELTBILD

3.1. Funktion der Konsumgüter-Industrie

Es sei nun kurz dargelegt, aufgrund welcher Faktoren dem Konsumgütersektor im Verlaufe der Kapitalentwicklung eine immer bedeutendere Funktion zukam.

56 Vor allem in *Habermas* (1968 c).
57 *Negt/Kluge* (1972), S. 306.

Zunächst bedeutet die Ausweitung der Staatstätigkeit (zum Zwecke der Sicherung von Verwertungschancen), vornehmlich die Etablierung eines eigenständigen Rüstungssektors, folgendes: Es werden Güter produziert, die nach ihrer Fertigstellung dem gesamtgesellschaftlichen Reproduktionsprozeß entzogen werden; gleichzeitig werden in diesem Sektor aber Löhne gezahlt, die wieder in den Kapitalkreislauf eingehen, indem sie fast ausschließlich in den Konsumgüterbereich einfließen. Die beträchtliche Steigerung der Gesamtkaufkraft der Lohnabhängigen hat eine verstärkte Investitionstätigkeit im Konsumgütersektor zur Folge, der sich hierdurch beständig ausweitet. Darüber hinausgehend ergibt sich der gleiche Effekt noch einmal dadurch,

„... daß laufend ein großer Teil der gesamtgesellschaftlichen Arbeit gebunden ist in der Produktion von Produktionsmitteln, die jedoch erst in späterer Zeit sich wertrevolutionierend auf den Märkten auswirken. ... (d.h.), daß noch in der Ausreifung befindliche Produkte während dieser Zeit schon Einkommen schaffen für Arbeitskräfte, die dann auf die Konsumgütermärkte strömen können."[58]

Während die gesteigerte Kaufkraft einerseits für die Kapitaleigner einen Investitionsanreiz im Konsumgütersektor bietet, besteht auf der anderen Seite für die Lohnabhängigen ein Zwang zum Kauf bestimmter Güter, um das Reproduktionsniveau für ihre Arbeitskraft erhalten oder verbessern zu können.[59]
Zudem ist mit der Erkämpfung eines höheren Maßes an arbeitsfreier Zeit gleichzeitig eine Disposition für die Entstehung und Entfaltung von neuen Bedürfnissen für den „Freizeit"-Konsum geschaffen worden. Nun steht allerdings dieser gesteigerten Relevanz des Massenkonsums ein derartiger Kapitalzustrom auf dem Konsumgütermarkt gegenüber, daß neue Widersprüche geschaffen werden: Die Möglichkeiten, inländische Realisationsschwierigkeiten des Kapitals dadurch zu umgehen, daß man auf imperialistisch abgesicherte Exporttätigkeit in nicht-kapitalistische Länder auswich, sind gegenüber dem klassischen Imperialismus in der Gegenwart politisch erheblich begrenzter.[60] Die politisch bedingte Einengung möglicher Investitionsfelder droht nun eine Überkapitalisierung im Inland zur Folge zu haben, deren Ausmaß das Wachstum der Massenkaufkraft einholt oder sogar überholt.

58 *Sinz* (1971), S. 15.
59 Vgl. *Mandel* (1972, S. 358): „Für den durchschnittlichen Lohnabhängigen ist es ökonomisch nicht mehr möglich, zu Fuß zur Arbeit zu gehen, sich nicht in eine Krankenversicherung einzutragen, sich mit privat produzierter Holzkohle anstelle von Briketts, Heizöl, Gas oder Elektrizität zu versorgen."
60 Vgl. auch *Negt/Kluge* (1972), S. 282 f.

Nun ist, nicht anders als im Produktionsmittelsektor, die Akkumulationsfähigkeit des im Konsumgütersektor angelegten Kapitals gebunden an eine ständige Steigerung der relativen Mehrwertproduktion; da dies wiederum nur durch die fortwährende Rationalisierung der Produktionsmethoden möglich ist, kommt es auch hier notwendig zu einer einschneidenden Kapitalkonzentration bzw. Monopolisierung der Konsumgüterbranche.

Der dem Kapital immanente Zwang zur Steigerung des relativen Mehrwerts erzeugt immer wieder aufs neue den Widerspruch zwischen erhöhtem Warenausstoß und *nicht* in gleichem Maße erhöhter Massenkaufkraft, da die Mehrwertproduktion auch durch ein relatives Zurückbleiben der Lohnsumme hinter der produzierten Wertmasse gesteigert werden kann. Der Drang zur erweiterten Kapitalreproduktion im Konsumgütersektor bedroht also gleichzeitig die Möglichkeiten der Wertrealisierung, da er die Kaufkraft-Basis der potentiellen Konsumenten tendenziell eingeschränkt lassen muß.

„Was die kapitalistische Produktionsweise trotz der beträchtlichen Erweiterung des Konsums des Proletariats der hochindustrialisierten Länder nicht vermag, ist, diesen Konsum gleichmäßig oder stärker zu steigern als die Produktivkraft der Arbeit. Dies verbietet ihr der Verwertungs- und Akkumulationszwang des Kapitals, d.h. die Konkurrenz und das Privateigentum an Produktionsmitteln. Ist nun langfristig die Erweiterung des Konsums wertmäßig langsamer als die Erweiterung der Produktivkraft . . . , so entstehen Realisierungsschwierigkeiten des in den Konsumgütern enthaltenen Mehrwerts bzw. Schwierigkeiten, die gesamte gesellschaftliche Produktionskapazität für Konsumgüter auszunutzen."[61]

Halten wir zunächst einmal fest: Die gesamtökonomisch hervorgerufene Steigerung der Massenkaufkraft machte eine Steigerung des Massenkonsums *möglich,* während die Bedingungen der Arbeitskraftreproduktion die Konsumsteigerung *erforderte* bzw. (im „Freizeit"bereich) hierzu motivierte.

Die sich hierdurch eröffnenden Verwertungschancen wurden vom Kapital um so mehr wahrgenommen, als die Möglichkeiten imperialistischen Wertexports politisch eingeschränkt worden sind. Die Verwertung des Kapitals im Konsumgütersektor setzt eine permanente Produktionssteigerung voraus, die wiederum auf drohende Schwierigkeiten bei der Realisierung des Mehrwerts trifft, wenn die Massenkonsumtion nicht gleichermaßen steigt.

Um auf den inländischen Investitionsfeldern die Verwertungsmöglichkeiten zu sichern, ist das Kapital vermehrt auf einen „Imperialismus nach innen"[62] verwiesen, um stets neue Realisationschancen zu eröff-

61 *Mandel* (1972), S. 362 f.
62 *Negt/Kluge* (1972), S. 282.

nen und zu erweitern; d.h. das Kapital ist gezwungen, Aneignungsstrategien zu verfolgen, die sich nicht mehr nur auf den Bereich der gesellschaftlichen Produktion richten, sondern die Aneignung eines möglichst umfassenden Anteils an der Lohnsumme im Reproduktionsbereich zum Ziele zu haben.

Diese neue, gegenüber dem Liberalkapitalismus viel umfassendere Aneignungsstrategie hat nun eine mehrfache sozio-ökonomische Bedeutung. Einmal übernimmt die Konsumgüterindustrie Sozialtechniken in ihre Dienste, die dazu beitragen sollen, das Konsumverhalten zu planen und zu steuern; zur Entwicklung und zum Verkauf derartiger Sozialtechniken entstehen gesonderte Dienstleistungsbereiche. Die Kosten für diese Leistungen bilden inzwischen einen erheblichen Anteil an den Gesamtkosten der privatwirtschaftlichen Warenproduktion.[63]

Die expansive Verkaufsstrategie der Konsumgüterindustrie ist aber nicht nur unter diesem Aspekt der Kostenbelastung für die gesellschaftliche Güterproduktion zu sehen.

Die sozialtechnische Stimulierung von Konsumbedürfnissen bedeutet ja gleichzeitig den Einbezug des gesamten Freizeitbereichs in das Kapitalverhältnis; d.h. dieser Freizeitbereich kann nicht mehr *nur* in der Funktion gesehen werden, die er für die Reproduktion der Arbeitskraft hat (und auch weiterhin haben wird), er muß *auch* gesehen werden in seiner Funktion für die Realisation derjenigen Mehrwertmasse, die in die Konsumgüter eingegangen ist.

Die Expansion der Konsumgüterproduktion bedeutet innerhalb der Entwicklungsgeschichte des Kapitals eine weitere Stufe der Vergesellschaftung: nämlich der Vergesellschaftung von Bedürfnismustern und Phantasieelementen, die bisher eher außerhalb des Strategiehorizonts kapitalistischer Planung und Steuerung lagen. Es werden auf dieser Vergesellschaftungsstufe auch Bereiche, die neben der eigentlichen Warenproduktion existieren, einem permanenten Transformationsprozeß unterworfen, um Bedürfnisse und Phantasien der Subjekte jeweils so organisieren zu können, daß sie sich mit der Quantität und spezifischen Form des Warenangebots möglichst weitgehend decken.

Wie bei der Transformation der Arbeitsvorgänge im Produktionsbereich zu rationeller Arbeitsorganisation handelt es sich also um einen Subsumtionsprozeß, und zwar um die *reelle Subsumtion der außerberuflichen Lebensbereiche* unter das Kapital.

---

63 *Mandel* (1972, S. 363) gibt an, daß allein Verkaufs- und Verteilungskosten heute in den USA bereits 50% des Verkaufspreises der Waren ausmachen. *Huffschmid* (1969, S. 106) belegt für die BRD, daß die jährlichen privatwirtschaftlichen Werbeausgaben höher sind als die Jahresausgaben der öffentlichen Hand für das Schulwesen. Vgl. auch *Haug* (1971), S. 36, Fn. 32.

Die Sozialtechniken, die die Voraussetzungen und das Fortschreiten dieser reellen Subsumtion von Lebensbereichen sichern sollen, sind nach zwei Seiten hin wirksam, die im folgenden analysiert werden sollen. Sie sind darauf gerichtet, ein Entsprechungsverhältnis herzustellen zwischen der Motivationsbasis der Subjekte und der Erscheinungsform der Waren:
Einerseits wird versucht, psychische Strukturen der Subjekte auf das Warenangebot hin zu transformieren: Auf der Grundlage der gesellschaftstypische Charakterstrukturen werden bestimmte Charaktermerkmale und daraus resultierende Bedürfnis- und Verhaltensmuster gestärkt oder umgelenkt, um diese auf die Konsumobjekte zu fixieren. Andererseits wird die Erscheinungsform der Waren derart transformiert, daß sie – im Konsum – den Gebrauchswert der jeweiligen Waren verdeckt bzw. als weniger relevant erscheinen läßt, statt dessen aber durch ihre Erscheinung Phantasieinhalte repräsentiert, die sich in die Bedürfnisstruktur der Subjekte einpassen.

3.2. Zersetzung des Prinzips des Gratifikationsaufschubs

Damit es überhaupt zu einer Veränderung der Bedürfnisstruktur der Subjekte auf das Warenangebot hin kommen kann, muß diese Bedürfnisstruktur sich durch einen höheren Grad an Anpassungsfähigkeit und Flexibilität auszeichnen, als dies im Rahmen der traditionellen bürgerlichen Sozialisation produziert werden könnte. Vor allem bedarf es der partiellen Rücknahme eines (zumindest innerhalb der Mittelschicht-Erziehung zentralen) Verhaltensmusters: des Prinzips des Aufschubs kurzfristiger Bedürfnisse, um damit langfristige Gratifikationen erlangen zu können.
Dieses Prinzip des Bedürfnisaufschubs verliert in gewissem Umfange seine objektive Funktionalität, die es als Sozialisationsnorm der besitzenden Klasse in der Aufstiegsphase des Kapitalismus sicherlich gehabt hat. Die Verhaltensmodi des Arbeitsfleißes, der Sparsamkeit und der Selbstdisziplin waren Verzichtleistungen, die durch eine asketische protestantisch-kapitalistische Sozialethik zur Tugend erhoben wurden; sie förderten ein klassentypisches Verhaltensmuster, das sowohl für die Erhaltung und Vergrößerung des geschäftlichen Kapitals funktional war als auch für die Entwicklung einer Klassenidentität, mit der man sich gegenüber dem luxurierenden Adel ein eigenständiges Selbstwertbewußtsein schaffen konnte.

Die Tugend des Verzichts ist unter den Bedingungen der spätkapitalistischen Warenproduktion, was den Konsumgütersektor angeht, ökonomisch unterlaufen worden. Mit ihrer teilweisen ökonomischen Dysfunktionalität verliert die Verzichtsleistung aber auch ihre subjektive Plausibilität. Nicht nur wäre durch einen massenhaften Verzicht auf kurzfristige Bedürfnisbefriedigung auf dem Konsumgütermarkt das „ökonomische Gleichgewicht" erheblich gestört; die Massenproduktion von Konsumgütern führt auch zu deren raschem technischen und moralischen Verschleiß, zu einer ständigen Veränderung der Produkte, zu einer Tendenz der Verbilligung vormals prestige-gebundener Produkte: kurz, zu einer Entwicklung, die langfristiges Sparen als unzweckmäßig erscheinen läßt.[64]
Nach *Hack*[65] geschieht die klassisch-bürgerliche Einübung in Gratifikationsaufschub durch die sexuelle Sozialisation: sexuelle Bedürfnisbefriedigung ohne jahrelangen Aufschub wird mit dem Hinweis auf ihre erheblichen Risiken versagt, die sexuelle Abstinenz wird zentrale Verzichtsleistung der Pubertät. Seit der Einführung und erprobten Erfolgsträchtigkeit der Ovulationshemmer ist auch dieser Verzichtsmoral erheblich der Boden entzogen worden.[66] Im Gegenteil, sexualwissenschaftliche Untersuchungen und Populärliteratur veröffentlichen die Erkenntnis, daß die langfristige sexuelle „Gratifikations"-Höhe mit der frühzeitigen Bedürfnisbefriedigung *steigt.*[67]
Je mehr die Möglichkeiten zu kurzfristiger Bedürfnisbefriedigung gesellschaftlich gegeben und offensichtlich sind, je weniger der Bedürfnisaufschub langfristigen „Nutzen" verspricht, um so mehr kommt die Moral des Verzichts ins Wanken und verliert an Plausibilität. Der klassische anale Zwangscharakter, durch den die Kapitalismusgeschichte in den bürgerlichen Subjekten repräsentiert war, wird zumindest „gelockert"[68].

„Triebaufschub im Interesse von langfristig zu erwartenden Erfolgen wird nicht mehr problemlos akzeptiert. (. . .) Bedürfnisse sollen unmittelbar realisiert

---

64 S. hierzu *Hack* (1968), S. 50. Wobei hier auf weitere Einflußfaktoren wie z.B. die schleichende inflationäre Geldentwertung und der Kaufanreiz durch Ratenzahlung nicht eingegangen werden soll. Vgl. hierzu auch *Mandel* (1972), S. 365 u. 393.
Das Extrem dieser Entwicklung zur unmittelbaren Bedürfnisbefriedigung zeichnet sich ab im sprunghaft angestiegenen Phänomen des Ladendiebstahls. Vgl. *Haug* (1971), S. 47.

65 *Hack* (1968), S. 50.

66 Zur Kritik typischer Argumentationsmuster gegen eine freizügigere Sexualmoral, die sich nach wie vor auf „Risiken" beruft, vgl. *Reiss* (1970), bes. S. 112–151.

67 Vgl. *Kinsey* (1966), S. 196 u. *Kinsey* (1967), S. 158 f.

68 *Reiche* (1969), S. 41.

werden, weil man die materielle Chance dieser Realisierbarkeit in seiner Umgebung wahrnimmt."[69]

Nun muß dieser Entwicklungsprozeß, um ihn in seiner gesteigerten Bedeutung einschätzen zu können, im Zusammenhang mit der vorher erörterten Legitimationskrise gesehen werden: Hier wie dort ergibt sich ein struktureller Widerspruch zwischen einer erhöhten „Nachfrage" bei gleichzeitiger Reduktion der Möglichkeiten eines „Angebots".

Der gesellschaftliche Legitimationsbedarf ist gestiegen, da – wie oben dargelegt – die Ausweitung des administrativen Systems vormals „rein ökonomische" Prozesse politisierte, und damit Entscheidungen zunehmend einem öffentlichen Begründungszwang unterliegen.

Gleichzeitig hat aber diese administrative Expansion die Möglichkeit vermindert, Legitimation zu beschaffen: mit der Zersetzung der Marktmechanismen ist auch die Ideologie des gerechten Äquivalententauschs getroffen worden; mit der administrativen Thematisierung kultureller Selbstverständlichkeiten wurde die Möglichkeit beschränkt, auf ungebrochene Symbole des tradierten Kulturbestands zurückgreifen zu können.

Strukturell ähnlich ist der Widerspruch im Hinblick auf die Aktivierung und die Realisierungsmöglichkeiten von unmittelbaren Bedürfnissen der Subjekte. Nachdem sowohl gesamtwirtschaftlich als auch vom einzelnen Konsumenten her ein längerfristiger Bedürfnisaufschub an Plausibilität verloren hat, haben diejenigen triebstrukturell verankerten Disziplinierungsmechanismen an Kraft verloren, die bisher kurzfristig gerichtete Bedürfnisse bereits innerpsychisch zensierten. Die Schwächung dieser Zensur, bzw. die Stimulierung von hierzu „oppositionellen" Strebungen erhöht den Bedarf an unmittelbarer Bedürfnisbefriedigung.

Die expansiven Aneignungsstrategien des Kapitals haben auf der anderen Seite einen Vergesellschaftungsprozeß in die Wege geleitet, im Verlaufe dessen die Ebene kommunikativer und libidinöser Beziehungen tendenziell in Subsystemen zweckrationalen Handelns verschwindet und durch Tauschbeziehungen ersetzt wird. D.h. dem erhöhten libidinösen Bedarf an unmittelbarer Bedürfnisbefriedigung stehen nicht entsprechend veränderte, kommunikativ und emotional intensivierte Verkehrsformen als „Angebot" gegenüber[70]. Die „gelockerte"

69 *Negt/Kluge* (1972), S. 243.
70 Wobei hier von jugendlichen, studentischen u.a. Subkulturen erst einmal abgesehen wird.

Triebstruktur stößt auf ein Defizit an libidinösen zwischenmenschlichen Beziehungen.

3.3. *Warenästhetik und Weltbild*

Dieser doppelte Mangel ist Ansatzpunkt für den anderen zweiten Transformationsmechanismus, auf den die konsumstabilisierenden Sozialtechniken abzielen: die Transformation der Erscheinungsformen der Waren.
Dem Defizit an „Sinn" und dem Defizit an „Libidinösität" wird die „ausbalancierte Totalität der Waren"[71] als Ersatzressource gegenübergestellt, um die Symbole tiefgreifend zu durchsetzen, mit denen sich die Subjekte über (das Ganze der Gesellschaft deutende) Sinnzusammenhänge und über befriedigende zwischenmenschliche Beziehungen verständigen können. Das Warenangebot verspricht „Sinn" und „Lust".

„Die empirischen Bedürfnisse haben, wenn materielle Grundbedürfnisse (Hunger, Durst, Wohnen) befriedigt sind, die Tendenz, die Einheit, die sie an sich sind, auch durch gegenständliche Befriedigungen herzustellen. Sie suchen einen Sinnzusammenhang und antworten deshalb vorrangig auf solche Warenangebote, die nicht einzelne Befriedigungen, einzelne Gebrauchswerte verschaffen, sondern ganze Zyklen davon in Form von Lebenszusammenhang organisieren."[72]

Dieser vom Warenangebot organisierte Lebenszusammenhang bietet sich dann an als sinn-stiftendes Deutungssystem und als symbolische Repräsentanz für libidinöse Besetzungen.
In welche Richtung zielt diese Transformation genauer gesehen, bzw. welche Techniken liegen dieser Transformation zugrunde?
Zunächst einmal werden die einzelnen Waren in immer aufwendigerer Weise einem ästhetischen Design unterzogen, das ein Höchstmaß an sinnlichen Anreizen schaffen soll. Der Versuch, über diese Anreize eine effektive Steuerung des Konsumentenverhaltens zu ermöglichen, wird von *Haug* als eine „Technokratie der Sinnlichkeit"[73] charakterisiert: Sie zielt auf

„Herrschaft über Menschen, ausgeübt auf dem Weg ihrer Faszination durch technisch produzierte künstliche Erscheinungen. Diese Herrschaft erscheint als nicht unmittelbar, sondern in der Faszination ästhetischer Gebilde. Faszination meint nichts anderes, als daß diese ästhetischen Gebilde die Sinnlichkeit von Menschen gefangen halten."[74]

---

71 *Negt/Kluge* (1972), S. 289.
72 *Negt/Kluge* (1972), S. 244.
73 *Haug* (1971), S. 55.
74 Ebenda.

Dabei wird die im Verwertungsinteresse des Kapitals immer schon vorhandene Gleichgültigkeit gegenüber dem konkreten Gebrauchswert der Ware nun auch zum strukturellen Bestandteil des Konsumentenverhaltens. Die Orientierung am Gebrauchswert, die vordem auf konkreter, sinnlicher Erfahrung fußte, wird ersetzt durch das „Gebrauchswert-*versprechen*“[75] der Ware, dessen Schein um so mehr suggestive Plausibilität erlangt, je mehr es mit Triebphantasien besetzt werden kann.

„Es ist das Ideal an Warenästhetik: das gerade noch durchgehende Minimum an Gebrauchswert zu liefern, verbunden, umhüllt und inszeniert mit einem Maximum an reizendem Schein, der per Einfühlung ins Wünschen und Sehnen der Menschen möglichst zwingend sein soll.“[75a]

Auf seiten des Warenproduzenten als auch des Warenkonsumenten erlangt die Erscheinung des Gebrauchswerts eine höhere Bedeutung als der Gebrauchswert selbst. Es handelt sich um ein „tendenzielle(s) Verschwinden des Gebrauchswerts im Phantasiewert“[76].
Nun unterliegt das „Styling“ der Waren, die ästhetische Inszenierung der Phantasiewerte, bestimmten Trends, bei denen „Stile“ gebildet werden, die die Warenerscheinungen ästhetisch aufeinander abstimmen und zusammenfassen; die Gesamtheit der Waren erscheint als in „Generationen“[77] aufgeteilt, die wie im Lebenszyklus menschlicher Generationen neu auftauchen, zeitweilig bestimmend sind und – durch neue abgelöst – schließlich veralten.[78]
Die Ästhetik der einzelnen Ware, mehr noch aber die des ganzen Warenzusammenhangs, bezieht Phantasiewerte mit ein, die weit über den Bedeutungsgehalt des eigentlichen Gebrauchswerts hinausgehen, die vielmehr ganze Lebensformen phantastisch symbolisieren.

„Fast die gesamte Zigarettenreklame gründet sich auf die Einbeziehung von Lebensgefühlen, Weltzusammenhängen, unberührter Natur, jedenfalls auf Wünsche, die immer den begrenzten Horizont, auf den der Gebrauch der Zigaretten beschränkt ist, überschreiten. (. . .) Erst auf der Ebene der Gesamtheit der Waren, des Kaufhauses und des Medienverbunds, schießen die

---

75 Ebenda, S. 66 (H. d. Verf.).
75a Ebenda.
76 *Negt/Kluge* (1972), S. 288: „Das Versprechen von Henri IV., daß jeder Bauer sonntags sein Huhn im Topf haben soll, bezog sich auf Hühnertöpfe mit Fettaugen. Die Werbung von Brathendelstationen, deren hormongesteuert aufwachsende Hühner, von denen kürzlich 33 Millionen im Jahr verausgabt wurden, weist darauf hin, daß der Nährwert fast verschwunden sei, nach der Diät-Kalorientabelle betrage er null. Es ist die Idee des Hähnchens, die hier gegessen wird“, Ebenda.
77 *Haug* (1971), S. 118.
78 Es ist anzunehmen, daß bereits das lebensgeschichtliche Zeitgefühl tiefgehend durch Assoziationen mit diesen „Stil“-Generationen geprägt ist. Die „nostalgischen“ Erinnerungen an die 50er oder 60er Jahre bestehen jedenfalls weitgehend in terms von Mode oder Konsumartikeln, die zeittypisch waren.

einzelnen Phantasiewerte zusammen. Sie gehen Verbindungen ein nicht bloß mit einzelnen Gefühlen und Stimmungen, sondern mit Geschichte, Lebenszyklus, gesellschaftlichem Sinn."[79]

Mögen die Phantasiewerte, die eine symbolische Totalität bilden, zunächst dem vorfindlichen realen Lebenszusammenhang der Subjekte entlehnt sein, so ergibt sich mit der industrialisierten Produktion der Warenerscheinung die Tendenz zu einer Umkehrung: Die Symbole, mit denen sich die Subjekte über ihren Lebenszusammenhang verständigen, werden dermaßen von der Warenästhetik absorbiert und transformiert, daß sie von dieser überhaupt nicht mehr abzutrennen sind und ihre Autonomie aufgeben.

Die Lebensformen und die in ihr aufgehobenen Phantasien drohen zur Fortsetzung des Warenzusammenhangs zu werden. Das heißt, und damit wird zunächst nur eine intendierte Tendenz der Ästhetikproduzenten aufgezeigt, man „lebt" im Stil der gerade tonangebenden Warengeneration; lebensgeschichtliche Zukunft ist nur denkbar als „Leben" in kommenden, noch phantastischeren Warenzusammenhängen. Die Faszination durch den Warenzusammenhang ist sicherlich dort am eindringlichsten, wo die evozierten Phantasien sich an sexuelle Strebungen binden können; oder – anders gesprochen – der Bereich der Sexualität droht am folgenschwersten durch Warensymbolik okkupert und transformiert zu werden.

Mit der Zersetzung des verinnerlichten Prinzips des Gratifikationsaufschubs sind bestimmte Zensur-Schranken für die direkte sexualisierte Bedürfnisinterpretation gefallen; in *Freud*'schen Kategorien ausgedrückt, handelt es sich um eine Aktualisierung von primär-prozeßhaften Funktionen.[80] Die vermehrt für unmittelbare Bedürfnisbefriedigung verfügbaren Strebungen richten sich auf „sexualisierte Warenkörper"[81], die halluzinatorisch als Repräsentanten libidinös befriedigender Lebensformen wahrgenommen werden.

Über den Warenzusammenhang erhalten die Subjekte scheinhaft das zurück, was ihnen im Verlaufe ihrer Triebunterdrückung innerhalb der Sozialisation sukzessive genommen wurde. Die Phantasiewerte der sexualisierten Warentotalität bereichern und enteignen somit zugleich: Sie finden Anschluß an die verkrüppelten Wahrnehmungs- und

---

79 *Negt/Kluge* (1972), S. 288.

80 Der Primärprozeß (oder auch Primärvorgang) kennzeichnet eine genetisch frühe Funktionsweise des psychischen Apparates, bei der psychische Energie frei und durch keine Bewußtseinskontrolle gehindert abströmt und Vorstellungen besetzt, welche mit ursprünglichen halluzinativen Befriedigungen gekoppelt waren. Vgl. *Laplanche* (1972), S. 396 f.

81 *Schneider* (1973), S. 284.

Erlebnisstrukturen des primären Narzißmus.[82] Die im Verlauf der Triebentwicklung domestizierten Bedürfnismuster werden somit zweifellos libidinös *angereichert*. Diese Anreicherung ist aber gleichzeitig eine standardisierte und in gewissem Umfange manipulativ steuerbare; d.h. auch die psychischen Tiefenschichten, die bisher einer industriell organisierten Beeinflussung nicht zugänglich waren, werden dem individuellen lebensgeschichtlichen Verfügungsspielraum der Subjekte partiell *entzogen*.

Wie wirkt sich die umfassende Sexualisierung des Warenzusammenhangs aus?

Zunächst einmal werden Wahrnehmungen, Bedürfnisse und Erlebnismodi durch die Warenästhetik penetriert; die sinnliche Organisation der Subjekte unterliegt einer permanenten Transformation, indem sie sich immer neu an den Erscheinungsformen des Warenzusammenhangs bildet.[83] Diese Transformation veranlaßt auch zur Revision der Auffassung, die sinnliche Organisation sei nach ihrer frühkindlichen Konstitution weitgehend invariant; mit einiger Berechtigung kann in diesem Zusammenhang von einer „sekundäre(n) Sozialisierung bzw. warenästhetische(n) Zurichtung der Triebstruktur"[84] gesprochen werden.

Des weiteren stellt sich die Frage, ob die industrielle Standardisierung der sexualisierten Phantasiewerte der Waren und ihre gesteuerte zyklische Innovation nicht die Gleichgültigkeit gegenüber ihren je spezifischen Inhalten fördert; d.h. ob es sich nicht in Analogie zur Abstraktion vom Gebrauchswert innerhalb der kapitalistischen Warenproduktion bei der warenästhetisch stimulierten Sexualisierung der Subjekte um eine „Abstraktion vom Sinnlichen"[85] handelt:

> „Die sexualisierten Warenkörper können ihren besonderen erotischen Gebrauchswert (unter kapitalistischen Bedingungen) nur realisieren, wenn sie die ‚Form der abstrakten Allgemeinheit' annehmen, das heißt, sich dem sexuellen Bedürfnis in einer verallgemeinerten, abstrahierten, standardisierten Form anbieten."[85a]

---

82 Vgl. unten, Teil 5, Abschn. 5.
83 Vgl. auch *Haug* (1971), S. 54.
84 *Schneider* (1973), S. 296.
„Ein besonders drastisches Beispiel für den warenästhetischen Eingriff in die Tiefenstruktur der ‚Persönlichkeit' ist die Umkonditionierung des Geruchssinns durch die Expansion der Kosmetikindustrie. Leitete die klassische Psychoanalyse Art und Ausprägung des Geruchssinns, und der damit verknüpften Vorstellung von ‚sauber' bzw. ‚anstößig' aus der mehr oder weniger starken Verdrängung der Analerotik ab (was wiederum vom spezifischen, rigiden oder gewährenden Erziehungsstil während der Analphase abhing), so hat die Kosmetikindustrie gewissermaßen eine sekundäre Sozialisation des Geruchssinns vorgenommen, die die primäre an Wirksamkeit bei weitem übertrifft." (ebenda) *Schneider* bezieht sich hier auch auf *Haug* (1971), S. 98.
85 *Schneider* (1973), S. 283.
85a Ebenda, S. 284.

„Die Pornographierung der gesamten Konsumspähre ebenso wie die promiskuöse Konvertibilität der Sexualobjekte bedeutet aber die *totale Abstraktion vom Gebrauchswert der Sexualität.* (. . .) Die derart entspezifizierte, entqualifizierte sexuelle Lust wird dann vornehmlich in Geld- und Leistungsbegriffen, das heißt in quantifizierten Begriffen gemessen."[86]

Dieser Bewertungsaspekt der Sexualisierung legt also die Schlußfolgerung nahe, daß mit Hilfe der Warenästhetik die Tauschwertorientierung auch den Bereich sexueller Phantasien und sexuellen Verhaltens durchdringt und Sexualität somit in den Warenzusammenhang hineinzieht. Die standardisierte Stimulierung und versuchte Steuerung von Phantasien und Verhaltensformen bedeutet die reelle Subsumtion auch der außerberuflichen Lebensbereiche unter das Kapital. Der letztendliche Zweck der Phantasieanreicherung des Warenangebots und der versuchten Flexibilisierung von Charakterstrukturen ist vom Kapitalinteresse her die Funktionalisierung der Subjekte *in ihrer Ganzheit* (und nicht nur als Träger der Ware Arbeitskraft) für den Verwertungsprozeß.
Die zu diesem Zweck angewandten Sozialtechniken haben zunächst einmal eine fatale Konsequenz: Sie annektieren Phantasietätigkeit und „private" Verhaltensformen der Subjekte, die vorher *neben* dem Kapitalzusammenhang existierten, und schließen sie *in* den Kapitalzusammenhang mit ein.

„Die Triebphantasien der Menschen, Hoffnungen, Wünsche, Bedürfnisse, sind nicht mehr freigesetzt, können sich nicht mehr nach zufälligen Interessen entfalten, sondern werden mit Gebrauchswerten, mit Waren konkret besetzt. (. . .) Sie (die Werbung, T.Z.) bindet konkrete Triebphantasien, Bedürfnisse, den psycho-dynamischen Haushalt des Einzelnen und integriert ihn mehr oder minder zwanglos in den Verwertungszusammenhang. Es geht auf dieser Stufe nicht mehr um die bloße Einschränkung der Privatsphäre, sondern um die differenzierten Formen, in denen sie als Ganze verwertet wird."[87]
„Die Menschen unterliegen hier nicht einer bloßen ‚Verführung', die ihnen äußerlich ist; die Triebkräfte, die sie zu dem Warenzusammenhang drängen, sind ihre eigenen."[88]

Die phantastische Ästhetisierung konsumierbarer Waren als Versuch der Verwertung der Subjekte als Ganzes ist Bestandteil einer inzwischen umfassenden Entwicklung: der Entstehung eines eigenständigen Produktionssektor, nämlich dem der industrialisierten Produktionsöffentlichkeiten.[89] Sie werden gebildet durch

86 Ebenda, S. 284 f. Hier wird auch auf *Reiches* (1969) gleichlautende Interpretationen der amerikanischen Dating Rituale (S. 107 ff.) und die Leigh-Reports über „Gruppensex" (S. 100 ff.) verwiesen.
87 *Negt/Kluge* (1972), S. 287.
88 Ebenda, S. 288.
89 Vgl. ebenda. bes. S. 35–44.

„. . . Tendenzen der Bewußtseins- und Programmindustrie, der Werbung, der Öffentlichkeitsarbeit der Konzerne und Verwaltungsapparate, die . . . als *neue Produktionsöffentlichkeiten* die klassische bürgerliche Öffentlichkeit heute überlagern. Diese Produktionsöffentlichkeiten sind nicht-öffentlich verankert; sie verarbeiten den Rohstoff Lebenszusammenhang und beziehen ihre Durchschlagskraft gegenüber den traditionellen Formen der Öffentlichkeit unmittelbar aus dem kapitalistischen Produktionsinteresse. Unter Umgehung des Zwischenbereichs der traditionellen Öffentlichkeit (Saisonöffentlichkeit der Wahlen, öffentliche Meinungsbildung) suchen sie direkte Kanäle zur Privatsphäre der Einzelnen."[90]

Während die Einrichtungen der klassischen bürgerlichen Öffentlichkeit (Parlamente, Presse, Verbände usw.) gerade dadurch chrakterisiert waren, daß sie die wirkliche Lebenssituation der Subjekte aus der Thematisierung ausblendeten, beziehen die neuen Produktionsöffentlichkeiten diese mit ein.
Die Produktionsöffentlichkeiten verlängern und vertiefen somit die Tendenz der Warenästhetik, einen sinnstiftenden Lebenszusammenhang symbolisch zu organisieren. Sie schaffen eine neue Öffentlichkeit, die die Trennung von „privat" und„öffentlich" aufhebt, damit aber nicht öffentliche Kommunikation auf die reale Situation der Subjekte bezieht, sondern – umgekehrt – bisher relativ autonome Phantasien, Bedürfnisse und Lebensinteressen in den Verwertungszusammenhang miteinzubeziehen sucht.
Ein „neuer" Sinnzusammenhang, der die zerfallende Einheit des bürgerlichen Kulturbestandes kompensieren soll, wird dann nicht nur durch den Konsumbereich produziert, sondern durch „neue" Öffentlichkeit selbst. Konnten bisher, abseits der klassischen bürgerlichen Öffentlichkeit, Interpretationen des eigenen Lebenszusammenhangs an den wirklichen Alltagserfahrungen der Subjekte gewonnen werden, so werden diese Interpretationen nun selbst teilweise öffentlich aufgesogen, umformuliert und von den Produktionsöffentlichkeiten zurückgegeben. Dabei wird nicht der Lebenszusammenhang als Ganzes von der Produktionsöffentlichkeit aufgenommen, sondern nur

„. . . insoweit rezipiert, als er sich in domestizierter Form in die Realisierung des Verwertungsinteresses einfügt."[91]

Die Aufspaltung in „öffentlich" und „privat" wird aber aufgehoben auch in dem Sinne, daß sie sich auf einem höheren Produktionsniveau wiederholt: sie wird zu einer Aufspaltung in *einen* Teil der Lebensinterpretationen, welcher den Bearbeitungsmustern der neuen Produk-

90 Ebenda, S. 12.
91 *Negt/Kluge* (1972), S. 41.

tionsöffentlichkeiten entspricht, und einen *anderen* – hiervon abgespaltenen –, der aus diesen Mustern herausfällt und tendenziell auch den Subjekten selbst „unverständlich"[92] wird.
Im Lichte dieser Tendenz können nicht mehr Alltagserfahrungen gegen eine die Lebenszusammenhänge ausblendende Öffentlichkeit ausgespielt werden, sondern die Form öffentlicher Organisation der Alltagserfahrungen selbst muß zum Ansatzpunkt emanzipativer Konflikte werden.

4. DIE INFRASTRUKTURELLEN MÄNGEL IM REPRODUKTIONSBEREICH: KOLLEKTIVE LEBENSBEDINGUNGEN UND POLITISIERUNGSANSÄTZE

4.1. Infrastrukturelle Mängel

Im Zusammenhang der Ausweitung der Staatsfunktionen wurde bereits auf folgendes Problem verwiesen[93]: Einerseits sind bestimmte umfangreiche staatliche Haushaltsausgaben unerläßlich, um die Verwertungsbedingungen des Kapitals zu erhalten und zu verbessern; andererseits ist das Ausmaß der fiskalischen Aneignung von Mehrwertteilen prinzipiell begrenzt, da sie die Gesamtmasse des produktiven Kapitals verringert. Diese Begrenztheit des staatlichen Haushalts*volumens* wird dann noch einmal ergänzt durch die Begrenztheit des staatlichen *Verfügungs*spielraums: Die staatlichen Ausgaben sollen sowohl Realisationsschwierigkeiten beheben (z.B. durch Staatsaufträge und Infrastrukturinvestitionen, die die Umschlagsdauer des zirkulierenden Kapitals vermindern) als auch die Produktivkraft der menschlichen Arbeit sichern und steigern (z.B. durch Infrastrukturinvestitionen im Ausbildungs-, Verkehrs- und Gesundheitssektor).
Worauf es hierbei ankommt, ist folgendes: Die notwendige Begrenztheit der staatlichen Haushaltsmittel (im Interesse der Masse des produktiven Kapitals) droht ständig, die Effektivität der Staatstätigkeiten (im Interesse von Infrastrukturinvestitionen) zu behindern. Dieses Zurückbleiben der staatlichen Leistungen hinter den objektiven Erfordernissen wirkt sich besonders gravierend im Bereich der städtischen Ballungs-

---

92 *Negt/Kluge* (1972), S. 43.
93 S. oben, Abschn. 2.2.
Vgl. auch *Mandel* (19?2), S. 364 f.

räume aus. Hier ist die objektive Notwendigkeit erhöhter Infrastrukturleistungen am größten und die subjektive Erfahrung des oft nur noch schwer erträglichen Mangels an solchen Leistungen am eindringlichsten. Diese Infrastrukturleistungen sind vor allem nötig geworden, um die Reproduktion der Arbeitskraft gewährleisten zu können, die eines erheblich gewachsenen gesellschaftlichen Aufwands bedarf: Die Erhöhung des für den Produktionsprozeß notwendigen Qualifikationsniveaus die Folgeprobleme der Urbanisierung und die physischen und psychischen Folgen der Arbeitsintensifikation haben zu einer beträchtlichen gesellschaftlichen Kostensteigerung für die Reproduktion der Arbeitskraft geführt.[94]

Hierdurch bedingt, kommt es auch zu einer Verlagerungstendenz bei der Aufbringung der Reproduktionskosten; zu einer Verlagerung nämlich von der fast ausschließlich individuell/familial (über Konsum) erfolgenden Reproduktion zur kollektiven Inanspruchnahme von Gütern und Leistungen.

„Mit wachsenden gesellschaftlichen Reproduktionskosten der Arbeitskraft vermindert sich zugleich der Anteil der Kosten, die auf dem Wege individueller Kaufkraft aufgebracht werden, zugunsten des Anteils, der – weil nämlich individuelle Kaufakte zu unrationell wären – durch kollektive Versorgungsleistungen und andere aus Steuern finanzierte Vorkehrungen abgedeckt wird . . .“[95]

Nach *Offe* können hierbei unterschieden werden: Aus- und Fortbildungskosten; Kosten der Wohnungs-, Personentransport- und Kommunikationssituation; Erfordernisse auf dem Gebiet der Gesundheit und Erholung; und schließlich Versicherungssysteme.[96]

Damit ergibt sich eine erhöhte Abhängigkeit der Bevölkerung von den infrastrukturellen Leistungen bzw. eine erhöhte Sensibilität für deren Ausbleiben. Das Bewußtsein des „Mangels“ ist nicht mehr privatistisch

---

94 *Offe* (1972 a, S. 155) erläutert dies an einem Beispiel: „Voraussetzung für die jedenfalls zeitweilige Nutzung der weiblichen Arbeitskraft für den Produktionsprozeß ist offensichtlich die Mechanisierung der Hausarbeit einerseits, die Versorgung der Kleinkinder während der Abwesenheit der Eltern andererseits. Eine weitere Voraussetzung, jedenfalls in Großstädten, ist die Beschaffung und Unterhaltung individueller Transportmittel zum Arbeitsplatz. Weitere Nebenkosten der Reproduktion der Arbeitskraft ergeben sich aus dem wachsenden Bedarf und der dementsprechend verlängerten Zeitdauer von Erziehung, Bildung, Fortbildung, Kommunikation und Erholung.“

95 *Offe* (1972 a), S. 157.
Diese Tendenz hat einen noch weitergehenden ökonomischen Aspekt: Die Notwendigkeit kollektiver Versorgungsleistungen hat einen neuen stark expandierenden Markt geschaffen, der teilweise dazu beiträgt, die Realisationsprobleme des Kapitals im Konsumgütersektor zu umgehen: So hat z.B. die Entwicklung von kollektiven Nahverkehrssystemen und von Abfall-Vernichtungsanlagen bereits die Entstehung neuer Wachstumsindustrien ermöglicht.

96 Ebenda.

auf den unmittelbaren familialen Konsumtionsrahmen beschränkt; es verlagert sich in gewissem Umfang von der Frage des Lohnniveaus (Produktionsbereich) auf die Frage nach der Qualität der sonstigen Lebensbedingungen (Reproduktionsbereich).

Die infrastrukturelle Unterversorgung in den städtischen Ballungsräumen verändert und verschlechtert einen Großteil der Lebensbedingungen[97]: der Mangel an Erziehungs- und Ausbildungseinrichtungen, an Krankenversorgung, an Verkehrssystemen, die bauliche Verödung der Innenstädte, die Zerstörung alter Stadtviertel, die Zersiedlung durch Neubaugebiete, die Umweltverschmutzung; dies alles sind offenkundige Strukturprobleme, die auf absehbare Zeit nicht behebbar sein werden. Hierbei ist die *Notwendigkeit* staatlicher Interventionen ebenso für die Masse der Bevölkerung erfahrbar wie die Dürftigkeit der dem gegenüberstehenden fiskalischen *Möglichkeiten.* Die Erfahrung der zunehmenden Bedeutung und der zunehmenden Verschlechterung bestimmter infrastruktureller Leistungen, die für die allgemeinen Lebensbedingungen entscheidend sind, gewinnt eine neue Relevanz. Sie droht nämlich die kompensatorische Kraft der „klassischen" Gratifikationsleistungen (individueller Konsum durch Reallohnsteigerung) abzubauen und inmitten relativen Massen„wohlstands"[98] einen spürbaren Loyalitätsschwund gegenüber der staatlichen Administration hervorzurufen.

„. . . die Unerträglichkeit des Systems drückt sich für die Arbeitenden nicht unmittelbar in der Unzulänglichkeit ihres Geldeinkommens aus, das sie für den Verkauf ihrer Arbeitskraft erzielen. Sondern diese Unerträglichkeit läßt sich viel deutlicher an den gesellschaftlichen Bedingungen ablesen, unter denen die Arbeiter ihre Arbeitskraft zu *reproduzieren* gezwungen sind. Der ständig *erweiterten* Reproduktion des *Kapitals* steht eine stagnierende, ja in manchen Bereichen rückläufige und durch neue Formen der Verarmung gekennzeichnete Reproduktion der *Arbeitskraft* gegenüber . . . "[99]

---

97 Hier muß allerdings auf zutreffende Einwände verwiesen werden, die geltend machen, daß die infrastrukturelle Unterversorgung in den städtischen Räumen erst dann in das Bewußtsein „der Öffentlichkeit" gerückt ist, als ihre negativen Auswirkungen auch die bürgerliche Wohnbevölkerung betrafen. Skandalöse Unterversorgung hat in proletarischen Stadtvierteln seit jeher geherrscht. Vgl. *Enzensberger* (1973), S. 8–10 und *Rote Hilfe* (1973), S. 65.

98 Die tatsächliche Teilhabe am gesellschaftlichen Reichtum ergibt sich nicht aus steigenden Lohnzahlungen. *Offe* (1972 a, S. 155) weist darauf hin, daß „die Steigerung des ‚Wohlstands', auf den sich die offizielle Propaganda so viel zugute hält, nicht nur nicht in der Steigerung des *Nominaleinkommens* (das ist wegen der permanenten Inflation selbstverständlich!), auch nicht in einer Steigerung des *Realeinkommens,* sondern allein in einer über die *wachsenden Reproduktionskosten* der Arbeitskraft *hinausgehenden Verfügung* über Güter und Leistungen zu bemessen ist, sofern sie der inviduellen und kollektiven Emanzipation zugute kommt."

Nun ist bereits ausgeführt worden, daß mit der Erweiterung des administrativen Aktionsradius in das ökonomische System hinein die Entscheidungen der Administration einem politischen Begründungszwang unterworfen sind – mithin auch die Misere der Lebensbedingungen im Reproduktionsbereich nicht einfach als Ergebnis naturwüchsiger Eigengesetzlichkeit hingestellt werden kann. Mit der immens gestiegenen Bedeutung der infrastrukturellen Versorgungsleistungen, die vorwiegend dem Staat überantwortet werden, ist dieser zum „Organisator und Vollstrecker der herrschenden Lebensverfassung"[100] geworden.

Adressat des Interesses an veränderten Lebensumständen ist daher der Staat. Wo immer sich ein Bewußtsein des inneren Zusammenhangs der infrastrukturellen Misere bildet, in einem Neubaugebiet beispielsweise die Zusammenhänge von Wohnsituation, Bodengesetzgebung, Schulplanung und Krankenversorgung offenkundig sind, kann der Staat auf massiv artikulierte Forderungen nicht konventionell reagieren: die nach dem „Gießkannenprinzip" verfahrende Sozialpolitik herkömmlichen Stils, bei der via Lastenausgleich, Sozialhilfemaßnahmen etc. Entschädigungen verteilt wurden, griffe hier zu kurz. Auf die Forderung nach Veränderung *ganzer* Lebensumstände muß der Staat, wenn er nicht hinter den Politisierungsgrad betroffener Bevölkerungsgruppen zurückfallen will, auch mit aufs Ganze bezogenen „Reformvorhaben" und Programmatiken reagieren.

Insofern ist der Staat in hohem Maße auf eine reformistische Strategie festgelegt, die sich durch eine angestrebte Verbesserung der „Lebensqualität"[101] zu legitimieren sucht.

4.2. Bürgerinitiativen und staatlicher Reformismus

Ein deutliches Zeichen einer Bevölkerungspolitisierung im Reproduktionsbereich sind die Bürgerinitiativen.[102]

„Sie stellen ... einen ganz bestimmten historischen Wendepunkt dar. Wie schon erwähnt, war es eine der spezifischen Leistungen des Nachkriegsstaatsapparates, mit der Vermehrung der distributiven Verantwortlichkeiten einen Anspruch auf zureichende Daseinsvorsorge für die Bevölkerung aufzustellen. Den dialektischen Umschlag dieser Entwicklungstendenz stellen die Bürgerinitiativen dar. Sie beuten den Anspruch aus und benennen ihre Forderungen. Scheinbar unpolitische

---

99 Ebenda, S. 154.
100 *Rote Hilfe* (1973), S. 61.
101 So ein zentraler Topos der gegenwärtigen sozialdemokratischen Programmatik.
102 Einen materialreichen Situationsbericht hat *Der Spiegel* 48/1972 gegeben.

Ziele wie Erhaltung eines Kinderspielplatzes, Erhaltung eines Stadtteils, Verhinderung einer Schnellstraße etc. sind in diesem Licht unmittelbar politische Vorgänge."[103]

Die Bürgerinitiativen fungieren gewissermaßen als Instanzen der provokativen Thematisierung infrastruktureller Defizite oder Fehlplanungen. Dabei kann der Staat nicht umhin, Begründungen für die weitreichende Diskrepanz geben zu müssen, die zwischen reformistischer Programmatik und effektiver Fortdauer der infrastrukturellen Mängel bestehen bleibt; d.h. es kann nicht vermieden werden, daß die Einengung staatlicher Reformpolitik durch Kapitalinteressen thematisiert wird und dies seinen Niederschlag im politischen Bewußtsein der Bevölkerung findet.[104]

Sowohl was die Aktionsformen als auch die inhaltlichen Argumentationen der Bürgerinitiativen betrifft, treten diese damit die Nachfolge bestimmter Ansätze der antiautoritären Bewegung der sechziger Jahre an.

Nicht selten muß der reformistische Staat auf die von diesen Initiativen artikulierten Inhalte zurückgreifen, um überhaupt Innovationskonzepte entwickeln und durchführen zu können.[105]

Dies ist von entscheidender Bedeutung für die Einschätzung der Bürgerinitiativen, da sie nicht lediglich als politisches Frühwarnsystem für ein administratives Eindämmen von Konflikten fungieren.[106] Der Rückgriff auf kapitalismuskritische Theorieelemente bringt eine neue Argumentationsdimension in die öffentliche politische Diskussion: nämlich die Dimension neuer Bewertungskriterien für Lebensbedürfnisse und Lebensumstände, die nicht mehr nach Maßgabe der Erfordernisse des Verwertungsprozesses zurechtgestutzt werden können. Die kapitalismuskritische Dimension läßt sich – einmal in den öffentlichen Diskussionszusammenhang miteinbezogen – nicht mehr techno-

103 *Rote Hilfe* (1973), S. 50 f.

104 Dies wurde besonders während des Bundestagswahlkampfes 1972 deutlich, in dem die SPD mit einer durchaus kapitalismuskritischen Argumentation operierte und „erfolgreich" war. Vgl. *Der Spiegel* 40/1972.

105 Dies gilt besonders für den Bereich des Bildungswesens. So ist Schulreform, auch wenn sie technokratische Intentionen verfolgt, angewiesen auf Inhalte und Praxis einer kritischen Pädagogik: der moderne Kapitalismus muß „Anstrengungen unternehmen, die gesamte vorschulische und schulische Sozialisation zu vergesellschaften, dabei den besonderen Lebensrhythmus der Entstehung und Erhaltung der Arbeitskraft anerkennen und vom abstrakten Zeitschema der Warenproduktion lösen. Dies kann er nicht durch sein traditionelles Bündnis mit den Institutionen eines konservativen Bildungswesens. Es steht fest, daß er hierbei auf gesellschaftliche Kräfte und Personengruppen angewiesen ist, die allein die notwendige Erfahrung in triebsublimierender Erziehung besitzen: Pädagogen, Wissenschaftler und Eltern, die progressive und tendenziell antikapitalistische Gruppen bilden." *Negt/Kluge* (1972), S. 47.

106 Vgl. hierzu *Offe* (1972 a), S. 163.

kratisch funktionalisieren: weder läßt sie sich auf einem begrenzten Erwartungsniveau „einfrieren", noch kann sie administrativ zurückgenommen werden.[107]
Die politische Relevanz der Bürgerinitiativen würde daher unterschätzt werden, wenn man mangelnde „Radikalität" ihrer Forderungen zum Hauptkriterium machte.

„... nicht die Forderungen selbst sind radikal oder revolutionär, aber daß die Forderungen jetzt erfüllt werden müssen, daß die üblichen politischen Entscheidungsmechanismen nicht mehr gültig sind für diesen Augenblick, das Durchhalten des aktuellen Konflikts – dies alles leitet einen radikalisierenden Lernprozeß innerhalb der Bevölkerung ein."[108]

In dem Augenblick, in dem der spätkapitalistische Staat die Verantwortung für die Reproduktionsbedingungen der Bevölkerung übernimmt und in seinem Selbstverständnis akzeptiert, wird also ein widersprüchlicher Prozeß initiiert: die staatlich durchgeführten Reformen sind nicht nur *Reaktionen* auf den wachsenden Erwartungsdruck durch Bevölkerungsteile, sondern gleichzeitig auch *Grundlage* für weitere und administrativ nicht kontrollierbare Entwicklungen der Lebensbedürfnisse und des politischen Bewußtsein. Vor diesem wachsenden Anspruchsniveau aber, das der Reformismus ungewollt produziert, bleibt der Staat mit seinen effektiven Reformleistungen in zunehmendem Maße zurück, da der Kapitalzusammenhang der Höhe des staatlichen Reformfonds prinzipielle Grenzen setzt. Das Ergebnis sind vermehrte Konflikte im Reproduktionsbereich. Dann ist

„... der Konflikt nicht *Anstoß*, sondern *Folge* einer Reformpolitik, die sich unfähig zeigte, den Erwartungen und Bedürfnisdefinitionen, die sie selbst zum Teil erst erzeugt hatte, zu entsprechen; stattdessen hat sie Resultate hervorgebracht, die im Lichte ihrer eigenen proklamierten Erfolgskriterien als Scheitern ihrer Reformpolitik und häufig als absolute Verschlechterung gewertet werden müssen."[109]

Die Konflikte haben häufig die Funktion exemplarischen Einübens in neue Formen der politischen Artikulation und des politischen Handelns. Ihr Auftreten im Reproduktionsbereich wird nach *Gronemeyer*[110] auch dadurch begünstigt,

---

107 In diesem Sinne lassen sich z.B. Hausbesetzungen nicht lediglich als Basis-Vorstoß für eine reformierte Bodengesetzgebung verstehen. Auch eine, notwendig begrenzte, Reform in diesen Bereichen wird die Erfahrungsveränderung der betroffenen Bevölkerungsgruppen kaum rückgängig machen oder eindämmend kontrollieren können.
108 *Rote Hilfe* (1973), S. 123 f.
109 *Offe* (1972 c), S. 125.
110 Vgl. *Gronemeyer* (1972), S. 22 u. 168 f.

– daß sie die Betroffenen keiner so unmittelbaren Existenzbedrohung aussetzen wie im Produktionsbereich;
– daß die Konfliktproblematik anschaulich und individuell erfahrbar ist; daß sie auf den eigenen Erfahrungsraum begrenzbar ist;
– daß die Zeitspanne zwischen Aktion und administrativer Reaktion kurz genug ist, um die Motivationshöhe der Aktivierten nicht zu überschreiten;
– daß die Struktur der aktivierten Gruppe überschaubar ist.

Interessenkonflikte im Reproduktionsbereich sind also nicht nur wegen der objektiv gewachsenen Bedeutung der Infrastruktur interessant und relevant, sondern vor allem wegen der hierbei in Gang gesetzten „Sozialisationsfolgen".[111] Neue Erfahrungen werden hier dadurch gebildet, daß sich die Beziehungen der Aktivierten untereinander politisieren, daß sich das Verhältnis zum Staat ändert, daß die Sensibilität für Defekte und Widersprüche der materiellen Lebensbildung wächst. Die eigene Erfahrung der *praktischen Veränderbarkeit* der materiellen und immateriellen Lebensumstände überhaupt dürfte tiefgreifender sein als jegliche hiervon abgehobene politische Informationsarbeit oder „Schulung".[112]
Daß praktische Veränderungen von Lebensumständen erkämpft und politisch möglich gemacht werden können, verändert tendenziell das Verhältnis der Subjekte zum gesellschaftlichen Reichtum überhaupt.
Die objektiv höhere Bedeutung der infrastrukturellen Versorgung hat auch ihren subjektiven Niederschlag in der Definition dessen, was die Subjekte als „lebenswichtig" definieren.

Die Reproduktion wird erfahrbar als das, was sie ist: als kollektiver Prozeß. Die Reproduktion geschieht im Bewußtsein der Subjekte nicht nur über individuell konsumierbare Waren, sondern zunehmend auch durch die Konsumtion von kollektiven Gebrauchsgütern und Versorgungsleistungen.[113]

Diese letzte Form der Konsumtion aber zeitigt insofern eine neue Qualität von Erfahrung, als sie eine massenhafte und extensive Aneignung gesellschaftlichen Reichtums ist, die nicht mehr über einen Markt und nicht mehr über individuelle Kaufakte vermittelt ist.

---

111 Ebenda, S. 69.

112 Vgl. hierzu *Negt/Kluge* (1972, S. 58): „Das ‚Ganze der Gesellschaft' scheint auf den Wegen dieser mittelbaren Erfahrung (i.e. Wissen, T.Z.) faßlich, da sich diese Erfahrung von dem im subjektiven Erleben gebundenen Realitätswiderstand entfernt. Es zeigt sich jedoch, daß die mittelbare Erfahrung auf alle praktischen Handlungen und unmittelbaren Erkenntnisse und Empfindungen einwirkt, daß sie aber nur im geringen Maß Organisator und Regulator des Erfahrungsinteresses sein kann. Mittelbare Erfahrung wird im wesentlichen nur praktisch, wenn sie im Lernrhythmus der unmittelbaren Erfahrung relevant ist."

113 S. hierzu *Habermas* (1973), S. 116 f. sowie *Sinz* (1971), S. 20.

Dies könnte zur Folge haben, daß die Reduzierung einer bornierten Erfahrung aufgehoben würde, der die Reproduktion als unendliche Kette individueller Kaufakte erscheint; daß sich die Erfahrung stabilisierte, daß die Lebensumstände einen *Zusammenhang* bilden, der kollektiv aneigbar und veränderbar ist.

5. DIE PRODUKTION DES RELATIVEN MEHRWERTS: ARBEITSINTENSIFIKATION UND KRANKHEIT

Es bleibt für die adäquate Einordnung der hier angeführten Entwicklungen (der Staatsfunktionen, des Konsumbereiches, der infrastrukturellen Versorgung) von Bedeutung, eines im Auge zu behalten:
Die Folgen der erweiterten Reproduktion des Kapitals, die bisher als Stufenfolge eines expansiven Vergesellschaftungsprozesses gezeigt wurden, der immer neue Lebensbereiche und -äußerungen der Subjekte dem Kapital reell zu subsumieren sucht, sind und bleiben auch unmittelbar im Bereich der *Produktions- und Zirkulationsspäre,* d.h. im Bereich der beruflichen Tätigkeit der Bevölkerungsmehrheit, erfahrbar.
Es ist bereits angeführt worden, daß die Erhöhung der Profitrate von einem bestimmten Abschnitt der kapitalistischen Entwicklung ab nicht länger über die Verlängerung des Arbeitstages erzielt werden konnte, sondern einzig über die Erhöhung der Arbeitsproduktivität ohne Expansion der dabei aufgewendeten Arbeitszeit. Dies geschieht einmal über eine Verbesserung der technischen und organisatorischen Bedingungen der Arbeit, was eine Komplizierung der Arbeitsvollzüge und damit auch partielle Veränderungen der Qualifikationsstruktur mit sich bringt; zum anderen durch *Intensivierung* der Arbeit.

„Intensivierte Arbeit bedeutet stärkere Auspressung (weitgehend) unveränderter Arbeitskraft; sie ist somit der ‚kürzere Weg' zur (zeitweiligen) Erhöhung des relativen Mehrwerts. Betrachtet man den Arbeitsprozeß, so bedeutet Intensifikation, daß weiterhin un- oder kaum qualifizierte Arbeiter . . . repititiv stereotype Tätigkeiten verrichten, sich dabei jedoch mehr verausgaben, ‚anstrengen'."[114]

Kennzeichnend für die gegenwärtige Situation der Veränderung der Arbeitsprozesse ist eine auftretende Ungleichzeitigkeit und Widersprüchlichkeit zwischen den verschiedenen Produktionsbereichen: Während in einigen Bereichen eine Reduktion psychischer und/oder körperlicher

114 *Volpert* (1973), S. 223.

Arbeitsbelastung stattfindet, ist in anderen eine eindeutige Steigerung einer oder beider Belastungsformen zu verzeichnen.[115]
So gibt es z.B. bestimmte Meßwarten-Tätigkeiten bei halbmechanisierten Aggregatensystemen, bei denen muskulöse Belastungen verschwunden sind und nervliche Belastungen so gut wie gar nicht auftreten.[116]
Andererseits finden sich in der Eisen-Stahl-Industrie weiterhin „Arbeitsplätze mit maximalen Belastungen, die mit denen eines Leistungssportlers identisch sind"[117]:

„... der körperlich anstrengende, durch negative Umgebungseinflüsse erschwerte Charakter der Arbeit kennzeichnet durchaus weiterhin zahlreiche industrielle Verrichtungen. Die Bewältigung dieser, oft durch extreme Einseitigkeit auf bestimmte Bewegungsabläufe gekennzeichneten Belastungen bleibt zentrales Problem relevanter Teilgruppen der Arbeiter."[118]

Insgesamt kann aber wohl doch von einer tendenziellen Verlagerung von physischen Belastungsformen hin zu nervlichen gesprochen werden.[119]
Die Belastungen, die sich durch nervlichen Streß bzw. durch nervöse organische und psychische Störungen manifestieren, haben verschiedene Erscheinungsformen. Hier seien nur einige aufgeführt:
– Insgesamt ist im Produktionsbereich eine *Zunahme* von Nacht- und Schichtarbeit zu verzeichnen.[120] Diese hat in der Regel gravierende Störungen des physiologisch nicht varianten Lebensrhythmusses zur Folge, die Schlaflosigkeit, Nervosität, Appetitstörungen, Verdauungsstörungen und Magenerkrankungen bewirken und die gesundheitliche Belastbarkeitsgrenze erheblich herabsetzen;
– des weiteren besteht eine Tendenz zur Einführung immer höherer Akkordrichtsätze und rationeller Methoden der Arbeitsplatzbewertung, bei denen jeder Arbeits- und Teilarbeitsvorgang noch einmal in kleinste, zeitlich normierte Einheiten eingeteilt wird, um somit ein Minimum des notwendigen zeitlichen Aufwands für diese Vorgänge zu ermitteln und dann verbindlich vorschreiben zu können.

„Die neuen Arbeitsplatzbewertungssysteme produzieren eine *Zeit-Neurose* in massenhaftem Ausmaß; einerseits die Angst, die ‚Vorgabezeiten' nicht zu schaf-

---

115 S. hierzu *Kern/Schumann* (1970), Bd. I, S. 163 sowie *Osterland* u.a. (1973), S. 77. Vgl. auch die detaillierte Typisierung der industriellen Produktionsarbeiten bei *Kern/Schumann* (1970), Bd. II, S. 90 ff.
116 Vgl. ebenda, Bd. I, S. 133. Dies ist nicht zu verwechseln mit stark belastender Automatenkontroll-Tätigkeit. S. ebenda, S. 121 f.
117 *Hettinger, Th.* u.a. zit. n. *Osterland* u.a. (1973), S. 76.
118 Ebenda, S. 75. Vgl. die innerhalb der vergangenen 20 Jahre erheblich angestiegene Quote an Arbeitsunfällen; s. hierzu ebenda, S. 84–89.
119 So ebenda, S. 77.
120 *Osterland* u.a. (1973), S. 79–82.

fen, andererseits die Angst, daß sie heraufgesetzt, wenn sie eingehalten werden, erzeugt einen nervösen und gereizten Dauerzustand. . ."[121]

– Es ist eine Ausweitung von solchen Tätigkeiten zu verzeichnen, die in partieller Bedienung und Kontrolle halbautomatisierter Maschinen bestehen. Hierbei befindet sich der Arbeiter in einem

„Halb-Traum-halb-wach-Zustand, bei dem infolge der ‚lateralen Kontrollfunktion' die Bewußtseinszensur weder ganz ausgeschaltet noch ganz in Funktion ist."[122]

Die Dauerhaftigkeit eines solchen Zustandes bedeutet einen tiefen Eingriff in die Wahrnehmungsstruktur des Betreffenden[123] und in dessen Triebstruktur:

„Die Arbeit an der halbautomatisierten Maschine absorbiert zwar nicht alle ‚Aufmerksamkeits'- (oder Besetzungs-)Energie . . . , doch gerade so viel, daß die Arbeiterinnen die Kraft zur vollen ‚Objektbesetzung' (Denken an ihren Mann oder ihre Kinder) nicht mehr aufbringen; es sei denn um den Preis der Verlangsamung oder des Stillstands der Arbeit. Der permanente Entzug psychischer ‚Aufmerksamkeits'- und Besetzungs-Energie durch den halbautomatisierten Arbeitsprozeß treibt die ‚Libido' auf regressive Stufen zurück."[124]

– Auch im Bereich der Verwaltungs- und Büroarbeit findet eine umfassende Rationalisierungsbewegung statt.[125] Sie äußert sich zum einen in der Form der technischen Organisation (EDV-Anlagen, Kanzleisystem für Schreibkräfte etc.), die eine erhebliche Verschärfung des Arbeitstempos ermöglicht; zum anderen in erweiterten Aufsichts- und Kontrollvorgängen, denen der einzelne Angestellte unterliegt (Einführung von Stechuhren, Großraumbüros u.a.); schließlich in einer weit ausdifferenzierten Arbeitsteilung, die zu einer deutlichen Einengung und Monotonisierung des einzelnen Arbeitsfelds führt und dem Betreffenden ein Dequalifikationsbewußtsein bzw. eine Angst vor späterer Dequalifikation vermitteln kann.

---

121 *Schneider* (1973), S. 231. Vgl. auch *Schneider, P.* (1970) S. 96–100, über die Praxis des MTM-Verfahrens. Daß auch hier (wie bei der Produktion des absoluten Mehrwerts) die Problematik einer Belastbarkeits*grenze* gesehen wird, zeigen die neueren Anstrengungen, durch eine gesteuerte „Humanisierung" des Arbeitsplatzes (z.B. durch Verfahren des ‚job enlargement' und ‚job enrichment') eine dysfunktionale Überforderung der Arbeitskräfte aufzufangen; vgl. *Volpert* (1973), S. 227 u. 231 f.

122 *Schneider* (1973), S. 223.

123 „Das geschichtlich erlernte Zusammenwirken zwischen der Wahrnehmung des Sinnzusammenhangs, der bestimmten Arbeitssituation, körperlicher und geistiger Tätigkeit, Nerven- und Sinnenapparat wird so auf eine ganz andere Weise auseinandergerissen und im Verwertungsinteresse neu zusammengefügt, als dies der rationalisierte Arbeitsprozeß der Zwanziger und Dreißiger Jahre getan hat." *Negt/Kluge* (1972), S. 242.

124 *Schneider* (1973), S. 224 f.

125 Vgl. *Osterland* u.a. (1973), S. 79.

Die hier nur stichwortartig aufgeführten Tendenzen einer wachsenden nervlichen Belastung am Arbeitsplatz, sei es für den Arbeiter oder den Angestellten, haben einen gemeinsamen gravierenden Effekt: die Zunahme massenhafter psychischer Erkrankungen bzw. solcher Störungen, die als „funktionelle Erkrankungen" klassifiziert werden (Herz-, Gefäß- und Kreislaufkrankheiten). *Schneider* zitiert

„. . . alarmierende Zahlen: bei 63,9 Prozent der Männer und 71,1 Prozent der Frauen von insgesamt 50 000 Arbeitnehmern (von denen sich allerdings nur 63 Prozent untersuchen ließen) werden therapeutische Maßnahmen für erforderlich gehalten. . ."[126]

6. ZUSAMMENFASSUNG

Vergegenwärtigen wir uns noch einmal kurz den Verlauf der bisherigen Argumentation:
Ausgangspunkt war die Feststellung, daß die staatliche Administration zunehmend genötigt ist, durch ihre Maßnahmen dem Kapital profitable Anlagemöglichkeiten zu verschaffen und Realisationsschwierigkeiten zu beheben oder zu mindern. Diese Ausweitung der Staatstätigkeit wirkt sich aus als gesteuerte Fortsetzung jenes Vergesellschaftungsprozesses, der mit der Etablierung kapitalistisch-industrieller Produktionsmethoden begann und nun auch gesellschaftliche Bereiche miteinbezieht, die dem Kapital vorher höchstens formell subsumiert oder von diesem gar nicht tangiert waren.
Die erhöhte Relevanz von Steuerungs-, Planungs- und Verwaltungsfunktionen für die industrielle Produktion sowie die gestiegenen materiellen Aufwendungen für die Reproduktion der Arbeitskraft erfordern so-

126 *Schneider* (1973), S. 226. S. ebenda, S. 216.
Daß diese massenhaften Erkrankungen gleichzeitig Objekt einer profitablen Wachstumsindustrie sind und somit noch einmal verwertet werden, sei hier nur erwähnt. „Die pharmazeutische Industrie und deren Zulieferer, die chemische Industrie, sind daher an der ständig steigenden Nachfrage nach ärztlichen Dienstleistungen, das heißt an einem expansiven Krankenmarkt, interessiert. Dieser Zweig des Kapitals hat also bestimmt kein Interesse an einer allzu blühenden ‚Volksgesundheit', weil sein Geschäft ja gerade die Krankheit ist. In der Tat läßt sich nachweisen, daß die Profitrate der pharmazeutischen Industrie in den letzten Jahren in einem ähnlichen Verhältnis stieg, wie die Rate der ‚funktionellen' Erkrankungen auf seiten der Werktätigen." (Ebenda, S. 234 f.)

wohl den Ausbau der Verwaltungs- und Dienstleistungsbereiche der Privatwirtschaft als auch den der staatlichen Administration.
Dies hat zweierlei Folgen: einen Anstieg des gesamtgesellschaftlichen Anteils an konkreter, gebrauchswertbezogener Arbeit und eine Zunahme desjenigen Anteils am gesellschaftlichen Kapitalbestand, der (zwar – funktional gesehen – auf den Verwertungsprozeß bezogen ist, aber) der Form nach nicht-kapitalistisch verwendet wird.
Beides, die Anteilzunahme der konkreten Arbeit und die administrative Disposition über expandierende Haushaltsmittel, unterliegt nicht mehr der direkten Steuerung durch Marktdaten: beides steht unter einem gebrauchswertbezogenen Begründungszwang; seine Ausweitung wirkt sich daher als *erhöhter „Bedarf" an Legitimation* aus.
Es wurde ausgeführt, daß – hierzu gegenläufig – (aber gleichermaßen durch den Vergesellschaftungsprozeß verursacht) eine *Schwächung der klassisch-bürgerlichen Motivationsbasis* vor sich geht und somit die asketisch-privatistische Bedürfnisinterpretation der liberalkapitalistischen Epoche an Prägekraft verliert.
Die bürgerliche Motivationsbasis, die durch die Vereinigung genuin kapitalistischer und traditional-vorkapitalistischer Werte gebildet wird, ist einmal geschwächt, weil mit der Substituierung von Marktfunktionen auch die Ideologie des gerechten Äquivalententausches erschüttert worden ist; zum anderen, weil die staatlichen Versuche der Legimationsbeschaffung einen gegenteiligen Effekt haben: Die administrative Thematisierung kultureller Selbstverständlichkeiten hat keine legitimatorische Wirkung, sondern erzeugt gerade durch diese Funktionalisierung bisher unbefragter Symbole ein vermehrtes Kontingenzbewußtsein. Dieses Kontingenzbewußtsein aber ist unvereinbar mit dem „ganzheitlichen" Charakter, den das klassisch-bürgerliche Weltbild gehabt hat; seine auf „das Ganze" gerichtete sinnstiftende Funktion, die geschichtliche und gesellschaftliche Identität zu vermitteln versprach, ist damit irreversibel zersetzt.
In einem zweiten Schritt der Argumentation wurde dargelegt, daß das so entstandene Orientierungs-„Vakuum" partiell durch *neue, triebstrukturell fundierte Bindung an die Welt der Konsumwaren* ausgefüllt wird.
Dies wurde erklärt durch eine Konvergenz von neuen Verhaltensdispositionen und neuen Phantasiewerten der Waren.
„Neue Verhaltensdispositionen" waren gemeint in dem Sinne, daß das (bisher die Sozialisation leitende) Prinzip des Befriedigungsaufschubs zugunsten der Erreichung langfristiger Gratifikationen vermehrt an gesellschaftlicher Plausibilität verloren hat. Sowohl als präventives Mittel

der Sexualsozialisation als auch als Leitprinzip der Konsumhaltung ist es (tendenziell) objektiv dysfunktional und damit subjektiv uneinsichtig geworden.

„Neue Phantasiewerte der Waren" waren gemeint in dem Sinne, daß deren ästhetische Werbeinszenierung sowohl eine Sexualisierung der Waren bedeutet, die freigesetzte Libido an sich zu ziehen vermögen, als auch daß der Warenzusammenhang als Ganzes den verlorengegangenen „Orientierungsrahmen" (den die bürgerliche Kultur vorgegeben hat) scheinhaft in Form des „richtigen Lebensstils" rekonstruiert.

Diese Entwicklung birgt nicht nur eine Gefahr in sich wegen der Tatsache, daß damit libidinöse Strebungen und das Bedürfnis nach Sinnzusammenhängen für den Verwertungsprozeß funktionalisiert werden, sondern auch, weil die Triebphantasien und Weltorientierungen selber unzertrennbar von Warenkategorien penetriert werden und somit ihren quasi-„oppositionellen" (weil nicht vollauf in den Kapitalzusammenhang integrierbaren) Charakter verlieren können.

Nun ist aber, drittens, auf eine weitere, in gewissem Sinne *wiederum* gegenläufige Entwicklungstendenz aufmerksam gemacht worden: Gerade die ökonomische Möglichkeit der ungeheuren quantitativen Steigerung der Warenproduktion erfordert für die Lohnarbeiter *Lebensverhältnisse,* bei denen sie sich zunehmend *nicht mehr mit den Mitteln und Formen des privaten Individualkonsums* reproduzieren können. Gerade unter dem Gesichtspunkt des steigenden Aufwands für die Reproduktion der Arbeitskraft erhalten umfangreiche Infrastrukturinvestitionen einen hohen Dringlichkeitsgrad.

Da aber die fiskalischen Mittel des Staates prinzipiell begrenzt sind (bei zu umfangreichem Haushaltsvolumen wird entweder die Gesamtmenge des produktiven Kapitals und/oder die Konsumkapazität der Bevölkerung zu sehr reduziert), bleiben die staatlichen Möglichkeiten der infrastrukturellen Versorgung hinter den gestiegenen objektiven und subjektiven Ansprüchen der Bevölkerung zurück.

Das Einklagen des wohlfahrtsstaatlichen Anspruchs durch mobilisierte Bevölkerungsgruppen erhöht den Legitimationsdruck auf den Staat, welcher reformistisch zu reagieren verspricht und versucht; hierdurch stellt er sich selbst aber wiederum unter weitergehende Ansprüche, deren objektiv unvermeidliche Nichterfüllung Politisierungsgrundlage der hiervon zentral betroffenen Bevölkerungsteile sein kann.

Schließlich, und viertens, wurde daran erinnert, daß ungeachtet aller ökonomisch-politischen und ideologischen Veränderungen die Möglichkeit der erweiterten Reproduktion des Kapitals zentrale Bestimmungsgröße der Entwicklung geblieben ist: diese ist aber nur über einen Weg gegeben – nämlich der gesteigerten Produktion des relativen Mehrwerts. Die hierdurch bedingte *permanente Arbeitsintensifikation* stellt sich gegenwärtig als eine Verlagerungstendenz dar, und zwar von der physischen zur psychischen Belastung. Als Folge ist schon jetzt massenhaft ein Ansteigen funktioneller und psychischer Erkrankungen zu verzeichnen.

Die hier aufgezeigten Entwicklungstendenzen sind in sich und untereinander widersprüchlich.

Die inneren Widersprüche könnten – schematisierend – so charakterisiert werden:

– in Bezug auf den *Produktionsbereich:* hier steht einer sich ständig erhöhenden Produktion von Tauschwerten die gleichzeitige Destruktion von Gebrauchswerten, insbesondere des Gebrauchswerts der Ware Arbeitskraft, gegenüber;[127]

– in Bezug auf den *Warenkonsum:* hier besteht der Widerspruch zwischen der wachsenden materiellen Möglichkeit zum Erwerb von Waren und der gleichzeitigen psychischen Unmöglichkeit zu

„. . . deren ‚Aneignung' im Sinne der qualitativen Entfaltung seiner (des Konsumenten, T.Z.) sinnlichen und geistigen Fähigkeiten. . ."[128]

– in Bezug auf die *Reproduktionsbedingungen:* während die infrastrukturelle Situation sich objektiv verschlechtert, wächst die Sensibilität für derartige Mängel und erhöhen sich die Ansprüche an die infrastrukturelle Versorgung.

Die gezeigten Entwicklungstendenzen wurden eingangs bereits unter dem Gesichtspunkt einer zweifachen, miteinander verschränkten „Labilisierung" interpretiert[129]:

– als *Labilisierung des Kapitalzusammenhangs,* der dadurch, daß er sich gesellschaftlich und innerpsychisch ausweitet, formfremde Elemente in sich aufzunehmen gezwungen ist;

– als *Labilisierung der Widerstandsfunktion,* die bisher nicht–subsumierten Lebensbereichen und subjektiven Strukturen zugesprochen werden konnte und kann.

Es stellt sich somit vor allem die Frage, ob nicht gegenwärtig neue Phantasien, Bedürfnisse und Erfahrungen ermöglicht und produziert werden, die im Rahmen kapitalistischer Produktionsverhältnisse nicht mehr domestizierbar sind und dadurch diesen Rahmen sprengen; oder ob diese neuen Phantasien, Bedürfnisse und Erfahrungen dadurch, daß sie sich als mögliche sekundäre Ausbeutungsobjekte herausgestellt haben, dem

127 Vgl. *Schneider* (1973), S. 317.
128 Ebenda.
129 Vgl. oben. Teil 3. Abschn. 1.

Rahmen kapitalistischer Produktionsverhältnisse lediglich zu einer Flexibilisierung verhelfen, die ihn um so mehr stabilisiert.
Welche dieser doppelt möglichen Funktionen die veränderten Phantasien, Bedürfnisse und Erfahrungen haben könnten und welche sich längerfristig gegenüber der jeweils anderen durchsetzen wird, und ob diese sich eher als „*Sprengkraft*“ oder als *Verwertungspotential* auswirken werden, vermag der Verfasser beim gegenwärtigen Stand der Theoriebildung und der Verarbeitung entsprechenden empirischen Materials nicht zu entscheiden.
Die Widersprüchlichkeit der gezeigten Veränderungen ist nicht nur eine zwischen umfassenden gesamtgesellschaftlichen Entwicklungsrichtungen, sondern sie setzt sich bis in die Subjekte hinein fort und droht sie selbst zu „zerspalten“. Am spürbarsten dürfte sich dies als Widerspruch zwischen dem Muster disziplinierten Verhaltens im Arbeitsprozeß und laßziven Verhaltens im Konsumbereich niederschlagen.

„Die extreme Anspannung der Produzenten im Arbeitsprozeß erzeugt notwendig ihre pathogene Gegenbewegung: die extreme Entspannung und Erschlaffung im psychedelischen ‚Konsumrausch‘. Diese im Produktions- und Zirkulationsrhythmus des Kapitals von einem Extrem ins andere fallende zickzackförmige Triebbewegung zerstört tendenziell jedes gesicherte psychosexuelle Fundament (. . .)
Zwischen zwanghafter Triebunterdrückung in der Produktion und zwanghafter Triebentfesselung in der Konsumption hin und hergerissen, geraten die arbeitenden Konsumenten in eine Art ununterbrochene ‚double-bind‘-Situation hinein.“[130]

Zu diesen Extrempolen der Arbeitsdisziplin und der Konsumlust kommt ein dritter Pol hinzu: der des Kampfes um die Bedingungen der kollektiven Reproduktion. Hier wirken sich von der Konsumsphäre her das wachsende Anspruchsniveau und von der Produktionssphäre her die Begrenztheit der verfügbaren fiskalischen Mittel als Gegensätze aus. Die Frage ist, ob der im Konsumbereich geweckte „Bedürfnishunger“ sich umleiten ließe und insofern politisierbar wäre, als er als nicht domestizierbare Interessen- und Forderungsstabilität im Reproduktionsbereich aufträte; oder ob auch die kollektive Güter- und Leistungsversorgung im Reproduktionsbereich wieder Warenform annehmen könnte[131] und diesen Bereich in den entpolitisierten (hier dann: kollektiven)

130 *Schneider* (1973), S. 291.
131 Diese Einschätzung gibt *Mandel* (1972, S. 371): „Die Logik des Kapitals geht also darauf aus, brachliegendes Kapital in Dienstleistungskapital umzusetzen und gleichzeitig Dienstleistungskapital durch produktives Kapital d.h. Dienstleistungen durch Waren zu ersetzen: Transportdienste durch Privatautos, Theater- und Filmdienste durch private Fernsehapparate; morgen Fernsehdienste und Erziehungsdienste durch Video-Kasseten usw.“

Konsumbereich „zurückholte", nicht zuletzt auch mit Hilfe der warenästhetischen Umkleidung.[132]

Eine letzte, ebenfalls vom Verfasser nicht entscheidbare Frage wäre, – einmal – ob die Verhaltensdispositionen im Konsumbereich nicht in den Produktionsbereich überschlagen könnten und sich insgesamt auf die Arbeitsdisziplin negativ auswirken könnten. (Sie wäre dann zumindest nicht mehr verinnerlichtes Verhaltensprinzip, sondern allenfalls eine Verhaltensweise, der man sich je nach Druck der Arbeitsmarktsituation mehr oder auch minder unterwirft.)[133]

Und – zum zweiten –, ob die Erfassung der außerberuflichen Lebensbereiche von der Subsumtionsbewegung des Kapitals nicht auch *erfahrbar* ist als *Kopplung* von Berufs- und Freizeitbereich, was ein Überschlagen der neuen Erwartungen und Verhaltensmuster im Reproduktionsbereich auf den Produktionsbereich fördern könnte.[134]

132 Die Ambivalenz des Verhältnisses zwischen kollektiven Reproduktionsbedingungen und Warenkonsum zeigen auch Veranstaltungen wie z.B. kommunale „Altstadtfeste". Hier mischen sich Elemente der kollektiven Aneignung des urbanen Raums und der Sensibilisierung für urbane Kommunikation mit Intentionen der städtischen „Imagepflege", die die Veranstaltung zur werbewirksamen Demonstration des örtlichen „Lebensstils" funktionalisiert, um die Stadt potentiellen Industrieansiedlern und Arbeitskräften besser „verkaufen" zu können.

133 Zumindest deuten die häufig beklagten Qualitätsmängel der Massengüterproduktion auf ein Nachlassen des früher tief einsozialisierten Pflegeverhalten gegenüber den Sachobjekten hin.

134 So etwa *Negt/Kluge* (1972, S. 301, Anm. 32): „In diesem Zusammenhang stellt sich die Frage, ob eine zweiseitige Intensivierung der Ausbeutung nicht auf spontane Abwehrkräfte der Betroffenen stößt. Denn bisher diente gerade der Freizeitbereich dazu, Kompensationen zum entfremdeten Arbeitsprozeß zu schaffen. Verlieren diese Kompensationen den Schein der Freiheit, indem sie wiederum in den ökonomischen Ausbeutungszusammenhang eingeordnet werden – und sie werden dies auch dann, wenn die Massenmedien separat den Schein von Freiheit mitproduzieren – so verliert der Kapitalismus ein wesentliches Element seiner ideologischen Legitimation. Die Folge könnte sein, daß der Freiheitsanspruch im Produktionsprozeß vorgetragen wird."

Teil 5
Zum Zusammenhang von symbiotischer Mutter-Kind-Beziehung und infantil-narzißtischer Entwicklung

1. EINLEITUNG

Es ist oben (S. 60) bereits darauf verwiesen worden, daß die im Teil 4 untersuchten Veränderungen der objektiven und subjektiven Situation der Subjekte in unserem Zusammenhang zunächst als Situationsveränderung der Eltern aufzufassen sind, als Wandel ihrer gesellschaftlichen Erfahrungen, ihrer Bedürfnisse und triebstrukturellen Zurichtungen. Nun sind diese Veränderungen gleichzeitig als Wandel der Bedingungen, Formen und Inhalte der familialen Sozialisation zu begreifen: Der im Teil 3 angedeutete Zusammenhang bürgerlicher Besitz- und Marktverhältnisse mit ihnen entsprechenden Rollenqualifikationen und Vateridentifikations-Prozessen ist dann in dieser Form nicht mehr gegeben.[1]
Was sich tendenziell aus dem Niederschlag der Vergesellschaftungsbewegung in der familialen Sozialisation herausbildet, kann mit orthodoxen psychoanalytischen „Charakter"-Einteilungen nur noch unvollkommen gekennzeichnet werden. In Ermangelung von termini, die den sich neu bildenden psychischen Strukturen adäquat sind, übernehmen wir hier *Schneiders*[2] Bezeichnung „neuer Sozialisationstyp".[3]
Was diesen „neuen Sozialisationstyp" vom „klassischen" Genitalcharakter unterscheidet, ist nicht nur seine psycho-strukturell *narzißtische* Dominanz, die auch für den vergleichsweise „herkömmlichen" narzißtischen *Charakter* gilt; der „neue Sozialisationstyp" unterscheidet sich auch durch eine veränderte (geschwächte) Funktion des Ichs und

1 Wir werden die in diesem Bezugsrahmen stehende bürgerliche Adoleszenz fortan kürzelhaft als „klassische" bezeichnen.
2 Vgl. *Schneider* (1973), S. 328.
3 Wobei wir im gleichen Sinne gelegentlich auch von „neuer Adoleszenz" sprechen werden.

durch mangelnde Ich-Gerechtigkeit der Substrukturen des Ichs (Ichideal).[3a] Die Schwächung des Ichs und ein vom Ich „abgekoppeltes" Ichideal geben diesem Typus ein hohes Maß an struktureller Flexibilität bzw. – negativ ausgedrückt – erzeugen einen *Mangel an* psychostruktureller lebenslanger *Konsistenz,* die gerade Kennzeichen eines „Charakters" gewesen ist.

Kennzeichen dieses „neuen Sozialisationstyps" sind somit auch nicht mehr Konflikte, die sich aus inzestuösen Bindungen oder Überidentifikationen herausbilden und deren Ätiologie in der Regel beim „Untergang des Ödipuskomplexes" anzusetzen hätte; kennzeichnend sind vielmehr psychische Störungen, deren Genesis eindeutig auf die prägenitale Entwicklung zurückweist und die in viel höherem Maße in der Mutter-Kind-Beziehung angelegt worden sind als im Verhältnis zum Vater. Wir werden später entwickeln, daß es sich hierbei um *narzißtische Störungen* handelt, die tendenziell die „klassischen" psychischen Krankheitsmuster an die Seite drücken und uns damit erheblichen Aufschluß über die Herausbildung einer historisch „neuen" Adoleszenz bieten können.

Nun kann die Explizierung dessen, was hier als „neuer Sozialisationstyp" oder „neue Adoleszenz" konzipiert wird, nur schrittweise geschehen:

– Es werden zunächst die im Teil 4 untersuchten gesellschaftlichen Entwicklungstendenzen dahingehend interpretiert, daß sie eine Labilisierung der Elternidentität zur Folge haben, die mit den Kategorien der „affektiven Versagungen" und der „kognitiven Verunsicherung" beschrieben wird (Teil 5, Abschn. 2.).

– Es wird sodann entwickelt werden, daß eine derartige „Schwächung" unterschiedliche Auswirkungen auf die frühkindliche Entwicklung hat, je nachdem, ob man die Mutter- oder die Vaterrolle betrachtet: Während nämlich die „schwache Mutter" in aller Regel eine symbiotische Bindung mit dem Kind eingeht, um sich so selbst zu stabilisieren, vermag der „schwache Vater" nicht, sich in die symbiotische Mutter-Kind-Verbindung einzubeziehen und verliert daher für das Kind erheblich an Bedeutung. Die symbiotisch hergestellte Mutterdominanz fördert wiederum beim Kind die Ausbildung einer narzißtischen Psycho-Struktur (Teil 5, Abschn. 3.–6.).

Im Fortgang der Untersuchung, die sich sodann der Adoleszenz zuwendet, wird versucht, den Zusammenhang zweier Entwicklungsaspekte herauszuarbeiten: der in der Primärsozialisation angelegten narzißtischen Psycho-Struktur und der Schwierigkeiten, sich nicht mehr mit

3a Die Einschätzung dieser Form von Ich-Schwäche wird weiter unten (Teil 7, Abschn. 1) versucht werden.

den Eltern identifizieren zu können. Dieser Zusammenhang wird sich als pathogen erweisen, da er „narzißtische Störungen“ produziert.
– Zunächst wird ausgeführt, daß die in ihrer eigenen Identität verunsicherten Eltern nicht mehr, wie früher, als Repräsentanten der Zukunft ihrer Kinder fungieren können: die gesellschaftliche Realität ist für sie genauso „neu“ wie für die Jugend; das Generationsverhältnis hat sich qualitativ geändert; Eltern sind daher als stabile Identifikationsobjekte so gut wie nicht mehr vorhanden (Teil 6/1.).
– Um die qualitativ neuen Züge des „Sozialisationstyps“ herausarbeiten zu können, wird vorweg ein psychoanalytisches Entwicklungsmodell der „klassischen“ Adoleszenz referiert (Teil 6/2.).
Hieran anschließend werden die zentralen Problemaspekte des „neuen Sozialisationstyps“ untersucht: die Mutterbindung, die Ichideal-Entwicklung und die „Außenlenkung“ durch die peer-group.
– Vorweg wird dargestellt, inwieweit die allgemeine Struktur der psychischen Konflikte sich im Übergang der „klassischen“ zur „neuen“ Adoleszenz verschoben bzw. gewandelt hat (Teil 6/3.).
– Der Prozeß der „neuen“ Elternablösung wird unterschieden nach einer „psychotischen Lösung“ und einer „narzißtischen Lösung“, wobei bei letzterer trotz der vergleichsweise „glatten“ Elternablösung die enge Bindung an das frühkindliche Mutterobjekt im Unbewußten erhalten bleibt (Teil 6/4.).
– Es wird dann dargelegt, daß – im Gegensatz zum narzißtischen Charakter – der „neue Sozialisationstyp“ auch zu einer narzißtischen Identifikation mit den Eltern nicht mehr in der Lage ist. Seine Ichideal-Entwicklung beruht daher weniger auf Ich-Einflüssen als auf archaischen Introjektionen von Schutz- und Allmachtszügen bestimmter Objekte (Teil 6/5.).
– Die Funktion, solchen Schutz und solche Allmacht zu repräsentieren, wie sie dem Stadium primär-narzißtischen Erlebens entsprechen, kommt der peer-group zu, die in diesem Sinne als ein „sozialer Uterus“ interpretiert werden kann (Teil 6/6.).

2. DIE ELTERNSITUATION: AFFEKTIVE VERSAGUNG UND KOGNITIVE VERUNSICHERUNG

Beginnen wir mit dem Zusammenhang der gesellschaftlich erzeugten Situationsveränderungen der Eltern und der Interaktionsstruktur während der Primärsozialisation. Der Bezug, den dies beides zur Herausbildung des „neuen Sozialisationstyps“ hat, kann – ganz allgemein gesprochen – folgendermaßen vorweggenommen werden: Die gesellschaftlich produzierte, in familialer Interaktion konstituierte psychische Struktur heutiger Kinder und Jugendlicher ist zunehmend durch eine starke narzißtische Komponente gekennzeichnet, durch instabile Objektbesetzungen und Identifikationen und durch ein extrem hohes, gleichzeitig aber inhaltlich unschwer von „außen“ prägbares Ichideal.
Diese Spezifika machen ein hohes Maß an psychostruktureller Flexibilität aus, das gerade denjenigen gesellschaftlichen Verhältnissen, die die familiale Binnenkommunikation der frühen Kindheit hervorriefen, *erneut* in der Adoleszenz *entgegenkommt.* Oder anders ausgedrückt: es bildet sich in der primären Sozialisation die Basis eines „neuen Sozialisationstyps“ heraus, die Folge immenser Verunsicherungen und Ängste der Eltern ist bzw. die aus der elterlichen Reaktion auf die Vergesellschaftungsqualität und -geschwindigkeit aller Lebensbereiche erklärlich ist. Da dieser „neue Sozialisationstyp“ sich nun aber gerade dadurch auszeichnet, daß ihm die Elemente einer lebenslang stabilen Charakterstruktur fehlen, kann er sich während der Adoleszenzphase um so eher auf die akzelerierenden Gesellschaftsveränderungen einstellen.
Die Verunsicherungen der Eltern erzeugen so letztendlich die Anpassungsfähigkeit der Kinder. So wird es paradoxerweise die psychische Funktion der Eltern, selbst bereits während der Jugendphase ihrer Kinder für diese psychisch relativ funtkions*los* zu werden.
Insofern erfüllt die Familie eine vorwiegend *affektive* Funktion für die *Primär*sozialisation, mit dem ganz spezifischen, nicht-intendierten Effekt der affektiven *Dissoziation* während der *Sekundär*sozialisation. Gleichzeitig können die Eltern aber der Sozialisationsaufgabe, vermittels des eigenen Identifikationsangebots bestimmte kindliche Ich-Funktionen zu fördern und somit reflektierte instrumentale und kognitive Fähigkeiten zu vermitteln, nur noch bedingt nachkommen.
Hier verschärft sich die Diskrepanz zwischen den hohen Sozialisations*erfordernissen,* die durch den steigenden Vergesellschaftungsgrad der Produktions- und der Reproduktionsweise gestellt werden, und den

effektiven Sozialisations*ergebnissen,* die zunehmend hinter den gesellschaftlichen Erfordernissen zurückbleiben, da die Familie als Erziehungsinstitution überfordert ist.
Dies wiederum hat Entwicklungen in Gang gesetzt, die auf eine partielle Vergesellschaftung auch der familialen Erziehungsprozesse *selber* hinauslaufen. Dabei verliert die Institution der Familie allerdings nicht vollends ihre formale „Eigenständigkeit", die sich darin manifestiert, daß eine

„. . . Trennung der produktiven Konsumtion im Produktionsprozeß von der individuellen Konsumtion im Akt der Bedürfnisbefriedigung . . ."[4]

besteht. Nur so ist eine Erfüllung der elementaren ökonomischen Funktionen der Familie im Kapitalismus überhaupt möglich:
– der physischen und psychischen Reproduktion der Ware Arbeitskraft;
– der Sozialisationsarbeit und Haushaltstätigkeit (als Entlastung kapitalistischer Revenuefonds);
– und der Konsumtion von Konsumgütern (als Beitrag zur Wertrealisation).[5]
Der kapitalistische Vergesellschaftungsprozeß umgrenzt und durchdringt diese funktionale Eigenständigkeit, indem der Staat mithilfe von Familienpolitik[6] und Erziehungsinstitutionen auf die Sozialisationsprozesse Einfluß auszuüben sucht und indem familiale Lebenszusammenhänge zum Objekt warenästhetisch gesteuerter sekundärer Ausbeutung werden.[7]
Dabei hätte es gesellschaftlich dysfunktionale Effekte, wenn zwischen familialer Eigenständigkeit und Vergesellschaftungsbewegung nicht eine bestimmte Balance gewahrt bleiben könnte: der familiale Handlungsspielraum muß *weit genug* sein, um der spezifisch sensiblen Struktur kindlicher Wahrnehmungen und Erfahrungen Raum zu lassen und sie nicht zu zerstören; er muß *begrenzt* genug sein, um hinreichend sicherstellen zu können, daß im Sozialisationsprozeß Denk- und Verhaltensqualifikationen geschaffen werden, die den Erfordernissen des Verwertungsprozesses adäquat sind.

---

4 *Neumann-Schönwetter* (1973), S. 18.
5 Zu den ökonomischen Familienfunktionen vgl. *Milhoffer* (1973), S. 61 f.
6 Vgl. ebenda, S. 78 f.
7 Wobei es hier zu einem verschärften Widerspruch zwischen dem „Naturrest" der ursprünglichen Mutter-Kind-Beziehung kommt, der sich als „Ahnung eines besseren menschlichen Zustands" (*Horkheimer,* 1970, S. 219) tief in das Unbewußte einprägt, und dem immer offensiveren Eindringen der Warenwelt in den familialen Bereich, das dazu angetan ist, „das Denken der Menschen in Besitz- und Tauschwertkategorien affektiv zu verfestigen", (*Milhoffer,* 1973, S. 118).

Die obige Erwähnung der Tatsache, daß die neugebildeten Symbolsysteme der Warenästhetik den familialen Zusammenhang durchdringen, weist bereits darauf hin, daß die in gewissem Maße verbliebene „familiale Eigenständigkeit" nicht nur unter einem formal-institutionellen Aspekt gesehen werden kann; die Eigenständigkeit bedeutet andererseits nämlich immer auch direktere Abhängigkeit vom subjektiven Niederschlag bestimmter gesellschaftlicher Prozesse:
Der erwähnte „Handlungsspielraum" der Familie ist die Möglichkeit der Eltern, innerhalb bestimmter gesetzlich gezogener Grenzen den Erziehungsprozeß „nach eigenem Ermessen" zu gestalten; was natürlich auf Grund des bisher Ausgeführten immer auch heißt, daß der Erziehungsprozeß durch elterliche Motive und Bedürfnisse gesteuert wird, die Ergebnis ihrer gesellschaftlichen Erfahrungen sind. Ja, man wird so weit gehen müssen zu sagen, daß gerade der nicht-institutionalisierte „Freiraum" der privaten familialen Sozialisation in einzigartiger Weise den Eltern die Gelegenheit bietet, eigene soziale Erfahrungen in selbständiges, „privates" Handeln umzusetzen bzw. gesellschaftlich erfahrene Versagungen zu kompensieren.
Einerseits ist die kapitalistische Vergesellschaftungsbewegung also wohl undenkbar ohne die nicht-institutionalisierbaren Sozialisationsleistungen des „Freiraums" Familie. Andererseits werden die subjektiven Folgeschäden dieser Vergesellschaftung gerade deshalb so ungehindert in der Familie noch einmal reproduziert, weil sie ein „Freiraum" ist, der durch subjektives und notwendig deformiertes „Ermessen" inhaltlich geprägt wird.[8]
Die im Teil 3 analysierten Vergesellschaftungsbewegungen schlagen sich subjektiv (und unter dem Gesichtspunkt ihrer Pathogenität) als *kognitive Verunsicherung* und *affektive Versagungen* nieder. Wenn diese Verunsicherung und Versagungen über die Eltern vermittelt im familialen Rahmen psychisch reproduziert werden, so kann die Familie als „defektes Kommunikationssystem"[9] betrachtet werden.
Der Niederschlag gesellschaftlicher Veränderungen in den Subjekten kann dann dadurch expliziert werden, daß diese Veränderungen als konstitutiv für bestimmte elterliche Motive und Bedürfnisse angenom-

---

8 In seiner extremsten Ausformung verdeutlicht diesen Mechanismus *Brückner* (1972), S. 58 ff., in seiner Analyse der Kindesmißhandlungen und -tötungen.
9 Dies schlägt sich auch in der neueren sozialpsychologischen und sozialpsychiatrischen Literatur nieder: Vgl. a. *Richter* (1967), (1972a), (1972b, S. 69–185) sowie *Gastager* (1973) und *Bateson* u.a. (1972).
Hier werden auftretende psychische Störungen eines Kindes nicht so sehr dadurch erklärt, daß die kindlichen Reaktionen auf bestimmte pathogene Erziehungsfaktoren zurückzuführen seien, sondern diese Störungen werden eher als Erscheinungsformen einer fehlgelaufenen *Interaktion* gesehen.

men werden, die wiederum Grundlage spezifischer familialer Interaktionsformen sind. Psychoanalytische Charakteranalyse ist dann wesentlich Interaktionsanalyse bzw. Analyse gesellschaftlich deformierter und deformierender Interaktionbedingungen.[10]

Die Schwerpunkte dieser Betrachtungsweise liegen einmal bei der Analyse der Binnenstruktur der Familie als der Interaktion von Trägern wechselseitig definierter Rollen[11]; dann – spezifischer – bei den Identifikationen, unbewußten Wünschen und Abwehrmechanismen auf seiten der Eltern; schließlich – noch spezifischer – bei der Frage, welche Funktion die Eltern dem Kind bei der Bewältigung derartiger psychischer Prozesse unbewußt zuschreiben, wie dieses derartige Erwartungshaltungen verarbeitet und wie weit es sich in die Definition seiner eigenen Identität übernimmt.

Dieser Ansatz impliziert natürlich die (klinisch belegte[12]) Annahme, daß zwischen den Familienmitgliedern eine Kommunikation nicht nur auf der Ebene verbalisierter umgangssprachlicher Bedeutungen, sondern auch auf derjenigen unbewußter Erwartungen und Wünsche stattfindet, also z.B. ein Kind sehr wohl in der Lage ist, die unbewußt leitenden Motive der Eltern hinter der „äußeren“ Verhaltensweise aufzufassen.[13]

Die aus den besprochenen affektiven Versagungen und kognitiver Verunsicherung resultierenden Interaktions-Deformationen innerhalb der Familie haben eine zentrale Grundtendenz: sie fördern die unbewußte Versuchung der Eltern, die erlebten Schäden auf Kosten der Kinder zu kompensieren und diese für eigene psychische Konfliktlösungs-Strategien zu benutzen. Oder – mit anderen Worten – die Tatsache tiefgreifender Versagungen und Verunsicherungen der Eltern berechtigt zu der Annahme, daß deren unbewältigtes Konfliktpotential so hoch ist, daß sie in steigendem Maße dazu neigen werden, die Kinder unbewußt zu Stabilisatoren ihrer eigenen Identitätsfindung zu funktionalisieren.

Dies führt uns zur Frage der Interaktionsstörungen innerhalb der familialen Binnenstruktur zurück:

„Die psychoanalytische Erfahrung lehrt, daß solche Eltern, die unter dem Einfluß ihrer unbewußten Erwartungen bei ihren Kindern eine neurotische Störung begünstigen, selbst unter dem Druck affektiver Konflikte zu stehen pflegen. Sie saugen das Kind gewissermaßen in ihren eigenen Konflikt hinein. Allgemein for-

---

10 *Richter* (1972b), S. 29.
11 Wobei *Richter* (1967, S. 73) den Rollenbegriff in einem anderen Sinne als die strukturfunktionalistische Sozialpsychologie verwendet: „Als kindliche Rolle sei in dieser Untersuchung das strukturierte Gesamt der *unbewußten* elterlichen Erwartungsphantasien gemeint, insofern diese dem Kind die Erfüllung einer bestimmten Funktion zuweisen.“
12 Vgl. ebenda, S. 254.
13 Vgl. ebenda, S. 49.

muliert wird dem Kind dabei die Funktion zugewiesen, den Eltern zu einer Entlastung von ihrer Konfliktspannung zu verhelfen. Die Rolle des Kindes bestimmt sich also aus der Bedeutung, die ihm im Rahmen des elterlichen Versuches zufällt, ihren eigenen Konflikt zu bewältigen."[14]

Die *affektiven Versagungen,* unter deren Erfahrung die Eltern primär leiden, sind vor allem Versagungen und der Mangel an Selbstbestätigungsmöglichkeiten im Arbeitsprozeß. Diese Versagungen werden hauptsächlich im familialen Rahmen kompensiert, da zu anderweitig emotional befriedigenden Kommunikationsbeziehungen gesellschaftlich zu wenig Möglichkeiten geboten sind.
Im industriellen Produktionsprozeß ist das Kompensationsbedürfnis direktes Gegenstück zur psychisch und physisch auszehrenden Intensifikation der Arbeit:

„... die Tatsache, daß sich die Individuen im Produktionsprozeß als bloße Anhängsel der technischen Apparatur und administrativer Zwänge begreifen müssen, führt zu übersteigerten Liebes- und Bestätigungserwartungen im privaten Bereich, der sich im Sozialisationsprozeß auf die Bedürfnisstruktur der Kinder (als den letzten von den Eltern erzeugten und ihrer Verfügung unterstehenden ‚Produkten') überträgt."[15]

Nun wurde bereits darauf verwiesen, daß der intensivierte Arbeitsprozeß nicht nur ein Kompensationsbedürfnis erzeugt, sondern gleichzeitig die Mittel zu seiner Erfüllung zerstört, indem er die Triebäußerungen des Betroffenen zu einer ständigen Regression zwingt, so daß dieser schließlich zu reiferen libidinösen Besetzungen immer unfähiger wird.[16]
Auch die Mittelschicht-Berufe unterliegen einer immer weitergehenden Intensifikation und Taylorisierung, die einmal bisher sozialtypische intrinsische Leistungsmotivationen zugunsten eines instrumentalisierten „Job"-Verständnisses aufbaut[17] und darüber hinaus bei größeren Teilen der Angestelltenschaft eine Dequalifikationsfurcht hervorgerufen hat.
Die geringere Identifikationsmöglichkeit mit dem eigenen Arbeitsbereich und die vergrößerte gesellschaftliche Unsicherheit machen auch Mittelschichtangehörige objektiv und subjektiv immer weniger als Identifikationsobjekt für ihre Kinder tauglich. Der Widerspruch zwischen erfahrbarer objektiver Situation und anerzogenem bürgerlichen Autonomie-Ideal ist – im Gegenteil – von seiten der Eltern nur noch dadurch

14 *Richter* (1967), S. 73.
Wobei noch gezeigt werden wird, daß die Art der solchermaßen verursachten psychischen Störungen kaum mehr als im klassischen Sinne „neurotisch" klassifiziert werden kann.
15 *Milhoffer* (1973), S. 124.
16 S. oben, S. 99.
17 Vgl. *Habermas* (1973), S. 115.

zu verarbeiten, daß die „heile Welt" des Privatbereichs zur affektiven Kompensation herangezogen wird.
Die hier gemeinte Verunsicherung der Eltern hat auch eine *kognitive* Dimension, die bereits im Teil 3 behandelt wurde: Der Abbau der traditionalen Weltbilder, die auch für bürgerliche Ideologien konstitutiv gewesen sind, hat „kulturelle Selbstverständlichkeiten" *(Habermas)* thematisiert und damit befragbar gemacht. Hierdurch sind Interpretations- und Lebensregeln, die vormals als naturwüchsig gegeben aufgefaßt wurden, dem rationalen Diskurs, aber auch der manipulativen Funktionalisierung durch Sozialtechniken zugänglich geworden.[18]
Die Auflösung des ganzheitlichen bürgerlichen Weltbilds bedeutet zugleich, daß es auch keinen gesellschaftlich herrschenden Konsensus über verbindliche Erziehungsziele mehr gibt, der individuell und verbindlich handlungsanleitend sein könnte; hierzu komplementär ist dann der Mangel an gesellschaftlicher Übereinstimmung über die Definition dessen, was „vorbildliche Eltern" wären.
Nimmt man hinzu, daß eine beträchtliche Zunahme pädagogischen Popularwissens zu verzeichnen ist und gleichzeitig die Mehrzahl der Eltern mit einer Vielzahl öffentlich sich artikulierender Erziehungs- und Ausbildungskonzeptionen konfrontiert wird, so wird ein *resignatives Kontingenzbewußtsein* verständlich, das gegenwärtig in Bezug auf Sozialisationsnormen und -praktiken vorherrschend ist.[19]
Die *kognitive* Verunsicherung der Eltern ist vor allem aus zweierlei Gründen problematisch:
– Sie führt bei den Eltern vielfach zu einer Widersprüchlichkeit der familialen Erziehungsprogrammatik, die für das Kind schwerlich nachvoll-

---

18 Übrigens ist in diesem Zusammenhang des bürgerlichen Traditionszerfalls wahrscheinlich eine *Konvergenzbewegung* der schichtenspezifischen Rezeption kultureller Symbolsysteme zu sehen: Während einerseits eine sog. „Verbürgerlichungs"-Tendenz im Proletariat seit dem Zerfall gegenkultureller Ansätze besteht, die sicherlich nur eine *bruchstückhafte* Adaption bürgerlicher Kulturelemente ist, kann sich das Bürgertum *gleichfalls* nur noch auf Bruchstücke seines vormaligen Weltbilds beziehen und diese kaum noch mehr für eine geschlossene kulturelle Abgrenzung vom Proletariat verwenden.

19 Allerdings muß betont werden, daß diese Zersetzung des gesellschaftlichen Normensystems und der hieraus erwachsenen Muster der Verhaltenserwartungen nicht in jedem Falle als Verunsicherungseffekt aufgefaßt werden können; verunsichernd wirkt dies vor allem dann, wenn die betroffenen Subjekte die lebensgeschichtlich *vorherige Erfahrung* eines vergleichsweise stabilen Normenkodex gemacht haben.
Im Falle der heutigen Jugendlichen kann davon ausgegangen werden, daß diese Erfahrung von *vornherein* nicht gemacht werden konnte. Normenzersetzung ist dann nicht nur eine Verunsicherung, sondern auch eine Möglichkeit, den individuellen Interpretationsspielraum für Verhaltensnormen auszuweiten und für die eigene Individuierung zu nutzen; vgl. hierzu unten, Teil 7, Abschn. 1.5.

ziehbar ist und daher entsprechende kindliche Unsicherheitsreaktionen nach sich zieht;
– sie bietet keine Auffangfunktion für die affektiven Versagungen, die die Eltern erleben, sondern hat vermutlich hier noch einen Verstärkereffekt.

3. DIE BESONDERE MATERIELLE BELASTUNG DER MUTTERROLLE

Der Fortgang der Untersuchung wird zeigen, daß die durch die angesprochenen Versagungen und Verunsicherungen erzeugte emotionale Abhängigkeit der Eltern vom Kind bzw. deren Tendenz, psychische Stabilität auf Kosten des Kindes anzustreben, stärker noch von der Mutter als vom Vater ausgeht.
Diese Tatsache wird in den folgenden Abschnitten psychoanalytisch zu begründen sein und hat ihren Kern sicherlich in der biopsychischen Fundamentalität der Mutter-Kind-Dyade für die frühen Stadien der kindlichen Sozialisation.
Dennoch sollten an dieser Stelle einige Faktoren objektiver gesellschaftlicher Entwicklung bezeichnet werden, die die Dominanz der Mutter auch aus der materiellen Situation der Familie heraus plausibel machen können.
Zunächst ist zu konstatieren, daß die Familien insgesamt innerhalb der letzten Jahrzehnte deutlich kleiner geworden sind[20] und damit nichtelterliche Bezugspersonen in der frühen Kindheit in viel höherem Maße fehlen als dies früher der Fall war.
Sodann ist eine Zunahme derjenigen Zeit zu verzeichnen, die der Vater wegen seiner Berufstätigkeit außerhalb des Hauses zu verbringen gezwungen ist[21]; dies ist in erster Linie eine Folge der Urbanisierungsbewegung, da Wohnung und Arbeitsplatz tendenziell immer weiter auseinanderrükken, gleichzeitig aber die Verkehrsgeschwindigkeiten mit zunehmender Besiedlungsdichte abnehmen.

---

20 Nach *Gastager* (1973, S. 157) leben nur noch in 10% der Haushalte weitere Angehörige im Familienverband. Von den Haushalten mit Kindern haben 42% ein, 34% zwei Kinder, d.h. 76% der Familien bestehen aus drei bis vier Personen; vgl. *Milhoffer* (1973), S. 90 f. 14% der Haushalte sind Restfamilien, d.h. bestehen aus nur einem Elternteil mit Kind(ern); vgl. *Gastager* (1973), S. 156.
21 90% aller Familienvorstände (außerhalb der Landwirtschaft) arbeiten außerhalb ihrer Wohnung, 20% davon außerhalb des Wohnorts; vgl. *Milhoffer* (1973), S. 92.

Kleinerwerden der Familie und beruflich bedingte Abwesenhcit des Vaters geben der Mutter, auch neben ihrer biopsychischen Funktion, eine eindeutige Dominanz in Bezug auf das Kind. Die Dominanz der Mutter ist aber gekoppelt an das hohe Maß an psychischen Belastungen, denen sie auch in ihren Rollen als Hausfrau und Berufstätige unterliegt.
Zum einen kann gesagt werden, daß der „reinen" Hausfrauentätigkeit in so hohem Maße gesellschaftliches Prestige abgeht, daß sie zur Identitätsfindung und Stärkung des Selbstwertgefühls nur in seltenen Fällen taugt; hierdurch liegt es nahe, daß die Erziehungstätigkeit für die Mutter zum hauptsächlichen „Profilierungsfeld" wird.
Auch im Falle der mütterlichen Berufstätigkeit[22] versprechen die Möglichkeiten der beruflichen Betätigung für Frauen nur selten eine Selbstbestätigung, da sie in den meisten Fällen objektiv ökonomisch und im Selbstverständnis der Betroffenen als „Zuarbeit" definiert werden.
Schließlich legt die Vorverlegung des Heiratsalters und der Mutterschaft[23] die Schlußfolgerung nahe, daß ein Großteil der Mütter ihrer Erziehungstätigkeit in einer Entwicklungsphase nachkommt, in der die eigene Postadoleszenz gerade beendigt und eine einigermaßen stabile Identitätsbasis als Erwachsener kaum erreicht sein dürfte.
Die familiale Dominanz der Mutter, oder – genauer ausgedrückt – die auf Grund rollenspezifischer Versagungen verursachte erhöhte Tendenz der Mutter, ihr Kind für die eigene emotionale Stabilisierung zu benutzen, mag dann noch eine weitere Verstärkung durch die Wohnsituation erfahren: Im Zuge der urbanen Zersiedlungsprozesse ist eine Isolierungstendenz zu verzeichnen, da die sich verbreitenden Vorstadtsiedlungen immer weiter von den urbanen Zentren abgesondert werden, zum anderen aber auch die Kommunikationsmöglichkeiten so erschwert sind, daß das Kind tagsüber häufig einziger Interaktions-Partner der Mutter ist. Schließlich erhöht sicherlich auch die ökonomisch bedingte ständige Verkleinerungstendenz der Wohnflächen die „monopolisierende" Bezugnahme der Mutter auf das Kind, da selbst geringfügige räumliche Trennung verunmöglicht ist.
Diese Dominanz der Mutter, ihre Angewiesenheit auf das Kind als affektive Stütze und Kompensationsmöglichkeit, verweist sie eher auf einen

---

22 1966 waren 31% der Ehefrauen aus Arbeiterfamilien berufstätig und 20% derjenigen aus Angestelltenfamilien, vgl. *Milhoffer* (1973), S. 160. Gleichzeitig entsteht bei berufstätigen Müttern eine erhebliche Doppelbelastung, die sich in nervlichem Streß äußert. So helfen nach statistischen Unterlagen bei *Milhoffer* (1973, S. 181) 33% der Männer von berufstätigen Frauen diesen in der Hausarbeit überhaupt nicht!
23 Vgl. hierzu Zahlenmaterial bei *Milhoffer* (1973), S. 94 und *Neidthard* (1971), S. 36 ff.

„mütterlichen", emotional bindenden Erziehungsstil als auf einen „väterlichen", vorwiegend mit physischer Strafe drohenden.
Dies mag durch die Popularisierung der Kritik autoritärer Erziehung in den Massenmedien bestärkt werden, die den Eltern, die ein „modernes" Selbstverständnis entwickeln wollen, nahelegt, zu ihren Kindern ein „partnerschaftliches" Verhältnis aufzubauen. Über den mit allem Recht begrüßten Fortschritt, nicht mehr eine manifeste Droherziehung zu veranstalten, wird leider nur allzu häufig die Abhängigkeits- und Herrschaftskomponente einer „Partnerschafts"-Erziehung übersehen, die unter der Hand einen unbedingten Harmonismus zwischen Eltern und Kind herzustellen trachtet.

Der von der Mittelschicht favorisierte Erziehungsstil, affektive Zuneigung zum Kind zu betonen, Aggressionen zu verdrängen und in der Weise verhaltenssteuernd auf das Kind einzuwirken, daß man nichtgebilligtes Verhalten durch Liebesentzug sanktioniert, bekommt nun einen erweiterten Stellenwert: Je mehr dieser Erziehungsstil nämlich durch Eltern praktiziert wird, die auf Grund ihrer Unsicherheit selbst der affektiven Unterstützung bedürfen, gleichzeitig aber in ihren sozialen Erfahrungen stark auf den familalen Bereich beschränkt bleiben, um so mehr läuft er auf eine umfassende Funktionalisierung des Kindes im Dienste der Versagungsängste der Eltern hinaus.
Auf der Bewußtseinsebene wird dieses Verhältnis als Zeichen der „Liebe" zum Kind, als besonders „gutes Verhältnis" interpretiert und gerechtfertigt. Auf der Ebene nicht bewußter Motive handelt es sich im Grunde um die Erwartung einer affektiven Tauschbeziehung. Diese Erwartung mag nicht zuletzt auch durch die Stimulierung der elterlichen Ansprüche gespeist sein, die sich im Bedarf nach erhöhter „Lebensqualität" (auch in der familialen Interaktion) äußern und denen des weiteren die Zersetzung des Prinzips des Gratifikationsaufschubs (der eigenen Bedürfnisse dem Kind gegenüber) entgegenkommt.
Das kompensatorische Verhalten

„. . . gegenüber dem Kind können die Eltern um so mehr rechtfertigen, als in der bürgerlichen Gesellschaft das Kind den Eltern offensichtlich keine Vorteile bringt und keine konkreten Erziehungsstile als feste Leitlinien vorhanden sind. Die Erziehung der Kinder ist für die Eltern mit Mühe und Kosten verbunden; (. . .) auch in der Familie entsteht die Tendenz, ein Äquivalent für den Aufwand an Zeit, Geld und Affektation zu verlangen. Die Kinder müssen in dieser Gleichung in spezifischer Weise als ‚Fehlinvestition' erscheinen, was sie durch affektive Unterstützung der Eltern in deren eigenen Konflikten ausgleichen sollen."[24]

---

24 *Neumann-Schönwetter* (1973), S. 28.

4. MUTTERSCHWÄCHE ALS MUTTERDOMINANZ

Halten wir zunächst fest, daß die gesellschaftliche Bewegung in Richtung auf die Subsumption aller Lebensbereiche unter das Kapital den Subjekten bestimmte Folgeschäden aufnötigt, die hier als affektive Versagungen und kognitive Verunsicherung charakterisiert werden. Diese Folgeschäden äußern sich – unter dem hier verfolgten Gesichtspunkt – in einer tiefgreifenden Schwächung der elterlichen Identität, die die familiale Interaktion dahingehend prägt, daß dieser zunehmend eine affektive Stützungsfunktion der Eltern auf Kosten des Kindes zukommt.

Nun wird es sich interessanterweise herausstellen, daß diese Schwächung der Elternposition sich in zweifacher Weise auf die familiale Interaktionskonstellation auswirkt, je nachdem, ob sie auf das Mutter-Kind-Verhältnis oder auf das Vater-Kind-Verhältnis bezogen wird. Die biopsychische Notwendigkeit der Mutter-Kind-Dyade fördert auf quasi-natürliche Weise die Disposition zu einer als symbiotisch[25] zu bezeichnenden Bindung, die die Mutter mit dem Kind einzugehen geneigt ist. Diese Symbiose verstärkt und verlängert sich zeitlich, wenn eine Mutterhaltung vorliegt, die zwischen dem Wunsch nach Eigenstabilisierung oder unterschwelliger Liebesunfähigkeit hin- und herschwankt oder bei der sich beide Grundmotive gleichzeitig überlagern.[26]

Zwei mögliche Interaktionsverläufe[27] sollen hier modellhaft referiert werden:

Ausgangspunkt ist in einem Fall eine Ehe, deren Partner beiderseitig durch ein hohes Maß an Ich-Schwäche zu charakterisieren sind. Jeder Partner empfindet in hohem Maße die eigene Ohnmacht und die Sehnsucht nach stärkerem Rückhalt durch den anderen; da sich jeder der Erwartung an eigene Stärke ausgesetzt sieht, gleichzeitig aber die eigene psychische Unfähigkeit hierzu verspürt, tritt ein Gefühl der permanenten Überforderung ein: die eheliche Verbindung ist angesichts der als bedrohlich empfundenen gegenseitigen Erwartungen vorwiegend angstbesetzt.

Die Geburt eines Kindes gibt nun jedoch der Mutter die Gelegenheit, dieses für ihre eigene psychische Stabilisierung zu funktionalisieren. Im Sinne einer narzißtischen Projektion wird das Gefühl der eigenen

25 Vgl. zur psychoanalytischen Verwendung des Begriffs der „Symbiose" *Mahler* (1972), S. 14 f.
26 Vgl. auch *Vinnai* (1973), S. 115.
27 Vgl. hierzu *Bowen* (1972), S. 190 ff. u. *Bateson* u.a. (1972a), S. 24 ff.

ohnmächtigen Hilflosigkeit auf das Kind projiziert, das es nun vor allen Gefahren zu schützen gilt. Die Mutter operiert hinter einer „Fassade übertriebener Tüchtigkeit“[28], die zunächst den primär-narzißtischen Bedürnissen des Kindes entspricht.

Diese Möglichkeit, „übertüchtig“ zu sein, stabilisiert sowohl die Mutter, die sich von ihren eigenen Ohnmächtigkeits-Ängsten entlastet sieht, als auch – hiervon abgeleitet – den Vater, der den Erwartungsdruck von seiten seiner Frau ihm gegenüber gelockert sieht. Beide Elternteile haben also einen derartigen Entlastungsvorteil, daß einer Änderung der symbiotischen Mutter-Kind-Beziehung von ihnen verunmöglicht wird, da sie eine Bedrohung der erreichten neuen Pseudostabilität bedeuten würde.

Die symbiotische Beziehung wird in diesem Fall also von beiden Elternteilen als Funktion des Bedürfnisses nach Eigenstabilisierung „erzwungen“ und vom primär-narzißtisch strukturierten Kind auf Dauer „akzeptiert“.[29]

Eine andere, zweite Interaktionskette[30], die zu einer symbiotischen Mutter-Kind-Beziehung führt, ist im (der over-protection entgegengesetzten) unbewußten Motiv der Mutter begründet – wiewohl diese Ausgangshaltung aus der gleichermaßen unreifen Persönlichkeitsstruktur der Mutter abgeleitet werden kann –:

Die Mutter ist in diesem Fall außerstande, eine positive affektive Beziehung zu ihrem Kind herzustellen, da sie sich auf Grund ihrer psychischen Struktur in einer tiefergehenden Objektbeziehung überfordert fühlt und vor ihr Angst empfindet; sie ist also durch die Tatsache der hohen emotionalen Erwartungen des Kindes in ihrer erreichten Stabilität bedroht.

Die durch diese Ängste verursachte Ablehnungshaltung läßt bei der Mutter massive Schuldgefühle entstehen, die durch eine Reaktionsbildung abgewehrt werden: Sie legt ein betont liebevolles Verhalten an den Tag, das es in seiner (angstvoll aufrechterhaltenen) Intensität dem Kind in seiner primär-narzißtischen Situation erschwert, den Übergang zur weiteren phasenspezifischen Entwicklung ohne traumatische Versagungserlebnisse zu vollziehen.

Beide Interaktionsmodelle haben aufzeigen sollen, daß eine Mutter*schwäche* die Prädisposition dazu schafft, daß sich die biopsychisch notwendige Mutter-Kind-Dyade als *Bindungszwang* auswirkt.

28 Vgl. *Bowen* (1972), S. 193.
29 Vgl. bes. ebenda, S. 210.
30 Vgl. *Bateson* u.a. (1972a), S. 24 ff.

Eine hinzukommende Schwächeposition des *Vaters* hingegen stellt keine Grundlage für eine pathogene Bindung an das Kind dar; im Gegenteil, ein in seiner Identität verunsicherter Vater, der sich einer bereits verfestigten Mutter-Kind-Bindung gegenübersicht, vermag sich dieser Symbiose nur noch passiv abwartend unterzuordnen. Sie bedeutet insofern geradezu eine Erleichterung für ihn, als er sich durch die Bindung der Mutter von deren eigenen affektiven Erwartungen an die „männliche" Schutzfunktion, die ihn überfordern würde, entlastet fühlen kann. Der schwache Vater bietet sich hierdurch kaum noch als Besetzungs- und Identifikationsobjekt für das Kind an. Er bleibt dem Kind relativ unerreichbar.
Überpointiert ließe sich also formulieren, daß die Schwächung der Elternidentität zwei einander ziemlich entgegengesetzte Folgen zeitigt: Während die Mutterschwäche die symbiotische *Bindung* an das Kind fördert, stellt die Vaterschwäche für das Kind dessen *Verlust* als Objekt dar.
Beides, die so entstehende symbiotische *Bindung* an das Mutterobjekt und der tendenzielle *Verlust* des Vaterobjekts sollen jetzt in aufeinanderfolgenden Schritten näher untersucht werden. Dennoch hängt natürlich beides miteinander zusammen: Die sich durchhaltende Mutterdominanz und ihre psychostrukturellen Folgen für das Kind geben der Prägenitalität gegenüber dem Ödipus-Komplex ein erhöhtes Gewicht: Sie schaffen andere Ausgangsbedingungen für den Beginn der ödipalen Phase und sie beeinflussen damit auch den Verlauf der ödipalen Phase selbst. Die erhöhte und spezifisch andere Relevanz der *präödipalen* Mutterbindung, die eine Folge der gesellschaftlich produzierten Mutteridentität ist, wirkt sich also aus auf die *ödipalen* Objektbeziehungen, speziell auf die Beziehung zum Vater, dessen Position sowohl gleichermaßen geschwächt ist als auch durch die Tatsache der engen Mutter-Kind-Beziehung *zusätzlich* noch einmal erschwert wird.

5. MUTTERDOMINANZ UND FRÜHKINDLICHER NARZISSMUS

Die symbiotische Mutter-Kind-Beziehung konnte von der Position der *Mutter* her als affektive Funktionalisierung des Kindes begriffen werden. Die Folgen dieser Symbiose sollen von der Position des *Kindes* her näher untersucht werden.
Es wird sich hierbei zeigen, daß die symbiotische Bindung des Kindes an die Mutter nicht in erster Linie durch eine Libido-Fixierung auf das

Mutterobjekt aufrechterhalten wird, sondern eher durch ein narzißtisches „Festhalten" an dem Stadium, in dem die Mutter noch gar nicht als konturiertes Objekt, sondern eher als diffus-allmächtig wahrgenommen wird. Um sich gegen (als traumatisch erfahrene) Versagungen und Enttäuschungen zu immunisieren, strebt das Kind danach, die primärnarzißtische Symbiose mit der archaischen Mutter dadurch zu „konservieren", daß die omnipotente Mutterrepräsentanz im Unbewußten festgehalten und sodann Grundlage einer narzißtischen Entwicklung wird: Auf diese Weise hat die affektive Funktionalisierung des Kindes durch die Mutter die ganz spezifische Folge, daß dem Kind die Möglichkeit genommen wird, sich der symbiotischen Verbindung zu „entwöhnen" und daß es nun *seinerseits* das Mutterobjekt für den eigenen infantilen Omnipotenzanspruch funktionalisiert.

Um zu begreifen, was die Symbiose mit der Mutter für das Kind bedeutet, bedarf es einer näheren Betrachtung der besonderen Erlebnisqualität während der primär-narzißtischen Entwicklungsphase.

Die Wahrnehmungsorganisation während dieser Phase ist zunächst noch ganz geprägt vom Erleben des intrauterinen Gleichgewichtszustands; die Verhaltensweisen des Säuglings sind überwiegend Reaktionen auf nicht-bewußte *innere* Reize. Das intrauterine Gefühl „eines unendlichen Wohlbehagens, einer Verbundenheit mit der ganzen Welt"[31] ist im homöostatischen Zustand der realen Mutter-Kind-Einheit begründet. Bereits im intrauterinen Stadium wirken wahrscheinlich etwaige äußere Klopfreize u.ä. auf den Fötus als „unwillkommene" Störungen dieses unstrukturierten Ur-Gleichgewichts. Der absolute Befriedigungszustand wird dann erst nach Wiederherstellung der unstrukturierten Situation eintreten können.[32]

Eine derartige Gleichgewichtsstörung von geradezu katastrophischen Ausmaßen stellt natürlich die Geburt dar. Auch nach der Überwindung dieses ersten Traumas sind fortan Nahrungsaufnahme und Ausscheidung aus dem unstrukturierten Kontinuum herausgerissen, d.h. der Gleichge-

---

31 *Argelander* (1972), S. 25.

32 *Lorenzer* (1972) entwickelt die (objektiv) positive Funktion dieser prä- und postnatalen Gleichgewichtsstörungen. Sie initiieren das immer höhere Stufen erreichende Wechselspiel zwischen Mutter und Kind.
„Das gelungene Wechselspiel hebt die Störungen gleichfalls auf, es macht die Einbuße an primär-narzißtischer Ungestörtheit zwar nicht zunichte (die Störung legt ja nur die reale Trennung zwischen den Organismen bloß), ersetzt aber in der mütterlichen Fürsorge reparativ die verlorene Einheit durch eine gelungene Objektbeziehung, durch ein Wechselspiel, das als Objektbeziehung freilich noch nicht bewußt erfahrbar ist." (S. 43).
Für den hier zu verdeutlichenden Zusammenhang geht es lediglich um die Charakterisierung des affektiven Urzustands während des primären Narzißmus.

wichtszustand der inneren Reize ist nur zeitweilig erreichbar und abhängig von der Versorgung durch die Mutter.
Die Mutter erlangt somit elementare Bedeutung, jedoch – und das ist für das hier Darzulegende entscheidend – nicht als personales Objekt, sondern zunächst nur als gewährleistende Instanz eines Zustands, der dem intrauterinen nahekommt.
Diese allerfrüheste Phase kann als „objektlos"[33] insofern bezeichnet werden, als ein menschlich konturiertes Objekt oder Teilobjekt noch nicht wahrgenommen werden kann und auch noch kein libidinöses Bedürfnis hiernach besteht.
Hier knüpft *Argelander*[34] an, indem er den im Narzißmus angestrebten affektiven Zustand näher untersucht und dessen besondere Qualität als einzigen, aber fundamentalen Unterschied zum Triebgeschehen herausarbeitet. Dieser affektive Zustand zeichnet sich durch ein von *Freud* als „ozeanisch"[35] beschriebenes Gefühl aus; „ein Gefühl der unauflösbaren Verbundenheit, der Zusammengehörigkeit mit dem ganzen der Außenwelt"[36].
Die narzißtische Besetzung kann somit in ihrer spezifischen Erlebnisqualität deutlich von libidinösen Besetzungen unterschieden werden.

„Die libidinöse Besetzung eines Objekts entspricht inhaltlich einer lustvollen Szene mit Spannungszuständen, ihrer Entlastung und den begleitenden körperlichen Gefühlen der Lust, die narzißtische Besetzung eines Objekts führt zu einer Szene völlig anderen Inhalts mit einem begleitenden ozeanischen Gefühl."[37]

Nur das als diffus und elementar wahrgenommene Objekt, das gewissermaßen die gesamte Eigenpersönlichkeit umschließt und einbettet,

---

33 *Lorenzer* (1972), S. 43.
34 Ausgangspunkt dieser Überlegung ist die Rezeption neuerer Ansätze zum theoretischen Verständnis des Narzißmus; vgl. bes. *Argelander* (1971), (1972) und *Kohut* (1972).
Bei seiner Entwicklung eines neuen Narzißmus-Konzepts geht *Argelander* (1972, S. 20–30) zunächst von der Unterscheidung zweier verschiedener Narzißmus-Theorien aus:
Zum einen von der *Freud*schen Definition des Narzißmus als Libido, die von den Objekten abgezogen wurde und wieder ins Ich zurückkehrte. Diese ist dann von der Ich-psychologischen Schule dergestalt erweitert worden, daß die Libido, die zurückkehrt, als bewußte oder unbewußte Besetzung der Selbstrepräsentanzen aufgefaßt wird. Einziges Unterscheidungskriterium zwischen dem Libido- und dem Narzißmusbegriff ist also bei diesem Ansatz die *Richtung* der Energiebesetzung, sei es hin zu den Fremdobjekten oder hin zum Selbst.
In einem hierin abweichenden Konzept (vgl. *Joffe* u. *Sandler*, 1967, und *Argelander*, 1972, S. 22) wird nicht die Qualität der Objekte als differentia specialis des Narzißmus angesehen, sondern ein qualitativ neuer Besetzungs*inhalt*.
35 Vgl. *Freud*, GW XIV, S. 422.
36 Ebenda, S. 425.
37 *Argelander* (1972), S. 23.

kann also die Nachfolge des ersehnten Urzustandes gewährleisten. Das „an sich" menschlich konturierte Objekt wird durch Auflösung vergrößert „. . . und zwar oft bis ins Kosmische oder elementare Dimensionen."[38] Das spezifische der narzißtischen Besetzung ist also nicht in der Qualität der Objekte selbst zu sehen, sondern im angestrebten oder erreichten Zustand des positiven Selbstgefühls, der vom Selbstobjekt und auch von Fremdobjekten verursacht werden kann.
Die psychische Energie wird im primär-narzißtischen Zustand noch vollständig im Bereich des Ichs gehalten, allerdings eines Ichs, das sich auch noch gar nicht vom Nicht-Ich unterschieden sehen kann. Durch die noch nicht vorhandene Ich–Nichtich–Scheidung schließt die Besetzung des diffusen Objekts und die Tendenz zur Wahrnehmungsverzerrung das spätere Selbst mit ein: D.h. die Teile des Unbewußten, die sich später zu Selbstrepräsentanzen ausdifferenzieren, sind Bestandteil der ins Grandiose phantasierten Szene, so daß alle primär-narzißtisch besetzten Aspekte des Selbst unzertrennbar mit einem Omnipotenzanspruch verbunden bleiben.
Diese primär-narzißtische Tendenz der Wahrnehmungsverzerrung wird erst durch die einsetzende Triebbesetzung korrigiert. Auf dem Wege über die libidinöse Besetzung von Partialobjekten konturiert sich allmählich die Wahrnehmung, und die Objekte werden sozusagen „entdiffusioniert", werden als menschlich wahrgenommen. Bei einer *genitalen* Charakterentwicklung verarbeitet das Kind den allmählichen Verlust des symbiotischen Geborgenheitserlebnisses, indem es lernt, aus der libidinösen Besetzung des nun als separat wahrgenommenen Mutterobjekts einen *neuen* Lustgewinn zu ziehen.
Dabei löst hier nicht etwa Objektlibido den Narzißmus im Sinne einer zeitlichen Aufeinanderfolge vollständig ab: ein Teil der psychischen Energie wird immer primär-narzißtisch gebunden bleiben; vielmehr kommt es beim Genitalcharakter zu einer Integrierung beider (narzißtischer und triebhafter) Besetzungen im Zuge einer aufeinander abgestimmten Entwicklung.

„Triebentwicklung und narzißtische Entwicklung müssen deshalb abgestimmt aufeinander erfolgen. Die gelungene Triebentwicklung manifestiert sich in reifem menschlich sozialen Verhalten, die gelungene narzißtische Entwicklung in allen den Bereichen, die den Menschen im guten Sinne groß und einzigartig machen. Wenn die Integration dieser aufeinander abgestimmten Entwicklungsprozesse gestört wird, beobachten wir psychopathologische Folgeerscheinungen nach der einen oder anderen Richtung."[39]

---

38 Ebenda, S. 27.
39 *Argelander* (1972), S. 28.

Die psychopathologischen Folgeerscheinungen, die die Entwicklung eines Genitalcharakters verhindern oder erschweren, treten dann auf, wenn die Mutter auf Grund eigener unbewußter Motive nicht ertragen kann, daß die symbiotische Beziehung in eine Objektbeziehung transformiert wird, deren Grundlage gerade die Erkenntnis und die Anerkennung des Nicht-identisch-Seins der sich liebenden Objekte wäre. Innerhalb der Mutter-Kind-Interaktion ist es unumgänglich, daß die unbewußte Motivation der Mutter auf das Kind übertragen wird. Die Mutter neigt nämlich dazu, aus der Gesamtheit der dem Kinde möglichen Verhaltensäußerungen nur auf ganz *bestimmte* reaktiv einzugehen; das Kind wiederum nimmt dies wahr und beginnt, sich auf jene Verhaltensäußerungen zu spezialisieren, die eine erkennbare Gegenreaktion der Mutter hervorrufen.

„Es ist das spezifische unbewußte Bedürfnis der Mutter, das von den zahllosen Möglichkeiten des Kindes eben jene aktiviert, die für jede Mutter ‚das Kind' schaffen, das ihre eigenen, einzigartigen und individuellen Bedürfnisse widerspiegelt."[40]

Neigt nun die Mutter dazu, massive Ängste zu entwickeln, wenn das Kind – auf Grund seiner Entwicklung – beginnt, sich aus der Symbiose zu lösen, so wird ihre selektive Reaktionsweise dazu führen, daß sich diese Angstmuster auf das Kind übertragen. Das Kind kann dann die Möglichkeit der libidinösen Besetzung eines separaten Mutterobjekts nicht als Lustgewinn für sich nutzbar machen, sondern dies nur als traumatische Bedrohung erfahren.
Wenn es zu einem abrupten, vom Kind katastrophisch erfahrenen Verlust des Mutterobjekts kommt[41], ist die Ausbildung einer frühkindlichen Psychose wahrscheinlich.

„Die Welt ist feindselig und bedrohlich, weil man ihr als abgetrenntes Wesen gegenübertreten muß. Trennungangst überwältigt das brüchige Ich des symbiotisch-psychotischen Kindes. (. . .) Klinisch betrachtet, zeigen solche Kinder sämtliche Anzeichen einer abgrundtiefen affektiven Panik."[42]

Die Folge ist hier ein Bruch mit der äußeren Realität; die Unfähigkeit, lebende Objekte als „liebens-wert" wahrzunehmen, führt dazu, daß alle Libido im Bereich des Es verbleibt und eine Triebentwicklung gar nicht eingeleitet werden kann.

---

40 *Mahler* (1972), S. 24 f.
41 Dies ist nicht zu verwechseln mit einem tatsächlichen physischen Verlust der Mutter, der sich – wie z.B. bei Heimkindern – in der Regel in anaklitischen Depressionen niederschlägt. Vielmehr handelt es sich hier um eine Panikreaktion der affektiv überforderten Mutter, die die Symbiose abrupt aufgibt, weil sie einen allmählichen Ablösungsvorgang nicht ertragen kann; vgl. ebenda, S. 54.
42 *Mahler* (1972), S. 79.

Ein anderer Entwicklungsverlauf, nämlich ein *narzißtischer* (nicht-psychotischer[42a]), tritt ein, wenn die aufkeimende Angst der Mutter vor der Auflösung der Symbiose nicht in einen katastrophischen Entzug ihrer Affekte umschlägt, sondern in das Bemühen, die Symbiose neben der beim Kind einsetzenden Triebentwicklung weiterzuführen. Durch ihre selektive Reaktion auf die kindlichen Signale fördert die Mutter vor allem die Äußerungen des Kindes, die ihr als eine Spiegelung des eigenen narzißtischen Selbsts erscheinen und vermag somit ein beiderseitiges symbiotisches Bedürfnis zu stabilisieren.
Diese Konstellation gelangt spätestens dann zu einer krisenhaften Zuspitzung, wenn das Reifungswachstum des Zentralnervensystems das Kind zur relativen körperlichen Autonomie befähigt[43], und es (vor allem durch eigene Fortbewegungsmöglichkeiten) die Erfahrung der realen physischen Abgetrenntheit von der Mutter macht, ohne psychisch darauf vorbereitet worden zu sein. Das Ergebnis ist eine massive Trennungsangst[44], hervorgerufen durch die eigenen Ich-Fähigkeiten.

„Wenn die Wachstumsrate der autonomen Ich-Funktionen größer ist als die der emotionalen Differenzierung von der Mutter . . ."[45],

erlebt das Kind die bis dahin als symbiotisch erfahrene Einheit mit der Mutter als bedroht. Da die Mutter auf Grund ihrer Bedürfnislage sich dem Kind jedoch gar nicht affektiv verweigert (was einen psychotischen Realitätsabbruch zur Folge hätte), sondern die Züge der Güte und Allmächtigkeit behält, wird *dieses* Bild von ihr gegen die aufkeimende Trennungsangst „konserviert".
Auf Grund mangelnder psychischer Fähigkeit, mit der Tatsache der eigenen Abgetrenntheit vom Mutterobjekt fertig zu werden, werden die weiterhin als diffus und omnipotent wahrgenommenen primärnarzißtisch besetzten Repräsentanzen des Mutterobjekts jetzt im Be-

---

42a Um der Überschaubarkeit der Darstellung willen wird dieser zweite (narzißtische) Entwicklungsverlauf des symbiotischen Mutter-Kind-Verhältnisses hier nicht über die frühe Kindheit hinaus verfolgt.
Wir werden weiter unten (Teil 6, Abschn. 4.2. und 4.3.) zeigen, daß sich diese narzißtische Entwicklung während der Adoleszenz noch einmal in zwei Verlaufstypen „gabelt": einen, der schließlich in eine *adoleszente* Psychose einmündet (Ausbruchsversuch aus der familialen „Pseudogemeinschaft"), und einen, der das Krankheitsmuster des „neuen Sozialisationstyps" produziert (gelungene Elternablösung, aber Symbiose-Wünsche gegenüber außerfamilialen Objekten).
43 Ebenda, S. 80.
44 Vgl. ebenda, S. 222: „Mit ‚Trennungsangst' meinen wir nicht die Verhaltensstörungen und Reaktionen auf die *physische* Trennung vom Liebesobjekt . . . , sondern vielmehr die allmähliche, doch unvermeidliche intrapsychische Empfindung einer durch Gefahrensignale hervorgerufenen Angst des kleinen Kindes während des normalen Loslösungs- und Individuationsprozesses."
45 Ebenda, S. 80.

reich des Es „konserviert" und somit gegen die Erfahrung ihrer realen Vergänglichkeit auf Dauer immunisiert.
Die unbewußte Szene, die die primär-narzißtischen Fremdrepräsentanzen und die korrelierenden Aspekte des Selbst arrangiert, wird von der einsetzenden Ich-Entwicklung abgekoppelt und somit symbolischen Veränderungsprozessen entzogen, bleibt aber nichtsdestoweniger im Bewußtsein pathoplastisch aktiv.
Die bedrohte Einheit mit der Mutter ist also somit in das unbewußte Selbst aufgenommen worden: Das Kind hat es verstanden,

„. . . die nutritive Einheit mit seiner Mutter und ihre Gefährdung in seine eigene Regie zu übernehmen und zu einem Bestandteil seines Selbst zu machen. Auf diese Weise besteht nur noch eine Abhängigkeit von ‚sich selbst'."[45a]

Die Selbstrepräsentanzen im Unbewußten bleiben verbunden mit einem diffusen, quasi-kosmischen Objekt, mit dem Wohlbehagen der intrauterinen Homöostase und dem Omnipotenzanspruch.
Es wird dann zwar nicht soviel psychische Ernergie in der symbiotischen Beziehung des Kindes zur Mutter absorbiert, daß es keine Libido mehr zur Besetzung von Objekten zur Verfügung hätte, aber die narzißtische und die libidinöse Entwicklung können nicht (wie beim Genitalcharakter) integriert werden.
Im Zuge einer Auseinanderentwicklung narzißtischer und libidinöser Energie verdoppelt sich das Mutterobjekt gewissermaßen: in ein archaisches, primär-narzißtisch wahrgenommenes Mutterobjekt und in ein vom Selbst getrenntes, libidinös besetzbares Mutterobjekt. Das erste (primär-narzißtische) Mutterobjekt bildet dann die Folie für die zukünftige Charakterentwicklung, wobei darüber hinaus mit Hilfe des zweiten Mutterobjekts eine Triebentwicklung grundsätzlich möglich ist. Durch die Möglichkeit dieser gleichzeitigen phasengerechten objekt-libidinösen Entwicklung wird ein frühkindlicher psychotischer Realitätsverlust verhindert und die Fähigkeit zu späterem genitalen Verhalten herangebildet.
Allerdings unterliegt die Möglichkeit einer befriedigenden Triebentwicklung auf der Grundlage einer narzißtischen Entwicklung zwei entscheidenden Begrenzungen:
Die Intensität der Triebbesetzung ist dadurch begrenzt, daß sie nicht der Befriedigungsqualität des Narzißmus widersprechen darf, der immer bedroht ist, wenn die Objekte durch zu starke Libido-Besetzung konturiert zu werden drohen und damit die als prinzipiell befriedigend erlebte Diffusität der Objektwelt korrigieren würden. Der Narzißt

45a *Argelander* (1972), S. 67.

sieht sich bei Gefahr einer derartigen Bedrohung durch Intensität zum Rückzug veranlaßt.
Desweiteren sind die „konservierten" archaischen Mutterrepräsentanzen auch die Substanz für die narzißtische Besetzung der Selbstrepräsentanzen. Das sich hieraus entwickelnde Ichideal steht daher unter einem grundsätzlichen Omnipotenzanspruch, der es ungemein erschwert, Einschränkungen dieses Anspruchs in der Realität oder in der Phantasie zu verkraften. Narzißtische Kränkungen werden als derartige Bedrohung des an der Homöostase orientierten Gleichgewichtsgefühls empfunden, daß der Narzißt ihnen auszuweichen geneigt ist.
Beide spezifisch narzißtischen Konfliktdispositionen, die Unfähigkeit zu intensiver Objektbeziehung und die Neigung zu einem Vermeidungsverhalten, um möglichen narzißtischen Kränkungen auszuweichen, wirken sich beim narzißtisch strukturierten Kind natürlich entscheidend auf das Verhältnis zum Vater und auf den Verlauf des ödipalen Konflikts aus.

6. VATERSCHWÄCHE ALS „OFFENBLEIBEN" DES ÖDIPALEN KONFLIKTS

Zunächst stellt der ödipale Konflikt schon deshalb eine krisenhafte Verschärfung der frühkindlichen psycho-sexuellen Entwicklung dar, weil das Kind mit Beginn der phallischen Phase seine Bedürfnisse nicht nur in eine Zweier-Konstellation (die Mutter-Kind-Dyade) gestellt sieht, sondern in ein Dreiecksverhältnis, das es zusammen mit seinen Eltern bildet.
Das Kind steht vor dem Problem, die beiden bisher getrennt voneinander wahrgenommenen Zweier-Konstellationen (Mutter/Kind sowie Mutter/Vater) durch eine neue Konstellation abzulösen (Sohn/Frau des Vaters bzw. Tochter/Mann der Mutter). Es unternimmt hierzu in den Phantasien den Versuch, die sexuell exklusive Zweier-Beziehung der Eltern aufzubrechen und sich mit dem einen – in der Regel gegengeschlechtlichen – Partner zu vereinen. Schwierig, aber unerläßlich für das Kind, ist die psychische Verarbeitung der potentiell traumatischen Erfahrung, daß es in Bezug auf die Eltern immer sexuell ausgeschlossener „Dritter" bleiben wird; weder darf die sexuelle Aufgabe des geliebten Elternteils zu einer unbewußten Fixierung

führen, noch der Sieg des phantasierten Rivalen zu Angst vor Strafe und Schuldgefühlen.

Der erfolgreichen Verarbeitung dieses Konflikts kommen wesentliche Funktionen für die von der orthodoxen Psychoanalyse interpretierte „klassische“ psycho-sexuelle und Ich-Entwicklung zu:[46] Das Kind soll akzeptieren können, daß seine Liebesobjekte dem Inzesttabu unterliegen; es soll sich mit seiner Geschlechtsrolle identifizieren können; und es soll zu einer autonomen Überich- und Ichideal-Bildung befähigt werden.

Die enge Bindung an die Mutter ist zu Beginn der ödipalen Phase für beide Geschlechter die Hauptproblematik. Die geschlechtsspezifische Differenz ist hierbei prinzipiell die, daß zur Überwindung der präödipalen Bindung und zur Entwicklung einer eigenen Geschlechtsidentität der Junge das Liebesobjekt beibehalten kann, während das Mädchen es auswechseln muß.

Der Junge soll im Verlauf der ödipalen Phase die passive Identifikation mit der präödipalen Mutter transformieren zu einer aktiv-libidinösen Besetzung der Mutter als genitalem Liebesobjekt. Die Erkenntnis des Jungen, daß seine sexuellen Wünsche real nicht erfüllbar sind und die sich als Kastrationsangst äußernde Furcht vor der Rache des väterlichen Rivalen führen beim „erfolgreichen“ Abschluß des Konflikts zur Aufgabe der inzestuösen Position.

„Nehmen wir den Knaben als Beispiel: Er kann die mit soviel gefährlichen Wünschen verbundene Liebe zur Mutter durch eine Identifizierung mit ihr abwehren; er liebt dann gemeinsam mit der Mutter oder gar quasi als Frau den ursprünglichen Rivalen, den Vater. Oder er identifiziert sich mit dem Vater, mit seiner männlichen Stärke, aber auch seinen Verboten, und gibt sich mit einem Teilbesitz der Mutter zufrieden.“[47]

Für das Mädchen stellt sich diese ödipale Konfliktkonstellation noch komplizierter dar, weil es nicht nur die präödipale Bindung transformieren muß, sondern gleichzeitig einen Objektwechsel zu vollbringen hat, um ihre geschlechtliche Identität entwickeln zu können. Die Versuchung, sich in Krisenmomenten dem Primärobjekt Mutter zuzuwenden, stellt immer auch die Gefahr der Regression und der Geschlechtsrollen-Diffusion dar.

Die Ablösung von der präödipalen Mutter soll dem Mädchen gelingen, indem ihm die Penislosigkeit der Mutter zu Bewußtsein kommt; die durch den Penisneid hervorgerufene Verzweiflung hierüber führt dann zu einem Abwenden vom weiblichen Geschlecht und zur Zuwendung

46 Vgl. *Freud*, GW XXIII, S. 399.
47 *Mitscherlich* (1967), S. 235.

zum Vater.[48] Die Enttäuschung über die phantasierte Tatsache des eigenen Kastriertseins wird in diesem Falle durch die Hoffnung kompensiert, die väterliche Zuwendung für sich monopolisieren zu können. Während also beim Jungen – bezogen auf den „klassischen" ödipalen Konflikt – die Kastrationsdrohung (die Erkenntnis der weiblichen Penislosigkeit) das Aufheben der ödipalen Position veranlaßt, leitet beim Mädchen die Enttäuschung über die eigene Penislosigkeit die ödipale Zuwendung zum heterosexuellen Elternteil erst ein.[49]

Nun ist soeben diese Aussage bewußt auf den „klassischen" ödipalen Konflikt bezogen worden, weil sie heute auf Grund der anders gelagerten Struktur der präödipalen Entwicklung und auf Grund der veränderten Vaterposition nicht mehr derart uneingeschränkt als Regelfall angesehen werden kann.

Der Untergang des Ödipuskomplexes als definitiver Abschluß frühkindlicher psycho-sexueller Konfliktkonstellationen kann gesellschaftlich keineswegs mehr als Regelentwicklung angesehen werden.

Die dieser neuen Situation zugrundeliegenden Faktoren sind im wesentlichen bereits angesprochen worden:

– Die Position der Mutter ist auf Grund bestimmter, oben behandelter, materieller Gegebenenheiten innerhalb des familialen Interaktionsgefüges dominant, obwohl diese Dominanz keinesfalls als Ausdruck mütterlicher Stärke interpretiert werden darf;

– im Gegenteil: die psychische Labilität der Mutter prädisponiert diese dazu, sich mittels einer symbiotischen Beziehung zum Kind zu stabilisieren, was wiederum beim Kind eine narzißtische Entwicklung fördert;

– die Position des Vaters als des traditionellen Repräsentanten von Traditionsweitergabe und kompetenter Autorität ist gesellschaftlich erschüttert, da er selbst in vieler Hinsicht geschwächtes Opfer der sozialen Veränderungen geworden ist;

– die hierdurch hervorgerufene Schwächung der Vaterposition bewirkt, daß dieser sich durch die symbiotische Mutter-Kind-Beziehung affektiv entlastet fühlt und seine eigenen Stabilisierungsbemühungen auf die enge Mutter-Kind-Bindung abstimmt.

Es ist bereits ausgeführt worden, daß auch bei einer narzißtischen Grundstruktur des Kindes eine Triebentwicklung mit libidinöser Besetzung der Objekte stattfindet. Nur sind diese Besetzungen immer vor dem Hintergrund des primär-narzißtischen Festhaltens an der archaischen Mutterrepräsentanz zu sehen.

48 Vgl. *Freud*, GW XV, S. 135.
49 Vgl. *Blos* (1973), S. 43.

So wird auch der narzißtische Sohn innerhalb der ödipalen Konstellation die Mutter besetzen – wenn auch mit abgeschwächter Intensität, da ihm wegen eines Großteils an primär-narzißtisch gebundener Energie weniger Libido zur Verfügung steht; jedoch wird der Sohn auf Grund der geschwächten Vaterposition diesen weit weniger als aktiv konkurrierend und kastrationsdrohend erleben.
Wenn der narzißtische Sohn dennoch gewahr werden muß, daß er seine inzestuösen Triebimpulse nicht realisieren kann und darum diesen Wunsch aufgibt, so tut er das weniger auf Grund der Ängste vor der Kastrationsdrohung des rächenden Vaters; das Aufgeben des direkten ödipalen Agierens ist vielmehr eher als Vermeidung einer narzißtischen Kränkung zu sehen. Der „Untergang" des Ödipus findet dann nicht definitiv statt; es wird auch nicht die stabile Identifikation mit dem Vater als „Sieger" verarbeitet. Stattdessen wird die Auseinandersetzung mit dem Rivalen überhaupt vermieden; der ödipale Konflikt gipfelt nicht in einem Entscheidungskampf von Rivalen, denn der Sohn könnte es nicht ertragen, den Omnipotenzanspruch an sein narzißtisches Selbst durch reale Niederlagen korrigiert zu sehen. Der ödipale Konflikt bleibt also in gewisser Hinsicht „unentschieden" und unabgeschlossen.
Mit gleichem Ausgang stellt sich die veränderte phallische Phase beim Mädchen dar:
Die „klassisch" auftretende Kränkung des Mädchens bei der Wahrnehmung der mütterlichen Penislosigkeit findet in dieser Schwere nicht mehr statt; die im „klassischen" Konflikt als mangelhaft und ungenügend (weil penislos) erlebte ödipale Mutter bleibt gegenüber dem archaischen Mutterobjekt dermaßen im Hintergrund, daß im Konfliktfall die Regression zu dieser grandiosen Mutterrepräsentanz näherliegt als die libidinöse Abwendung vom eigenen weiblichen Geschlecht. Darüberhinaus erschwert die Position des Vaters, der sich auf Grund seiner geschwächten Position seinerseits passiv-regressiv in die Mutter-Kind-Beziehung einordnet, dessen libidinöse Besetzung von seiten der Tochter; Schutz, Wärme, Stärke vermag das Mutterobjekt eher zu repräsentieren.
Bei einer Verhaltensstruktur, die eher auf Sicherheit und Vermeidung zielt als auf libidinöse Triebbefriedigung, bietet die regressive Bindung an das archaische Mutterobjekt sowohl narzißtisch-befriedigende Gleichgewichtserlebnisse als auch die Teilhabe an Größe und unbegrenzter Omnipotenz, die sich gegen negative Realitätserlebnisse versperrt.
Auch hier bleibt der ödipale Konflikt unabgeschlossen; es kommt nicht eigentlich (wie nach einer libidinösen „Niederlage" im Kampf um den Vater) zu einer Identifikation mit der genitalen Mutter, sondern die

präödipale Mutterbindung bleibt über die phallische Phase hinaus dominant. Dieses relative „Offenbleiben" des ödipalen Konflikts stellt allerdings für den Jungen einen schärferen Wandel seiner Situation dar als für das Mädchen; dieses war auch beim „klassischen" Phasenverlauf weit weniger darauf angelegt, die libidinösen Strebungen auf den Vater abrupt abzubrechen, da es sich keiner bedrohlichen Rivalität gegenübersah; der Junge hingegen hatte ja die Mutterbesetzung definitiv abzuschließen, um der Bedrohung durch den Vater entgehen und eine Geschlechtsrollenidentität entwickeln zu können.
Das „Offenbleiben" des „neuen" ödipalen Konflikts hat also zur Folge, daß die unbewußte Mutterbindung über die phallische Phase hinaus bestehen bleibt – und zwar nicht in Form einer Libidofixierung, sondern als primär-narzißtisch fundierte.
Das eine „Ziel" des ödipalen Konflikts – die Aufgabe der inzestuösen Strebungen – ist zwar erreicht (wobei diese Strebungen von vornherein nicht übermäßig intensiv waren); jedoch sind sie nicht durch stabile gleichgeschlechtliche Identifikationen abgelöst worden.
Dies hat zur Folge, daß die Erreichung des zweiten „Zieles", die Entwicklung einer stabilen Geschlechtsrollenidentität, keinesfalls als gesichert angesehen werden kann. Weder kann sich der Sohn intensiv mit dem schwachen Vater identifizieren, noch die Tochter mit der ödipalen Mutter; beide, Sohn und Tochter, beharren auf der narzißtischen Mutterbindung. Von daher ist es zu erklären, daß die zu beobachtende Angleichung der Geschlechtsrollen häufig eher als „Verweiblichung" interpretiert wird; sie ist eigentlich aber eine auf archaische Entwicklungsstadien zielende Regression.[50]
Wie sieht es nun vor diesem „neuen" Hintergrund mit dem dritten „Ziel" des ödipalen Konflikts, der Überich-Bildung, aus?
Hier kommt es zu einem paradoxen Konfliktergebnis insofern, als das Überich seine Strenge behält und dennoch an Einfluß verliert; d.h. der Konflikt zwischen den Forderungen des strengen Überichs und dem realen Ich-Verhalten verschärft sich.
Die Strenge des Überichs kann nämlich nicht allein, wie vielfach angenommen wird, aus der realen Macht und Stärke der Eltern abgeleitet werden. Vielmehr ist die vom Kind *phantasierte* Macht der Eltern entscheidend für die Qualität der Überichs; in seinen Ursprungskernen wird das Überich bereits durch die Wahrnehmung der sehr frühen Elternimagines gespeist, wobei die besondere Stärke dieser Imagines dadurch zustandekommt, daß sie bei einem narzißtischen Kind über Pro-

50 Vgl. hierzu *Reiche* (1969), S. 119 ff.

jektionen des eigenen Allmachtszustands auf die Elternobjekte gebildet werden.[51]

„Während der Kern des Überichs durch die frühesten Elternimagines bestimmt wird, beeinflussen es die späteren Erfahrungen mit den (schwachen, T.Z.) Eltern in geringerem Grade und wirken mehr auf das Ich ein . . . So haben wir heute das folgende Problem: Die hemmende, kontrollierende und leitende Funktion des Überichs, die heute weitgehend mit der des Ichs zusammenfällt, ist durch die Schwäche der Eltern, die nachgiebige Erziehung und das gesellschaftliche Klima abgeschwächt.Die sexuellen und aggresiven Triebe halten sich immer weniger an Regeln. Aber wir haben immer noch das strengere Überich aus der frühen Kindheit, das in der Tiefe des Individuums fortlebt."[52]

Die Folgen der sich hieraus ergebenden psychischen Unsicherheiten und Konflikte werden später eingehender zu erörtern sein. Hier ging es zunächst nur darum, darauf hinzuweisen, daß (auch wenn der ödipale Konflikt nicht in „klassischer" Weise abgeschlossen wird und keine stabilen Elternidentifikationen zustandekommen) das Überich als eine (wenn auch nicht effektiv verhaltenssteuernde, so doch) moralisch strenge Instanz entstehen und erhalten bleiben kann.

51 *Argelander* (1971, S. 370) bemerkt, daß die entscheidende Rolle bei der Bildung des Überichs „die primär-narzißtische Komponente der ursprünglichen aggressiven Objektbesetzung" spielt.
52 *Löwenfeld* u. *Löwenfeld* (1970), S. 711.

Teil 6
Zum Zusammenhang von adoleszenter Identifikationsschwierigkeit und narzißtischen Störungen

1. DIE VERÄNDERUNG DES GENERATIONSVERHÄLTNISSES

Mit dem Untergang des Ödipuskomplexes kann die frühkindliche psycho-sexuelle Entwicklung als in „klassischer" Weise abgeschlossen betrachtet werden; es ist dann zu einem Abbruch inzestuöser Strebungen und einer stabilen Identifikation mit dem gleichgeschlechtlichen Elternteil bzw. der Etablierung einer Geschlechtsrollen-Identität gekommen.

Unabhängig davon, ob der ödipale Konflikt in diesem Sinne „erfolgreich" abgeschlossen wird oder nicht, lebt jedoch die ihn konstituierende Problematik der Verstrickung in frühkindliche Objektbeziehungen mit der beginnenden Adoleszenz stets wieder auf. Dies gibt der Adoleszenz den prinzipiellen Chrakter einer lebensgeschichtlichen Krise, deren Bewältigung aber nicht nur Kampf gegen eine Regression auf frühkindliche Konfliktlösungen ist, sondern in gleichem Maße auch eine progressive Entwicklungsmöglichkeit der Triebstruktur, der Identitätsbildung und der kognitiven Orientierung.

Man wird folgendes sagen können: Je mehr eine Gesellschaft auf Grund des Entwicklungsstandes ihrer Produktivkräfte darauf angewiesen ist, daß die Subjekte ein hohes Maß der für den gesellschaftlichen Reproduktionsprozeß notwendigen sozialen Qualifikationen aufweisen, um so bedeutsamer wird die Struktur und mögliche Krisenhaftigkeit der Sozialisationsprozesse des gesellschaftlichen Nachwuchses. Das bedeutet im Hinblick auf die Adoleszenz: Je höher der Stand der Produktivkräfte und die sozialen Qualifikationserfordernisse sind, um so relevanter wird die optimale Entfaltung und produktive Ausnutzung der mit der Adoleszenz verbundenen Entwicklungsmöglichkeiten.

Die Entfaltung und Ausnutzung dieser Möglichkeiten ist nun aber gekoppelt an die zeitliche Ausdehnung der Adoleszenzperiode und damit verbundener Verschärfung ihres psychosexuellen Krisencharakters. Produktivität und Krisenhaftigkeit der Adoleszenz stehen somit in einem gesellschaftlich brisanten Entsprechungsverhältnis.

In Sozietäten, die einen noch wenig entwickelten Stand der gesellschaftlichen Arbeitsteilung und eine damit verbundene geringere Differenziertheit sozialer Rollenangebote aufweisen, ist die Beendigung der Kindheit und der gleichzeitige Eintritt in das Rollensystem der Erwachsenen bekanntlich fast immer institutionell geregelt: Die Aktualisierung des ödipalen Konflikts im Jugendalter wird hier nicht im Verlauf eines längeren psychisch-kognitiven Entwicklungs- und Bildungsprozesses verarbeitet, sondern mit Hilfe kollektiver Initiationsriten. Hierbei

„... wollen die Väter durch aggressive rituelle Handlungen mit Kastrationsandeutung (Beschneidung) und Tötungssymbolik die Söhne zum Verzicht auf die Liebe zur Mutter und zur Unterwerfung unter sich, die Väter, zwingen. Die anschließenden libidinösen Riten mit Wiedergeburts- und Einweihungszügen verfolgen nach Reik das Ziel, die von ihrer ödipalen Bindung an die Ursprungsfamilie Freigewordenen in die sublimiert-homosexuelle Gemeinschaft der Männer – (Väter-)Altersklassen aufzunehmen."[1]

Die auf diese Weise symbolisch konfirmierte Einnahme des Erwachsenenstatus kann als ein außengelenkter Rollenwechsel gesehen werden, der nicht auf konfliktträchtige innerpsychische Vermittlung angewiesen ist. Ist hingegen die Adoleszenz gesellschaftlich als langgestreckte Lebensperiode organisiert, so ist die sukzessiv erfolgende Übernahme der Erwachsenenrolle auch an langfristige Identifikationsprozesse gebunden, die – sollen sie psycho-strukturell verankert sein – der Vermittlungsfunktion einer Ichinstanz (zwischen Triebbedürfnissen und Identifikationsobjekten) bedürfen.

Diese psycho-strukturelle Verankerung der Identifikationen durch Vermittlung eines „autonomen" Ichs hat – im Teil 3 wurde bereits darauf verwiesen – beim „klassisch"-bürgerlichen Verlauf der Adoleszenz durchaus stattgefunden.

Diesen relativ stabilen „bürgerlichen" Identifikationen kann sowohl eine psycho-sexuelle als auch eine sozialintegrative Funktion zuge-

1 *Fürstenau* (1967), S. 36 f.
Das Zitat bezieht sich auf eine Analyse von *Reik:* „Die Pubertätsriten der Wilden. Über einige Übereinstimmungen im Seelenleben der Wilden und der Neurotiker", in: *Reik, Th.*, Das Ritual, Psychoanalytische Studien, Wien 1928, S. 82–152.

sprochen werden: Sie dienen nämlich (psycho-sexuell) der notwendigen Desexualisierung des ödipalen Liebesobjekts und verhindern gleichzeitig die Regression zur archaischen Mutter; darüber hinaus bedeuten sie aber auch (sozialintegrativ) die Bindung an die von den Identifikationsabjekten repräsentierten gesellschaftlichen Normen und Verhaltensmuster.

Die bürgerliche Adoleszenz war (im Interesse der notwendigen Sozialisationsqualität) in gewissem Rahmen durchaus ein „Freiraum", ein „Experimentierfeld", ein Zustand der „Ungebundenheit" u.ä.m.; sie war aber immer auch durch ich-vermittelte Identifikationen an die herrschende Realität gebunden (wenn auch mitunter an „langer Leine").

Bei aller pubertärer Verhaltensabweichung war es also einmal den Eltern zumeist möglich, sich mit einer „Sturm-und-Drang-Periode" als lebengeschichtlicher Übergangsphase ihrer Kinder noch identifizieren zu können, zum anderen bestand bei dieser Form bürgerlich-pubertärer Rebellion in hohem Grade die Wahrscheinlichkeit, daß die herrschende Realität letztendlich (nach Durchlaufen der typischen Adoleszenz-Konflikte) gewissermaßen als ich-gerecht angenommen wurde. Es dürfte damit klar sein, welch hoher gesellschaftlicher Schlüsselwert den adoleszenten Identifikationen zukommt; sie haben nämlich die adoleszente Identitätsbildung an die gesellschaftliche Realität bzw. an den historisch erreichten Entwicklungsstand der jeweiligen Gesellschaft gebunden.

„Die Adoleszenz ist . . . ein Stadium, in dem das Individuum dem historischen Tag viel näher ist, als es das in früheren Stadien der Kindheitsentwicklung war. Während die infantilen Vorläufer der Identität unbewußter sind und sich sehr langsam, wenn überhaupt, verändern, ändert sich das Identitätsproblem mit der historischen Periode . . ."[2]

„In der Jugend überschneidet sich die Lebensgeschichte mit der Gesamtgeschichte; hier werden die einzelnen in ihren Identitäten bestätigt und die Gesellschaften in ihrem Lebensstil regeneriert."[3]

Was also in den primitiven Kulturen Aufgabe des Initiationsrituals gewesen ist, wird in der bürgerlichen Gesellschaft (mit deren höherem Reproduktionsniveau und entsprechend anderen Sozialisationserfordernissen) durch ich-vermittelte Identifikationen gewährleistet:

Es kommt zu einer verhältnismäßig stabilen Koinzidenz von Triebentwicklung und Bedürfnisdispositionen, historisch sozialer Realität und

---

2 *Erikson* (1970), S. 23.
3 Ebenda, S. 269. Vgl. zur Problematisierung des Identitäts-Begriffs unten, Teil 7, Abschn. 1.1.

(als „Vermittlungsglied") aus den Identifikationen erwachsender Ich-Entwicklung.
Dieser über die Identifikationen hergestellte Zusammenhang verändert sich qualitativ natürlich erheblich – und dies ist für unsere weitere Gedankenführung von zentraler Bedeutung – wenn die Geschwindigkeit des Vergesellschaftungsprozesses und des damit gegebenen sozialen Wandels sich derart steigert, daß dessen Folgen innerhalb des Sozialisationszeitraums einer Zwei-Generationen-Familie gar nicht mehr aufgearbeitet werden können. Wir haben es dann tendenziell mit folgender Situation zu tun:
– die Elternsozialisation hat unter qualitativ anderen gesellschaftlichen Bedingungen stattgefunden als die Sozialisation des eigenen Kindes; die in diesen verschiedenartigen Sozialisationsprozessen gebildeten Psycho-Strukturen korrespondieren nicht mehr miteinander;
– die Eltern sind in ihrem eigenen Verhältnis zur sich beschleunigt wandelnden Realität dermaßen verunsichert, daß sie vom Jugendlichen nicht mehr als „Repräsentanten" der gesellschaftlichen Realität und damit als Identifikationsobjekte akzeptiert werden können;
– der Jugendliche ist unsicher geworden, ob die ihm während der Sekundärsozialisation vermittelten Kenntnisse und Normen überhaupt noch der Realität adäquat sein werden, so wie er sie (wiederum verwandelt) in seinem späteren Erwachsenendasein vorfinden wird.
Die „klassisch"-bürgerliche Sozialisation folgte in Bezug auf das Generationsverhältnis eigentlich noch dem Vorbild *traditionaler* Gesellschaften, auch wenn sie in einem sozialgeschichtlichen Kontext stand, der die Subsumption tendenziell aller Lebensbereiche unter das Kapital und die damit verbundene Zersetzung des gesellschaftlichen Traditionsbestands gerade zum gesellschaftlich dominanten Bewegungsprinzip werden lassen sollte.
Mead spricht von traditionalen Gesellschaften als „postfigurativen Kulturen":

„In einer postfigurativen Kultur geht Wandel so langsam und unmerklich vonstatten, daß Großeltern sich für ihre neugeborenen Enkel keine andere Zukunft vorstellen können als ihre eigene Vergangenheit. Die Vergangenheit der Erwachsenen ist die Zukunft einer jeden neuen Generation; ihr Leben bildet den Grundplan. Die Zukunft der Kinder wird so gestaltet, daß sie nach dem Abschluß ihrer Kindheit das erleben werden, was die Vorfahren nach Abschluß ihrer Kindheit erlebt haben."[4]

Die Transformation dieses traditionellen Generationsverhältnisses zu der vorher angedeuteten Situation (der tendenziellen Identifikations-

4 *Mead* (1973), S. 27.

unmöglichkeit der Jugendlichen mit ihren Eltern) beschreibt *Mead* mit den Begriffen der „kofigurativen" und „präfigurativen" Kulturtypen[5], die auf die postfigurative Kultur sukzessive folgen:

„Ich nenne diesen neuen Stil den präfigurativen, weil das Kommende in dieser neuen Kultur vom Kind und nicht mehr von Eltern und Großeltern repräsentiert wird."[6]

„Noch bis vor kurzem konnten die Älteren sagen: ‚Weißt du, ich war einmal jung, aber *du* warst niemals alt.' Heute können die jungen Leute darauf antworten: ‚Ihr wart nie jung in der Welt, in der wir jung sind, und ihr werdet es auch nie sein!' "[7]

Wir haben es also tendenziell mit einem Generationsverhältnis zu tun, wie es bisher sozialgeschichtlich einmalig und sicherlich auch auf Grund der fortdauernden gesellschaftlichen Veränderungsbeschleunigung irreversibel ist.
Zunächst hat es sich darum gehandelt, daß „die Alten" in ihrer sozialen Bedeutung und ihrem Selbstwert-Verständnis von „den Jungen" „eingeholt" worden sind: Die fortschreitende Technisierung der Produktionsmethoden führt allgemein dazu, daß

„. . . die Bedeutung von Naturkategorien wie Geschlecht, Klima, Rasse und Naturnähe der Produktion, die einmal den Gegensatz von Stadt und Land bestimmte, als Kristallisationselement für soziale Rollen schwindet . . . "[8]

Hiervon ist auch das Generationsverhältnis nicht ausgenommen. Ab einem bestimmten Abschnitt der gesellschaftlichen Veränderungen kann aber dann sogar davon gesprochen werden, daß „die Jungen" nicht nur „die Alten" einholen, sondern sie auch „überholen":
Dies kann einmal mit den Bedingungen der beruflichen Arbeit in Verbindung gebracht werden, die einem Wandlungs- und Intensifikationsprozeß unterliegen und in vielen Bereichen den Jüngeren eine günstigere Ausgangsposition auf dem „Arbeitsmarkt" geben. Das Älterwerden kann hier vielfach bereits einer Bedrohung der beruflichen Situation gleichkommen.[9]

---

5 „Eine kofigurative Kultur ist eine Kultur, in der die Mitglieder der Gesellschaft ihr Verhalten nach dem Vorbild der Zeitgenossen ausrichten", (ebenda, S. 61).
Also eine Kultur, „wo man allgemein die Erwartung teilt, daß die Angehörigen einer Generation ihr Verhalten an dem ihrer Zeigenossen, speziell ihrer jugendlichen Altersgenossen orientieren werden und daß sich ihr Verhalten von dem ihrer Eltern und Großeltern unterscheiden wird . . .", (ebenda).
6 Ebenda, S. 121.
7 Ebenda, S. 94.
8 *Friedeburg* (1971), S. 187.
9 Vgl. hierzu *Schneider* (1973), S. 226 ff.

Zum anderen erhält „Jugendlichkeit“ und „Jungsein“ im Kontext der Strategien der Warenästhetik tendenziell eine sozialpsychologische Leitfunktion für die gesamte Gesellschaft. Die Bindung von Phantasien an Warenzusammenhänge ist dann immer auch eine an „jugendliche“ Konsumvorbilder.[10]
Um diesen Wandel der Jugendsituation zu kennzeichnen, spricht *Mendel* von einer „Generationskrise“, deren Wesen er vom herkömmlichen Generationskonflikt scharf abgrenzt:

„Der *Generationskonflikt* nimmt Bezug auf den pubertären Ödipuskonflikt. Ihm liegt, bewußt oder unbewußt, der Wunsch des Jugendlichen zugrunde, den Platz des Vaters einzunehmen. (. . .) Kurz, der Jugendliche wünscht, wie sein Vater, sein Vater zu werden. (. . .) Im Generationskonflikt schlägt der Jugendliche das Erbe nicht aus; er wünscht sich im Gegenteil sofort zu erben. Heutzutage jedoch stellen wir fest, daß sich der Jugendliche weigert, sich mit dem von seinem Vater, den Erwachsenen und der Gesellschaft vorgeschlagenen Modell zu identifizieren. Er will vor allem nicht so werden wie sie; er schlägt das Erbe oder das, was von ihm übrig ist, aus. (. . .) Es handelt sich hier um einen vom Generationskonflikt ganz verschiedenen Prozeß, den wir Generationskrise nennen wollen.“[11]

1.2. Die neue „Parallelität“ elterlicher und jugendlicher Erfahrungen

So richtig *Mendel* den qualitativen Unterschied zwischen Generationskonflikt und Generationskrise herausarbeitet, so problematisch ist es jedoch, hieraus eine notwendige *Verschärfung* des Gegensatzes der Generationen abzuleiten. Überspitzt könnte man nämlich seiner Analyse hinzufügen: Die Väter selbst sind nicht mehr sicher, was überhaupt „Erbe“ sein soll oder kann. D.h. den Jugendlichen, die nicht erben wollen, stehen ja Eltern gegenüber, die gar kein Erbe mehr haben.
Um genau dies ausführlicher klarzumachen, sind im Teil 4 Aspekte der Situationsveränderungen der Subjekte erörtert worden, die ja Jugendliche und Eltern gleichermaßen betreffen – auch wenn sie unterschiedlich verarbeitet werden mögen. Statt einer notwendigen Verschärfung des Generationsgegensatzes kann also zunächst einmal von neuen Gemeinsamkeiten ausgegangen werden (und seien sie teilweise auch nur negativ – als Verlust – zu umreißen).
Diese Gemeinsamkeiten werden, um unnötige Wiederholungen zu vermeiden, hier nur angedeutet:

10 Dieser Aspekt wird im Teil 6, Abschn. 6.2. weiter erörtert.
11 *Mendel* (1972), S. 154.

a) Der Zerfall des klassisch-bürgerlichen Weltbilds betrifft Eltern wie Jugendliche gleichermaßen. Mit der Zersetzung der Äquivalententausch-Ideologie ist die Koppelung von gesellschaftlicher „Gerechtigkeit“ und Tauschregulation nicht mehr unbefragbar gegeben; die „Sozialisationseffekte des Marktes“[12] sind geschwächt. Motivationsbasis und Verhaltensformen sind weniger auf das Modell des nach dem Gewinnprinzip kalkulierenden „Kleinunternehmers“, des homo oeconomicus, ausgerichtet.[13]

Des weiteren ist mit der staatlich initiierten Thematisierung kultureller Selbstverständlichkeiten, die inzwischen im Bereich der populären Medien einen breiten Niederschlag gefunden hat, die Naturwüchsigkeit und Ganzheit des bürgerlichen Weltbilds irreversibel „dahin“. Das bezieht sich sowohl auf den kognitiven Orientierungsrahmen der formalen Bildung als auch auf die im Sozialisationsprozeß vermittelten Normen und Weltinterpretationen. Sie stellen elterliches und jugendliches Verhalten unter einen Begründungszwang, wobei über die Medien die Demonstration der Möglichkeit alternativer Wertungen und Verhaltensweisen praktisch allgegenwärtig ist.[14]

Das Bewußtsein der Kontingenz der jeweiligen Wertungen und Handlungen kann den Boden für eine „kommunikative Ethik“[15] bereiten, deren Normen nur dann Geltung beanspruchen, wenn sie Ergebnis herrschaftsfreien Diskurses sind und nicht Übernahme formalisierter Setzungen.

„Der Verlust eines reflexionslos hinzunehmenden *traditionellen Sinnes* . . . ist das Merkmal, das durch die Generationen dieses Geschichtsaugenblicks konstant bleibt. In der Aufgabe des Bearbeitens, einigermaßen angstfreien Durchdenkens und Zusammensehens der Merkmale der Unsicherheit liegt die große Klammer, die auch diese Geschlechterfolge zusammenhält.“[16]

---

12 *Habermas* (1973), S. 117

13 Diese Schwächung der Sozialisationskraft des Marktes soll im übrigen nach der Intention verschiedener Ansätze der „Arbeitslehre“ planmäßig in der Schule kompensiert werden, indem „die Arbeitslehre eine Art neues Leitbild für den Schüler schafft, nämlich, das Leitbild des ‚Managers der eigenen Dienstleistungen‘. Zunächst bedeutet dies, daß in dem Schüler eine bestimmte Verhaltensbereitschaft erzeugt werden soll, eben die, sich nach dem Vorbild des ökonomisch kalkulierenden Unternehmers zu verhalten, d.h. die verschiedenen Verhaltensalternativen, die sich ihm in einer bestimmten Situation stellen, nach ihrem jeweiligen Nutzen für sein privates Interesse abzuschätzen und zuletzt die Verhaltensrichtung zu wählen, die den höchsten individuellen Nutzen verspricht.“ *Nyssen* (1972), S. 113.

14 „Der 19jährige Primaner Michael bestreitet vielen Erwachsenen nicht nur die Fähigkeit zu demokratischem Verhalten; er verhält sich darüber hinaus analytisch: Er weiß, *warum* sie es nicht beherrschen – ihre Erziehung war falsch. Kein Wunder, daß eine solche Jugend sich nicht imponieren läßt, beobachtet sie doch nüchtern zuviel *begründbares* Versagen der Älteren.“, *Baacke* (1972), S. 36.

15 *Habermas* (1973), S. 127. Vgl. a. *Lorenzer* (1972), S. 121.

16 *Mitscherlich* (1971), S. 305.

Der Verlust des bürgerlichen Weltbilds wird allerdings durch ein weiteres Problem komplettiert, das Ergebnis des gewandelten Generationsverhältnisses ist: In dem Maße nämlich, in dem die Eltern nicht mehr die Zukunft der Kinder repräsentieren, weil die gesellschaftlichen Veränderungen die Zwei-Generationen-Differenz längst überholt haben, geht auch eine lebensgeschichtlich vermittelte Zeitperspektive verloren. „Zukunft" und „Vergangenheit" sind als sinnlich erfahrbare Kategorien in der familialen Interaktion nicht mehr repräsentiert, was die Erfahrung der eigenen Situation als lebens*geschichtlich* verstehbarer erschwert.[17]

b) Die wachsende gesellschaftliche Legitimität neuer Verhaltensdispositionen betrifft des weiteren Eltern wie Jugendliche zugleich. Das Prinzip des Bedürfnisaufschubs ist als Lebenspraxis wie als moralisch-asketische Setzung im Schwinden begriffen. Sowohl bezüglich sexueller Bedürfnisse als auch bezüglich des Konsumverhaltens ist die unmittelbare Bedürfnisbefriedigung in vieler Hinsicht nicht nur gesellschaftlich toleriert, sondern wird auch mit Hilfe sozialtechnischer Strategien gefördert. Die Struktur einer kommunikativen Ethik stellt jegliche Versagungsmoral unter den Zwang, ihre aktuelle Plausibilität zu erweisen, was im Zeichen von Kontrazeptiva und Verschleißproduktion kaum mehr möglich ist. Die Veränderung der lebensgeschichtlichen Zeitperspektive erschwert darüber hinaus die Orientierung auf eine biographisch wie allgemein-gesellschaftlich diffusionierte Zukunft. Angesichts des Verlustes von „Vergangenheit" und „Zukunft" gewinnt die Gegenwart als zeitlich unstrukturiertes „Jetzt" eine deutlich erhöhte Relevanz für den Bedürfnishorizont sowohl der Eltern als auch der Jugendlichen.

Diese Diffusion des lebensgeschichtlichen und des kognitiv-interpretativen Orientierungsrahmens erleichtert die Substitution dieser klassisch-ganzheitlichen Selbst- und Weltbilder durch innerpsychische Repräsentanzen von Warenformationen. Der Lebenszusammenhang wird vom Warenzusammenhang penetriert: „Lebensstil", Selbstbild, Interaktionsformen sind davon bedroht, stets vor der Folie der Warenwelt und der von ihr hervorgerufenen Phantasien wahrgenommen und interpretiert zu werden. Die Selbstdefinition ist dann die Definition des favorisier-

17 Der drohende Verlust der eigenen Geschichtlichkeit wird auch deutlich im Bedeutungsschwund der zyklischen Jahresfeste (Geburtstage, Weihnachten usw.), die immer auch Strukturierung der Erfahrung von Lebenszeit gewesen sind.

ten Stils der Konsumobjekte; der lebensgeschichtliche Zyklus dann der der sukzessive erbrachten „Anschaffungen".[18]
Die Warenwelt differenziert sich nach Erwachsenen- und Jugendkonsum (mit der Tendenz, daß ersterer sich vielfach stilistisch – mit einer gewissen zeitlichen Verzögerung – an letzterem orientiert); ihre Relevanz gilt jedoch prinzipiell für beide Generationen.
c) Nun betrifft ein gesteigertes Anspruchsniveau und eine geringere Disposition zum Bedürfnisaufschub nicht nur den individuellen Warenkonsum, sondern auch – wie im Teil 4 gezeigt wurde – die Sphäre der kollektiven Reproduktionsbedingungen. Dies korrespondiert mit der objektiv notwendigen Steigerung des Aufwands für die Reproduktion der Arbeitskraft bzw. (bezogen auf Jugendliche) zur Erreichung eines der Qualifikationsstruktur adäquaten Ausbildungsergebnisses. Auf die wachsende Bedeutung, die hierbei der infrastrukturellen Versorgung zukommt, ist oben bereits verwiesen worden; dem sei hier nur hinzugefügt, daß sich dies natürlich ebenfalls auf den Ausbildungs- und auf den Jugendfreizeit-Sektor bezieht. Auch für die Jugend kann festgestellt werden, daß die Ansprüche hinsichtlich der infrastrukturellen Versorgung deutlich hinter den staatlichen Realisierungen zurückbleiben und damit politischen Konfliktstoff schaffen.[19] Die Bindung des Jugendkonsums an subkulturelle Symbole hat den Konsumobjekten selbst immer schon eine kommunikative Dimension gegeben (Jugendkleidung, Pop-Platten u.ä.); in ihren Phantasiewert geht immer schon ein Element kollektiver Nutzung „vor" oder „mit" anderen mit ein. Von daher sind hier Jugendkonsum und Sensibilität für kollektive Lebensbedingungen von vornherein nicht als getrennte Größen zu verstehen. Das hohe Kommunikationsbedürfnis macht Jugendliche per se „öffentlichkeits-orientiert", wiewohl es sich natürlich hierbei häufig um eine subkulturell begrenzte Öffentlichkeit handelt. In den Forderungen nach Wohnzentren, kommunalen Kinos, Veranstaltungsstätten für nicht-kommerzielle Konzerte usw. wird ebenfalls deutlich: Adressat für die Forderung nach verbesserten Lebensbedingungen und -formen (besonders bezüglich der urbanen Kommunikation) ist der Staat;

18 In diesem Zusammenhang konnte man während der 60er Jahre eine interessante Beobachtung machen: Die bildungsbürgerliche Fassade der gehobenen Mittelschicht immunisierte zunächst während der Nachkriegs-Periode gegen ein „Konsumrausch", der (gegenüber „kulturellen" Orientierungen) als „unseriös" aufgefaßt wurde; mit erhöhter Differenzierung und verfeinerter Stabilisierung der Massenkonsum-Objekte wurde diese Fassade allerdings zusehends brüchiger; inzwischen werden „Neuanschaffungen" und „Kultur" in der gehobenen Mittelschicht längst nicht mehr gegeneinander ausgespielt: der„Farbfernseher" hat den „Opernbesuch" besiegt.
19 Dies wird besonders deutlich bei der Auseinandersetzung um die Errichtung autonomer Jugendzentren; vgl. hierzu *Der Spiegel* 3/1974.

dort, wo sich der Staat genötigt sieht, diesen Forderungen nachzukommen, eröffnet er eine neue „systemkritische“ Erfahrungsdimension, nämlich die einer Aneignung des gesellschaftlichen Reichtums, die nicht über die Warenform und nicht über einen Markt vermittelt ist. In der wachsenden Neigung, Verbesserungen der Lebensbedingungen nicht mehr nur an die Steigerung des privaten Konsums zu koppeln, zumindest aber die kommunikativen Möglichkeiten, die im Konsum mancher Waren liegen, wichtiger zu nehmen, ist durchaus eine Annäherung der Struktur der Erwachsenenbedürfnisse an die der Jugendlichen zu sehen.[20]

d) Der weiter oben behandelten Tendenz zur Arbeitsintensifikation innerhalb der Arbeitssphäre entspricht die Erhöhung der Qualifikationsanforderungen an das Ausbildungssystem bzw. der damit verbundenen Tendenz zur Steigerung des Leistungs- und Selektionsdrucks in den Ausbildungsinstitutionen.[21] Aller Abbau schultraditioneller autoritärer Rituale kann nicht darüber hinwegtäuschen, daß die Einführung von Kurssystemen, die schuleinheitliche Einführung von Leistungs-Meßverfahren, die kurseinheitlich vorgeschriebene Mindestzahl von Überprüfungstests usw. ingesamt eine den Leistungsdruck verschärfende Rationalisierung des Schul„betriebs“ darstellen, die strukturell den MTM- und anderen Arbeitszerlegungsverfahren ähneln.[22] So wie wir oben für den Erwachsenen die Diskrepanz zwischen verlangter Disziplin im *Berufs*bereich und manipulativ geförderter Laßzivität im *Konsum*bereich festgestellt haben, kann – bezogen auf den Jugendlichen – eine Diskrepanz zwischen verschärftem Leistungsdruck in der Schule und der Ausbreitung hedonistisch „gefärbter“ Normensysteme im außerschulischen Bereich konstatiert werden.

Wie für den Zusammenhang von betrieblicher und Konsumsphäre wäre dann auch hier die noch offene Frage zu stellen, ob diejenigen Alltagserfahrungen der Jugendlichen, die von hedonistisch geprägten Normen und Verhaltensweisen getragen sind, in die Institutionen des Ausbildungsbereichs zurückschlagen könnten, oder ob der dortige Leistungsdruck eine derartige Vorrangigkeit erlangen könnte, daß die subkultu-

---

20 Man denke auch an den Verkaufsboom von Spielen, von Freizeit-Geräten, von Musikinstrumenten u.a.m.

21 Wobei der numerus clausus den Selektionsdruck aus dem universitären Bereich bereits in der Sekundarstufe II vorgeschoben hat.
Es bestehen z.T. noch weitergehende schulpolitische Intentionen, die bereits dem Eintritt in die Sekundarstufe II eine Leistungsprüfung vorausgehen lassen wollen; d.h. also den Selektionsdruck bereits in die Jahrgangsstufe 9 und 10 vorverlegen.

22 Eine dies herausarbeitende Kritik an der „Taylorisierung des Unterrichts“ gibt *Bruder* (1971).

rellen Erfahrungen nur mehr auf eine Entlastungsfunktion vom durchgängig realisierten Leistungssystem reduziert würden.
Kommen wir auf den Ausgangspunkt der letzten Überlegungen zurück: die Tatsache, daß sich das Generationsverhältnis dahingehend geändert hat, daß die Jugend nicht nur in einer experimentellen Übergangsphase quasi-„spielerisch“ rebelliert, sondern sich tendenziell *überhaupt* nicht mehr mit der Elterngeneration und dem von ihr repräsentierten Erbe identifizieren kann. Wir haben bereits gesagt, daß diese „Generationskrise“ nicht notwendig als Verschärfung eines allgemeinen Gegensatzes aufgefaßt werden kann, da die Eltern sich mit dem, was sie als gesellschaftlich herrschende Realität „vorfinden“ (und was nur in den vorhergehenden Gesellschaftsstufen den Charakter eines „Erbes“ hatte), *selbst* auch nicht mehr identifizieren können.
Die Zersetzung identitäts-verbürgender Deutungen und Erfahrungsbedingungen betrifft also Erwachsene wie Jugendliche gleichermaßen. Wenn dieser Zustand bisher ein lebensgeschichtliches Krisenmerkmal der Adoleszenzperiode war, so ist er jetzt eines der ganzen Kultur. In dieser Hinsicht kann also durchaus von einer *Annäherung* der *Erfahrungsqualität* Jugendlicher und Erwachsener gesprochen werden. Hingegen sind die Folgen und die Verarbeitung dieser Erfahrungen, wenn nicht unbedingt gegensätzlich, so doch *verschieden,* je nachdem, ob es sich um die Eltern oder um die Jugendlichen handelt.
Dies liegt einmal daran, daß auch qualitativ gleiche oder ähnliche Erfahrungen, die im außerfamilialen Bereich lebenslang gemacht werden, einer gesellschaftlich organisierten Dissoziation unterworfen werden, die die identitätsstiftende Vereinigung solcher Erfahrungsmomente und die Verständigung über sie verhindert oder erschwert. Die Erfahrungen bleiben quasi „parallelisiert“, ohne zueinander zu kommen.

„Diese Erfahrung ist eingeteilt in die von Kindern, von Heranwachsenden, die die Schule besuchen, und von Erwachsenen, die im Produktionsprozeß stehen. Jeder dieser Erfahrungszyklen ist gegen den anderen abgetrennt. In gewissem Sinne negiert die Schulerfahrung jene Erfahrungen, die das Kind in der Familie gemacht hat, und löst sie aus ihrer Verankerung; für den Erwachsenen ist wiederum die Schule ein Trauma, der Rückfall in kindliches Verhalten dagegen verboten.
Die tatsächlich während des gesamten Lebensprozesses sich akkumulierende Erfahrung kann so in ihrer Kontinuität nicht aufgegriffen werden.“[23]

Die vorfindliche „Fremdheit“ zwischen Eltern und Jugendlichen ist weiterhin in den Ergebnissen der familialen Sozialisation selbst begründet, die zur Ausbildung verschiedenartiger Psycho-Strukturen geführt

23 *Negt/Kluge* (1972), S. 64.

hat. Diejenigen gesellschaftlichen Veränderungen, die bei den Eltern das Bedürfnis nach affektiver familialer Kompensation verstärkt haben, führen gerade in der Primärsozialisation des Kindes zu narzißtischen Strukturen, die den libidinösen Strebungen der Eltern unzugänglich bleiben. So erwächst aus der gemeinsamen Orientierungskrise nicht etwa die kollektive Identifikation von Eltern und Jugendlichen, sozusagen als Solidarisierung der „Opfer der Identifikationsunfähigkeit", sondern Eltern und Jugendliche driften trotz ähnlicher Qualität ihrer Erfahrungen bei der versuchten Erfahrungsverarbeitung auseinander.
Es wird im Gang der Erörterungen zu zeigen sein, wie dies vor allem in der gegenwärtigen Situation des Adoleszenten begründet liegt, dessen Identifikationsschwierigkeit (im Gegnesatz zu derjenigen seiner Eltern) ja eigentlich die zweier Ebenen, also gewissermaßen eine „gedoppelte Identifikationsschwierigkeit" ist: der Unfähigkeit zur Identifikation mit gerade *solchen* Eltern, die sich *ihrerseits* mit der sozialen Realität nicht mehr identifizieren können.
Ein hieraus erwachsendes Rückzugsbedürfnis von den Eltern *und* von Konfliktaspekten der sozialen Realität wird noch als Wesensmerkmal des identifikationsschwachen „neuen Sozialisationstyps" auszuarbeiten sein.
Nun wird andererseits aber gleichzeitig auch zu analysieren sein, daß die dem „neuen Sozialisationstyp" eigene narzißtisch-passivische Rückzugstendenz gleichzeitig Verhaltensräume und Verhaltensmuster schafft, denen Potentiale emanzipatorischer Bewußtseins- und Handlungsalternativen keineswegs abgesprochen werden können.
Zur psychisch-sozialen „Einschätzung" des „neuen Sozialisationstyps" ist es aber unabdingbar, daß im folgenden zunächst einmal wieder an die Erörterung der veränderten Primärsozialisation angeknüpft wird. Denn natürlich wirken sich deren wesentliche Problemkomplexe auch auf den weiteren Verlauf der psycho-sexuellen Adoleszenz-Entwicklung aus: Dabei handelt es sich – den obigen Ausführungen folgend – vor allem um die (über die phallische Phase hinaus) bestehen bleibende Bindung an das Mutterobjekt und um die ödipale Identifikationsschwierigkeit.
Eine primär-narzißtisch fundierte Mutterbindung und eine sekundär-narzißtische Identifikationsschwierigkeit[24] sind daher auch die beiden

24 Der Begriff der sekundär-narzißtischen Identifikation wird unten eingehender entwickelt werden: Er bezeichnet die Aufnahme von Zügen *bewunderter* Objekte ins Ich (im Gegensatz zu triebbesetzten Objekten), die für den narzißtischen Charakter kennzeichnend ist. Der *Mangel* an derartigen Identifikationsmöglichkeiten macht den wesentlichen Unterschied des „neuen Sozialisationstyps" zum narzißtischen Charakter aus.

zentralen psychischen Konstitutionselemente des „neuen Sozialisationstyps". Seine Entwicklung ist von daher in ähnlichem Sinne durch die frühkindlichen Konflikte vorstrukturiert, wie das bei der „klassischen" Adoleszenz, die hauptsächlich als Rekapitulation des ödipalen Konflikts aufgefaßt werden kann, der Fall ist.

„‚Jugend' (ist) als ein Entwicklungsabschnitt aufzufassen . . ., der nicht für sich allein steht. Vielmehr beruhen die Komplikationen und spannungsgeladenen Erscheinungsbilder der Pubertät und die Konflikte der Adoleszenz auf der Neuorientierung aller Abwehrvorgänge des Ich gegen die verstärkten Triebe. (. . .) bedeutet das für den Jugendlichen einerseits die Auseinandersetzung mit einer Haltung, die Erwachsene der Umgebung gegenüber allen Strebungen des Pubertierenden jetzt einnehmen, und andererseits mit der früheren Einstellung der Erwachsenenumwelt zu den libidinösen Impulsen und Wünschen des Kleinkindes, die im Inneren des Jugendlichen unbewußt perpetuiert werden."[25]

Nun wird sich allerdings erweisen, daß sich beim „neuen Sozialisationstyp" keine Charakterstruktur im strengen Sinne des Wortes ausbildet; die herangebildete psychische Struktur hat keine hohe Konsistenz, und narzißtische und libidinöse Strebungen werden nicht als ich-synton erlebt; sie besitzt ein derart hohes Maß an Flexibilität, daß der „neue Sozialisationstyp" außerordentlich anpassungsfähig, aber auch anpassungsbedürftig innerhalb bestimmter (erst weiter unten zu präzisierender) Objektbeziehungen ist. Es kann daher angenommen werden, daß die Bedingungen und Strukturen seiner Primärsozialisation zwar nicht weniger relevant für die spätere Entwicklung sind als dies für die „klassische" Adoleszenz der Fall gewesen ist, wohl aber, daß gerade die Primärsozialisation sich beim „neuen Sozialisationstyp" so auswirkt, daß er während der Adoleszenz „offener" und sozial „prägbarer" ist.
Dies plausibler auszuführen, wird jedoch den späteren Abschnitten vorbehalten sein. Um der Durchschaubarkeit der Darstellung willen soll hier zunächst die Entwicklung der „klassischen" Adoleszenz gewissermaßen in „Reinform" verfolgt werden – so wie sie auf Grund des Untergangs des Ödipuskomplexes und des Bestehens stabiler Geschlechtsrollen-Identifikationen idealtypisch durchlaufen wird.
Erst daran anschließend wird zu fragen sein, welche spezifischen Folgen für die Adoleszenz entstehen, wenn gerade die beiden letztgenannten Voraussetzungen der Primärsozialisation gesellschaftlich nicht mehr gewährleistet werden können.

25 *Brocher* (1970), S. 139 f.

2. EIN MODELL DER „KLASSISCHEN" ADOLESZENZ-ENTWICKLUNG

2.1. *Adoleszenz als Krise*

Die Konflikte und Störungen innerhalb der adoleszenten Entwicklung tragen die Merkmale einer tiefen psychischen Krise, die in ihrer inneren Dramatik den frühkindlichen Krisen in nichts nachsteht, ja sogar auf Grund der immens erhöhten Wahrnehmung des Selbst zu neuer, vorher nicht erfahrbarer Leidensintensität führen kann.
Dennoch handelt es sich bei der Adoleszenzkrise nicht um eine psychische Krankheit im eigentlichen Sinne; im Gegenteil:

„. . . Das Weiterbestehen von innerem Gleichgewicht und Harmonie während der Pubertät (ist) eine abnorme, nicht eine normale Erscheinung . . . "[26]

Im Gegensatz zur psychischen Krankheit erfährt der Betroffene gleichzeitig mit seinem Leiden auch sein außerordentlich wertvolles und fruchtbares Veränderungs- und Wachstumspotential. *Erikson* verweist darauf, daß die Krankheit, z.B. neurotische Krisen, durch starke Beharrung und wachsende Verschwendung von Abwehrenergien gekennzeichnet ist, während für die Krise der Adoleszenz Reichtum an freier psychischer Energie und sich erweiternde Ich-Funktionen charakteristisch sind.[27]
Die Gleichzeitigkeit von tiefgreifender Krise und starker Abwehr-, Verarbeitungs- und Veränderungstätigkeit macht diesen Lebensabschnitt in besonders hohem Maße dazu geeignet, Einblick in das psychische Konfliktpotential einer Gesellschaft und in die Schlüsselkonflikte der Subjekte zu gewinnen.

„. . . für den Analytiker bleibt es bedeutsam, daß keine andere Lebensperiode ihm ähnliche Einsichten in das innere Kräftespiel von Gefahr, Angst, Abwehrtätigkeit und Symptombildung verschaffen kann."[28]

Wie auch schon beim ödipalen Konflikt lassen sich die Konflikte der „klassischen" Adoleszenz als ganz bestimmte Entwicklungs„aufgaben" interpretieren, die auf Grund aktualisierter und wieder aufgegebener Besetzungs- und Identifikationsvorgänge gemeistert werden müssen, um manifester Symptombildung (Neurose) oder dauerhaft massiver Charakterstörung (Psychose) zu entgehen.

---

26 *A. Freud* (o.J.), S. 138.
27 Vgl. *Erikson* (1971a), S. 144 f.
28 A. *Freud* (o.J.), S. 121.

Insgesamt gesehen, richten sich diese „Aufgaben“ auf das Ziel, *neue* Sexualziele und die damit verbundene Charakterveränderung erreichen zu wollen und zu können. Oder, präziser gesagt: erreicht werden soll die Zusammenfassung der Partialtriebe unter dem Primat der Genitalzone; die sekundäre Objektfindung, d.h. die Fähigkeit zur libidinösen Besetzung nicht inzestuöser, heterosexueller Objekte[29]; und die Integration der neuerworbenen Genitalität zu einem ich-gerechten Charakterbestandteil[30]. Die Entwicklung dorthin ist jedoch präformiert durch die frühkindlichen Erfahrungen mit den auf die Primärobjekte gerichteten Partialtrieben.

Die Bewältigung dieser neuen „Aufgaben“ findet also notwendig unter Bedingungen statt, die durch alte Objektbeziehungen und Abwehrmechanismen gesetzt worden sind.

Am Ende sollen alle diese Entwicklungs„aufgaben“ und krisenhaften Lösungsversuche nach *Erikson* darin konvergieren, daß eine stabile Identität gebildet worden ist:

„Die Funktion des Ichs besteht darin, die psycho-sexuellen und psycho-sozialen Aspekte einer bestimmten Entwicklungsstufe zu integrieren und zu gleicher Zeit die Verbindung der neu erworbenen Identitätselemente mit den schon bestehenden herzustellen.“[31]

„Genetisch betrachtet, zeigt sich der Prozeß der Identitätsbildung als eine sich entfaltende Konfiguration, die im Laufe der Kindheit durch sukzessive Ich-Synthesen und Umkristallisierungen allmählich aufgebaut wird; es ist eine Konfiguration, in die nacheinander die konstitutionellen Anlagen, die Eigentümlichkeiten libidinöser Bedürfnisse, bevorzugte Fähigkeiten, bedeutsame Identifikationen, wirkungsvolle Abwehrmechanismen, erfolgreiche Sublimierungen und sich verwirklichende Rollen integriert worden sind.“[32]

Bei der folgenden Darstellung der adoleszenten Entwicklung unter psychoanalytischen Gesichtspunkten werden wir uns vorwiegend an dem von *Blos* entwickelten Phasenmodell orientieren, das einen Bezugrahmen für die vom Adoleszenten sukzessive zu bearbeitenden Entwicklungsaufgaben gibt.[33]

Wenn hier die Adolezenz als eine Periode dargestellt wird, die durch eine chronologische Abfolge typischer Phasen strukturiert wird, so muß deutlich bleiben, daß es sich hierbei nur um ein Orientierungsschema für empirisch ausgesprochen komplexe und variable Entwicklungsprozesse handeln kann:

---

29 Vgl. *Freud*, GW V, S. 108.
30 Vgl. *Brocher* (1970), S. 128.
31 *Erikson* (1971a), S. 143.
32 Ebenda, S. 144.
33 Vgl. *Blos* (1973), S. 66 ff.

„Das bedeutet, daß Progression, Digression und Regression abwechselnd zum Vorschein kommen, wie es immer in Phasen geschieht, die vorübergehend antagonistische Ziele verfolgen. Defensive und adaptive Mechanismen sind ineinander verwoben, und die Dauer keiner der Phasen kann nach irgendeiner Zeit- oder Altersskala festgesetzt werden. (. . .)
Der Heranwachsende kann durch die verschiedenen Phasen hindurchstürmen oder kann bei irgendeiner von ihnen verweilen – in endlosen Varianten – aber er kann nicht ganz und gar den wesentlichen psychischen Transformationen oder verschiedenen Phasen entgehen.“[34]

2.2. Die Abwehr der präödipalen Mutter

Die Präadoleszenz ist dadurch charakterisiert, daß in ihr – wie in der Latenzzeit[35] – noch keine neuen Triebziele auftauchen: demnach kann der massive Triebdruck, der jetzt beginnt, nur in frühkindlichen Formen der libidinösen und aggressiven Triebabfuhr bewältigt werden.
Auf diese frühkindlichen Formen zurückgreifen zu müssen, heißt, an die Ausgangssituation der ödipalen Phase anzuschließen, in der vom Jungen die *ödipalen* und vom Mädchen die *präödipalen* Strebungen verdrängt werden.
Der präadoleszente *Junge* geht daher in der Reaktion auf die neuen Triebanforderungen der Adoleszenz zunächst den Umweg über die Prägenitalität:[36]

„Im äußeren Bild manifestiert sich dieser Vorgang in einer diffusen Motilität, in sadistischen und analen Aktivitäten, Gefräßigkeit, Unsauberkeit und anderem.“[37]

---

34 Ebenda, S. 66.
35 Die der Präadoleszenz vorausgehende *Latenzphase* hat für unseren Problemzusammenhang keine so große Relevanz, daß sie gesondert behandelt werden müßte.
Die Funktion der Latenzphase ist vor allem darin zu sehen, daß in ihr neu verfügbare neutralisierte Energie für die weitere Ich-Entwicklung nutzbar gemacht werden kann.
Diese Neutralisierungen sind insofern möglich, als der Triebentwicklung eine „Pause“ einberaumt wird, während der keine neuen Triebziele auftauchen (wenn auch die infaltil-sexuelle Aktivität durchaus nicht ruht); vgl. *Blos* (1973), S. 17.
Wegen dieser Entwicklungspause ist die Latenz auch als „psycho-sexuelles Moratorium“ (*Erikson*, 1971a, S. 137) bezeichnet worden, währenddessen eine stabilere Ich-Basis für die aufkommende Adoleszenzkrise geschaffen werden soll.
Erwägenswert bleibt, inwieweit die Latenz ihre relative „Ruhe“ vor allem wegen der nach dem Ödipus einsetzenden schulischen Disziplinierung hat; oder umgekehrt gefragt, inwieweit veränderte Erziehungsinstitutionen auch den Charakter der Latenz beeinflussen könnten.
36 Ein Beispiel für anal-libidinös besetzte Sprache eines präadoleszenten Jungen gibt *Blos* (1973), S. 73.
37 *Brocher* (1970), S. 131.

Das prägenitale Agieren aktualisiert jedoch das präödipale Mutterimago im Unbewußten. Hier erscheint ihre Übermächtigkeit wegen der ödipalen Erfahrungen aber nicht so sehr als „Güte“, sondern als phallische Macht, die der des Vaters ähnlich ist und deretwegen das Mutterobjekt aus Kastrationsangst abgewertet wird. Da das präödipale Mutterobjekt wegen der Verdrängung der ödipalen Mutter aber sozusagen die „ganze Mutter“ repräsentiert, ist zunächst die Folge, daß (aus Kastrationsangst) alles Weibliche überhaupt abgelehnt wird.
Die passiv-präödipalen Strebungen werden überkompensiert durch Pseudoaktivitäten und aggressiv gefärbte, latent homosexuelle Gruppenidentifikationen:

„Der Knabe zeigt eine mädchenfeindliche Einstellung, setzt Mädchen herab und versucht, sie zu meiden . . .
Im wesentlichen verbirgt er seine Ängstlichkeit, statt zu versuchen, eine Beziehung herzustellen. Die Kastrationsangst, die die ödipale Phase zum Verschwinden bringt, taucht wieder auf und zwingt den Knaben, nur mit gleichgeschlechtlichen Kameraden zusammen zu sein.“[38]

Anders die Präadoleszenz des *Mädchens:* Es war nie in gleichem Maße wie die Jungen gezwungen, den ödipalen Konflikt radikal abzuschließen und zu verdrängen; dagegen wehrt es die Prägenitalität massiv ab, weil diese immer die Gefahr einer entfeminisierenden Regression zur präödipalen archaischen Mutter in sich birgt. Die Angst, sich von der präödipalen Mutter regressiv überwältigen zu lassen, kann hier jedoch nicht durch überkompensatorisches Betonen der – passiven – Geschlechtsrolle bekämpft werden. Im Gegenteil, das präadoleszente Mädchen identifiziert sich mit der Aktivität der archaischen Mutter und agiert diese Aktivität aus, indem es sich anderen Mädchen gegenüber wie ein Junge zu verhalten versucht oder den Anschluß an Jungengruppen, und damit die Anerkennung, mit den Jungen identisch zu sein, erstrebt.
Bei beiden Geschlechtern steht also im Zentrum der Präadoleszenz die Auseinandersetzung mit der präödipalen Mutter: Während sie sich jedoch für den Jungen bedrohlich-kastrierend darstellt und daher durch homosexuelle Identifikation abgewehrt werden muß, bedeutet sie für das Mädchen die Versuchung, Schutz in der Regression zu suchen, was durch phallisch-aktive bzw. heterosexuelle Identifikation abgewehrt wird. Die aus dieser Kosntellation erwachsende vorübergehende Angleichung des Mädchens an die Jungen berechtigt also zu der Feststellung, daß die „klassische“ Präadoleszenz zunächst eine gewisse „Maskulinisierung“ beinhaltet.

38 *Blos* (1973), S. 74.

Beide Abwehrmechanismen haben ihre Ursache in der phasenspezifischen Bindung an inzestuöse Objekte; jegliche Erhöhung des Triebdrucks führt zu einer Verschärfung der frühkindlichen Konflikte[39] und verhindert dabei die Entwicklung einer eigenen Geschlechtsidentität. Um einer Reizüberflutung durch inzestuöse Strebungen zu entgehen, wendet das Ich zunächst bei allen sexuell besetzten Phantasien oder Realsituationen Signalangst an, die die unverzügliche Aktivität von Abwehroperationen zur Folge hat.

Durch die sich jedoch unvermindert erhöhende Triebspannung (die einhergeht mit der nicht verleugbaren rapiden Veränderung der primären und sekundären Geschlechtsmerkmale) bricht dieses in der ödipalen Phase aufgebaute Abwehrsystem allerdings in der Regel schnell zusammen.[40]

Die bis dahin eingespielte Struktur von Es, Ich- und Überich kommt aus ihrem Gleichgewicht. Dieses kann nur wiederhergestellt werden, wenn die neuen genitalen Strebungen vor dem Überich und dem Ichideal als annehmbar legitimiert und einem erstarkten Ich unterstellt werden können: D.h. die Genitalität muß als ich-gerecht integriert werden, sie muß Characktereigenschaft werden. Die genitale Sexualität stellt also den Adoleszenten vor die Notwendigkeit einer umfassenden Charakterveränderung.[41]

2.3. Der Abzug der Elternbesetzungen

Diese Charakterveränderung wird in der *frühen Adoleszenz* triebökonomisch dadurch eingeleitet, daß wiederum (wie zum Ende der ödipalen Phase) die energetischen Besetzungen von den Elternrepräsentanzen abgezogen werden.

Dies hat einerseits eine Distanzierung vom Überich (d.h. von den hier verinnerlichten Elternrepräsentanzen) zur Folge und dient der Entlastung von Schuld- und Angstgefühlen. Andererseits bedeutet dieser

39 Vgl. hierzu auch *Bernfeld* (1971a), S. 763.

40 Die für eine Minderheit prototypische Form „erfolgreicher" Abwehr genitaler Strebungen stellt *Mitscherlich* (1967, S. 242 f.) dar. Sie bedeutet eine Fixierung an die Latenzphase und führt (im Gegensatz zum äußeren Bild der „Ruhe" und „Problemlosigkeit", das diese Jugendlichen zeigen) früher oder später zu massiver Symptombildung.

41 Im Gegensatz zur hier dargestellten Bemühung des Präadoleszenten um Abwehr des prädipalen Mutterobjekts gilt für den „neuen Sozialisationstyp", wie weiter unten ausgeführt wird, daß diese Bindung die Adoleszenz über bestehen bleibt.

Libidoabzug auch eine narzißtische Kränkung des Adoleszenten, die sich in einem Gefühl der Leere oder in Trauer äußert.[42]
Die Abwehr der inzestuösen Elternobjekte erfolgt mit Hilfe typischer pubertärer Abwehrmechanismen: der Abwehr mit Hilfe von Libidoverschiebung; der Abwehr durch Verkehrung der Affekte in ihr Gegenteil; der Abwehr durch Regression; und der Abwehr durch Rückwendung der Libido auf die eigene Person.[43]
Erst indem die Fixierung auf die inzestuösen Objekte durchbrochen wird, ist es dem Jungen möglich, seine „defensive Selbstgenügsamkeit"[44] aufzugeben, und dem Mädchen, seine Negation der Feminität zu überwinden.[45]
Gleichzeitig kommt es nun auch zu einer Abschwächung der nach dem Untergang des Ödipus stabilisierten Identifikationen mit dem (in der Regel) gleichgeschlechtlichen Elternteil, sobald – im Zuge der Erweiterung der adoleszenten Ich-Fähigkeiten – die elterliche Überlegenheit abzubröckeln beginnt. Hieraus resultiert dann auch eine Zunahme der bis dahin in die Identifikationen eingebundenen narzißtischen und aggressiven Strebungen.[46]

2.4. Die Besetzung des Selbst

Es folgt der Eintritt in die *eigentliche Adoleszenz,* allerdings (noch) nicht die Fähigkeit zu stabilen heterosexuellen Besetzungen.
Die durch das Abwenden von den Elternobjekten zurückgewonnene Energie flottiert zunächst frei; der größte Betrag an psychischer Energie wird jedoch auf dem Wege der Verschiebung zunächst für die Besetzung der Selbstrepräsentanzen verwendet. Diese Form des puber-

42 Vgl. *Blos* (1973), S. 92 u. 212 sowie *Wellendorf* (1970), S. 14. In dieser Phase der Inzestabwehr wird jegliche Assoziation der Eltern mit Sexualität für den Adoleszenten angstbesetzt sein. Das führt auch zur Verkrampftheit vieler „Aufklärungs"-Gespräche, die gegebenenfalls in dieser Phase von den Eltern geführt werden. *Brocher* (1973, S. 86) erwähnt, daß viele Jugendliche „in der Sexualverleugnung der Eltern so weit gehen, daß sie häufig annehmen, die Eltern hätten zwar früher sexuelle Beziehungen gehabt, würden jedoch jetzt ohne diese leben."
43 Vgl. *A. Freud* (o.J.), S. 131 ff.
44 *Blos* (1973), S. 91.
45 Einen Fall, in dem das ungelöste ambivalente Verhältnis eines Mädchens zu seiner Mutter zu schweren Störungen der psychosexuellen Entwicklung führt, schildert ausführlich *Blos* (1973, S. 49 ff.).
Bezüglich des „neuen Sozialisationstyps" sei hier vorweggenommen, daß auf Grund seiner narzißtischen Struktur die Libido-Besetzung der Eltern von der frühen Kindheit an nie so stark war, daß jetzt in der frühen Adoleszenz nennenswerte Ablösungsprobleme von den *aktuellen* Elternobjekten auftauchen würden.
46 Vgl. *Mitscherlich* (1967), S. 241.

tären Narzißmus hat in Bezug auf die Entwicklung des Ichs und des Selbst eine progressive, in Bezug auf die Triebentwicklung eine verzögernde Funktion.

Für das Verständnis der Ich- und der Selbstentwicklung[47] seien hier nur vier exemplarische Aspekte erwähnt: die Überbesetzung der Sinnesorgane; die des Körper-Selbst; die Sublimierungsfähigkeit und die Fähigkeit zu Idealbildungen.

Die Überbesetzung der Sinnesorgane ist Folge der Besetzung des Selbst und befähigt zu einer außerordentlichen Sensibilisierung der Wahrnehmung[48] und zu einer neuen, wahrscheinlich in späteren Lebensabschnitten auch kaum mehr reproduzierbaren Erlebnisintensität. Die immense Bedeutung, die Sinneseindrücke für den Adoleszenten nun erlangen können (z.B. Musikerlebnisse), dient gleichzeitig der Erhaltung der Selbstkontinuität und der Abwehr von Depersonalisierungserscheinungen, die in der Adoleszenz auftauchen.[49]

Gleichzeitig kommt es auch zu einer Überbesetzung des Körper-Selbst[50] bzw. der Übersensibilität bezüglich körperlicher Entwicklungen und Gefühle.[51] Viele Adoleszenten neigen hierbei zu gelegentlicher Selbstinduzierung von Ich-Zuständen, die

„. . . teils der Abwehr, teils libidinösen und aggressiven, teil adaptiven und experimentellen . . . "[52]

Zwecken dient. Zu solchen Selbstinduzierungen sind z.B. bewußt herbeigeführte Gefühle von Leiden, Schmerz, Erschöpfung u.a. zu zählen.

Weiterhin ist es für die adoleszente Entwicklungsmöglichkeit wichtig, daß ein Teilbetrag der an das Selbst gebundenen Energie durch Sublimierung in den Dienst des Ich gestellt werden kann und dann die Grundlage für typische Ich-Leistungen der Adoleszenz abgibt. Diese Sublimierung äußert sich zum einen in einer häufig beachtlichen Intellektuali-

---

47 Zur von *Hartmann* eingeführten Unterscheidung von Ich und Selbst vgl. *Erikson* (1971a), S. 191.

48 Vgl. *Blos* (1973), S. 110 f.

49 Vgl. *Klausmeier* (1973), S. 652.
Depersonalisierungserscheinungen sind Affekt-Abzüge von den Wahrnehmungen, die das Gefühl der „Kälte" und des „affektiven Unbeteiligtseins" vermitteln, wie es auch für bestimmte präschizoide Zustände charakteristisch ist.

50 Das Körper-Selbst ist derjenige Teil des Selbst, der als physischer Organismus erlebt wird; vgl. auch *Erikson* (1971a), S. 191.

51 Diese Übersetzung stärkt übrigens zunächst auch die der Adoleszenz eigene Sorge, ob die eigene körperliche Entwicklung wohl „normal" sei; vgl. auch *Blos* (1973), S. 19 f.

52 Ebenda, S. 117.

sierung[53], die sich durch geistige Experimentierfreude auszeichnet. Zum anderen bringt die Sublimierungsfähigkeit eine reiche Phantasieproduktion hervor, in Form von Tagträumen, Assoziationsketten u.ä.:

„Diese Phantasien bedeuten eine Verschiebung in der Objektbesetzung, sozusagen durch ‚Probehandlungen', und helfen dem Adoleszenten, in kleinen Dosen die affektiven Erfahrungen zu assimilieren, auf die seine progressive Entwicklung sich hinbewegt. Phantasieleben und schöpferische Tätigkeit sind in diesem Stadium auf dem Höhepunkt. Künstlerische und ideisierte Ausdrucksformen machen es ihm möglich, höchstpersönliche Erlebnisse mitzuteilen, die als solche ein Vehikel für die Teilnahme am Sozialleben bilden."[54]

Schließlich sei noch auf die von *Bernfeld*[55] analysierte Neigung zu Idealbildungen verwiesen, die gewissermaßen als Ersatz für eine direkte Besetzung des Selbst[56] fungieren und zu libidinös-schwärmerischen Befriedigungen führen:

„Man kann diesen Konflikt etwa so beschreiben: Den libidinösen Strebungen, die ins Ich zurückkehren oder in ihm sich entwickeln, wird vom Idealich verwehrt, sich an das Ich zu binden, sie werden von ihrem Ziel abgelenkt und suchen Besetzungsmöglichkeiten, die das Idealich gestattet. Als solche bieten sich endopsychische Gebilde: Phantasien, Wertungen, Ideen, die durch die ichlibidinöse Besetzung, die sie erfahren, zu einer Art Objekt werden. Freilich zu Objekten, die sich von den mit Objektlibido besetzten in einer nicht leicht formulierbaren Weise unterscheiden. Man nennt solche Auch-Objekte Ideale. Die ungestörte Besetzung ist mit Lust verbunden, die Sexualbetätigung – auch die abgelenkte – die an ihnen möglich ist, ist aber eine andere als bei den Objekten der Objektlibido."[57]

Gemeinsam ist all diesen Phänomenen der Ich- und der Selbstentwicklung eine besondere adoleszente Erlebnisqualität, die in dieser Form für die ganze Lebensgeschichte einmalig sein dürfte. Diese Qualität vermittelt bei unzähligen Vorkommnissen und Zuständen das (häufig fast bestürzende) Gefühl der Erstmaligkeit und der Einzigartigkeit und verleiht ihnen daher einen ganz besonderen Status. Die spätere Erlebnisintensität (des Erwachsenenalters) ist durch prägende Vorerfahrungen und Routinisierung fast aller Alltagserlebnisse sehr viel gebrochener.[58]

---

53 Vgl. *A. Freud* (1964), S. 118 ff. sowie *Reiche* (1969), S. 145; sodann *Bernfeld* (1971a), S. 757 und *Linke* (1971), S. 398.
54 *Blos* (1973), S. 110.
55 *Bernfeld* (1971a), S. 757 ff.
56 Wobei *Bernfeld* den Begriff des Ichs in gleicher Bedeutung wie das „Selbst" verwendet.
57 Ebenda, S. 761.
58 „Straßenecken, Kneipen, Parkbezirke, bestimmte Straßen, Zimmer, Autos, Espressobars, Bankgruppen – Stellen, die einem unbeteiligten Auge oft eher trist, auf jeden Fall aber bedeutungs und farblos erscheinen, gewinnen für die Jugendlichen einen hohen Erlebniswert, an dem gemessen die späteren Stätten offiziellen Vergnügens und Entspannens in ihrer Repräsentativität oder Privatheit nur Surrogatcharakter haben.", *Baacke* (1972), S. 40 f.

Die Entwicklung immer differenzierterer Ich-Funktionen ist an die Triebentwicklung gekoppelt. Die Libido, die zunächst in quasi-autistischer Weise ganz dem Selbst verhaftet ist, wird auf dem Wege narzißtischer Objektwahl weiterverschoben; d.h. der Adoleszent sucht Bindungen an Objekte, in denen er sich narzißtisch spiegeln kann, an Objekte, bei denen er Züge idealisieren kann, die seinem eigenen Ideal entsprechen.
Es kommt in dieser Phase zu intensiven gleichgeschlechtlichen Freundschaften, die latent homosexuell bzw. „schwärmerisch" sind. Im Unterschied zur präadoleszenten Homosexualität (der Knaben), die eine Form der Angstabwehr darstellt, handelt es sich bei der adoleszenten Homosexualität (beider Geschlechter) um eine narzißtische Objektwahl.[59]
Dieser narzißtischen Objektwahl kann eine wichtige Verzögerungsfunktion insofern zugesprochen werden, als sie verhindert, daß der Ablösung von den Elternobjekten unmittelbar die heterosexuelle Objektwahl folgt. Indem vor der heterosexuellen Objektwahl Raum geschaffen wird für eine Autonomisierung des Ichideals und für eine Differenzierung der Ich-Funktionen, wird verhindert, daß diese Objektwahl letztlich nur infantilen Schemen folgt.[60]
Die Besetzung des Selbst und die narzißtische Introjektion der gleichgeschlechtlichen Objekte wirken sich auch in der Stabilisierung des Ich-Ideals aus. Im günstigen Fall, bei einer Konvergenz von hohem Ich-Ideal und der Möglichkeit zu erfolgreichen Ich-Leistungen, kann dann genug narzißtische Befriedigung in der Realität erreicht werden, um die Kränkung und Leere zu überwinden, die die Abwendung von den Eltern zunächst zur Folge hatte.

2.5. Die heterosexuelle Objektwahl

Jetzt erst, in der *späten Adoleszenz,* kann der Jugendliche seine sexuelle Identität finden. Mit der Stabilisierung des Ichideals und des Selbstgefühls ist er sowohl in die Lage versetzt, der Regressionsversuchung zu

59 Zur Illustrierung unbewußter Bisexualität gibt *Blos* (1973, S. 100 ff.) einen Interview-Auszug mit einem adoleszenten Mädchen wieder.

60 Vgl. auch ebenda, S. 277 ff.
Bezüglich der hiervon abweichenden Problematik des „neuen Sozialisationstyps" sei vorweggenommen: Dieser folgt in seinen Objektbeziehungen auch (und gerade) dem Schema der narzißtischen Objektwahl. Diese ist aber wegen der „feminisierenden" Geschlechtsangleichung und des Zerbrechens der gesellschaftlichen Sexualtabus nicht dem genital-heterosexuellen Verhalten entgegengesetzt, sondern mit diesem verbunden. Genital ist dann die Form des Verhaltens dem Objekt gegenüber und narzißtisch das Motiv. Des weiteren kann hier bereits angemerkt werden, daß die Besetzung des Selbst beim „neuen Sozialisationstyp" nicht als Übergangsphase aufgefaßt werden kann, sondern als eine die ganze Adoleszenzentwicklung fundierende Grundstruktur.

den Elternobjekten zu widerstehen als auch die Objektwahl nach dem narzißtischen Muster zu überwinden: die libidinösen Objektbeziehungen werden zum zentralen Thema dieser Phase.
Das bedeutet zum einen, daß die erogenen Zonen dem Genitalprimat untergeordnet werden, so daß die Prägenitalität in Vorlust überführt wird, indem ihr eine Einleitungs- statt einer Befriedigungsfunktion zukommt, während die Genitalität die Endlust vermittelt.[61] Damit findet auch eine Verschiebung der Triebziele vom eher passiven zum eher aktiven Pol hin statt; das Bedürfnis, geliebt zu werden, verschmilzt mit dem Bedürfnis, selbst zu lieben.[62]
Indem die Genitalität als ich-gerecht integriert wird, bekommt auch die Organisation der Ich-Funktionen und der Abwehrformen, die sich im Laufe der Ich-Entwicklung differenziert haben, einen mehr und mehr irreversiblen Charakter. Hierbei wirken diejenigen frühkindlichen Strebungen konstruktiv mit, die sich nicht in die Genitalität integrieren ließen, aber in die Dienste des Ich gestellt werden konnten.

„Während der eigentlichen Adoleszenz werden die Konflikt- und Dilemmalösungen des Ödipuskomplexes, einschließlich der prägenitalen Fixierungen, wieder in die genitale Modalität überführt, suchen aber jetzt im Bereich der nicht-inzestuösen Heterosexualität unterzukommen. (. . .) Aber über die Reorganisation des Trieblebens hinaus, die für die eigentliche Adoleszenz charakteristisch ist, bleiben ödipale Reste bestehen, die nicht auf dem Weg der Objektliebe gebracht worden sind. Spätadoleszenz bezieht die Transformation dieser ödipalen Reste in Ich-Modalitäten ein.“[63]

Die weitere Ausbildung der Ich-Funktionen wird nun – in der *Postadoleszenz* – zur vordringlichen Problematik, für die im Fall der geglückten Triebentwicklung genügend sublimierbare Energie zur Verfügung steht, um diejenigen Ich-Leistungen hervorzubringen, die zum Erreichen des sozialen Status eines Erwachsenen gesellschaftlich erwartet werden. Erst in dieser Phase ist auch die eigene Selbstdefinition nicht mehr auf konflikthafte Abgrenzung von den Eltern angewiesen:

„Die frühkindliche sexuelle Bindung muß unwiderruflich zerschnitten werden, bevor es eine vernünftige ‚Annäherung‘ zwischen dem Selbst und den elterlichen Ich-Interessen und -Haltungen geben kann.“[64]

Wenn die „Aufgaben“ der dargestellten einzelnen Adoleszenzphasen jeweils so gelöst wurden, daß der Adoleszent in seiner Trieb- und Ich-Entwicklung zum Bearbeiten und Bewältigen der nächsthöheren pha-

61 Vgl. *Freud*, GW V, S. 112.
62 So *Blos* (1973), S. 89.
63 Ebenda, S. 157.
64 Ebenda, S. 182.

senspezifischen Problemstellung befähigt wurde, kann von einem „erfolgreichen" Abschluß der „klassischen" Adoleszenz gesprochen werden:

Hierbei hat es gegolten, der Bedrohung und Versuchung durch die archaische Mutter zu widerstehen (Präadoleszenz); die Libido von den Elternrepräsentanzen abzuziehen (frühe Adoleszenz); narzißtische Kränkungen durch die Organisierung eines Ichideals zu überwinden (eigentliche Adoleszenz); und schließlich Genitalprimat und heterosexuelle Objektwahl zu erreichen (späte Adoleszenz). Auch bezüglich dieses Modells der „klassischen" Adoleszenzentwicklung ist es wichtig zu betonen, daß diese abschließende Hinwendung zu heterosexuellen Objekten kein gradliniger, sondern ein äußerst konfliktreicher und krisenanfälliger Prozeß ist, der stets von Gefahren der übermäßigen Konfliktangst und Symptombildung, des triebmäßigen Regredierens und der Diffusion der erworbenen Identität bedroht ist. Insofern ist gerade die späte Adoleszenz als eine krisenhafte Zuspitzung zu begreifen; in ihr wird manifest, ob der Jugendliche erfolgreich darin ist, den Verlust der Elternrepräsentanzen in befriedigender, nicht-inzestuöser Objektwahl zu verarbeiten oder ob dieser Prozeß durch Störungen beeinträchtigt oder verunmöglicht wird: entweder weil ödipale Identifizierungen nicht abgelöst werden können und das Vermeiden von Konfliktangst zur Symptombildung führt (Neurose); oder weil die regressive Tendenz zu den allmächtigen Elternrepräsentanzen so stark ist, daß ihr nachgegeben werden muß, indem der Bezug zur äußeren Realität abgebrochen wird (Psychose).

Aus den Anmerkungen, die die abweichende Problematik des „neuen Sozialisationstyps" vorwegnehmend angedeutet haben, kristallisieren sich bereits die Kernfragen der „neuen" Adoleszenz heraus:

- die Frage der Bindung an das präödipale Mutterobjekt (bei der „klassischen" Adolezenz bezogen auf die Präadoleszenz);
- die Frage der Ablösung von den Eltern („klassischerweise": Frühadoleszenz);
- die Frage der Besetzung des Selbst („klassischerweise": eigentliche Adoleszenz);
- die Frage der nicht-inzestuösen Objektbeziehungen („klassischerweise": Spätadoleszenz).

Nach dem nächsten Abschnitt, welcher die psychischen Grundstrukturen des „neuen Sozialisationstyps" dadurch verdeutlichen soll, daß von heutigen Veränderungen des psychischen Krankheitsbildes ausgegangen wird, werden diese Kernfragen in der soeben angeführten Reihenfolge behandelt werden.

Hierbei wird durchgängig zwei Problemen eine besondere Bedeutung zukommen: erstens der Prägekraft der primär-narzißtischen Szene im Unbewußten, die das präödipale Mutterobjekt arrangiert, und zweitens den Folgen der Schwierigkeit, sich mit den Eltern zu identifizieren, diesmal allerdings analysiert als Schwierigkeit bezüglich einer narzißtischen Identifikation.

3. DIE NEUE ABWEHRSTRUKTUR

3.1. Der Zusammenbruch der Überich-Identifikationen

Im Zusammenhang mit den als kognitive Verunsicherung und affektive Versagungen interpretierten Veränderungen der Mutter- wie der Vaterrolle dürfte bereits deutlich geworden sein, daß es sich um eine generelle *psychische Schwächeproblematik* handelt (wobei „Schwäche" hierbei zunächst nur als Negation oder zumindest Abweichung vom Typus des historisch herausgebildeten „klassisch"-bürgerlichen Charakters aufgefaßt wird, der sich – idealtypisch – durch Realitätstüchtigkeit und Ich-Stärke ausgezeichnet hat, die wiederum aus stabiler Identifikation mit einem strengen, triebdisziplinierten Überich resultierten).[65]
Es sollen nun verschiedene Anzeichen angeführt werden, die dafür sprechen, daß diese Schwäche-Problematik nicht nur als ein durch die Eltern erfahrener „äußerer" gesellschaftlicher Einfluß zu sehen ist, der bestimmte familiale Interaktionsstrukturen prägt, sondern daß diese Schwächeproblematik sich in den Subjekten selbst verankert.
Dies äußert sich zunächst in einem veränderten Bild psychischer Leiden und kann insbesondere für die psychischen Krisen der Adoleszenz spezifiziert werden.
Richter nimmt an, daß sich die klassischen Psychoneurosen „eher vermindert"[66] haben.

„Dafür vermehren sich Formen diffusen psychogenen Leidens, die man nur noch schwer oder gar nicht den in den Lehrbüchern klassifizierten Krankheitstypen zuordnen kann. (. . .) Das wechselt zwischen Kopfschmerzen und Druck im Leib.

65 Vgl. bes. *Reiche* (1972), S. 170 f. sowie *Linke* (1971), S. 382 f. Siehe zur Differenzierung des Begriffs der psychischen „Stärke" unten, Teil 7, Abschn. 1.2.
66 *Richter* (1972b), S. 25.

zwischen allgemeiner Nervosität und Schlafbeschwerden, zwischen Gliederschmerzen und Unruhe, zwischen Appetitlosigkeit und Sexualstörungen."[67]

Der sich erhöhende Verbreitungsgrad dieser Indikationen[68] geht mit der Tatsache einher, daß die Grenze zwischen psychischer Gesundheit und gesellschaftlich definierter „Krankheit" nocht fließender wird, als sie immer schon war. Sich weder gesund noch krank im klassischen Sinn zu fühlen, wird zu einem epidemisch verbreiteten Phänomen:

„Man möchte oft meinen, daß den Betroffenen die Fähigkeit fehle, ihr psychisches Leiden als eine eindeutige Krankheit zu organisieren. Man kann an einen Begriff denken, den Müller-Eckhardt geprägt hat, nämlich den von der ‚Krankheit, nicht krank sein zu können'."[69]

Zu ähnlichen Ergebnissen kommt eine amerikanische Untersuchung:

„Die größte Zahl der Patienten hatte gleichlautende Klagen oder Symptome: Unzufriedenheit, innere Spannung, Selbsthaß, depressive Stimmung, Lebensunlust, Gefühl der Leere, Unfähigkeit zu lieben."[70]

Befragt man diese Phänomenologie der heute in den spätkapitalistischen Gesellschaften verbreiteten Leiden nach ihren psychodynamischen Ursachen, so ergeben sich als zentrale Konfliktpunkte:
- ein Zusammenbruch der Überich-Identifikationen,
- eine vermehrte Verdrängung von Schuldgefühlen statt von Es-Impulsen
- und eine Krise des Selbstwertgefühls.

Bei der Behandlung der „klassischen" Primärsozialisation wurde bereits darauf hingewiesen, daß das Überich aus Kernen der präödipalen allmächtigen Elternimagines hervorgeht; als eigenständige Persönlichkeitsinstanz bildet es sich jedoch erst mit dem Untergang des Ödipuskomplexes heraus: Es ist daher als das „Erbe"[71] des Ödipuskomplexes bezeichnet worden.

Die Bildung des Überichs ist ihrem Wesen noch insofern eine Symptombildung [72], als mit der Verinnerlichung der elterlichen Verbote das inzestuöse Streben nach dem gegengeschlechtlichen Liebesobjekt abgewehrt und durch Identifikation mit dem gleichgeschlechtlichen

67 Ebenda.
68 *Horn* (1972b, S. 78) führt Untersuchungen an, nach denen bis zu 15% der Studentenschaft sich an die psychologischen Beratungsstellen wendet: „Kontaktschwierigkeiten allgemeiner und sexueller Art sowie Arbeitsstörungen, depressive und subdepressive Zustände stehen bei den Ratsuchenden ... im Vordergrund ..."
69 *Richter* (1972b), S. 25.
70 *Löwenfeld* u. *Löwenfeld* (1970), S. 713. Vgl. auch die Untersuchung von *Lichtner-DeClerk* (1971).
71 *Freud,* GW XV, S. 138.
72 Vgl. hierzu *Linke* (1971), S. 381.

Elternteil ersetzt wird. Die verinnerlichten Gebote des strengen Überichs können nun als ständig wirksame „Zensurinstanz"[73] betrachtet werden, deren Existenz im Ich eine ständige, latente Überich-Angst (Angst, bestraft zu werden) hervorruft.
Linke[74] hat dargestellt, wie sich im Verlauf der Entwicklungsgeschichte des bürgerlichen Subjekts eine ganz bestimmte Abwehrform gegen eben diese starken Überich-Ängste herausgebildet hat: die Identifikation mit dem Überich, die im Grunde aus dem Muster der Identifikation mit dem Aggressor folgt.
Dieser Abwehrvorgang der Identifikation mit dem Überich befähigt die Subjekte erst zur Entwicklung der psychischen Generaltugenden des Bürgertums: der Ich-Stärke und der autonomen Realitätstüchtigkeit.

„1. Die Verbündung mit dem Überich verleiht dem Ich eine Stärke und Härte, die es im Kampf mit den Trieben unnachgiebig, unangreifbar und für künftige Revisionen und Anpassungsleistungen unzugänglich macht . . .
2. Das mit dem Überich identifizierte Ich verhält sich der Umwelt gegenüber genauso grausam und selbstherrlich wie das Überich ursprünglich gegenüber dem Ich. Diese beiden Konsequenzen vereinigen sich zu einer machtvollen Resultante, einem zwanghaften und rücksichtslosen Drang, die Umwelt den eigenen Forderungen anzupassen. Die Geschichte der Zivilisation dokumentiert den Erfolg dieses alloplastischen Anpassungsdrangs zur Genüge. Es ist auch leicht zu erkennen, wie vortrefflich dieser Modus der Überich-Abwehr mit Leistung und Initiative harmonisiert."[75]

Nun wird gerade das Funktionieren dieses für die Konstituierung des bürgerlichen Sozialcharakters so zentralen Abwehrvorgangs, die Identifikation mit dem Überich, heute zunehmend brüchig. Das hat im wesentlichen zwei Gründe: Zum einen, wie oben bei der Behandlung des ödipalen Konflikts bereits ausgeführt wurde, reduziert sich der Gehalt des Überichs heute eher auf seinen archaischen Kern, der durch narzißtische Projektionen auf die Elternobjekte diese bis zur Übermächtigkeit verzerrt, ohne daß dieser Kern später ausreichend durch stabilere Identifikationen überlagert würde, die realitätsangemessenere Überich-Forderungen mit sich brächten.
Das Überich ist also streng, aber unreif.

„Die reife, steuernde Funktion des Überichs, die aus der Identifizierung mit starken Eltern ihre Kraft bezieht und das Individuum vor infantilen, bewußten und unbewußten Schuldgefühlen schützen könnte, funktioniert nur sehr begrenzt,

73 *Freud,* GW X, S. 163, spricht von einer „zensorischen Instanz".
74 Vgl. *Linke* (1971), S. 382.
75 Ebenda, S. 383.

so daß die strafende und selbstzerstörerische Tendenz ein Übergewicht zu erhalten scheint."[76]

Die Diskrepanz zwischen den Geboten dieses strengen unreifen Überichs und der alltäglich vom Jugendlichen erlebten Realität der Eltern ist nun zu groß, als daß er sich noch bewußt mit dem eigenen Überich identifizieren könnte.
Hinzu kommt, daß das Erlebnis des sich akzelerierenden sozialen Wandels, wie er in einigen Aspekten im Teil 4 dargestellt wurde, und die daraus resultierende gesellschaftliche Forderung nach ständiger flexibilisierter Verhaltensanpassung eine relativ starre Ich-Struktur, wie sie notwendige Folge einer starken Überich-Identifikation wäre[77], zunehmend obsolet werden läßt. Ein Ich, das sich heute qua Identifikation dem unreifen Überich unterwerfen würde, wäre nicht mehr im gleichen Sinne realitätstüchtig wie dies zu Zeiten eines intakten bürgerlichen Sozial- und Symbolsystems der Fall gewesen ist, sondern zur Inflexibilität seiner Ich-Leistungen genötigt.
Die Folge dieser beschriebenen Entwicklung stellt sich für die Subjekte (im engeren Sinne: für die Jugendlichen) so dar, daß ein strenges, unreifes Überich zwar fortbesteht, die Identifikation mit diesem – als schützender Abwehrmechanismus – aber nicht mehr möglich ist.
Aus der so aufgerissenen Kluft zwischen Überich und Ich resultiert eine erhebliche Verschärfung von angst- und schambesetzten Überich-Konflikten, so daß

„... wir unsere Überich-Konflikte nur unter einem ständig zunehmenden Aufwand von Abwehrhaltungen latent zu halten vermögen."[78]

Diese neu notwendig gewordenen Abwehrmechanismen gegen das Überich sind nun aber tendenziell regressiver und nicht mehr identifikatorischer Art.
Dies hängt eng zusammen mit Prozessen, die wir im Zusammenhang mit der narzißtischen Entwicklung besprochen haben. Der hier angelegte hohe Anspruch an die Vollkommenheit des Ichs erzeugt gegenüber dem Überich massive Schuldgefühle, auch wenn eine Identifikation mit dessen Inhalten gar nicht mehr besteht. Die gleichzeitig angelegte Tendenz des narzißtischen Strukturtyps, eine Nichterfüllung des eigenen Vollkommenheitsanspruchs psychisch gar nicht ertragen zu können, läßt diesem dann keine andere Wahl, als seine Schuldgefühle zu verdrängen.

---

76 *Löwenfeld* u. *Löwenfeld* (1970), S. 711.
77 *Linke* (1971), S. 385.
78 Ebenda, S. 388.

„Man kann heute, wenn auch vereinfachend, feststellen, daß die entscheidenden Verdrängungen nicht das Es betreffen, sondern das Überich. Die ständige Verbalisierung der Es-Impulse in der heutigen Kultur machen deren Verdrängung weniger möglich und auch weniger notwendig. Ihre Aufdeckung in der Analyse ist daher nicht schwierig, während die Schuldgefühle verdrängt oder verleugnet werden."[79]

Beides, die narzißtische Unfähigkeit, das Risiko einer Kränkung des eigenen Omnipotenzanspruchs einzugehen, und der zunehmende psychische Aufwand, die wachsende Überichangst abzuwehren, verändern die Struktur der Gesamt-Abwehr des hier skizzierten „neuen Sozialisationstyps".

3.2. Narzißtisches Vermeidungsverhalten

So wie libidinöse Strebungen, Überich-Identifikationen, Triebveränderung und Neurose einen Zusammenhang bilden, der sich aus dem Widerspruch von *Lustprinzip* und Realitätsprinzip entwickelt, so entsteht jetzt ein historisch neuer, anders gelagerter Zusammenhang und zwar einer von primär-narzißtisch fundiertem Gleichgewichts-Streben, Überich-Ängsten, verdrängten Schuldgefühlen und der Angst vor narzißtischer Kränkung und libidinöser Objektbindung; hier handelt es sich demnach um einen Widerspruch zwischen einem *narzißtischen Allmachtsanspruch* und dem Realitätsprinzip.
Während nun aber der erste Widerspruch in die neurotische Exterritorialisierung der Triebstrebungen und die Unterwerfung unter das Realitätsprinzip einmündet, verhält es sich beim zweiten Widerspruch anders: hier fungiert nicht das (Realität repräsentierende) Überich als Verhaltensregulativ, sondern der narzißtische Anspruch an das Selbst – und sei es auf Kosten eines partiellen Rückzugs von der kränkenden Realität. Diese Form der Abwehrstrategie ist von *A. Freud* prototypisch am Beispiel eines Jungen beschrieben worden:[80]

„Er schränkt seine Ich-Funktionen ein, zieht sich, sehr zum Schaden seiner Entwicklung, von allen äußeren Situationen zurück, die ihm am meisten die gefürch-

79 *Löwenfeld* u. *Löwenfeld* (1970), S. 713.
80 Wobei sie an die *Freud*schen Kategorien der Ich-Verarmung anknüpft; vgl. *Freud,* GW X, S. 166.

tete Unlust präsentieren könnten. Nur im Verkehr mit sehr viel jüngeren Kindern kann er sich auch weiterhin uneingeschränkt und interessiert benehmen."[81]

Im partiellen Realitätsrückzug liegt ein Element, daß diese Form des ich-einschränkenden Verhaltens mit der Psychose gemein hat; in Bezug auf die Fähigkeit, trotz der psychischen Störungen ein ausreichendes Maß an Realitätskontakt dennoch aufrechterhalten zu können, steht es allerdings wieder der Neurose näher.
Die aktuelle psychische Problematik des „neuen Sozialisationstyps" ist nun aber weder der Kategorie der Neurosen noch der der Psychosen deckungsgleich zuzuordnen. Zeichnet sich die Neurose durch intrasystematische Störungen, Hemmungen und Symptombildungen aus, so ist die Psychose durch einen defekten Ich-Apparat, durch Unfähigkeit zu differenziertem Lernen und durch traumatische Angst vor Ich-Verlust gekennzeichnet.[82] Hier dagegen handelt es sich um

„. . .Störungen, die zwischen diesen beiden Extremen liegen. Sie werden mit zunehmendem Interesse beobachtet und mit verschiedenen Diagnosen belegt. Wir nennen sie bei uns ((i.e. Sigmund-Freud-Institut, T.Z.) narzißtische Störungen, solange keine echten Ich-Defekte oder erkennbaren Störungen der Ichorganisation im Bereich des Denkens und Wahrnehmens vorliegen."[83]

Im Zentrum dieser narzißtischen Störungen steht eine Krise des Selbstwertgefühls[84], die noch ausführlicher zu untersuchen sein wird.

---

81 *A. Freud* (1964), S. 75.
Die tendenzielle Ablösung eines Lust/Unlust-Regulierungsschemas durch generell risikoscheues Rückzugsverhalten spiegelt sich auch in neueingeführten Kategorien verschiedener Autoren wider: So spricht *Mitscherlich* (1967, S. 262) von *Identifikationsscheu, Joffe* u. *Sandler* (1967, S. 152) vom *Sicherheitsprinzip, Horn* (1972b, S. 67) charakterisiert es als „eine Art *libidinöse Investitionssperre*" und *Mahler* (1972, S. 58) beschreibt *Erhaltungsmechanismen*", die der Erhaltung von symbiosespezifischer undifferenzierter Objektwahrnehmung dienen.

82 Vgl. *Blos* (1973), S. 166.

83 *Argelander* (1971), S. 360.

84 Dieses Phänomen eines qualitativ neuen „Krankheits"-Bildes beschreibt ebenfalls *Erikson* (1971a) in Kategorien der Ich-Psychologie: Er sieht ein „psychopathologisches Syndrom von Störungen" (S. 153), das eine „Identitäts-Diffusion" (S. 154) darstellt:
Die Patienten „leiden an akuter Identitätsdiffusion, an einer (vorübergehenden oder dauernden) Unfähigkeit ihres Ichs zur Bildung einer Identität." (ebenda).
Dies äußert sich beispielsweise in einem „peinlichen Identitätsbewußtsein" (S. 183), das in Scham und Zweifel an sich selbst, in einem Gefühl der dauernden Exponiertheit besteht;
oder in übersteigertem Geschwisterneid mit damit verbundener Konkurrenzangst und starker Arbeitsunfähigkeit (S. 162); oder in der Angst vor Intimität, vor intensiven Objektbeziehungen, die als Gefahr eines Identitätsverlustes wahrgenommen werden (S. 57);
schließlich in dem Versuch, die diffuse Identität dadurch herzustellen, daß man sie „negativ" definiert durch zwanghafte Adaption all der Verhaltensweisen, die die Umwelt verurteilt (S. 165 ff.).

Blos hat den Versuch gemacht, eine klinische Typologie möglicher Adoleszenzentwicklungen aufzustellen:

„1. *Typische Adoleszenz:* fortschreitende Persönlichkeitsmodifizierung in Übereinstimmung mit dem Pubertätswachstum und der wechselnden sozialen Rolle.
2. *Protrahierte Adoleszenz:* eine kulturell bedingte Verlängerung des Adoleszenzzustandes.
3. *Abgekürzte Adoleszenz:* Hier wird der kürzest mögliche Weg zum erwachsenen Funktionieren, wenn auch auf Kosten der Persönlichkeitsdifferenzierung gewählt.
4. *Simulierte Adoleszenz:* eine abortive Latenzperiode bringt es dazu, daß die Pubertät sich in einfacher Intensivierung einer der Vorlatenz-Trieborganisationen manifestiert.
5. *Traumatische Adoleszenz:* Regressives Agieren (‚acting out'). (. . .)
6. *Prolongierte Adoleszenz:* durch Libidinisierung adoleszenter Ich-Zustände bewirktes Verharren im Adoleszenzzustand.
7. *Abortive Adoleszenz:* psychotischer Zusammenbruch mit Verlust des Wirklichkeitskontaktes und Versagen beim differenzierten Lernen."[85]

Beim hier herauszuarbeitenden Prototyp der „neuen" Adoleszenz handelt es sich unseres Erachtens um eine spezifische Kombination der „abgekürzten Adoleszenz" (Typ 3) und der „prolongierten Adoleszenz" (Typ 6); und zwar um ein frühes Erreichen der Stufe des („äußerlich") genitalen Verhaltens bei gleichzeitiger narzißtisch-unreifer Psychostruktur.
Fügt man die bis hierher angeführten Elemente der spezifisch neuen familialen Interaktionsverläufe und ihres Niederschlags in der psychostrukturellen Entwicklung zusammen, so ergibt sich das folgende Bild des „neuen Sozialisationstyps":
Er zeichnet sich vornehmlich aus durch
– ein symbiotisches Verhältnis zur Mutter, das zu einer „Konservierung" der archaischen Mutterrepräsentanzen im kindlichen Unbewußten führt;
– ein Streben nach Befriedigung, das nicht so sehr über Objektbeziehungen vermittelt wird, als über das Erlebnis von narzißtischen Gleichgewichtszuständen, die dem Urerlebnis der intrauterinen Homöostase nachempfunden sind;
– ein diffus ins Kosmische erweitertes, auf Omnipotenz abzielendes archaisches Ichideal;
– eine schwache Indentifikation mit den postödipalen Elternrepräsentanzen und ein hierdurch bedingtes „Offenbleiben" des ödipalen Konflikts;
– ein strenges, aus archaischen Projektionen auf die Elternimagines

85 *Blos* (1973), S. 245.

konstituiertes Überich, mit dem man sich jedoch nicht mehr identifizieren kann;
– die Verdrängung der aus den verschärften Überich-Konflikten resultierenden Schuldgefühle;
– ein dem Realitätsrisiko narzißtischer Kränkungen aus dem Weg gehendes Verweigerungsverhalten, das vorwiegend der Abstützung des äußerst verletzlichen Selbstwertgefühls dient.[86]

Bevor wir diese „Kennzeichen" des „neuen Sozialisationstyps" eingehender auf ihre besondere Relevanz für die Adoleszenzentwicklung hin untersuchen, sei eine Falldarstellung[87] gekürzt wiedergegeben, die im Lichte der hier bezeichneten psycho-strukturellen Veränderungen als exemplarisch, wenn auch extrem, angesehen werden kann:

„Charlies Entwicklungsgeschichte konnte ich mit ziemlicher Genauigkeit rekonstruieren, und zwar anhand des Materials, das seine intermittierenden Analysen erbrachten, sowie mit Hilfe meiner intimen Kenntnis der Persönlichkeiten seiner Eltern.
Ich konnte eine sehr lange symbiotisch-parasitäre Phase mit einer narzißtischen Mutter rekonstruieren, die sehr kokett war, jedoch Charlie nur zu akzeptieren vermochte, wenn sie ihn als Fortsetzung ihres eigenen narzißtischen Selbst betrachten konnte. Sie nahm keine Rücksicht darauf, daß der kleine Junge ein eigenständiges Wesen war. Sie brauchte ständig Babies zum Verhätscheln und gebar Kinder bis zum Klimakterium.
Nach der symbiotisch-parasitären Beziehung überließ die Mutter Charlie plötzlich sich selbst, und zwar zu Beginn des 3. Lebensjahres. In der Folge entwickelte Charlie eine starke Spiegelidentifikation (mirror identification) mit seinem Vater. Dieser litt jedoch unter einer lähmenden Depression und zog sich von allem zurück, als Charlie 3 Jahre alt war. Dies fiel mit einem Zeitpunkt zusammen, zu dem die Mutter eins ihrer vielen Kinder zur Welt brachte. So standen Charlie beide primäre Liebesobjekte, die der Objektbesetzung sowie der echten Ich-Identifikation hätten dienen können, in den schicksalhaften zweiten 18 Monaten seines Lebens nicht zur Verfügung.
Charlie erlangte niemals eine libidinöse Objektkonstanz. Statt dessen identifizierte er sich total mit seiner Mutter. (. . .)
Seine Symptome wurden im Laufe seiner ersten Analyse in Europa als Versuch verstanden, das gefährliche mütterliche Introjekt zu re-externalisieren, es aus sich herauszuschleudern. In Anbetracht dessen jedoch, daß auch die Vaterfigur nicht zur Verfügung stand, beraubte dies Charlie vollständig jeglicher Objektbesetzung.
Zwischen seiner Analyse als Kind und seiner frühen Adoleszenz verlor ich Charlie für geraume Zeit aus den Augen, da er und seine Familie weiterhin im Ausland lebten.
Charlie war 16 Jahre alt, als seine Analyse hier in den Vereinigten Staaten wieder aufgenommen wurde. (. . .)

86 Vgl. hierzu auch *Horn* (1972b), S. 57; *Reiche* (1969), S. 91 f. Des weiteren *Mitscherlich* (1967), S. 262 und *Blos* (1973), S. 246–257.
87 Dargestellt von *Mahler* (1972), S. 33 ff.

Er hatte ein hochfliegendes – und nicht verinnerlichtes – Ich-Ideal und imitierte seinen Vater, indem er dessen Aussprüche nachplapperte. Wenngleich er sich die größte Mühe zu geben schien, sich dem tatsächlichen Einfluß seiner Mutter zu entziehen, enthüllte das analytische Material doch, daß er unablässig nach der ‚guten' bedürfnisstillenden Mutter seiner symbiotischen Phase suchte. Zur gleichen Zeit jedoch fürchtete er sich, wieder verschlungen zu werden wie in der Symbiose. Sobald er eine Freundin fand, richtete er es so ein, daß er sie wieder verlor, aus Furcht davor, daß sie ihn überwältigte und er sich so ‚verlieren' würde. Es war der gleiche Mechanismus, wie ich glaube, mit dem er in so auffallender Weise im Alter von 5 und 6 Jahren darum gekämpft hatte, das mütterliche Introjekt aus sich herauszuschleudern.
Mangels echter Identitätsbildung durch Ich-Identifikationen schien Charlie nun gezwungen zu sein, nach seiner Identität zu suchen, um die schmerzhafte Lücke, die innere Leere auszufüllen, über die er sich ständig beklagte.
Er setzte sich das Ziel . . ., berühmt oder mindestens bedeutend zu werden. Seine recht guten Leistungen nahmen sich jedoch, gemessen an seinem hochfliegenden Ich-Ideal, recht ungenügend aus, mit dem Ergebnis, daß Charlies Selbstwertgefühl geradezu qualvoll gering war. Für diese Diskrepanz machte er seine Mutter verantwortlich, weil sie diejenige war, die ihn in seiner frühen Kindkeit hatte glauben lassen, er sei ein ‚Genie'. (. . .)
Er schloß sich immer wieder anderen Menschen oder Gruppen an, weil er sich nie recht wohl fühlte, wenn er ihnen nahe kam – er konnte sich nur aus der Entfernung nach ihnen sehnen. Dieses intensive Sehnen war der stärkste Affekt, den ich je an Charles beoachtet habe.
. . . Charles (suchte) ständig die Gesellschaft anderer; er war vollkommen außerstande, allein zu sein. Aber ebenso war er unfähig, längere Zeit hindurch ‚zu zweit' zu sein! Was Charles unablässig suchte, waren Erlebnisse, die ihn mit der verlorenen symbiotischen Mutter, die er – im intrapsychischen Sinne – nie aufgegeben hatte, wiedervereinen sollten. Seine Affektlosigkeit schien eine tiefgreifende Abwehr gegen seine Angst zu sein, um das Gefühl der Leere beim Verlust eines Teils seiner selbst abzuwehren, und zwar zu einer Zeit, als der Verlust der symbiotischen Mutter noch gleichbedeutend mit dem Verlust eines Teils des Selbst war."

Die beispielhaft in dieser Fallgeschichte zentralen Komplexe der *Mutterbindung,* des *hochfliegenden Ichideals* und der Schwierigkeit mit libidinösen *Objektbeziehungen* sollen im folgenden in ihrer Bedeutung für den heute signifikanten Adoleszenzverlauf bzw. den sich damit herausbildenden „neuen Sozialisationstyp" aufgenommen werden..

4. MUTTERBINDUNG UND ELTERNABLÖSUNG

Nun lassen sich diese zentralen Problemkomplexe (Mutterbindung, Ichideal, Objektbeziehungen) in der folgenden Darstellung nicht mehr eindeutig den einzelnen Phasen des *Blos*schen Modells der Adoleszenz-

entwicklung zuordnen. War dort die Abwehr der präödipalen Mutter primär eine Entwicklungsaufgabe der *Präadoleszenz,* sowie die Besetzung des Selbst und die Ichideal-Stabilisierung eine Aufgabe der *eigentlichen Adoleszenz,* schließlich die Problematik der heterosexuellen Objektbeziehungen eine der *späten Adoleszenz,* so haben sich bei der Entwicklung des „neuen Sozialisationstyps" diese Phasen tendenziell ineinandergeschoben, bzw. die drei angesprochenen dominanten Problemkomplexe überlagern sich in Gleichzeitigkeit:
D.h. frühe Phasenelemente halten sich die ganze Adoleszenz hindurch, während (im „klassischen" Sinn) spätere Elemente frühzeitig vorweggenommen werden; konkreter gesprochen: die Bindung an die präödipale Mutter bleibt über die Präadoleszenz *hinaus* erhalten, während heterosexuelle Objektbeziehungen *vor* der späten Adoleszenz eingegangen werden; beides wird wiederum durchgängig von einer hohen narzißtischen Besetzung des Selbst begleitet.

4.1. Mutterbindung und familiäre Charakterneurose

Um die Bedeutung der Mutterbindung zu verstehen, ist es wichtig, sie noch einmal im Kontext spezifischer familialer Interaktionskonstellationen zu sehen. Wir haben oben bereits die prototypische Konstellation rekonstruiert, die sich auf Grund einer schwachen Mutter- *und* Vaterposition bildet: die Mutter-Schwäche wirkt sich als symbiotische Beziehung zum Kind aus, mit deren Hilfe die Mutter sich affektiv zu stabilisieren sucht; während die Vaterschwäche für das Kind eher dessen „Abwesenheit" bewirkt, da der Vater sich durch die Mutter-Kind-Stabilisierung affektiv entlastet fühlt und dazu neigt, sich passiv der Mutter-Kind-Dyade zuzuordnen, statt in sie eindringen zu wollen.
Allgegenwärtiges Grundmuster derartiger „schwacher" Familienkonstellationen ist das jeweilige Bedürfnis, sich mit Hilfe (und auf Kosten) der anderen zu stabilisieren. Jedes Familienmitglied ist somit

> „. . . in sozialen Strukturen verstrickt, die von der individualistischen Denkform her vornehmlich auf den Versuch rivalisierender wechselseitiger narzißtischer Ausbeutung zugeschnitten worden sind. Nach dem traditionellen Konzept: jeder versucht aus dem anderen möglichst viel zur eigenen narzißtischen Stärkung herauszuholen."[88]

Diese gegenseitig verschränkten narzißtischen Motive haben natürlich für das Eltern-Kind-Verhältnis während der Adoleszenzperiode eine

88 *Richter* (1972b), S. 30; vgl. auch S. 23.

besondere Relevanz in Bezug auf die Ablösungsproblematik. Die Verursachung dieses Problems durch pathogene familiale Interaktionsstrukturen kann mit Hilfe von *Richters*[89] Untersuchungen verdeutlicht werden, der „familiäre Symptomneurosen" und „familiäre Charakterneurosen" unterscheidet.
Bei der *symptomneurotischen Familie* wird ein Mitglied aus der gestörten Interaktionsstruktur herausisoliert und zum kranken „Fall" erklärt. Es personifiziert dann gewissermaßen in einer Stellvertreterfunktion all diejenigen unbewältigten Konflikte, die die sich hierdurch entlastenden anderen Familienmitglieder ihm aufbürden. Es liegt nahe, daß das „Opfer" derartiger Konstellationen am häufigsten unter den schwächeren Familienmitgliedern – also in der Regel einem der Kinder – zu finden ist.
Im Gegensatz hierzu findet bei der *charakterneurotischen Familie* keine derartige Isolierung des schwächsten Mitgliedes statt, sondern eine dezidierte kollektive Überidentifikation mit diesem. Sie ist

„... dadurch charakterisiert, daß sich unter dem Druck eines unbewältigten Konflikts das ‚Kollektiv-Ich' der Familie verändert."[90]
„Die eigentliche Krankheit der charakterneurotischen Familie besteht darin, daß diese Familie sich eine verrückte Welt baut. Sie verändert sich in ihrem ‚Wesen'. Sie schafft sich ein ichsyntones Normensystem, das im ganzen gesehen daneben, schief, verdreht ist."[91]

Nun sind für die hier zu explizierende Problematik der Mutterbindung beide Interaktionsformen, die symptomneurotische und die charakterneurotische, nicht voneinander getrennt, sondern in unmittelbarem Zusammenhang zu sehen; und zwar in dem Sinne, daß sich die symptomneurotische Interaktion aus der charakterneurotischen heraus entwickelt. Oder anders gesagt: die prototypische *Ausgangssituation* der Familie – die symbiotische Mutter-Kind-Bindung mit dem passiv „beigeordneten" Vater – trägt eindeutig die Züge der familiären *Charakterneurose,* entwickelt aber angesichts der notwendig sich ergebenden Gefahr der Kindesablösung die Tendenz zur symptomneurotischen Reaktion – der Jugendliche wird zum problematischen „Fall" der Familie.
Die typische „Ausgangssituation" der familialen Interaktion zu Beginn der „neuen" Adoleszenz ist in diesem Sinne als gegenseitige (Stabilisierung suchende) Funktionalisierung, als familiäre Angstneurose zu charakterisieren.

89 Vgl. *Richter* (1972a), S. 58–63.
90 Ebenda, S. 61.
91 Ebenda, S. 62.

„Was diese Fassadenfamilie zusammenhält, ist nicht mehr lebendige Kommunikation, sondern Angst (vor Ungeborgenheit) und deren Abwehrmechanismen."[92]

Der unbewußte Konflikt der Familienmitglieder (als gegenseitige Stabilisatoren aufeinander angewiesen zu sein) erlangt die Funktion eines „Leitmotivs"[93], das zum Fokus der pathogenen Familienorganisation wird und die Interaktionen der Mitglieder strukturiert; im Zentrum dieser Organisationsform aber steht zunächst die Bindung an die als dominant erfahrene Mutter.
Während (wie oben bereits dargestellt) in der „klassischen" Präadoleszenz die Aktualisierung des präödipalen Mutterobjekts abgewehrt werden mußte (durch latent homosexuelle Gruppenidentifikation und Pseudoaktivität beim Jungen und durch phallische Identifikation beim Mädchen), löst der „neue Sozialisationstyp" die unbewußte Bindung an das präödipale Mutterobjekt nie ganz auf.
Dies erklärt sich dadurch, daß die Bindung an das präödipale Mutterobjekt gegenwärtig durch den ödipalen Konflikt beim Jungen und beim Mädchen weder aufgehoben noch unterbrochen wird.[94]
Die frühadoleszente Bindung an die reale Mutter wird während der „neuen" Adoleszenz durch weitere Bedingungen als nur die der veränderten Primärsozialisation gefördert:
– Zunächst durch das aktuelle Verhalten der Mutter[95], die nach wie vor zu einem angstbesetzten Anklammerungsverhalten neigt. *Erikson* beschreibt diese prototypische Mutter folgendermaßen:

„Wir finden erstens einen ausgesprochenen Geltungsdrang, der sich in gesellschaftlichem Aufstiegsstreben und Dünkel oder aber im Sich-Festklammern am Erreich-

---

92 *Gastager* (1973), S. 127.
93 *Richter* (1972a), S. 73.
Richter (S. 75 ff., S. 90 ff.) kennzeichnet in seiner heuristischen Typologie der charakterneurotischen Familien derartige Leitmotive u.a. als „Sanatorium" und als „Festung":
Die „*Sanatorium*"-Situation wird vom angstneurotischen Familientypus organisiert, um mit Hilfe einer kollektiven Ich-Einschränkung Ängste abzuwehren: „Die Familie schafft sich eine sanatoriumsartige Schonwelt, die sich mit allen möglichen Mitteln gegen angstauslösende Reize abzuschirmen versucht." (S. 75).
Vom Leitmotiv „Festung" her organisiert sich die eher paranoid strukturierte Familie. Die angstauslösenden Aggressionen, die untereinander bestehen, werden aus der Familie externalisiert und über Feind-Projektionen ausagiert: Die Familienmitglieder „schaffen sich die Fiktion guten Einvernehmens, indem sie ihr internes Gruppenproblem externalisieren und sich in der Umwelt Adressaten für die Vorwürfe besorgen, die sie eigentlich gegeneinander und ursprünglich sogar meistens unbewußt gegen ihr eigenes Ich richten." (S. 91).
94 S. oben, Teil 5, Abschn. 6.
95 Welche nicht mit den Repräsentanzen des präödipalen Mutterobjekts verwechselt werden darf, wiewohl sie diese im Unbewußten des Jugendlichen aktualisieren mag.

ten ausdrückt. Sie wollen fast immer eine Fassade von Reichtum, Anständigkeit und ‚happiness' auf Kosten von ehrlichem Gefühl und klarem Urteil aufrechterhalten. (...) Zweitens haben diese Mütter die spezielle Eigenschaft einer penetranten Allgegenwart; schon ihre Stimmen, ja ihre leisesten Seufzer sind durchdringend, vorwurfsvoll oder gereizt, und man kann ihnen innerhalb eines beträchtlichen Umkreises nicht entrinnen. (...) Diese Frauen sind liebende Mütter, aber sie lieben voller Angst und Zudringlichkeit ..."[96]

–Sodann durch das aktuelle Verhalten des Vaters, der – weniger auf Autoritätsbestätigung als auf affektive Stützung ausgerichtet – das harmonistische Familienklima unterstützt, solange die aktuelle Bindung des Frühadoleszenten noch nicht durch Ablösungszeichen bedroht erscheint. Das Verhältnis zu seiner Frau ist im Grunde auch das einer Mutterbindung.[97]

Diese mutterbestimmten Bedingungen der Sozialisation, der primären wie der sekundären, stehen selbst wieder in einem weiteren gesellschaftlichen Bezugsrahmen, der, folgt man der zentralen Hypothese von *Mendel*[98], insgesamt „mütterlich" zu nennen ist:

Mendel geht davon aus, daß die überkommenen gesellschaftlichen Werte und Institutionen als Inbegriff traditionaler Autorität unbewußt nach dem Muster des „*Vater*bildes" wahrgenommen werden, deren heutige Realität aber wieder auf das Vaterbild zurückwirkt.[99]

Den „väterlichen" Traditionen steht der als nicht mehr überschaubar und kontrollierbar erfahrene gesellschaftliche Wandel[100] gegenüber, der sich den Traditionen gegenüber durchsetzt und im Gegensatz zu ihnen als Manifestation des „*Mutter*bildes" erscheint:

„... die technische Macht erscheint als quasi allmächtig, als eine Macht, die den Menschen, der unfähig geworden ist, sie zu beherrschen, ihre Wirkungen zu kontrollieren und ihre Folgen vorauszusehen, zu einer unbekannten, unvorhersehbaren Welt treibt. Ohnmacht des Menschen, Allmacht einer ihm äußerlichen Entität: wir begegnen hier wieder den Termini, die die ersten Stadien der Menschheitsgeschichte und der kindlichen Vergangenheit eines jeden Individuums charakterisieren, in der die als allmächtig erfahrene Person die Mutter war."[101]

Die Zersetzung der „väterlich"-traditionalen Normen durch „archaisch-mütterliche" soziale Umwälzungen erscheint so als Sieg des unbewußten Mutterbildes über das Vaterbild und – mehr noch – als Durchdringung des Vaterbildes durch das mächtigere Mutterbild.

---

96 *Erikson* (1971a), S. 173.
97 Vgl. ebenda, S. 174.
98 Vgl. *Mendel* (1972), bes. S. 142–172.
99 Vgl. *Mendel* (1972), S. 146 ff. u. 164 ff.
100 Von *Mendel* verkürzt als „Macht der Technik" charakterisiert, vgl. S. 146 u. 164.
101 Ebenda, S. 164.

„. . . die sozio-kulturellen Institutionen werden als der Ausdruck eines Vaters erlebt, der der technologischen Allmacht ohnmächtig gegenübersteht, d.h. für das Unbewußte als der Ausdruck eines Vaters, der der mütterlichen Allmacht ohnmächtig gegenübersteht."[102]

Dies hat einen Verschmelzungsvorgang zur Folge, der sich so äußert, daß

„. . . der Vater nicht mehr als von der Mutter grundlegend verschieden erscheint, daß ihre Bilder miteinander verschmelzen und daß der Vater nicht mehr seine psychische Funktion als solider Vermittler zwischen dem Jugendlichen und der archaischen Welt der Kindheit ausübt. Mit einem Wort, der Vater erscheint nich mehr als Vater, sondern als fast undifferenziertes Elternbild."[103]

4.2. Mutterbindung und familiäre Symptomneurose

In einem familialen Interaktionssystem, in dem die Mutter emotional darauf angewiesen ist, sich am Kind zu stabilisieren, dadurch für das Kind eine eindeutige Dominanz erringt, in die sich auch der Vater eher passiv einordnet, in einem solchen Interaktionssystem müssen Anzeicher der gesellschaftlich geforderten Ablösung des Adoleszenten von den Eltern als Gefahr eines Verlustes wahrgenommen werden, der überhaupt nicht oder nur schwer erträglich ist. In diesem Fall bricht die als „charakterneurotisch" bezeichnete Familienorganisation zusammen, d.h. das bis dahin syntonisch erlebte familiale Kollektiv-Ich spaltet sich im Konflikt auf, weil die Fassade des Syntonen nicht mehr aufrechterhalten werden kann. Ein Familienmitglied – in den für uns hier relevanten Interaktionsverläufen: das Kind – bekommt die Funktion eines „Symptoms", es wird zum „Kranken", zum „Fall", zumindest aber zum „Problem" und dient somit der Abwehrorganisation der anderen Familienmitglieder, die sich in ihrem Selbstverständnis hiervon als „gesund" oder „normal" absetzen können: *Richter* spricht, wie bereits angeführt, von der „familiären Symptomneurose".[104]

---

102 Ebenda, S. 165.
103 Ebenda, S. 166.
104 S. oben, S. 188.
Der Begriff der familialen Symptomneurose überträgt Kategorien, die an sich individuelle intrasystematische Vorgänge bezeichnen, auf die Familie als ganzes, gewissermaßen als *kollektiven* psychischen Apparat. Das Symptomhafte besteht im hier gemeinten Zusammenhang darin, daß ein Mitglied auf ritualisierte Weise zur Personifizierung der Abwehrvorgänge der anderen Familienmitglieder wird. Es wird gewissermaßen aus dem ganzheitlichen Krankheitszusammenhang herausisoliert. Dieser Vorgang bewirkt, wie noch zu zeigen sein wird, bei dem als „Symptom" fungierenden „Opfer" *nicht* unbedingt die Ausbildung einer *Neurose;* die symptomneurotische Familienstruktur kann z.B. schizophren sein.

Initiativer Organisator einer derartigen „Einzelkrankheit" eines Familienmitglieds ist auf Grund ihrer affektiv dominanten Position zumeist die Mutter, wobei dann die anderen Familienmitglieder in ihrem Sinne „kooperieren".

Die Fälle, in denen das Verhältnis des Adoleszenten zur Mutter dergestalt ist, daß es bei seinen (vergeblichen) Ablösungsbemühungen von der Mutter zur Ausbildung einer *Psychose* kommt, werden für den weiteren Gang der Darlegung nicht zentral sein. Sie sollen hier aber kurz behandelt werden, da die Struktur der ihnen zugrundeliegenden Mutter-Kind-Kommunikation auch für das Verständnis des *anders* gelagerten narzißtischen Ablösungsprozesses bedeutsam ist.

Zur Erklärung der Psychoseentwicklung innerhalb spezifischer Mutter-Kind–Verhältnisse sind die Ergebnisse derjenigen sozial-psychiatrischen Forschungsansätze von Nutzen, die von der zentralen Annahme einer double-bind-Situation des funktionalisierten Familienmitglieds, hier: des Adoleszenten, ausgehen. Die double-bind-Situation ist dadurch charakterisiert, daß ihr „Opfer" sich zwei konträr entgegengesetzten Erwartungen von seiten einer oder mehrerer Personen ausgesetzt sieht, die jedoch auf je verschiedenen Kommunikationsebenen vermittelt werden. Ist die Erfüllung einer dieser Erwartungen wegen der gleichwertigen Strenge der jeweils ausgeschlossenen anderen Erwartung unmöglich und kann der Betroffene gleichzeitig auch nicht das Feld dieses Zwiespalts räumen, so bleibt im Extremfall nur die Flucht in die Psychose.[105]

Um den Unterschied zwischen psychotischer und narzißtischer Entwicklung, die beide als Ergebnis einer symbiotischen Mutter-Kind-Beziehung betrachtet werden können, zu verdeutlichen, muß hier noch einmal daran erinnert werden, daß oben[105a] zwei verschiedene Formen der mütterlichen Motive zur Symbiose-Bildung unterschieden wurden:

– die ursprüngliche Ablehnung des Kindes, die bei der Mutter massive Schuldgefühle verursacht; als Reaktionsbildung neigt sie zu einem – für das Kind stets als ambivalent erlebbaren – betont intensiven Pflegeverhalten;

– die Projektion eigener (mütterlicher) Hilflosigkeit auf das Kind, die zu einer „übertriebenen Tüchtigkeit" dem Kind gegenüber veranlaßt und somit die Mutter in eine Schutzposition stellt, die sie selbst stabilisiert.

Im (ersten) Fall der unterschwellig ablehnenden Mutter ist das Kind von der ursprünglichen Mutter-Kind–Dyade an darauf verwiesen, sich gegen die traumatische Erfahrung zu immunisieren, daß die Mutter an

105 Vgl. *Bateson* u.a. (1972a), S. 16 ff.
105a Vgl. Teil 5, Abschn. 4.

sich „böse“ ist; daß ihrer Beziehung zum Kind konträr-widersprüchliche Motive zugrundeliegen, die dem Verhältnis den Charakter einer fassadenhaft aufrecht erhaltenen „Pseudo-Symbiose“ geben. Das Kind rettet sich vor der Erfahrung der „wahren“ (ablehnenden) Mutter in die ständige Verleugnung bestimmter bedrohlicher Kommunikationssignale. Es will geliebt werden, weiß aber, daß es damit der Mutter Angst bereitet.

Wenn dieser Typus des Verhaltens die Mutter im Erlebnis ihrer latenten Ablehnung des Kindes zu sehr überfordert, kann es zu einem Zusammenbruch der Überkompensation und zu einer fast panikartigen Abwendung vom Kind kommen. Dieser für das Kind als katastrophisch erlebte Verlust des Mutterobjekts führt in aller Regel zur Ausbildung einer *frühkindlichen* Psychose.

Bleibt die Reaktionsbildung aufrechterhalten, so ist das Kind bzw. der Jugendliche zur ständigen Verleugnung der latenten Ablehnung veranlaßt und gerät in eine double-bind-Situation. Hierbei kommt der Adoleszent in das Dilemma, mit seiner Liebeserwartung einerseits die Mutter zu ängstigen, andererseits bei einem Verzicht auf die Liebe dieser Schuldgefühle zu bereiten, die ihrerseits Angst hervorrufen. Dieses Dilemma läßt sich in Worten des Präpsychotikers formulieren:

> „Wenn ich die Bindung zu meiner Mutter behalten will, darf ich ihr nicht zeigen, daß ich sie liebe, aber wenn ich ihr nicht zeige, daß ich sie liebe, werde ich sie verlieren.“[106]

Durch die früh verankerte ständige Verleugnung von Kommunikationssignalen ist der präpsychotische Adoleszent zu einer metakommunikativen Klärung des double-bind nicht in der Lage. Als versuchter Ausweg bleibt dann häufig nur ein „dritter“ Weg, an der Realität vorbei, in Form eines psychotischen Schubes. Das Interaktionssystem hat nun sein Symptom produziert: seinen „Fall“.

Im Fall der sich durch „Übertüchtigkeit“ stabilisierenden Mutter entsteht in der Familie ebenfalls ein schwerwiegender Kommunikationsdefekt, der in diesem Falle jedoch nicht durch Verleugnung unterschwelliger Ablehnung gekennzeichnet ist. Die möglichen Folgen des *zweiten* Verhaltenstyps sind vielfältiger, insofern als sie psychotischer *und auch* narzißtischer Art sein können.

Eine Psychose kommt hier noch nicht während der frühen Kindheit, wohl aber möglicherweise während der Adoleszenz zum Durchbruch; und zwar dann, wenn der gegenseitige Stabilisierungswunsch innerhalb der familialen Interaktion gar nicht in einem tatsächlichen affektiven

---

106 *Bateson* u.a. (1972a), S. 31.

Austausch verwirklicht wird, sondern nur in starren, affektiv gar nicht realisierbaren Ansprüchen aneinander. Dies wirkt sich so aus, daß jegliche Veränderung der einmal eintarierten familialen Rollen nicht zugelassen werden darf, da sie die Übertüchtigkeits-Position der Mutter bedrohen könnte.
Die Familie wird zur „Pseudo-Gemeinschaft"[107], in der dem Adoleszenten jegliche Weitereintwicklung psychisch verunmöglicht wird. Bei einer solchen Pseudo-Gemeinschaft schlagen

„... sich die Äußerungen der sich wandelnden oder entfaltenden Bedürfnisse der Familienmitglieder nicht in Veränderungen der Rollenstruktur der Familie nieder. In der Organisation der schizophrenen Familie darf die Rollenstruktur nicht einmal angesichts derartiger Wesenszüge angetastet werden, wie sie mit dem Geschlecht, dem Alter, und dem Grad an Passivität oder Aggressivität der betreffenden Person gegeben sind."[108]

Je mehr unter den Mitgliedern dieser Familien das eintarierte Rollenverhalten zu quasi-rituellen Mustern erstarrt, um so sensibler werden diese für Anzeichen potentieller Verhaltensabweichungen: jegliche Abweichung kann dann nur noch wahnhaft als beginnender Zusammenbruch der ganzen familialen Binnenstruktur empfunden werden. Das Interaktionssystem ist in diesem Falle völlig unbeweglich geworden und kann auch nicht mehr einer Statusveränderung einzelner Mitglieder angepaßt werden (z.B. dem Erwachsenwerden des Jugendlichen); die Angst vor divergentem Verhalten ist so groß, daß selbst die *Bedingungen möglicher* Divergenz nicht mehr zu Kenntnis gelangen dürfen.[109]
Für den Jugendlichen entsteht diesmal die kaum lösbare double-bind-Situation dadurch, daß ihm verbal die Erwartung des Erwachsenwerdens, emotional jedoch die Forderung nach permanenter Infantilität vermittelt wird. Je älter der Jugendliche wird, um so bedrohlicher wird naturgemäß die Unvereinbarkeit dieser Erwartungshaltungen für die Familienkonstellation insgesamt. Der Ausbruch aus einem derart defekten Kommunikationssystem steht dann nur noch in der Form eines akuten psychotischen Schubs offen.

„Der Patient fühlt anscheinend, daß seine unbeschreibliche Anstrengung, seine Eltern direkt mit seinen Gefühlen zu konfrontieren, zum Scheitern verurteilt ist, und so zieht er sich physisch und psychisch zurück."[110] „Von unserem theoretischen Standpunkt aus stellt die Psychose einen erfolglosen Versuch dar, die schwere psychologische Schädigung mit den Anforderungen des Erwachsenenlebens in Einklang zu bringen. (...) Die Psychose repräsentierte eine Auflösung

---

107 Vgl. *Wynne* u.a. (1972), S. 45 ff.
108 Ebenda, S. 53.
109 Vgl. ebenda, S. 56.
110 *Wynne* u.a. (1972), S. 76.

der symbiotischen Bindung an die Mutter und einen Zusammenbruch der jahrelangen interdependenten Triade Vater-Mutter-Patient."[111]

4.3. Elternbedürfnisse und adoleszenter Narzißmus

Der (hier als zweiter aufgeführte) Typus des schützenden Mutterverhaltens kann gleichzeitig aber auch eine *narzißtische* Entwicklung einleiten, wenn im Unterschied zur schizophrenogenen Konstellation

– eine teilweise libidinöse Besetzung des ödipalen Mutterobjekts besteht, wegen begrenzter Intensität aber unschwer abzuziehen ist;

– der Kommunikationsstil innerhalb der Familie trotz gegenseitiger affektiver Stabilisierung Entwicklungsspielraum und Individuierungsmöglichkeiten offenläßt.

Diese Entwicklung ist dann

– einerseits gekennzeichnet durch die unbewußte narzißtische Bindung an archaische Objektrepräsentanzen, die an der Bildung eines hohen Ichideals beteiligt sind

– und andererseits durch eine intakte Organisation des Ichs und der Ich-Funktionen des Denkens und des Wahrnehmens, die zwar narzißtisch geprägt, aber nicht eigentlich defekt sind.

Wiewohl die Ablösung des „neuen Sozialisationstyps" vom Elternhaus einen anders gelagerten Konflikt schafft als in den soeben geschilderten schizophrenogenen Familien, kommt es hierbei auch zu häufig schweren Auseinandersetzungen und mangelnden Möglichkeiten des gegenseitigen Verstehens.

Diese Kommunikationsschwierigkeit ist jedoch nicht nur durch die dem Handeln beider „Parteien" unterliegenden *Motive* und Rationalisierungen bzw. durch deren Gegensätzlichkeit gekennzeichnet: Sie ist darüber hinaus noch erschwert durch die *strukturelle* Differenz des

---

111 *Bowen* (1972), S. 214.
Unterstützt durch ein gesellschaftliches Klima, das sich durch große sexuelle Repression auszeichnet, kann es natürlich bei der gleichen Interaktionskonstellation zu einer Reaktion des Jugendlichen kommen, die *nicht* psychotisch ist, sondern als schwere neurotische Symptombildung gesehen werden muß: zur Regression auf die Stufe der „Latenz in Permanenz". (*A. Freud*, 1964, S. 117). Der Jugendliche bildet in diesem Fall eine starre Ich-Instanz aus, die zur rigiden Zurückweisung jeglichen Triebwunsches aus dem Es befähigt, siehe oben, Anm. 92, und so eine Überanpassung an sexualverdrängende Eltern ermöglicht.
Diese Form der adoleszenten Triebabwehr dürfte jedoch von jeher auf die Mittelschicht beschränkt gewesen sein und wird in der Gegenwart durch warenästhetische Manipulation mit sexuellen Stimuli durchweg verunmöglicht. Damit erhöht der sexualisierende Außendruck auf den Adoleszenten bei derartigen Interaktionskonstellationen die Gefahr der Psychoseentwicklung und macht rigide neurotische Abwehrsysteme tendenziell obsolet.

elterlichen und adoleszenten Verhaltens; lassen sich nämlich die Eltern in ihrem Entlastungsbedürfnis vorwiegend durch mehr oder weniger *neurotische* Abwehrmechanismen leiten, so ist das Verhalten des Jugendlichen eher als *narzißtischer* Rückzug von den Eltern zu begreifen, nicht eigentlich mehr als triebbesetzter Konflikt.
Wenden wir uns zunächst einmal der Elternverhaltensweise zu, die eher präneurotisch zu nennen wäre.
Je mehr dem Jugendlichen innerhalb der familialen Interaktion eine affektive Stützungsfunktion der Mutter oder beider Elternteile zufällt, um so mehr wird deren lebenslang eingeübtes Abwehrsystem und damit deren psychische Stabilität insgesamt bedroht, wenn ihr Kind sich abzulösen beginnt.
Die Reaktionen der Eltern, seien sie restriktiv oder gewährend, auf den Ablösungsprozeß des Kindes sind von daher in hohem Maße als „Sicherungsmaßnahmen" zu begreifen, mit deren Hilfe Bindungen, die scheinbar Stabilität und Konfliktentlastung verbürgen, in irgendeiner Form perpetuiert und bewahrt werden sollen.
Gerade der Ablösungswunsch des Kindes macht dessen psychische Funktion bzw. die drohende Mangelsituation nach erfolgter Ablösung schlagartig deutlich.
Die Funktion, die der Jugendliche für die unbewußten Konflikte der Eltern zu übernehmen hat, kommt dadurch zustande, daß er (der zum „Problem" Erklärte) für die Eltern ganz etwas anderes repräsentiert als er selbst; er wird in der unbewußten Auseinandersetzung gewissermaßen „verwechselt". Bezüglich der Elternposition kann diese Auseinandersetzung nur verstanden werden, wenn man sieht, daß

„... die Eltern, motiviert durch einen eigenen Konflikt, dem Kinde entweder die Rolle eines Ersatzes für einen *anderen Partner* oder die Rolle eines Substituts für *einen Aspekt ihres eigenen Selbst* zuzuweisen bestrebt sind. In der jeweiligen besonderen Repräsentanz – innerhalb der unbewußten elterlichen Phantasie – soll das Kind dann die Funktion der Konfliktentlastung für die Eltern erfüllen."[112]

Die Rolle, die die Eltern dem Jugendlichen zu ihrer Konfliktentlastung zuweisen, folgt entweder dem Abwehrmuster der Übertragung oder dem der Projektion.[113]
Mit Hilfe der einen Rollenzuweisung, der Funktion des Ersatzes für einen anderen Partner, wird mit dem „Problemkind" (gemäß dem neurotischen Wiederholungszwang) der unbewußte Konflikt einer alten traumatischen Konstellation ausagiert (die Mutter verhält sich z.B. der

112 *Richter* (1967), S. 75.
113 Vgl. ebenda.

Tochter gegenüber in der gleichen Weise, in der sie sich früher in ihrer ungelösten Beziehung zur eigenen Mutter verhalten hat): Es handelt sich hier also um einen *Übertragungsvorgang.*
Mittels der anderen Art der Rollenzuweisung, die im „Problemkind" einen Aspekt des eigenen Selbst wiederzufinden vermeint, wird ein Teil der Selbstrepräsentanz, und zwar entweder ein idealisierter oder ein abgelehnter Aspekt, gewissermaßen externalisiert, so daß er dem sich Entlastenden in der Person eines „Falles" von außen gegenübertritt (die Mutter findet z.B. in der Tochter sich selbst so wieder, wie sie sich – auf eine für sie nicht akzeptable Weise – ihrer eigenen Mutter gegenüber verhalten hat): In diesem Fall handelt es sich um eine *Projektion.*
Übertragungen und Projektionen auf seiten der Eltern erschweren, wenn sie verhaltenssteuernd in der Interaktion mit dem Kind sind, die familiale Auseinandersetzung ungemein: Zum einen, da die ihnen zugrunde liegenden unbewußten Motive sekundär überarbeitet werden und dem elterlichen Bewußtsein nur als „Schutzmaßnahme" oder „Doch-nur-das-Beste-Wollen" zugänglich sind; zum anderen, da sie bei stark ablösungswilligen Jugendlichen auf ein gewisses Maß an internalisierter Aggressivität treffen, das sie dazu veranlassen kann, die elterlichen Restriktionen vorwiegend auf „Mißgunst", „Bosheit" u.ä. zurückzuführen.
Der elterliche triebgesteuerte „Wiederholungszwang" trifft beim Jugendlichen auf eine eher apathisch wirkende Unlust an einer Auseinandersetzung überhaupt; die strukturelle Differenz beider Reaktionsweisen führt zu einem gegenseitigen Nicht-verstehen-können, das die jeweils spezifische Reaktion nur noch einmal zu verstärken droht: Die Eltern „bohren" immer mehr „nach", der Jugendliche ist über die Eltern immer enttäuschter und zieht sich noch mehr zurück.
Der Jugendliche, der sich aus diesem Konflikt eher zurückzieht als eine aktive Auseinandersetzung mit den Eltern zu suchen, verhält sich narzißtisch: d.h. er hat zwar eine primär-narzißtische Bindung an die frühkindlichen Objektrepräsentanzen, kann sich aber gleichzeitig von den inzestuösen Bindungen an die aktuellen Eltern um so *leichter* lösen, als das Maß an libidiöser Besetzung, die diese erfahren haben, vergleichsweise gering ist.
Libidinöse und narzißtische Entwicklung laufen nach dem Ende des primär-narzißtischen Stadiums nebeneinander her und sind beim Narzißten (im Gegensatz zum Genitalcharakter) desintegriert: die frühkindliche Triebentwicklung nimmt zwar ihren phasenspezifischen Verlauf, aber die primär-narzißtischen Besetzungen binden derart viel Energie an

sich, daß sie für die Entwicklung des betreffenden Subjekts Dominanz erhalten.
Libidinöse Objektbeziehungen sind in die so gebildete Psychostruktur nicht mehr zu integrieren; immer wenn Objekte gegenüber dem Narzißten das Bedürfnis nach engerer Bindung und Intimität entwickeln, sieht sich dieser zum Rückzug gezwungen: das gilt für die inzestuöse Auseinandersetzung mit den Eltern wie für die erotischen Beziehungen zu gleichaltrigen Partnern.
Der zu intensiv werdende Kontakt mit menschlich konturierten Objekten löst Angstsignale aus, die einer Wiederholung der frühen traumatischen Erfahrung vorbeugen sollen, daß diese Objekte kein gleichbleibendes „ozeanisches" Wohlbefinden gewährleisten können. In ihrer Vergänglichkeit sind menschliche Objekte bedrohlich, während demgegenüber diffus-kosmisch wahrgenommene Objekte ewiges Gleichgewichtserleben versprechen.
Die libidinösen Objektbeziehungen bleiben ich-fremd; ab einem bestimmten Intensitätsgrad, wenn die konturierten Objekte ebenso wichtig werden könnten wie die primär-narzißtisch diffusen, bekommen die libidinösen Objekte einen ausgesprochen bedrohlichen Charakter, der Rückzugstendenzen auslöst (man sucht – im wörtlichen Sinne – „das Weite").

„Die ursprüngliche Motivation mit negativem Ziel, sich der Triebgefahr zu entziehen, wird durch eine Motivation mit positivem Ziel verstärkt. Sie legt die Richtung des Rückzuges zu einer Vereinigung mit einem elementaren Objekt fest. Im Kontakt mit ihm verlieren alle Triebgefahren ihren bedrohlichen Akzent. Eine solche Motivation wirkt wie ein Sog, die gefährlichen menschlichen Kontakte gegen einen unendlich wohligen Zustand des primären Narzißmus einzutauschen."[114]

Erinnern wir uns: Die phasenhafte Aufeinanderfolge verschiedener „Lernschritte" während der „klassischen" Adoleszenzentwicklung (Abwehr des ödipalen Mutterobjekts; Abziehen der Elternbesetzung; Besetzung des Selbst; und heterosexuelle Objektwahl) kann für den „neuen Sozialisationstyp" in dieser Form nicht mehr konstatiert werden. Die inhaltliche Problematik dieser Phasen hat sich qualitativ verändert; des weiteren sind sie nicht mehr im Sinne einer „Abfolge" zu verstehen, sondern eher im Sinne eines sich gegenseitigen „Überlagerns". Wir haben im einzelnen bisher dargelegt, daß – wegen des andersartigen Verlaufs der „neuen" ödipalen Phase – die Bindung an das präödipale Mutterobjekt bestehen bleibt und nicht, wie in der *„klassischen" Präadoleszenz,* abgewehrt wird.

---

114 *Argelander* (1972), S. 102.

Wir haben weiterhin ausgeführt, daß sich auch das zentrale Problem der *„klassischen" frühen Adoleszenz* anders stellt: kam es hierbei für den frühen Adoleszenten zu konflikthaften Verstrickungen durch eine massive Verstärkung der inzestuösen Triebwünsche, die dieser Phase den Charakter einer „zweiten Phase des Ödipuskonflikts"[115] gaben, so erlangt bei der narzißtischen Entwicklung die libidinöse Elternbesetzung keine solche Intensität, daß der Abzug dieser Besetzung krisenhafte Schwierigkeiten schüfe.

5. BESETZUNG DES SELBST UND ICHIDEAL-ENTWICKLUNG

Wenn wir uns an diesem Punkt dem Spezifikum der *eigentlichen Adoleszenz* zuwenden, so muß zunächst eine Übereinstimmung von „klassischer" und „neuer" Problematik festgehalten werden: beide Male haben wir es mit einer Besetzung des Selbst zu tun.[116] Indes bleiben entscheidende Abweichungen beider Entwicklungstypen auch in dieser Phase bestehen:

– Die Besetzung des Selbst ist beim „neuen Sozialisationstyp" *kein* Übergangsphänomen zwischen den „klassischen" Phasen der Elternbesetzung und der heterosexuellen Objektwahl, sondern durchgängiges Bestimmungsmerkmal der gesamten Persönlichkeitsentwicklung;

– die Erweiterung und Stabilisierung der Ich-Funktionen ist nicht (wie beim „klassischen" Typ) als Sublimierung libidinöser Energie aufzufassen;

– die in dieser Phase einsetzende Suche nach neuen Objekten ist eine narzißtische Objektwahl, nicht aber vorwiegend eine auf das eigene Geschlecht gerichtete (wie bei der latenten Homosexualität der „klassischen" eigentlichen Adoleszenz).

Daraus ergibt sich dann bereits das Hauptunterscheidungsmerkmal zur *„klassischen" späten Adoleszenz:* hier konnte eine stabilisierte heterosexuelle, nicht-inzestuöse Objektwahl als Kennzeichen des herangebildeten Genitalcharakters angesehen werden. Nicht so bei der narzißtischen Entwicklung: genitale Objektbeziehungen bestehen bereits

115 *Mendel* (1972), S. 73 (Schaubild).

116 Wobei dem referierten Phasenmodell von *Blos* (1973, bes. S. 109) allerdings in diesem Punkte ein eher „orthodoxer" Narzißmusbegriff zugrundeliegt, da er Narzißmus als auf das Selbst gerichtete Libido (!) auffaßt und nicht – wie in unserer Darlegung – zwischen narzißtischen und libidinösen Strebungen qualitativ unterscheidet.

(brauchen also demnach auch nicht „stabilisiert" zu werden), sind aber nicht als Ablösung des Schemas der narzißtischen Objektwahl zu betrachten, sondern im Gegenteil: sie folgen diesem Schema. Derart aufgebaute Beziehungen sind genital der Objektqualität nach, und narzißtisch dem Befriedigungsziel nach.

5.1. Narzißtischer Charakter und sekundäre Identifikationen

Bevor diese Unterscheidungsmerkmale des narzißtischen „neuen Sozialisationstyps" gegenüber dem „klassischen" Adoleszenten noch weiter expliziert werden, ist es angebracht, die Entwicklung des narzißtischen *Charakter*typs darzustellen. Erst nämlich, wenn der narzißtische Charakter in seinem Wesen verständlich ist, können die narzißtischen *Störungen,* die ein Wesensmerkmal des „neuen Sozialisationstyps" sind, begriffen werden.
Der narzißtische Charakter kann insofern noch *zwischen* dem Genitalcharakter und dem „neuen Sozialisationstyp" eingeordnet werden, als einmal seine Ichideal-Bildung und Ich-Organisation im wesentlichen über *Identifikationen* vermittelt sind, und zum anderen, als er sich durch eine hohe *Konsistenz* der Persönlichkeitsstruktur auszeichnet. Der „neue Sozialisationstyp" hingegen macht auf der Grundlage einer gleichen Primärsozialisation ebenfalls eine narzißtische Entwicklung durch, *ohne* daß diese durch starke Identifikationen und eine hohe Persönlichkeitskonsistenz charakterisiert wäre.
Deshalb ist zunächst zu fragen, warum dem Kriterium der Identifikationen als differentia specialis beider narzißtischer Entwicklungstypen (narzißtischer Charakter und „neuen Sozialisationstyp") eine solche Bedeutung zukommt; und weiterhin, welche Bedeutung diese Identifikationen für die Entwicklung der Ich-Funktionen haben.
In der Beantwortung dieser Frage beginnen wir zunächst mit einem narzißtischen Wesensmerkmal, das der „neue Sozialisationstyp" gerade *nicht* sein eigen nennen kann.
Die Größe und Allmacht der primär-narzißtisch besetzten Objektrepräsentanzen, die in einer unbewußten Szene arrangiert sind, können zunächst einmal für die Erweiterung von Ich-Funktionen gar nicht „nutzbar" gemacht werden, da diese dem Funktionsbereich des Ichs gar nicht zugänglich sind.
Wenn es aber möglich ist, sich mit einem narzißtisch besetzten Objekt zu identifizieren, dann kann die bis dahin im Es gebundene Energie dem Ich nutzbar gemacht werden. Es handelt sich hierbei also um eine nar-

zißtische Identifikation mit Zügen des bewunderten (nicht triebbesetzten!) Objekts.
Die durch Neutralisierung entbundene Energie wird somit dem Ich verfügbar, das seinen Funktionsspielraum damit erheblich erweitern kann. Diese sekundär-narzißtischen Identifikationen[117], die Bestandteil des Ichs geworden sind, wirken im Dienste des Ichs entscheidend bei der Bildung des Ichideals mit.[118] Dieses Ichideal stellt, gemäß seiner ursprünglichen energetischen Herkunft aus primär-narzißtischen Besetzungen, hohe Ansprüche an das Selbst, ist aber – durch den Beitrag realitätshaltiger Identifikationen bei der Ichideal-Bildung – dennoch nicht „größenwahnsinnig" im archaischen Sinne.
Das erhöhte Maß an neutralisierter Energie, das dem Ich zur Verfügung steht, befähigt das Subjekt, in seinen Handlungen dem hohen narzißtischen *Ichideal* gerecht zu werden und durch ein hohes Maß an kreativer Leistungsfähigkeit objektiv „erfolgreich" zu sein.[119]
Sämtliche Ich-Funktionen werden hier darauf verwandt, einen Zustand äußerer (insbesondere wirtschaftlicher) Sicherheit und persönlicher Ungebundenheit zu gewährleisten, der sozusagen Ersatz für das unbewußt erstrebte Wohlbehagen im objektlosen Gleichgewichtszustand darstellt. Das hohe Ichideal kann demnach verhältnismäßig leicht zu einer Konvergenz mit dem Starken, in der äußeren Realität „erfolgreichen" Ich gelangen. Das Ich bleibt dem nach eigenem Vorbild gebildeten Überich und Ichideal an eigenen Erfolgsleistungen nichts schuldig; des weiteren kann der Omnipotenzanspruch aus dem Unbewußten (als charaktergerecht) Anschluß an die gesamte Ich-Entwicklung finden.
Die Aufnahme des Narzißmus in die Charakterstruktur hat die gewichtige Folge, daß fortan Strebungen der primär-narzißtischen Besetzungen im Es vom Ich als charaktergerecht und ich-synton erlebt werden. Das Subjekt empfindet sich in Bezug auf diese Strebungen als „Ganzheit".
Derart gebildete Charakterstrukturen

117 Vgl. *Freud*, GW X, S. 140 sowie *Laplanche* (1972), S. 320 ff. und *Argelander* (1972), S. 24.
118 Vgl. ebenda, S. 28.
119 Die psychischen Probleme des in *Argelanders* (1972) Fallstudie interpretierten ich-starken narzißtischen Charakters ergaben sich aus dessen Unfähigkeit, zwischenmenschliche Kontakte emotional zu vertiefen, d.h. aus der Unfähigkeit zu stabilen Objektbesetzungen, die sein primär-narzißtisches Omnipotenzstreben bedroht hätten (vgl. S. 31ff.). Dennoch kann es in Erweiterung der oben geschilderten Disposition zur Charakterabwehr beim narzißtischen Charakter auf der Konfliktebene des libidinösen Triebgeschehens zu Symptombildungen kommen. Diese neurotischen Konflikte bleiben aber sozusagen auf der „Oberfläche" der ansonsten kohärenten Charakterstruktur.

„. . . können deshalb nur äußere Konflikte hervorrufen, wenn sie sich in ihrer individuellen Eigenart als unangemessen gegenüber dem Umweltgeschehen herausstellen."[120]

Für unseren Zusammenhang bleibt also festzuhalten, daß die Entwicklung des Narzißmus als Charaktereigenschaft daran gebunden ist, sich mit dem primär-narzißtisch besetzten Objekt auch bewundernd identifizieren zu können, um sodann die bewunderten Züge dieses Objekts in das Ich aufnehmen zu können.[121] Erst dann kommt es zur Bildung eines reiferen Ichideals und zur Integrierung des hohen Anspruchs an das Selbst in die Charakterstruktur.

5.2. Narzißtische Störung und archaisches Ichideal

Für das Verständnis des „neuen Sozialisationstyps" ist es nun wichtig festzustellen, daß eben diese Identifikationsmöglichkeit mit dem primären Objekt nicht gegeben ist.
Die materielle Situation der Mutter, ihre Erfahrung kognitiver Verunsicherung und affektiver Versagungen, sind ausführlich dargestellt worden: Sie machen eine besondere Schwächung der Mutter aus, die sich nicht nur in ihren subjektiven Motiven und Bedürfnissen niederschlägt, sondern auch intersubjektiv (vom Jugendlichen) wahrnehmbar ist bzw. es im Verlauf der adoleszenten Entwicklung wird.
Erfolgte schon die inzestuöse Ablösung prompt und nahezu vollständig, so ist die Mutter auch in den Zügen, die Gegenstand einer identifikatorischen Bewunderung sein könnten, kein geeignetes Objekt mehr. Die Mutterbindung des „neuen Sozialisationstyps" ist also vollständig eine an das präödipale Objekt und *keine* an das *aktuelle* Mutterobjekt. Während das präödipale Objekt im Unbewußten einer „wuchernden" Vergrößerungstendenz unterworfen wird, löst das aktuelle Objekt vor den hochfliegenden Erwartungen des narzißtischen Adoleszenten eher Gleichgültigkeit, wenn nicht sogar Scham und Verachtung aus.
Durch diesen Mangel an narzißtischen Identifikationen verringert sich auch radikal die Möglichkeit, die primär-narzißtisch gebundene Energie über sekundäre Neutralisierungen der Verfügung des Ichs zu unterstellen.
Das Ichideal wird jetzt nicht aus dem Ich heraus gebildet, sondern (zunächst) ausgehend vom primär-narzißtischen „grandiosen Selbst"[122].

---

120 *Argelander* (1972), S. 16.
121 Vgl. ebenda.
122 *Kohut* (1969), S. 321.

das gewissermaßen das schwache Ich im Dienste des Es „überfährt". In diesem Falle wird das Ichideal nicht von einem bereits durch neutralisierte Energie erstarkten Ich aufgebaut, sondern differenziert sich aus einem noch nicht entwickelten Ich heraus; dabei steht dieses Ichideal unter dem strengen primär-narzißtischen Anspruch der Omnipotenz: Es ist sozusagen von Beginn an „größenwahnsinnig", ohne im Ich-Bereich Fähigkeiten entwickeln zu können, diesem hochfliegenden Ideal nahezukommen.

„. . . das Ichideal wird . . . dazu gebracht, auf das Ich direkt und ‚von außen' einzuwirken, *ehe noch* das Ich tatsächlich sich als das persönliche und (relativ) autonome Subjekt der Vermittlung zwischen dem eigenen *Selbst* und den anderen herausgebildet hat. (. . .) in der psychischen Struktur schrumpft das Ich dermaßen, daß es nicht mehr imstande scheint, sich als ein Selbst, unterschieden von Es und Über-Ich, zu erhalten."[123]

Dieser Vorgang bewirkt nun aber gerade das, was den Unterschied zum narzißtischen Charakter ausmacht und als narzißtische Störung aufgefaßt werden muß: das hochfliegende Ichideal bleibt gegenüber dem schwachen Ich ich-fremd. Zwischen dem Anspruch des Ichideals und der realen Möglichkeiten des Ichs entsteht ein unversöhnlicher Bruch, der die Tendenz zeigt, sich zum psychischen Hauptkonflikt auszuweiten. Die primär-narzißtische unbewußte Szene und das Ichideal ergänzen sich in ihrer Hypertrophie.
Die Schuldgefühle, die sich angesichts des relativen Versagens vor einem Ichideal bilden, das sich an den archaischen Objektrepräsentanzen orientiert, müssen durch Verdrängung abgewehrt werden.
Aber wie beim klassischen neurotischen Konflikt zwischen libidinösen Strebungen und realitätsbewußtem Ich verlangt auch dieser Verdrängungsmechanismus in steigendem Maße nach immer mehr neuen Abwehrenergien, die letztlich auf Kosten der Ich-Energie gehen, zumal sich die Realität nur begrenzt umgehen läßt und sie diesem zentralen Konflikt immer neue Nahrung gibt. Die Erfahrung realer gesellschaftlicher Ohnmacht wirkt im Lichte narzißtischer Omnipotenzansprüche pathogen – der pathologische Defekt schwächt das Ich in verstärktem Maße und bringt es noch weiter von den idealen Ansprüchen fort; durch den Rückkoppelungseffekt wird der Bruch zunehmend unerträglicher. Um solch einen fundamentalen inneren Bruch zu umgehen, wird er

„pseudoüberwunden, indem die Versöhnung (zwischen Ich und Ichideal, T.Z.) phantastisch herbeigeführt wird . . ."[123a]

---

123 *Marcuse* (1968), S. 89.
123a *Horn* (1972), S. 56.

Dieser Abwehrvorgang zum Zwecke einer Pseudo-Versöhnung von Ichideal und Ich besteht in zwei Formen des Verhaltens, die zueinander in einem komplementären Verhältnis stehen: der des oben[124] bereits behandelten narzißtischen Vermeidungsverhaltens und der eines Verhaltens, das von Omnipotenz versprechenden Introjektionen geleitet wird.
Funktion des Vermeidungsverhaltens ist es, dem (angesichts des Ichideals) gekränkten Selbst jegliche Erlebnisse zu ersparen, die das Gefühl der umfassenden Ich-Ohnmacht bestärken könnten. Wenn immer es in einer äußeren Situation seine eigene Begrenztheit oder gar Unterlegenheit erfahren könnte, zieht es sich vorher aus diesen äußeren Situationen zurück. Gesucht wird hier also nicht nach Formen einer lustvollen *Entfaltung* des Ichs, sondern nach Möglichkeiten der Vermeidung von Unlust durch *Reduzierung* der Ich-Funktionen: Es handelt sich um Ich-Einschränkung zum Zwecke der Scham-Minderung.
Diese Form der Abwehr stellt, psycho-dynamisch gesehen, eine Regression auf jene Entwicklungsstufe dar, in der der Omnipotenzanspruch des primär-narzißtisch besetzten Selbst noch gar nicht mit der Realitätserfahrung eines Ichs konfrontiert werden konnte.
Komplementär hierzu, als „aktive(s) Pendant zur apathischen Abwehrstruktur"[125], steht die andere Abwehrform, die das Ich über die Vermeidung von Kränkungen hinaus ergänzend mit phantastischen Verschmelzungserlebnissen „versorgt". Hierbei kann differenziert werden zwischen einer Idealverschmelzung mit Objekten, die das „ozeanische Gefühl" des Zerfließens und Schwebens vermittelt, und einer parasitär-aggressiven Verschmelzung.
Beginnen wir mit letzterer, zu deren Verständnis allerdings ein kurzer Rekurs auf die primär-narzißtische Erlebnisform unumgänglich ist.
Wir haben bisher dargelegt, daß beim „neuen Sozialisationstyp" das Ichideal nicht über sekundäre Identifikationen gebildet wird, sondern nach dem Vorbild der Verschmelzung mit den archaischen Mutterrepräsentanzen im Unbewußten. Die Repräsentanzen wiederum sind eingebettet in die Szene der ursprünglichen Mutter-Kind-Interaktion, die im Unbewußten so festgehalten wird, wie es der spezifisch frühkindlichen Ur-Wahrnehmung entspricht.

„. . . die erste Orientierung des Säuglings erfolgt anhand ‚gut-lustvoller' vs. ‚schlecht-unlustvoller' Reize. (. . .) Infolge der angeborenen autonomen Wahr-

124 S. oben, Teil 6, Abschn. 3.2.
125 *Horn* (1972b), S. 69.

nehmungsfähigkeit des primitiven Ichs . . . kommt es zu Ablagerungen von Erinnerungsspuren der beiden primordialen Reizqualitäten. Wir können uns diese verstreuten Fokusse von Erinnerungsablagerungen so vorstellen, daß sie kleine Inseln in dem bis dahin ‚ozeanischen Gefühl' der vollkommenen Verschmelzung und des Einsseins mit der Mutter im halbbewußten Zustand des Säuglings bilden. Diese Gedächtnisinseln, die Eindrücke ‚lustvoll-guter' oder ‚unlustvoll-schlechter' Reize enthalten, werden vorerst weder dem Selbst noch dem Nicht-Selbst zugeteilt."[126]

Die bei jeder kleinsten Versagung während der primär-narzißtischen Phase auftauchende panikartige Angst vor Lustentzug verwandelt sich in Aggression:

„Auf ‚schlechte' Reize von innen oder außen reagiert der Säugling mit stürmischer Aggression, indem er sich befreiender und ausstoßender Mechanismen bedient; auf ‚gute' Reize von innen oder außen reagiert er mit seliger Ruhe und später mit Entgegenstrecken."[127]

Die präobjektale Angst und Aggression bindet sich von dem Stadium ab, an dem die Fähigkeit zur Wahrnehmung von Partialobjekten vorhanden ist, sofort an die „bösen" (d.h. Lust versagenden) Züge dieser Partialobjekte: Das Kind nimmt eine „böse Brust" wahr, die angst- und aggressionsbesetzt ist, und eine „gute Brust", die das ursprüngliche Befriedigungsgefühl wiederherstellt. Diese polare Wahrnehmungsstruktur überträgt sich analog auch auf die (sich dann entwickelnde) Fähigkeit, ganze Objekte wahrzunehmen: Die „gute Mutter" wechselt mit der „bösen" ab.[128]
Die Projektionen der ersten primitiven Aggressionen auf die versagenden Züge der Mutter wiederum erzeugen eine in der unbewußten primär-narzißtischen Szene festgehaltene Angst von der „bösen" Mutter: Wird beim Kind

„. . . die ganze Sehnsucht nach der gratifizierenden archaischen Mutter, nach ihren nährenden, sensorischen Gaben, ihrer Wärme, ihrer Liebe, und gleichzeitig damit auch die ganze Sehnsucht nach der magischen und megalomanischen Welt des primären Narzißmus (ge)weckt, der die Beziehung zur archaischen Mutter begleitet, – dann weckt dieser Wunsch auch unvermeidbar den ganzen Abscheu, der mit der Imago der archaischen bösen Mutter, der zerstückelnden und vernichtenden Mutter zusammenhängt, die eine Folge der Projektion der ersten, verinnerlichten Aggression des Subjekts ist."[129]

Für unseren Zusammenhang ist es nun von Bedeutung, daß alle auf die „böse Mutter" gerichteten Agressionen, die Teil der unbewußten primär-narzißtischen Szene geworden sind, somit ebenfalls Anteil

126 *Mahler* (1972), S. 50.
127 Ebenda, S. 51.
128 Vgl. a. *Lorenzer* (1972), S. 100 ff.
129 *Mendel* (1972), S. 43.

an der Bildung des archaischen Ichideals des „neuen Sozialisationstyps“ erlangen. Diese Aggressionen wirken dann zunächst vom hochfliegenden Ichideal aus auf das schwache Ich ein, welches sie abzuwehren sucht.
Die Abwehr von seiten des schwachen Ichs geschieht durch einen Projektions-Introjektions-Mechanismus: Die im eigenen Ichideal vorhandenen, narzißtisch gebundenen Aggressionen werden auf bestimmte äußere allmächtige Objekte projiziert, um dann die aggressiven Züge dieser Objekte introjizieren zu können und somit an der aggressiven Allmacht teilhaben zu können.[130]
Die Verschmelzung der aggressiven Züge des Ichideals mit den allmächtigen Objekten gibt dieser Form aggressiven Abwehrverhaltens im Extremfall einen stärker elementaren und archaischen Grad an Unterwerfung unter die Aggressoren und an eigener parasitärer „Rücksichtslosigkeit“[131] gegen „Feinde“, als dies beim autoritären Charakter der Fall gewesen ist.[132]

„Das veräußerlichte Ichideal ... lenkt nicht das Gewissen als den moralischen Richter des Ichs, sondern kehrt Aggression gegen die äußeren Feide des Ichideals.“[133]

Hier liegt also nicht die Symptomatik des anal-sadistischen Abwehrverhaltens vor, bei dem die Verdrängung der Libido eine Entmischung und Entladung aggressiver Strebungen zur Folge hat, sondern hier wird die primär-narzißtische grandiose Selbstrepräsentanz quasi dadurch über die Körpergrenzen hinaus erweitert, daß sie mit der Allmacht des aggressiven Objekts durch Unterwerfung verschmilzt. Es handelt sich nicht um einen neurotischen Konflikt im engeren Sinne, sondern um die Verlegung eines inneren Bruchs nach außen (in diesem Sinne als Abgrenzung des bewunderten Objekts von seinen Feinden), wie er paranoiden Erkrankungen strukturell nicht unähnlich ist.
Der „sozialisierte Narzißmus“[134] ließe sich ausbeuten durch eine Pseudo-Politisierung qua Regression, indem parasitär-aggressive und passiv-apa-

---

130 Hierbei handelt es sich um eine der „Identifikation mit dem Aggressor“ ähnliche Abwehrform. „Identifikation“ ist hier aber nicht im Sinne der reifen, sekundären Identifikation zu verstehen, die eine klare Scheidung von Selbst und Objekt zur Voraussetzung hat. Der hier gemeinte Vorgang ist eher der einer (archaischen) Introjektion, bei der die den „Objekten inhärente(n) Qualitäten von ‚außen‘ nach ‚innen‘ gelangen.“ *Laplanche* (1972, S. 235).
131 *Mitscherlich* zit. n. *Horn* (1972b), S. 69.
132 Vgl. über den Zusammenhang von Narzißmus und Aggressivität auch *Horn* (1969b), S. 68 ff.
133 *Marcuse* (1968), S. 94.
134 *Adorno* (1972a), S. 72.

thische Verhaltensstrukturen vereint und herrschaftstechnisch verfügbar gemacht würden.
Nun sollte allerdings, außerhalb des Zusammenhangs von Institutionen oder Massenbewegungen, die tatsächlich manifeste Gewalt ausüben, diese parasitär-aggressive Form des Abwehrverhaltens des „neuen Sozialisationstyps“ eher als politisch funktionalisierbares *Potential* betrachtet werden, das innerhalb des gegenwärtigen Herrschaftssystems bisher nur begrenzte Möglichkeiten der Aktualisierung gehabt hat.[135]
Im Gegensatz hierzu kommt wohl der anderen Art des narzißtischen Verschmelzungserlebnisses *gegenwärtig* eine höhere Relevanz zu: der Introjektion von Erlebnisqualitäten, die nicht so sehr archaisch-aggressiver Natur sind, als vielmehr den intrauterinen Zustand des unbegrenzten Befriedigtseins reproduzieren. Es ist der Zustand des in kosmische Dimensionen ausgeweiteten Selbst, welches in seiner Ursprünglichkeit allerdings vom Nicht-Selbst noch gar nicht geschieden ist. Durch die Introjektion nimmt das Ich Allmachtsqualitäten in sich auf; diese wiederum versöhnen es (das Ich) mit dem hochfliegenden Ichideal und der archaischen Mutterimago im Unbewußten. Das primär-narzißtisch strukturierte Ichideal und die allmächtigen Objekte, deren Anteilhaber man geworden ist, können so miteinander identisch werden. Es handelt sich hier nicht (wie beim narzißtischen Charakter) um sekundär-narzißtische Identifikationen, sondern um sekundär-narzißtische Größenphantasien[136] im Dienste des archaischen Ichideals.
Die Struktur dieser Form der archaischen Abwehr durch Introjektionen ist wichtig zum Verständnis der Affinität, die der „neue Sozialisationstyp“ zu bestimmten Symbolen und Aspekten des warenästhetisch aufbereiteten Konsumangebots als auch der Beat- und Drogenszene hat. Wichtig auch – und damit zusammenhängend – zum Verständnis der Affinität zu Gruppen, die dieses Introjektionsbedürfnis quasi kollektivieren und sich gegenseitig in ihren solcherart symbolvermittelten Verhaltensweisen narzißtisch spiegeln können.
Bevor diese Affinität näher untersucht werden wird, sei hier noch einmal festgehalten:
Angesichts der konflikthaften Diskrepanz zwischen archaischem Ichideal und dem realen Funktionsvermögen eines unreifen Ichs sucht der „neue Sozialisationstyp“ zu einer Pseudo-Versöhnung beider Instanzen zu kommen: Hierbei bedient er sich einerseits eines Verhaltens, das

135 Möglicherweise liegt bei bestimmten Formen des neuen Okkultismus eine ähnliche Problematik vor, bei denen es ja auch zu bestimmten Leidens- und Quälriten kommt (vgl. in diesem Zusammenhang z.B. den massenhaften Erfolg des US-Films „The Exorcist“).
136 Vgl. *Horn* (1972b), S. 56.

vorwiegend der Vermeidung von narzißtischen Kränkungen (und damit verbundener „Desillusionierung" in Bezug auf reale Ich-Leistungen) dient. Andererseits verlangt das archaische Ichideal aber nach Introjektionen, die insofern einer Pseudo-Stärkung des schwachen Ichs gleichkommen, als es hierbei zur halluzinativen Aufnahme von Allmachtszügen in das Ich kommt.

Dieser „Hunger" nach Introjektionen erzeugt eine Abhängigkeit des Ichs von bestimmten Objektbeziehungen und Erlebnisqualitäten, die parasitäre Teilhabe an Aggressivität oder an quasi-intrauteriner Grandiosität versprechen und die im Effekt einer „Außensteuerung" gleichkommen können. Im Hinblick auf die derart ersehnten Objekte und Erlebnisse kann deshalb von einer „Veräußerlichung" des Ichideals gesprochen werden[137], wenn auch deutlich bleiben muß, daß die Struktur dieses Ichideals von „innen" her gebildet wurde (nämlich ausgehend von der primär-narzißtischen Szene).

Dies bleibt nicht ohne Folgen für unsere Konzeption eines in die Dienste des „veräußerlichten" Ichideals gestellten Ichs. Seine klassische Funktion als Vermittlungsinstanz innerhalb des psychischen Apparates geht hiermit eindeutig zurück; das Subjekt entwickelt „direkte" Verhaltensweisen (nicht durch Ich-Vermittlung gesteuerte), wie sie ähnlich vielleicht bestanden zuzeiten des traditionsgeleiteten vorbürgerlichen Verhaltens.

Wobei für die „Außenleitung" des „neuen Sozialisationstyps" andererseits gerade gilt, daß sie *nicht* durch „leitende" Traditionen mehr erfüllt werden kann, sondern vielmehr durch hochvariabel organisierte Symbole. *Mitscherlich* spricht daher von einer „Momentpersönlichkeit".[138] So vermutet *Reiche:*[139]

> „Das Ich büßt seine klassische Vermittlungsfunktion (zwischen Es, Über-Ich und Außenwelt) weitgehend ein und wird rückgebildet zu einer Transformationsinstanz von Außenwelt- und departementalisierten Über-Ich-Einflüssen. Mit dem kollektiven Abbau der Ich-Funktion findet also eine Monopolisierung von Herrschaftsinstanzen statt; in psychologischen Kategorien: von Ich und Über-Ich, in politischen Kategorien: von Individuum und den Institutionen der Sozial- und Herrschaftstechnik."[140]

Für die Situation des „neuen Sozialisationstyps" kennzeichnend ist – um es noch einmal zu wiederholen – also einerseits seine psychische Struktur, welche Mechanismen der Außenlenkung sehr zugänglich ist,

137 Vgl. *Marcuse* (1968), S. 94.
138 *Mitscherlich* (1963), S. 280.
139 Wobei das Ichideal als Substruktur des Überichs konzipiert bzw. als dessen Funktion aufgefaßt wird (vgl. *Reiche* 1969, S. 124).
140 Ebenda, S. 139. Vgl. a. *Adorno* (1972a), S. 83.

andererseits aber ein gesellschaftlicher Entwicklungsstand, bei dem der kulturelle Traditionsbestand so weit zersetzt ist, daß geschichtsverbindliche Interpretations- und Rollensysteme, die die Außenlenkung lebensgeschichtlich kontinuierlich übernehmen könnten, gar nicht mehr existieren.

6. INHALT DES ICHIDEALS UND PEER–GROUP–IDEALE

Nun ist die Adoleszenzentwicklung immer schon (d.h. auch in ihrem „klassischen" Verlauf) durch eine gewisse Diffusität des Selbst- und des Weltbilds hindurchgegangen. Diese Diffusität bedeutet Verunsicherung und Spielraum gegenüber zukünftigen Entwicklungsmöglichkeiten zugleich; die Variationsbreite möglicherweise sich ergebender Selbstdefinitionen ist bei Jugendlichen im Vergleich zum Erwachsenen noch recht groß. Es können Phasen beobachtet werden, in denen es zu einem schnellen „Wechsel der Selbstvorstellungen und -konzepte"[141] kommt, und Phasen von plötzlichem Stillstand und Fixierung an eine der durchlaufenen „Stationen". Breiter Entwicklungsspielraum und starre Selbstfestlegung können so einander ablösen:

> „Entscheidungen und vor allem Erfolge in der oder jener Richtung führen zu konfliktgeladenen Identifikationen und drohen zugleich, die Auswahl der verfügbaren Rollen erschreckend einzuengen. Gerade in diesem Moment, wo die Zeit so knapp geworden ist, kann jeder Schritt zum Präzedenzfall der psychologischen Selbstdefinition werden, also jenen ‚Typ' unter den Typen der Gleichaltrigen bestimmen, den man von nun an darstellen soll (und wie eifrig sind diese Altersgenossen bei der Hand, einen auf einen Typ festzunageln!). Andererseits führt ein zu offenkundiges Ausweichen vor jeder Wahl (d.h. eine Fristgewinnung durch Unterlassung) zu einem Gefühl äußerer Isolierung und innerer Leere."[142]

6.1. Die peer-group als situationeller Faktor

Je geschwächter nun aber der Bestand eines Interpretations- und Rollensystems ist, das eine Kontinuität stiftende und Allgemeinverbindlichkeit beanspruchende Handlungsanleitung sein könnte, um so bedeutsamer wird der Einfluß situationeller Faktoren auf das Verhalten.

141 *Klausmeier* (1973), S. 647.
142 *Erikson* (1971a), S. 155 f.

Diese situationellen Faktoren werden vom Subjekt nicht mehr im Bezugsrahmen verinnerlichter Deutungssysteme verarbeitet, sondern wirken sich eher als „hier-und-jetzt“ erfahrene „Stimuli“[143] aus, auf die ein ebenso unvermitteltes „situationelles response“[144] erfolgt.
Als hauptsächlicher solcher „situationeller Faktoren“ ist der Einfluß der Gleichaltrigen (peer-group) zu bewerten, deren Verhaltenserwartungen, favorisierte subkulturelle Symbole und Selbstdarstellungs-Formen und deren gerade vorherrschende Artikulationsmuster.
Beides ist also zusammenzusehen: die Transformation vordem traditionsgebundener, über Identifikationen vermittelter Handlungsanweisungen zu situationellen „Stimuli“ und die Transformation ich-vermittelter Identifikationsbereitschaft zum „Hunger“ nach Introjektionen, die den Ansprüchen des primär-narzißtisch strukturierten Ichideals entgegenkommen sollen.
Warum gelingt es nun aber gerade der peer-group in dieser Situation, situationeller Faktor par excellence zu sein und den Introjektionsbedürfnissen des Adoleszenten bzw. seinem Ichideal entgegenzukommen? Um dies zu beantworten, wird im folgenden zu zeigen sein, daß die peer-group, oder genauer gesagt: die von ihr gebildete Jugend-Subkultur bzw. deren Surrogate, genau im Schnittpunkt neuer Erfahrungsdimensionen und deren Verarbeitungsmöglichkeiten steht, wie wir sie oben[145] untersucht haben.
Wir hatten dort folgendes festgehalten:
– Die Sozialisationskraft des Marktes und das Handlungsmuster nach dem Modell des kalkulierenden „Kleinunternehmers“ sind ebenso geschwächt worden wie die Kraft formalisierter ethischer Setzungen, die ehedem aus einem ganzheitlichen bürgerlichen Weltbild unbefragt entnommen wurden; stattdessen haben wir ein wachsendes Bewußtsein der Kontingenz gesellschaftlicher Werte konstatiert, welches fortan überkommenen Wertungen eine Begründung abverlangt und daher Grund-

143 Im Lichte dieser Prozesse erhält die Lerntheorie (z.B. Skinners) ein ironisch anmutendes Element von Wahrheit, da diese Theorie geradezu Symptom derjenigen gesellschaftlichen Rationalisierungstendenz ist, die das behauptete stimulus-response-Muster menschlichen Verhaltens allererst hervorzubringen sich anschickt.

144 Vgl. *Rosenmayr* (1970), S. 219: „In Perioden raschen und grundlegenden sozialen Wandels wird die Anwendbarkeit und dadurch auch die Stärke der erlernten Verhaltensmuster reduziert. Die Prozesse und Mechanismen der sich unmittelbar darstellenden wechselnden ‚situationellen responsen‘ gewinnen an Gewicht und Macht. In solchen Übergangsperioden werden die Handlungen von Individuen weniger durch institutionalisierte Wertsysteme und traditionelle Identifikationen bestimmt, als stärker und öfter von institutionellen Angeboten bzw. ‚Herausforderungen‘ motiviert und/oder festgelegt.“ Vgl. des weiteren hierzu *Fürstenau* (1967), S. 74.

145 S. oben, Teil 6, Abschn. 1.2.

lage einer eher kommunikativ zu nennenden Ethik ist; dies bleibt nicht ohne Einfluß auf die Ausbreitung und Entwicklung neuer jugendlicher *Verhaltensräume,* die von den Institutionen Familie und Schule deutlich abgesetzt sind.

– Mit dem Verlust einer an das Zwei-Generationen-Verhältnis herkömmlicher Art gebundenen lebensgeschichtlichen Zeitperspektive und der Zersetzung asketisch-kapitalistischer „Sparsamkeits"-Normen hat ebenfalls das Prinzip des Gratifikationsaufschubs seine Sozialisationskraft verloren; dies wirkt sich als ein gewandeltes Verhältnis der Jugendlichen zur *Sexualität* aus.

– Die Anreicherung des Warenzusammenhangs durch Phantasiewerte, die sich auf das Ganze des Lebenszusammenhangs der Subjekte beziehen, birgt die Tendenz in sich, daß Symbole und Deutungen, die der Selbstverständigung und Kommunikation über Lebenszusammenhänge dienen sollen, zu einer Funktion des werbestrategisch standardisierten Warenzusammenhangs werden; dies hat Relevanz für den Zusammenhang von Symbolen der Subkultur und den *Jugendkonsum.*

– Bezogen auf den Bereich der kollektiven Reproduktionsbedingungen haben wir ein erhöhtes Anspruchsniveau auf „Lebensqualität" konstatiert, das auch als „Einklagen" derjenigen Kommunikationsversprechen aufgefaßt werden kann, die in den für Jugendliche bestimmten Konsumobjekten immer schon enthalten gewesen sind; die „neue" Sensibilität für Lebensbedingungen, die nicht mehr quantitativ und nicht mehr mit Maßstäben des quasi-„autistischen" Konsums gemessen werden können, erweist sich als wesentliches Konstitutionselement der jugendlichen *Kommunikationsmuster.*

– Schließlich hatten wir festgestellt, daß die gesellschaftliche Notwendigkeit, das im schulischen Sozialisationsprozeß zu erreichende Qualifikationsniveau anzuheben, zu einer umfassenden Rationalisierungstendenz der schulischen Systeme geführt hat; die im Rahmen dieser Rationalisierungs-Reformen durchgeführten Veränderungen wirken sich in erhöhtem Leistungs- und Selektionsdruck aus und vermitten bei den Schülern in hohem Maße ein Gefühl der Ohnmacht und Anonymität den Institutionen gegenüber; dies wiederum verstärkt das Bedürfnis nach einem *Vermeidungsverhalten,* das von uneinsichtigen „Belästigungen" freizumachen verspricht.

Wenn diese „neuen" Erfahrungsdimensionen im Verlaufe der bisherigen Gedankenführung mehrmals nach der Dimension des bürgerlich-traditionalen Normenbestands, nach der des „neuen" Warenzusammenhangs, nach der der kollektiven Lebensbedingungen und schließlich der des Berufs- bzw. Ausbildungsbereichs unterschieden wurden, so kann jetzt

festgestellt werden: Diesen Erfahrungsdimensionen entsprechen die folgenden (eben bereits angeführten) korrespondierenden Elemente jugendlicher Erfahrungsverarbeitung:
- „neue“ Verhaltensräume;
- ein „neues“ Verhältnis zur Sexualität;
- ein „neuer“ Jugendkonsum;
- „neue“ Kommunikationsmuster;
- ein „neues“ Vermeidungsverhalten.

Fügt man diese Elemente jugendlicher Erfahrungsverarbeitung zusammen, so ergibt sich, daß sie in „reinster“ Form innerhalb des peer-group-Bezugsrahmens bzw. der Jugend-Subkultur auftreten. Es ist nun gerade die „neue“ Qualität dieser eben aufgeführten Elemente, welche mit den psycho-strukturell verankerten Bedürfnissen des „neuen Sozialisationstyps“ konvergieren.

- Die neu zur Verfügung stehenden *Verhaltensräume* komplettieren die Ablösung von den Elternobjekten, die keine sekundär-narzißtische Identifikationsmöglichkeit mehr anzubieten haben;
- das neue Verhältnis zur *Sexualität* vermindert die Angst vor libidinöstriebmäßiger „Überbeanspruchung“, der man auf Grund des großen narzißtisch gebundenen Energiequantums nicht gewachsen wäre;
- der neue *Jugendkonsum* ermöglicht den Kauf von Objekten, die narzißtische Befriedigung und narzißtische Spiegelung versprechen;
- die neuen subkulturellen *Kommunikationsmuster* ermöglichen (insbesondere in der Beat- und Drogenszene) rauschartige Erlebnisse des Selbstzerfließens, der Selbsterweiterung und des Schwebens, die mit der primär-narzißtischen Sehnsucht nach der intrauterinen Homöostase zu korrespondieren vermögen;
- das neue *Vermeidungsverhalten* realisiert sich in der subkulturellen Abwesenheit von Leistungsanforderungen, wodurch ebenfalls die Gefahr narzißtischer Kränkungen und schwer erträglicher Konkurrenzsituationen abgebaut wird, und in dem entsprechenden diffus- „schwimmenden“ Geborgenheitsgefühl, gewissermaßen im Inneren eines kollektiven Uterus.

Die Ebenen der Kommunikationsmuster, des Konsums und der Sexualität seien im folgenden noch einmal eingehender betrachtet, wobei die ebenfalls erwähnten Elemente „Verhaltensräume“ und „Vermeidungsverhalten“ als deren Strukturmerkmale darin enthalten sind.[146]

---

146 Vgl. zur Untersuchung der sozialen und psychischen Funktionen der peer-group u.a.: *Eisenstadt* (1971), S. 68 ff.; *Ausubel* (1971), S. 369; *Neidthard* (1971), S. 22; *Rolff* (1972), S. 132; *Rosenmayr* (1970), S. 212 sowie *Baacke* (1972), S. 164.

6.2. Die peer-group als „sozialer Uterus"

Die Bedeutung der Subkultur dürfte durch die obige Skizzierung des Zusammenspiels von neuen Subkultur-Qualitäten und psychischer Struktur des „neuen Sozialisationstyps" unterstrichen worden sein. In weit höherem Maße als bei Erwachsenen ist „Freizeit" nicht nur als vergleichsweise peripherer, die Versagungen anderer Lebensbereiche kompensierender Teil des Alltagslebens aufzufassen: Im Gegenteil, in vielerlei Hinsicht repräsentiert er das Leben überhaupt und rückt bezüglich der subjektiven Interessen die anderen Bereiche an die Peripherie.[147] Der Subkultur kommt damit ein Eigenwert zu, der sich nicht mehr nur aus dem Vergleich mit den Auswirkungen und Erfahrungen aus anderen Lebensbereichen explizieren läßt.[148]

Die Subkultur wurde oben bereits als situationeller, aus der konkreten Hier-und-jetzt-Situation heraus wirksamer Faktor gewertet. Diese Wirksamkeit ist, analytisch gesehen, vorwiegend vermittelt über eine Vielzahl optischer und akustischer Signale (Schmuck, Kosmetik, Kleidung, „Stil", Beat, Schreigesang, psychodelische Effekte usw.). Sie können insofern als ein Mittel der Selbstdarstellung interpretiert werden, als sie ein *differenziertes* Spektrum der Gestaltung des eigenen „Auftritts" bereitstellen; sie sind aber gleichzeitig auch ein Mittel der narzißtischen Spiegelung, da der durch den jeweils herrschenden stilistischen Trend *standardisierte* Rahmen dieser Signale die Gewähr bietet, sich im „Auftritt" der anderen stets wiedererkennen zu können.

---

147 Vgl. a. *Baacke* (1972), S. 39.

148 Der Begriff der Jugend-Subkultur wird im folgenden nicht im streng definierten oder abgegrenzten Sinne gebraucht. Er orientiert sich an der Phänomenologie der Beat- und Kneipenszenerie, die in „reinerer" Form wahrscheinlich nur für eine Minderheit der Jugendlichen verhaltensprägend ist. „Verdünnte" und domestizierte Elemente dieser Szenerie sind jedoch mittlerweile so weit gestreut, daß sie in das Leben so gut wie jedes Jugendlichen hineinragen und dadurch eine – wenn auch indirekte – signifikante Bewußtseins- und Verhaltensprägung bedeuten.
Eine strengere Typologie aller gesellschaftlichen Subkulturen versucht *Schwendter* (1971) zu geben: Er macht zunächst eine Grobunterscheidung von progressiven und regressiven (gemeint als reaktionären) Subkulturen: die progressiven Subkulturen werden dann noch einmal nach rationalistischen und emotionellen unterschieden:
„Unter den progressiven Subkulturen gibt es . . . zwei grundlegende Trends: Ein rationalistisches Syndrom von Subkulturen, die großen Wert auf Analysen, Praxis zur kompakten Majorität und zu unfreiwilligen Subkulturen hin, Selbstbestimmung, konkrete Arbeit an den technologischen Möglichkeiten hin legt: insbesondere politische Subkulturen, Studenten- und Intellektuellengruppen, politisierte ethnische Minderheiten, Randgruppenarbeiter.
Ein emotionelles Syndrom von Subkulturen, die großen Wert auf individuelle Freiheit, Entwicklung des individuellen Bewußtseins, allgemeine Futurologie – bis hin zu einer kosmologischen Futurologie legen: insbesondere Gammler, Hippies, Beatniks, Provos, Boheme, esoterische Gruppen . . ." (S. 40).

Diesen Signalen als ästhetisch-narzißtischen Ausdrucksmitteln entsprechen nun wiederum spezifisch subkulturelle Kommunikationsmuster, die sich vorzugsweise durch Emotionalität, Subjektivität und Metakommunikation kennzeichnen lassen: Emotionalität, indem die Subkultur stark expressive Kommunikation toleriert und auch fördert[149]; Subjektivität, indem der Kommunikation über eigenes Erleben ein absoluter Vorrang vor sog. „sachlichen" Themen zukommt; Metakommunikation, indem man sich daran gewöhnt, eigenes Verhalten intersubjektiv zu interpretieren und zu kritisieren.

Diesen Mustern kommt einerseits die Funktion zu, quasi-symbiotische Kommunikationserlebnisse herzustellen, indem man sich untereinander immer noch „direkter" und „intimer" zu verhalten lernt oder zumindest danach strebt; andererseits dienen sie auch der Abwehr einer Bedrohung: indem man sich dem anderen gegenüber kommunikativ öffnet und simultane Gegenreaktionen hervorrufen kann, sichert man sich einerseits durch gegenseitige Vertrautheit vor Fremdheitsangst ab, aber auch durch gegenseitige Schwächebekenntnisse vor etwaigen Ansprüchen. Die subkulturellen Kommunikationsmuster sind also genuin narzißtisch in dem Sinne, daß sie eine auf symbiotische Erlebnisse gerichtete Selbstdarstellung ermöglichen *und* eine vor fremden Ansprüchen absichernde Selbstbezogenheit.

Daß diese Kommunikationsmuster und die ihnen entsprechenden ästhetisch-narzißtischen Ausdrucksmittel dennoch eine gewisse Variationsbreite des eigenen Verhaltens erlauben, macht *Baacke*s folgender Versuch einer Einteilung subkultureller „Typen" deutlich:

„Der ‚Exzentriker' kleidet sich nach der neuesten Mode der Mods (farbige Schlipse, figurengeschmückte Pullover, hautenge Hosen usw.) als Affront gegen ‚bürgerliche Kleidung'; er benimmt sich auffallend, raucht etwa farbige Zigaretten in Spitzen, hat einen wiegenden Gang, wobei er öfter die langen Haare zurückwirft; er empfindet sich auch als erotische Konkurrenz der Band, die gemeinhin die Aufmerksamkeit auf sich versammelt.

Der ‚Ironiker' gibt sich salopp, er scheint nichts ganz ernst zu nehmen; er distanziert sich von allem und wenn Erwachsene tadelnde Gesichter machen, findet er das belustigend, er ist aus auf Bonmots, will aber nicht mit dem ‚Witzbold' oder der ‚Stimmungskanone' verwechselt werden, deren Späße ihm zu harmlos, zu leicht durchschaubar sind. So schafft er sich vorübergehend den Abstand, den die Erwachsenen sonst ihm gegenüber als einem noch zu Erziehenden nicht einhalten; er gewinnt durch sein Verhalten auch einen emotionalen Schutz gegenüber Autoritäten, die ihm nun ‚nicht imponieren' können; er wartet ab und prüft.

149 Was nicht allgemein mit dem gleichgesetzt werden kann, was man gemeinhin als ‚temperamentvoll' bezeichnet; Emotionalität bezieht sich hier auch z.B. auf die Expression depressiver und apathisierter Stimmungen oder auf (z.T. hochsensibilisiertes) „Schweigen".

Der ‚Avantgardist‘ ist ein Kenner, interessiert sich für Raga-Rock und elektronische Musik; er ist ernsthaft, gibt sich kritisch und kann stundenlang mit großer Konzentration über seine Lieblingsthemen diskutieren, wobei er aus ist auf Unterscheidungen und Präzision.
Der ‚Wilde‘ trägt Sandalen an den bloßen Füßen, verhält sich temperamentvoll, fängt an zu tanzen, wenn die anderen nur dastehen und zuhören; er animiert auch andere, mitzumachen, kümmert sich nicht darum, wenn seine Freunde ihn tadeln, ist ein Irrwisch, dessen Reaktionen nicht im voraus zu berechnen sind.
Der ‚Träumerische‘ verhält sich zurückhaltend; er achtet darauf, daß seine Gesichtszüge stets anziehend sind; er spielt den in sich Gekehrten, wirft aber plötzlich einem Mädchen einen tiefen Blick zu; er ist das, was die Mädchen ‚sweet‘ nennen; seine Schüchternheit ist wohldosiert, weil er weiß, daß sie einen großen Reiz darstellt.“[150]

Daß die subkulturellen Kommunikationsmuster auch eine starke nonverbale Komponente aufweisen, zeigt die große Bedeutung, die dem kollektiven Musikerlebnis beigemessen wird.[151]
Dies ist nicht aus der Beatmusik an sich erklärlich, sondern nur aus der kollektiv inszenierten Szenerie, vor der sie stattfindet.[152] Als rein musikalische Merkmale des Beat sind zu betrachten:

„1. eine motorische Metrik, deren Unentrinnbarkeit das Faszinosum des Beat ausmacht; 2. freie rhythmische Gestaltung, ohne Bindung an Notenwerte; 3. die Dominanz der Harmonik vor der Melodik; und 4. die Möglichkeit für den Vocal-Solisten, die Expression seines Vortrags je nach der Stimmung des Augenblicks zu variieren.“[153]

Dies macht aber die Außerordentlichkeit des Beats nicht hinreichend aus:

„Tatsächlich bleibt der Beat – abgesehen von später zu erörternden avantgardistischen Versuchen – innerhalb der traditionellen Tonalität und Harmonik. Dennoch bietet er eine Weiterentwicklung, indem die ‚Verpackung‘ des musikalischen Materials und seine spontane Darbietung hier zu den entscheidenden Bewertungsmaßstäben werden. Beat ist sinnlich, insofern er die technischen Medien benützt, in denen er erst wirklich wird. Er ist nicht reduzierbar auf einen ‚inneren musikalischen Gehalt‘, sondern ganz und gar ‚äußerlich‘ – oder, wie es in der Fachsprache heißt: er fasziniert durch seinen ‚Sound‘ – ist abhängig von Mikrofon, Verstärker und Stereo – eine Art von Musik, die Realität immer nur im Vollzug gewinnt.“[154]

Als besondere Aspekte dieses musikalischen „Vollzugs“ stellt *Baacke*[155] „feeling“, „drive“, „show“ und „involvement“ heraus:

---

150 *Baacke* (1970), S. 101 f.
151 Vgl. ebenda, S. 31 ff.
152 Und auf die sich die Phantasie sicherlich auch dann noch richtet, wenn die Beatmusik als Plattenreproduktion allein rezipiert wird.
153 Ebenda, S. 65.
154 *Baacke* (1970), S. 66 f.
155 Ebenda. S. 67 ff.

„feeling“ als besondere, quasi-atmosphärische Einbeziehung der Zuhörer; „drive“ als kollektives motorisches Erlebnis des Vorwärtsdrängens und des Spannungsanstiegs; „show“ als besondere optische Inszenierung der Gesamtszenerie; und schließlich „involvement“ als rauschartige Totalität des Musikerlebnisses.
Die Gesamtheit dieser Aspekte lassen das kollektive Erlebnis des Beat geradezu als exemplarisch erscheinen für eine primär-narzißtisch geprägte Gefühls- und Bedürfnisstruktur:
– die in ihrer Intensität körperlich erfahrbare Schallkulisse kommt der narzißtischen Überbesetzung der Sinnesorgane entgegen;[156]
– die Totalität des musikalisch-optischen Erlebens bedeutet für den Beteiligten ein nur noch archaisch-rhythmisch strukturiertes Auf-ihn-Einstürzen von Sinneseindrücken, ähnlich dem Zustand der präobjektalen Wahrnehmung;[157]
– der freie rhythmische Tanz verschafft das Glückserlebnis des überbesetzten Körper-Selbst;
– die anderen Beteiligten sind einerseits unkonturierte Objekte (die sich in der Regel beim Tanzen nicht einmal körperlich berühren), andererseits aber Mitbeteiligte und Schutzspendende in einem Erlebnisraum, der als kollektiver Uterus interpretiert werden kann;
– die darbietende Band gewinnt Züge von kosmischer Ausweitung und Allmacht, an denen die anderen über Introjektionen teilhaben können.
Insgesamt bedeutet also das Beat-Erlebnis die Möglichkeit der Regression zum grandiosen Selbst[158] und stellt insofern für den „neuen Sozialisationstyp“ die Kulmination der in den subkulturellen Kommunikationsformen angelegten Befriedigungsmöglichkeiten dar.[159]
Nun sind die subkulturellen Signale, die als ästhetisch-narzißtische Ausdrucksmittel fungieren, und die subkulturellen Kommunikationsmuster, die der primär-narzißtisch geprägten Bedürfnisstruktur genügen, in aller Regel auch an den Warenzusammenhang gebunden: sei es, daß die „Signale“ selbst Waren sind (Kleidung, Kosmetika, Schmuck etc.) oder die Erlebniswelt warenförmig reproduziert wird (Schallplatten, Poster, Zeitschriften etc.) oder der Kommunikationszusammenhang als kommerzielle Dienstleistung angeboten wird (Kneipen, Konzerte, Kinos).

---

156 Vgl. oben, S. 152
157 Vgl. hierzu a. *Lidz* u. *Rothenberger* (1970).
158 Vgl. *Klausmeier* (1973), S. 644.
159 Wobei das Erlebnis des Drogenrausches sicherlich eine ähnliche primär-narzißtisch/regressive Qualität hat; vgl. *Schneider* (1973, S. 280 ff.) und *Gastager* (1973), S. 67 ff.

Wenn nun aber, was im Zusammenhang dieser Arbeit bereits ausführlicher behandelt wurde, davon ausgegangen werden kann, daß die Waren nicht mehr einfach gruppen- und schichtenspezifische „Statussymbole“ sind, sondern

„... sich zum Symbol für die gesamte Identität aufschwingen und die Verhältnisse der Menschen zueinander auch unmittelbar psychologisch zu bestimmen beginnen“[160],

dann ist die Koppelung subkultureller Kollektiv-Identität mit Warenzusammenhängen möglicherweise folgenschwer. Es handelt sich dann um einen Prozeß, in dem eine planmäßige Konsumgüter-Absatzstrategie die Subkultur von ihren ehemals autonomen Selbstdarstellungs- und Kommunikationssymbolen enteignet.
Die Abhängigkeit des subkulturell orientierten Jugendlichen von den peer-group-Idealen ist, wie wir gezeigt haben, psycho-strukturell fest verankert und erzeugt (durch die erneute Anbindung dieser Ideale an den Warenzusammenhang) ein Konsumverhalten, das in der Einschätzung *Schneider*s bereits „die Form der Sucht“[161] angenommen hat. Eine derart stabile Konsummotivation ist ihrerseits für die Konsumgüter-Industrie Grundlage einer zweifachen Absatzstrategie:
Einmal wird ein wachsender Anteil des Gesamtangebots an Konsumgütern auf jugendliche Käuferschichten abgestimmt.[162] Die Phantasiewerte der hierzu bestimmten Waren zeichnen sich vor allem durch die Suggestion eines jugendlich-„poppigen“ Lebensstils, eines „In“-Gefühls aus; ihre Substanz gewinnen sie in hohem Maße aus dem subkulturellen Lebenszusammenhang.[163] Dies führt zunächst einmal zu einer Aufspaltung des Konsums von Erwachsenen und von Jugendlichen, der z.B. der Familie nicht einmal mehr den vielfach beklagten Status der bloßen „Konsumgemeinschaft“ beläßt.[164]
Diese Aufspaltung wird dann aber wieder bis zu einem gewissen Grad dadurch aufgehoben, daß dem jugendlichen Käufer zunehmend eine sozialpsychologische Leitfunktion für die ganze Gesellschaft zukommt und das Warenangebot *insgesamt* sich verstärkt am Jugendkonsum orien-

160 *Horn* (1969a), S. 342, Anm. 99.
161 *Schneider* (1973), S. 277.
162 Dem entspricht eine wachsende Massenkaufkraft der Jugendlichen: *Guha* (1971, S. 179) gibt für die 14–22jährigen der BRD ein jährliches Kaufkraftvolumen von 22–24 Mrd. DM an (bezogen auf 1971).
163 Als Beispiel sei hier nur auf eine Kampagne der Getränkefirma „Sinalco“ verwiesen, die (im Jahre 1973) eine Unzahl subkultureller Symbole werbetechnisch funktionalisiert hat.
164 Diese Aufspaltung bezieht sich in steigendem Maße auch auf typischen „Familienkonsum“, wie z.B. Urlaubsreisen. Freizeitartikel u.a.

tiert.[165] Dieses warenästhetisch vermittelte Leitbild erzeugt und benutzt eine „neue ‚Sozialangst', die Angst vor dem Altern"[166]:

„Die Sehnsucht nach Jugendlichkeit entspringt . . . einem System, in dem das Alter nichts zu lachen hat und das Altern gleichbedeutend mit sinkendem ökonomischem und sozialem Status, Deklassierung und sozialer Isolation ist."[167]

Also nicht nur hat sich der Jugendkonsum als eigenständiger Marktbereich mit erheblichem Kaufkraftpotential längst etabliert, er ist gleichzeitig „wegweisend" geworden für den gesellschaftlichen Gesamtkonsum überhaupt.

Diese doppelte Entwicklung, die sich eines letztendlich durch die Subkultur geschaffenen Substrats bedient, um die Waren mit Phantasiewerten versehen zu können, welche jugendlichen und „Jugendlichkeits"-Bedürfnissen entsprechen sollen, schafft nun das oben bereits einmal angesprochene[168] Problem einer tendenziellen Umkehrung:

Die ursprünglich dem vergleichsweise autonomen Lebenszusammenhang entnommenen Symbole kehren – fest an die Waren gebunden – in diesen zurück und übernehmen *als* Waren hier eine *extern* bestimmte Steuerungsfunktion. Die Symbole wandeln sich dann nicht im Erfahrungsrhythmus einer Subkultur, sondern in dem der ständig ausgewechselten Waren-„Generationen". Sie können im Extremfall dann *außerhalb* von Warenzusammenhängen auch nicht mehr gewünscht, gedacht oder wahrgenommen werden.

Erinnern wir uns an die externe Ichideal-Funktion, die den peer-group-Idealen zukommt, so wird jetzt die Gefahr deutlich, daß diese Ichideal-Ansprüche, vermittelt über die subkulturellen Symbole, inhaltlich von der Warenformation geprägt werden: Dies würde eine fatale Korrespondenz von psychischer Tiefenstruktur und „allmächtiger" Warentotalität bedeuten:

„Denn die perfekt integrierte ‚ökonomische Charaktermaske' kommt kaum mehr dazu, überhaupt eigene Bedürfnisse und Wünsche zu entwickeln, an deren Unerfülltheit bzw. Versagung (eine gewisse Kaufkraft einmal vorausgesetzt) sie ‚leiden' könnte. Sie wünscht tendenziell nur noch, was sie kaufen kann, bzw. woran das Kapital verdient. Da ihre ‚eigenen', authentischen Wünsche bis zur Unkenntlichkeit entstellt sind, wird deren Versagung auch nicht mehr als Leidensdruck empfunden. Litt der klassische Neurotiker (bzw. Psychotiker) noch an der Unerfüll-

---

165 Vgl. hier *Haug* (1971), S. 48 ff.; er gibt mehrere Beispiele aus der Textilbranche und kommt zu dem Schluß: „Ein Stück Jugend-Subkultur lieferte den ästhetischen Fundus, aus dem die Konfektionsindustrie schöpfte, um vermittels einer neuen Warengeneration die ökonomische Krise zu überwinden." (S. 53).
166 *Schneider* (1973), S. 297.
167 Ebenda.
168 S. oben, Teil 4, Abschn. 3.3.

barkeit seiner ‚Kinderwünsche', so hat das Kapital ihn von diesem Leiden scheinbar ‚erlöst', indem es ihm das klischierte und standardisierte Abziehbild seiner ‚Kinderwünsche' nun in käuflicher Form immer und überall präsentiert. Die warenästhetische Indienstnahme der ‚Kinderwünsche' und ihre scheinhafte Erfüllung im Medium des Kaufens verringert so die ehemals neurotisierende (bzw. psychotisierende) Spannung zwischen Wunsch und versagender Wirklichkeit."[169]

Die Verhaltens- und Bewußtseinsprägung des „neuen Sozialisationstyps" durch situationelle Stimuli wäre nicht eigentlich eine durch die peer-group selbst, sondern dieser käme nur eine quasi-„ichlose" Vermittlerfunktion zum phantastischen, aber weitgehend irrealen Reichtum der Warenwelt zu. Primär-narzißtische Unersättlichkeit und der „Heißhunger" des Kapitals nach Mehrwert bzw. dessen Realisierung hätten sich „verbündet".

Nun ist aber die Geradlinigkeit dieser tristen Vision nicht unbedingt zwingend:[170]

Die Substanz des subkulturell-kommunikativen Versprechens, die der Phantasiewert der Waren transportiert, geht ja in der Verbindung mit diesen nicht verloren, sondern wird nur deformiert. Sie ist deshalb bleibender Bestand der Jugend-Subkultur und bleibt in den Subjekten als primäres, psycho-strukturell verankertes und immer neu genährtes Bedürfnis vorhanden.

Daß sich aber dieses permanent genährte Bedürfnis auf Dauer an die Waren binden müßte, ist noch nicht ausgemacht. Vielmehr spricht ebensoviel dafür, daß die ständige warenästhetische Nutzung die Phantasiewerte verschleißt. Wenn nämlich die warenästhetisch funktionalisierten Symbole einem ständig beschleunigten Wechsel- und Umstilisierungsprozeß unterworfen werden, dem der Erfahrungsrhythmus der Subkultur gar nicht mehr nachkommen kann, so ist es wahrscheinlich, daß bezüglich des Rezeptionswillens der Subjekte eine Abstumpfung und Immunisierung gegen die warengebundenen Phantasieversprechen hervorgerufen wird.

Die subkulturell vermittelten Geborgenheits- und Allmachtsbedürfnisse bleiben hierbei dennoch plastisch aktiv, da sie (wie schon gesagt) psycho-

---

169 *Schneider* (1973), S. 301.

170 Auch *Schneider* ergänzt seine „Prognose" durch eine dialektische Einschätzung:
„In der Tat birgt der . . . jugendliche Sozialcharakter, der vor allem durch ein stärkeres Hervortreten oraler Charakterqualitäten und passive Lebensideale charakterisiert ist, auch eine progressive Dynamik: zwar ist er als unbefriedigter, im Extrem süchtiger Vorlustcharakter den anonymen warenästhetischen Verführungen der ‚Konsumgesellschaft' stärker ausgesetzt als der seine Bedürfnisse zwanghaft aufschiebende und kontrollierende klassische anale Zwangscharakter . . .; doch setzt er dem repressivem Leistungs- und Konkurrenzprinzip der kapitalistischen Gesellschaft einen immerhin passiven (oral geprägten) ‚Widerstand' entgegen." (ebenda, S. 331).

strukturell verankert sind. So gesehen, könnte das permanente und lauttönende Warenversprechen als „ungedeckt" erkannt werden; manipulierbar wären dann eher die *erwachsenen* Adepten der Jugend-Subkultur, deren Bedürfnis nach subkultureller Erfahrung von vornherein gesellschaftlich fiktiver ist und somit nicht am „harten" Maßstab des tatsächlich erreichten Befriedigungsgrades gemessen werden kann; hier mag dann selbst die Fiktion befriedigen. Bezogen auf die Jugendlichen selbst mag es aber sehr wohl zu einer erneuten Dissoziation von Warenversprechen und subkultureller Realität kommen, wie sie bei manchen „harten Kernen" der Subkultur schon jetzt zu verzeichnen ist.

Betrachten wir nun schließlich die Entwicklung und Qualität des „neuen" Sexualverhaltens.

Grob betrachtet kommen die jüngsten empirischen Untersuchungen jugendsexuellen Verhaltens und -bewußtseins zu folgenden übereinstimmenden Schlußfolgerungen:[171]

– Das Alter, in dem die Mehrzahl der Jugendlichen sexuelle, insbesondere koitale Erfahrungen zu machen beginnt, hat sich erheblich vorverlagert[172];

– der Anteil der Jugendlichen, die ihre Sexualität angstfreier und befriedigender erleben, hat sich vergrößert;[172a]

– die Geschlechtsrollen-Erwartungen haben sich einander angenähert;

– die Paarbeziehungen der Jugendlichen haben in der Regel einen ehe-

---

171 Vgl. bes. *Israel* u.a. (1970), worin schwedische Untersuchungsergebnisse aus den Jahren 1966/67 wiedergegeben werden; vgl. weiterhin *Christensen* (1971, bes. S. 111–126), der u.a. eine Untersuchung der dänischen Jugendsexualität durchgeführt hat. Für die BRD haben *Sigusch* und *Schmidt* Zahlenmaterial erhoben, das sich auf Untersuchungen von 1970 und 1973 stützt: Vgl. *Der Spiegel* 13/1971 und *Frankfurter Rundschau* v. 19. 6. 1974.

172 Nach dem Untersuchungsergebnis von *Sigusch* und *Schmidt* (Befragung: 1973) waren unter 600 Jungen und Mädchen koituserfahren: mit 15 Jahren mindestens zehn Prozent, mit 16 Jahren über dreißig Prozent und mit 17 Jahren knapp fünfzig Prozent; vgl. ebenda.
Die Entwicklung der oralen Kontrazeptiva ist sicherlich für die gesamtgesellschaftlichen Veränderungen des Sexualverhaltens von großer Relevanz; daß sie aber in *direkter* Weise die Frühsexualität gefördert hat, ist angesichts der großen Verbreitung unsicherer Verhütungsmethoden unter Jugendlichen zweifelhaft.
Zum Problem der (in gewissem Umfange für die Frühsexualität bedeutsamen) Akzeleration der biologischen Geschlechtsreifung vgl. *Ausubel* (1971), S. 86 ff.

172a Auf das Problem des theoretischen und methodischen Ansatzes dieser Untersuchungen kann hier nicht weiter eingegangen werden.
Hierbei wäre z.B. das Verständnis von „Angstfreiheit", das die Untersuchungs-Autoren haben und zu erfragen meinen, genauer zu durchleuchten und in einigen Aspekten zu kritisieren. Von unserem Standpunkt aus wäre es angebrachter, von einer strukturellen Verlagerung der Ängste zu sprechen (von den „klassischen" Ängsten zu narzißtischen, auf den Beziehungsaspekt gerichteten).

ähnlichen Charakter; die individuelle Lebensperspektive ist überwiegend auf eine spätere Ehe ausgerichtet.
Nun bedürfen diese Erhebungsergebnisse einer ergänzenden Interpretation im Lichte der herausgearbeiteten psychischen Grundstruktur des „neuen Sozialisationstyps": als dessen hervorstechende Bedürfnismerkmale haben wir die Introjektion von Allmachtszügen, die Vermeidung narzißtischer Kränkungen und eine (Geborgenheitserlebnisse vermittelnde) Ausweitung des Selbst dargestellt; die peer-group-Ideale können als wesentlicher Inhalt des „veräußerlichten" Ichideals aufgefaßt werden.
In dem Maße, in dem die sexuelle „Liberalisierung" innerhalb der Gesamtgesellschaft zunimmt, in dem die ästhetische Inszenierung der Warenformation vermehrt auf sexuellen Stimuli beruht und in dem frühsexuelles Verhalten sich empirisch in der Altersgruppe der Jugendlichen durchsetzt, „sexualisieren" sich auch die peer-group-Ideale.
Das bedeutet für den einzelnen Jugendlichen die Verschärfung eines Erwartungsdrucks, der ihm genitales Verhalten abfordert; sein Selbstwertgefühl wird tendeziell an die Fähigkeit zu heterosexueller Partnerfindung eng angekoppelt. Die „neuen" Jugendlichen

> „... müssen ab einem bestimmten Alter ständig den Nachweis genitaler Funktionsfähigkeit vermittels heterosexueller Praxis (Koitus oder Petting) erbringen, um gesellschaftlich anerkannt zu werden."[173]

Nun ist aber bereits darauf hingewiesen worden, daß diese (dem Fremd- und Selbstwert-Druck folgende) Verhaltensweise nur der Form nach genital, dem Befriedigungsziel nach aber narzißtisch ist. Nicht so sehr orgastische Lusterlebnisse werden gesucht als das Erleben symbiotischer Nähe, die über Sexualität geschaffen werden soll. Primäres Motiv des Verhaltens ist nicht der genitale Spannungsabbau, sondern die Sehnsuch nach einer narzißtischen Befriedigungsqualität, die in Form eines Geborgenheits- und Gleichgewichtszustandes angestrebt wird.
Angesichts der gesamtgesellschaftlichen Sexual-„Athmosphäre" und ang sichts der psychischen Struktur des „neuen Sozialisationstyps" ist Sexualität hier in ungleich geringerem Maße mit unbewältigten Triebbedürfnissen, Verdrängungen, Ersatzhandlungen und Sublimierungen verbunden, als dies in der „klassischen" Adoleszenz der Fall war. Sexualität ist nun weit eher als ein „Mittel" zur Erreichung symbiotischer Aufgehobenheit und Gruppenanerkennung zu verstehen, wiewohl sie in ihrer Genitalität einer gesellschaftlich vorgegebenen Formbestimmung unterliegt und genügt.

---

173 *Reiche* (1969), S. 92.

Die sich im Zusammenhang mit Sexualität ergebenden Probleme sind weniger solche im engeren Sinne (Impotenz, Frigidität usw.) als vielmehr solche von Trennungsängsten und enttäuschten Geborgenheitserwartungen: also eher „Partnerschafts"-Konflikte.
Der Einschätzung von *Reiche*[174], die narzißtisch bedingte Unfähigkeit zur libidinösen Objektbindung münde wahrscheinlich in einen „Don-Juanismus" (im Sinne promiskuöser Verhaltensformen) ein, können wir allerdings nicht folgen:[175] Weit naheliegender ist eine Zunahme der bereits zu beobachtenden Tendenz vieler jugendlicher Paare, sich narzißtisch ineinander zu „verklammern", um gegenseitige Stabilisierung und affektives „Wärmespenden" zu erfahren. Nun hat dies aber den Charakter einer „Spiegel"-Erwartung, die den Partner nur in terms der eigenen Erwartungen sieht und gleichzeitig nicht über die psychostrukturelle Grundlage verfügt, seinerseits den Schutzbedürfnissen *des anderen* zu genügen. Die Folge ist häufig die angst-erzeugende Erfahrung gegenseitiger Schwäche, die die Paare dann häufig veranlaßt, sich wieder verstärkt an der vermeintlich Schutz spendenden größeren subkulturellen Gruppe zu orientieren.
Die Strukturen psychischen Leidens haben sich verändert: anstelle der klassischen Ubiquität neurotischer Konfliktmuster tritt ein neues Syndrom psychischen Leidens, das durch narzißtische Trennungsängste, Angst vor Selbstwertkränkungen und Depressionen geprägt ist. Nicht (wie bei der Neurose) der Auslösereiz in einer als konflikthaft erlebten Szene aktualisiert die Krankheitsmuster, sondern es handelt sich weit eher um ein „Dauergefühl" der latenten Unzufriedenheit mit der eigenen Situation.[176]
Selbst„reflexion" im Sinne des Grübelns und Forschens im eigenen Selbst ist auf Grund eines so strukturierten Leidensdrucks beim „neuen Sozialisationstyp" immer in praxi schon vorhanden; pointierter ausgedrückt: die Beschäftigung mit sich selbst kann geradezu als dessen Hauptinteresse angesehen werden.
Dies prägt auch die ganze Motivationsstruktur des Jugendlichen mit: Wissen, Kenntnisse, Interpretationen, mit denen er konfrontiert wird (in der peer-group, in der Schule, in den Medien) werden zuerst und hauptsächlich danach befragt, was sie „für das eigene Leben" bedeuten. Die „Anwendbarkeit" für sich selbst wird tendenziell zum Hauptmaßstab der Legitimität kultureller Gehalte.

174 Ebenda, S. 85 f.
175 Diese Einschätzung wird auch durch die oben angegebenen empirischen Materialien in keiner Weise nahegelegt.
176 S. unten, Teil 6, Abschn. 3.

Diese Tendenz ist nicht nur Ausdruck einer narzißtischen Selbstbezogenheit, sie ist auch selbsttätiger Nachvollzug des Zusammenbruchs bürgerlicher Bildungstradition.
Die Erfahrung der Kontingenz der tradierten Bildungsgehalte hat ihre implizierten Maßstäbe als „überholt" erkennen lassen, ohne daß die gesellschaftliche Konstruktion eines neuen Symbol- und Normensystems denkbar wäre. Als „Hilfsmaßstäbe" bleiben dem Jugendlichen nur die Normen, die schulisch-administrativ oder familial *verordnet* werden oder diejenigen, die er sich bezüglich der „Nützlichkeit für sich selbst" *gebildet* hat.
Beide „Systeme von Hilfsmaßstäben" sind nicht nur divergent, sie kollidieren sogar in der Regel miteinander. Der radikal „utilitaristische" Standpunkt des Jugendlichen verbindet sich mit dem Legitimitätsschwund der historisch überlieferten Autoritätsinstanzen. Der „Sinn" der familialen und schulischen Einengung der Jugendlichen wird als *nicht einsichtig* erfahren; die Einengung ist unbegründeter Zwang, dem man sich allenfalls in einem längerfristigen Eigeninteresse taktisch fügt. Die Jugendlichen wehren sich (in manifesten Verweigerungen oder in partieller „innerer Emigration") dagegen,

„. . . nach traditioneller Art unter den Jugendbegriff subsumiert zu werden."[177]

In der Form der beschriebenen subkulturellen Gruppenverweigerung hat dieses Sich-Wehren vorwiegend den Charakter einer „sprachlosen Opposition". Diese Opposition

„. . . ist sprachlos, weil sie im Bewußtsein nicht vorformuliert ist und nicht weiß, zu wem sie sprechen soll und mit welchen Mitteln. Darum wendet sie sich an kein Gegenüber, sondern verhält sich invers zu sich selbst, d.h. sie stellt sich dar als Ausweichen . . ."[178]

Nun soll im Verlaufe dieser Arbeit aber nicht nur (wie in diesem Teil geschehen) die Gefahr aufgezeigt werden, die in einer konsumstrategischen Funktionalisierung der „Ausweich"-Symbolik liegt, sondern es soll auch eruiert werden, inwieweit in der „sprachlosen" Motivationsstruktur *gerade* Potentiale *neuer,* als politisch relevant zu begreifende Bewußtseins- und Handlungsfermente *enthalten* sind. Daß diese Fermente sich nicht mehr in individuellen Bildungsprozessen entfalten werden und könnten, dürfte bereits plausibel geworden sein. Dies ist insofern ambivalent, als einerseits die Jugendlichen sich sicherlich vor keinen „bildungsideologischen Karren" mehr spannen lassen, dessen

177 *Kupffer* (1974), S. 30.
178 *Baacke* (1970), S. 29.

Inhalte radikal von ihren subjektiven Lebensinteressen abgespalten wären; andererseits ist die psycho-strukturelle Entwicklung des „neuen Sozialisationstyps" auch nicht mehr von umfassenden Vorgängen der Triebsublimierung begleitet, die ja in der „klassischen Adoleszenz" häufig energetische Grundlage selbstdisziplinierender Bildungsprozesse gewesen sind.
Neue Bewußtseins- und Handlungsfermente können aber nicht von *außen* an den „neuen Sozialisationstyp" herankonstruiert werden, sondern müssen – wenn es sie gibt – aus der *inneren* Struktur seiner psychosozialen Situation expliziert werden können.
Die realutopischen Gehalte werden also der Formbestimmtheit der gesellschaftlichen Produkte *selbst* zu entnehmen sein:

„Ein solches Verfahren kann ‚Hermeneutik der bestimmten Negation' genannt werden, weil es das kritisch Interpretierte nicht einfach verwirft, sondern sich mit dem wirksamen Inhalt der Illusion verbündet und das Interesse auf seine Verwirklichbarkeit richtet."[179]

Dies ist dann kein metaphysisch-spekulativer Mechanismus, sondern beruht auf dem steten Rückbezug auf die reale gesellschaftliche Bewegung:

„Die Kontingenz utopischer Gehalte wird sukzessive reduziert durch den Rückbezug auf gegenwärtige Entwicklungen und Tendenzen, die einzelne Strukturen des Antizipierten wissenschaftlich präzisierbar machen."[180]

---

179 *Haug* (1971), S. 159, Anm. 21.
180 *Wolf* (1974), S. 100.

Teil 7
Narzißtische Ich-Schwäche und die Möglichkeit von Selbstreflexion

1. NARZISSTISCHE GRUPPENAFFINITÄT ALS FERMENT KOLLEKTIVER ICH-STÄRKUNG

Es ist im Gang der Erörterung entwickelt worden, daß beim „neuen Sozialisationstyp" eine Veränderung der Ich-Instanz eingetreten ist, die als Ich-Schwäche eingeschätzt werden kann. Es ist bereits mehrfach angeklungen[1], daß es angebracht ist, die Kategorie der Ich-Schwäche und der (ihr komplementären) Ich-Stärke sozialwissenschaftlich reflektiert und nicht naiv normativ zu verwenden. Ansonsten setzt man sich dem berechtigten Verdacht aus, „restaurativ" einen Verlust zu beklagen, um „psychologisch zu retten, was doch gesellschaftlich keine Basis mehr hat."[2]

Im folgenden soll versucht werden, die für den „neuen Sozialisationstyp" dargelegte Einengung des Aktionspielraums der Ich-Leistungen in ihrer Relevanz für mögliche Politisierungsprozesse einzuschätzen. Eine derartige Einschätzung erscheint um so dringlicher, als sich in diesbezüglichen „Politisierungs-Analysen" vornehmlich zwei Argumentationen niederschlagen, die einander konträr entgegengesetzt, dabei aber gleichermaßen unbefriedigend sind:

Einmal wird, auf der Grundlage von Forschungsergebnissen zur schichtenspezifischen Sozialisation, eine positive Korrelation zwischen liberaler Mittelschichterziehung, Ich-Stärke und Politisierungspotential festgestellt.[3] Diese Feststellung mag zwar für die Aktivisten der Studentenrevolte der 60er-Jahre einen gewissen Erklärungswert haben: gemessen an dem von uns dargelegten Zusammenhang von verunsicherten Eltern

1 S. oben, S. 177 u. S. 212.
2 *Dahmer* (1973), S. 249.
3 Vgl. u.a. *Habermas* (o.J.), S. 54; *Neidhardt* (1970c), S. 82; *Rosenmayr* (1970), S. 215.
Psychoanalytisch differenzierter urteilen *Wellendorf* (1970), z.B. S. 24 u. 89 sowie *Wyatt* (1968), bes. S. 572 ff.

und narzißtischer Ich-Schwäche, der für den „neuen Sozialisationstyp" grundlegend geworden ist, ist sie allerdings dahingehend zu relativieren, daß sie sich auf Sozialisationsergebnisse bezieht, die eindeutig einer historischen Übergangsphase zuzuordnen sind, die heute überholt ist. Zum anderen wird zwar eine epidemisch sich verbreitende Ich-Schwäche der Jugendlichen konstatiert; diese Ich-Schwäche der einzelnen aber – gewissermaßen in einer theoretischen Drehung – unversehens zur Stärke des Kollektivs hypostasiert. Der Erklärungswert dieses Theorems ist gleichermaßen zweifelhaft, zumal hier der Begriff der Ich-Schwäche analytisch nicht mehr ernst genommen wird.

1.1. Theorien „stabiler" Identitätsbildung

Zur theoretischen Einschätzung der gegenwärtigen *gesellschaftlichen* Funktion der *Ich*-Stärke bzw. -Schwäche ist es unumgänglich, sich kurz mit den sozialpsychologischen Theorien zu befassen, die um die Begriffe der „Identität" und der „Rolle" zentriert sind. Beide Begriffe sind entwickelt worden, um für die arbeitsteilig zersplitterten sozialwissenschaftlichen Disziplinen zu ermöglichen, das Verhältnis von Gesellschaft und Individuum bzw. von Normensystem und psychischem System paradigmatisch rekonstruieren und erklären zu können. Kristallisationspunkt dieser theoretischen Vorhaben ist die Auseinandersetzung mit der struktur-funktionalistischen Rollentheorie in der Nachfolge *Parsons*[4] gewesen. Der Begriff der Rolle dient im Kontext dieser Theorie dazu, modellhaft eine Kongruenz von individuellen Bedürfnisdispositionen und Interaktionsmustern mit dem als vorgegeben verstandenen gesellschaftlichen Normensystem zu erklären, um damit den sozialen und personal-motivationalen Zusammenhang von Gesellschaft zu erklären. Sozialisation ist in diesem Modell die Einnahme von Rollen; Identität ist hier das Ergebnis der gelungenen Nicht-Divergenz von individuellem Rollenhandeln und gesellschaftlichen Rollenerwartungen. Dieses Kongruenztheorem (von Bedürfnispositionen, Rollenerwartungen und Normensystem) war gewissermaßen der „Aufhänger" der sich gegen die Struktur-Funktionalisten artikulierenden Kritik, die dann sukzessive auf weitere Implikationen hin erweitert und radikalisiert wurde.

4 Im Rahmen der vorliegenden Arbeit können diese Darlegungen zur Entwicklungsgeschichte des Identitäts- und des Rollenbegriffs nur den Charakter von Stichworten haben. Vgl. zur ausführlicheren Darstellung vor allem *Fürstenau* (1967), S. 88–101; *Habermas* (o.J.), S. 2–14; *Joas* (1973), bes. S. 27–47; *Krappmann* (1973), bes. S. 97–131; *Rolff* (1972), S. 52–59.

Wenn man die Schwerpunkte dieser sich erweiternden Kritik strukturiert, so sind nachfolgende „Schritte" auszumachen; die Betonung des ständig interpretativen Charakters des Rollenhandels (beim Symbolischen Interaktionismus); die Betonung der „vertikal"-biografischen Dimension der Identität (bei *Goffman*); die Betonung der synthetisierenden Integration von Kindheitsidentifikationen (bei *Erikson*); die Betonung der Ich-Stabilisierung durch vergesellschaftete Reaktionsbildungen (bei der Ich-Psychologie); die Betonung der inhaltlichen Triebbestimmtheit von Interaktionen (bei *Lorenzer* und *Horn*).
Ist diese Strukturierung der Kritiker stimmig, so muß man feststellen, daß die Kritik genau dort anlangt, wo *Parsons* (irrtümlicherweise) selbst anzusetzen behauptet hatte: beim gesellschaftstheoretischen Gehalt der *Freud*schen Theorie.[5]
Aber gehen wir zunächst zum Ausgangspunkt des Kongruenztheorems zurück. Ihm inhärent ist bereits eine eigentümliche Verkehrung des Identitätsbegriffs; in der Annahme der bruchlosen Übertragbarkeit sozialer Verhaltenserwartungen auf die Dispositionen des „personalen Systems" wird das Element der „Einzigartigkeit" aus der Identitätssubstanz ausgeblendet und in ihr Gegenteil verkehrt: identisch ist man im hier gemeinten Idealfall nicht „mit sich selbst", sondern mit dem sozialen Normensystem. Die Bildung von *„Identität"* ist dann tendenziell das Auslöschen von *Individualität.*[6] Das Kriterium der subjektiv akzeptierten Kongruenz von Norm und Bedürfnis bleibt als einziger Maßstab für Identität bestehen. Sowohl die Motive dieses Akzeptierens als auch die Qualität der identifikatorischen Vermittlung der Normen geraten aus dem fragemöglichen Blickfeld.[7]

5 Zum Verhältnis beider vgl. *Schwanenberg* (1971, S. 201): „. . . die theoretischen Systeme *Freuds* und *Parsons* sind um verschiedene Brennpunkte zentriert, ihr systematischer Sinn ist nicht identisch, sondern folgt in Frage und Antwort verschiedenen Wegen. Diese Differenz gründet in der jeweiligen Auffassung des Verhältnisses von Individuum und Gesellschaft oder, anders, in den Gewichten, welche die beiden Seiten des Verhältnisses in den Theorien von *Freud* und *Parsons* erhalten. *Freud* stellt die Frage nach der Einrichtung des individuellen Glücks – seinen Prinzipien, nämlich Lust und Realität, seinen Möglichkeiten und Grenzen –, *Parsons* hingegen fragt nach der Einrichtung einer geordneten Gesellschaft."

6 Eine ähnliche Verkehrung hat in der amerikanischen sozialwissenschaftlichen Literatur der Begriff der Entfremdung überwiegend erfahren: Aus der *Marx*schen Selbstentfremdung der Gattung, deren Objektivationen sich scheinhaft verselbständigt haben, ist eine „alienation" geworden, die als *Anpassungsunfähigkeit* des einzelnen an die Standards der sozialen Umwelt interpretiert wird. Vgl. hierzu *Kupffer* (1974), S. 45.

7 Hier setzt die Kritik *Habermas'* (o.J.) an. Er führt in drei Dimensionen Kriterien zur Bewertung der Qualität eines Rollensystems ein:
„Der relative Grad der *Repressivität* eines Rollensystems bemißt sich an dem institutionell festgelegten Verhältnis der hergestellten Komplementarität der Erwartungen zur erlaubten Reziprozität der Befriedigungen. Der relative Grad der *Rigidität* eines Rollensystems bemißt sich an dem institutio-

Die Verschiebung der Dialektik von Gesellschaft und Individuum hin zum „Pol Gesellschaft“ bedeutet eine extrem soziologistische Auffassung von Persönlichkeit:

„Die Annahme, daß Bedürfnisse und Wertvorstellungen übereinzustimmen haben, um optimales Rollenhandeln innerhalb eines Interaktionssystems zu ermöglichen, schließt ein, daß es im Idealfall keine motivierenden Antriebspotentiale im Individuum gibt, die nicht durch die internalisierten Wertvorstellungen in Rollenerwartungen entsprechenden Bedürfnisstrukturen eingegliedert wurden.“[8]

Damit aber erlaubt das begriffliche Instrumentarium der Rollentheorie im Grunde nur noch die Untersuchung von Anpassungsvorgängen und von „Abweichungen“. Dann ist bereits die Grundlage für die zweite Verkehrung – nach der des Identitätsbegriffs – gelegt. Handelte es sich dort um eine analytische Verkehrung, so jetzt um eine des möglichen empirischen Gehaltes des Rollenbegriffs:

„. . . die Ergebnisse zahlreicher empirischer Studien legen die Interpretation doch sehr nahe, daß gerade die Faktoren, die in diesem Modell des Rollenhandelns als ‚störend‘ bewertet werden, überhaupt erst erfolgreiches Handeln in Rollen und die Lösung von Rollenkonflikten möglich machen. So zeigten etwa N. Groß und seine Mitarbeiter (1958), daß es genau der im Modell nicht vorhergesehene mangelnde Konsens über Rollenerwartungen ist, der dem Individuum Spielraum gegenüber den Erwartungen der anderen gibt. (. . .)
Anstatt das, was sie tatsächlich beobachten, als ‚Normalfall‘ erfolgreichen Rollenhandelns zugrunde zu legen und ihr Rollenmodell als einen Sonderfall zu betrachten, in dem Rollenhandeln ritualistisch erstarrt, sehen sie (die konventionellen Rollentheoretiker, T.Z.) ihr Modell als den Idealtyp an, in dem die optimalen Bedingungen für erfolgreiches Rollenhandeln formuliert sind, und bezeichnen das tatsächlich beobachtbare ‚normale‘ Verhalten in Rollen als Abweichung vom Ideal und als unfähig, volle Wechselseitigkeit des Handelns zu sichern. Die funktional-strukturelle Theorie sucht gerade in den Abweichungen von dem idealtypischen Modell des Rollenhandelns die Gründe für Devianz, Anomie und Instabilität des sozialen Systems überhaupt.“[9]

Das was *empirisch* so aufträte, wie es die idealtypische Konstruktion der Kongruenz von Bedürfnisdispositionen und Rollenerwartungen vorsieht, ist in Wahrheit der pathologische Zustand einer überwiegenden Verhaltenssteuerung durch Reaktionsbildungen.[10]

---

nellen Spielraum gewährter bzw. geforderter Interpretation. Und die Art der Verhaltenskontrolle, die ein Rollensystem auferlegt, bemißt sich am Grad der erreichten *Internalisierung.*“ (S. 11, Hvg. d. Verf.)

8 *Krappmann* (1973), S. 109.

9 Ebenda, S. 101.

10 Vgl. *Horn* (1972a), S. 82: „Subjektives und Gesellschaftliches sind in der Reaktionsbildung in einer vom Bewußtsein unkontrollierten Weise legiert. (. . .)
Starres Rollenverhalten kann sich also einer Reaktionsbildung verdanken: Im gesellschaftlich organisierten Verhalten der Rolle lebt das Subjekt dann, ohne Bewußtsein davon, gegen seine eigenen Interessen; die ‚Rolle‘ dient als Ritual und zugleich als Erfüllung gesellschaftlicher Aufgaben.“

Die struktur-funktionalistische Rollentheorie ist durch die Schule des Symbolischen Interaktionismus (in der Tradition *G.H. Meads*) vor allem mit Hilfe von zwei Annahmen kritisiert worden, die das theoretische Gewicht vom starren, gegebenen Normensystem wieder zum interagierenden Subjekt zu verschieben suchten:
Einmal durch die Annahme einer Unterscheidung (und damit möglicher *realer* Diskrepanz) zwischen dem Konzept, das ein Individuum von sich *für sich selbst* entwirft und dem Konzept, das es als Bild der anderen über sich erfährt. Sodann durch die Annahme, daß dieser Unterschied zwischen dem so bezeichneten „I" und dem „me"[11] Charakteristikum für das interaktionelle Rollenhandeln ist:

„Durch das ‚me' wird das Individuum Mitglied einer Gruppe oder einer Gesellschaft. Durch das ‚I' gibt es mit den konventionellen Mitteln, die seine Gruppe oder Gesellschaft anbieten, zu erkennen, daß es eine eigene, einmalige Identität aufrechtzuerhalten versucht. Das ‚me', die Erwartungen der anderen, erlegt also einerseits dem ‚I' Einschränkungen auf, andererseits gibt es jedoch für das ‚I' keinen anderen Weg als über dieses ‚me', um sich in seiner Besonderheit verständlich zu machen. G.H. Mead räumt ein, daß die Antwort des ‚I' Anpassung einschließe. Dadurch aber, daß das ‚I' stets auch ein neues Moment in die Interaktion trägt, verändert es zugleich den gesamten Prozeß, da sein Beitrag zu dem Material zählt, das über ‚role-taking' ins ‚me' der anderen aufgenommen wird."[12]

Hier ist die Identitätsbildung also kein Adaptionsvorgang (wie es das struktur-funktionalistische Modell nahelegt), sondern ein ständiger interaktionell verschränkter Interpretationsprozeß. Weder geht das Subjekt (als ‚I') in der interpretativ gestalteten Rolle auf, noch kommt es an ihr vorbei (da es durch das ‚me' hindurch muß).
Die beiden Annahmen der „I"/„me"-Unterscheidung und des prozessualen Charakters von Rollenhandeln werden von *Goffman*[13] aufgenommen und weiterentwickelt. Bei ihm erlangt die lebensgeschichtliche Dimension von Identität zentrale Bedeutung, indem er sie als „persönliche Identität" von der „sozialen Identität" unterscheidet: Die persönliche Identität bezeichnet die vertikale (zeitliche) Dimension, in der die biografischen Ereignisse einen strukturierten Zusammenhang bilden, während die horizontale Dimension die jeweils aktuellen Interaktionsbeziehungen beinhaltet. Identitätsbildung wird hier dann so verstanden, daß sie stattfindet in einem ständigen Spannungsfeld der lebensgeschicht-

11 Vgl. *Krappmann* (1973, S. 58): „‚I' und ‚me' sind in seinem (i.e. *G.H. Meads*, T.Z.) Begriffssystem Elemente des Selbst. *G.H. Mead* nennt das Selbst, insofern es die Einstellungen und Verhaltensweisen der anderen widerspiegelt, ‚me' und stellt dem ‚me' das ‚I' gegenüber. Als ‚I' bezeichnet er das Selbst, insofern es spontanes und kreatives Subjekt ist . . . "
12 Ebenda, S. 59.
13 Vgl. *Goffman* (1968).

lichen Einzigartigkeit eines Individuums, die dieses zu bewahren sucht, einerseits – und den aktuellen Umwelterwartungen, die diese Einzigartigkeit von außen zu normieren versuchen andererseits. Identitätsbildung findet hier nach dem Muster einer Balancierung statt:

„Eine gelungene Identitätsbalance bewirkt, daß das Individuum einerseits trotz der ihm angesonnenen Einzigartigkeit sich nicht durch Isolierung aus der Kommunikation und Interaktion mit anderen ausschließen läßt und andererseits sich nicht unter die für es bereitsgehaltenen sozialen Erwartungen in einer Weise subsumieren läßt, die ihm unmöglich macht, seine eigenen Bedürfnisdispositionen in die Interaktion einzubringen."[14]

Die Störung dieser Balance, nach der „persönlichen" oder der „sozialen" Seite hin, bedroht das Individuum mit einer zweifach zu verstehenden Nicht-Identität:

„Nicht-Identität, gegen die sich Ich-Identität behaupten muß, droht dem Individuum von zwei Seiten, nach denen es fallen kann: es kann die Balance verlieren, in dem es in den Erwartungen der anderen voll aufgeht, also sich nicht mehr von der ihm zugeschriebenen ‚social identity' abhebt; Nicht-Identität droht von der anderen Seite, wenn das Individuum diese Erwartungen zurückweist, also voll die angesonnene Einzigartigkeit seiner ‚personal identity' übernimmt."[15]

In diesen Zusammenhang der notwendigen Unterscheidung von persönlicher und sozialer Identität läßt sich auch die Bedeutung einordnen, die der Individualität *und* Intersubjektivität von Umgangssprache zukommt.

Der durch kumulierte Erfahrung individuierte Lebenszusammenhang ist der allgegenwärtige Hintergrund der umgangssprachlichen Artikulation. Immer muß das auf diesem Hintergrund individuell Gemeinte „durch das Nadelöhr" der allgemein verständlichen Kategorien, so daß

„. . . die grundsätzliche Diskrepanz zwischen der sprachlichen Objektivationen eines Lebenszusammenhangs und diesem selbser . . ."[16]

bestehen bleibt: Auf der Ebene der Intersubjektivität kann sich ein Erlebnis *nicht* ungebrochen objektivieren.[17]

Umgekehrt gesehen, ist diese intersubjektive Brechung der Individualität gerade Bedingung der Möglichkeit eben dieser Individualität. Denn wenn sich Individuelles bruchlos in intersubjektiv Allgemeines übersetzen ließe, so hätte dies Allgemeine das Individuelle vorgängig und total subsumiert. Die Menschen besäßen „unmittelbare Sozialität" anstelle

---

14 *Krappmann* (1971), S. 171.
15 *Krappmann* (1973), S. 79 f. Vgl. a. *Wellendorf* (1973), S. 32.
16 *Habermas* (1968a), S. 208.
17 Vgl. ebenda, S. 225.

von „sozialer Subjektivität“.[18] So aber sind sie „bei Strafe des Identitätsverlustes zur indirekten Mitteilung ihrer Unmittelbarkeit genötigt.“[19] Insofern bedeutet die Einigung auf dem Boden der Intersubjektivität immer die (zwangsläufige) Anerkennung der Nicht-Identität durch die anderen, also der Individualität. Von daher ist die Möglichkeit einer Existenz, die weder Verdinglichung noch Isolierung wäre, immer gebunden an die Herstellung sprachlicher Verständigung, die Allgemeines und Besonderes vermittelt.

Das Modell einer Identitätsfindung als Balance findet sich in abgewandelter Form auch bei *Erikson* wieder, der – als Psychoanalytiker – der lebensgeschichtlichen Dimension von Haus aus eine zentrale Funktion bei der Identitäsbildung zumißt. Er führte auch den Begriff der „Ich-Identität“ ein, der nicht nur ausdrücken soll, daß die Identitätsbildung, topisch gesehen, eine Ich-Leistung ist, sondern daß Ich-Identität durch die entscheidende Tatsache ihrer *Bewußtheit* charakterisiert ist.[20]

Allerdings erweist es sich rasch, daß die psychoanalytisch akzentuierte Bewahrung der lebensgeschichtlichen Dimension von Identität *Erikson* nicht davor bewahrt, einen strikt *integrationistischen* Identitätsbegriff zu entwerfen, der ihn, sozusagen hinter *Goffman* und *Mead* „zurückfallend“, wieder in die Nähe *Parsons'* bringt. Die Balance, die *Erikson* meint, ist letzten Endes die einer *zweifachen* Stimmigkeit: der Kongruenzerwartung im Sinne *Parsons'* wird die Erwartung einer lebensgeschichtlichen Stimmigkeit noch hinzugefügt.

Neben dem Aufrechterhalten wichtiger Abwehrmechanismen und der Konsolidierung von Arbeitsfähigkeit besteht für *Erikson* die Identitätsbildung dann in einer

„... Synthese aller Kindheitsidentifikationen in einer einzigartigen Weise und doch in Übereinstimmung mit den Rollen, die ein nunmehr erweiterter Ausschnitt der Gesellschaft anbietet.“[21]

„Das Gefühl der Ich-Identität ist also das angesammelte Vertrauen darauf, daß der Einheitlichkeit und Kontinuität, die man in den Augen anderer hat, eine Fähigkeit entspricht, eine innere Einheitlichkeit und Kontinuität (also das Ich im Sinne der Psychologie) aufrechtzuerhalten.“[22]

---

18 *Rossbroich* (1972), S. 66.
19 *Habermas* (1968a), S. 225.
20 Vgl. *Erikson* (1970, S. 47):
„Das, was ich Ich-Identität genannt habe, betrifft allerdings mehr als die reine *Tatsache* der Existenz; es ist sozusagen die Ich-*Qualität* dieser Existenz. Ich-Identität in ihrem subjektiven Aspekt ist also das Bewußtwerden der Tatsache, daß die synthetisierenden Methoden des Ichs über eine Selbstgleichheit und Kontinuität verfügen ...“
21 *Erikson* (1971a), S. 138.
22 *Erikson* (1971b), S. 107.

Eine Abweichung von dieser Balance wird von ihm bezeichnenderweise nur nach *einer* Seite hin gesehen, nach der des persönlichen „Rückzugs" als Identitätsdiffusion[23], während die bereits erwähnte Pathologie einer völligen Kongruenz von Selbstkonzept und Rollenerwartungen von ihm nicht thematisiert wird.[24]
Identität wird so einerseits wieder integrationistisch verstanden und zum anderen auch statisch insofern, als sie ein (in einem krisenhaften Lernprozeß zu erreichendes) „*Ergebnis*" ist:

„Jene endgültige Identität also, die am Ende der Adoleszenz ersteht, ... schließt alle wichtigen Identifikationen ein, aber verändert sie auch, um aus ihnen ein einzigartiges und einigermaßen zusammenhängendes Ganzes zu machen."[25]

Stabilität der Identität wird dann am einmal erreichten Festigkeitsgrad ihrer Struktur gemessen. Divergenzen können dann nur noch als zu vermeidende Bedrohung gesehen werden: Soziale Ordnung stabilisiert, Widerspruchserfahrungen diffusionieren Identität.

„E.H. Erikson betont nicht, daß das Individuum im Sozialisierungsprozeß die Fähigkeit erworben haben sollte, sich mit diskrepanten Erwartungen auseinanderzusetzen, sondern er glaubt, daß das Individuum seine Identität nicht verlieren wird, wenn der Sozialisationsprozeß ihr eine gefestigte Struktur zu geben vermochte. In Konsequenz dieser Vorstellung muß er sich auf die Hoffnung beschränken, daß Individuen vor allzu divergierenden Anforderungen möglichst bewahrt werden, gesellschaftliche Veränderungen sich nicht zu schnell vollziehen und eingenommene soziale Rollen nicht durch äußere Umstände ein gar zu abruptes Ende finden, damit die Identitätsstruktur des Individuums nicht überfordert wird."[26]

---

23 Vgl. oben, S. 187.
Diese Sichtweise ist vermutlich zu einem Gutteil erklärlich aus *Eriksons* spezifischem Forschungsinteresse, die Verarbeitung kultureller *Brüche* zu untersuchen, wie sie z.B. von Immigranten in den USA erlebt worden sind. „Identität" war in diesen Fällen in der Regel „erreicht", wenn sich die Betroffenen (oder die nachfolgende Generation) in die neue amerikanische Kultur als eingegliedert empfinden konnten. Die Tatsache, daß „Eingliederung" qua schrankenlos sozialem Konformismus der Gesellschaftsmitglieder einen Grad erreichen kann, der jegliche Einzigartigkeit *pathologisch* vermeidet, versteckt sich dann hinter gesellschaftlicher Legitimität.

24 Vgl. auch *Wellendorf* (1973), S. 34.
Darin liegt wohl auch *Eriksons* einseitig optimistische Interpretation des Aufgehens des Kindes in der oralen Mutter-Kind-Beziehung, welche jedoch nicht nur „Urvertrauen", sondern auch die oben ausführlich dargestellten Folgeschäden symbiotischer Bindungen haben kann. Vgl. *Erikson* (1971b), S. 62–75.

25 *Erikson* (1971a), S. 139.

26 *Krappmann* (1973), S. 91.

Strukturell ähnlich wie bei *Erikson*, bei dem die Ich-Instanz ein Integrations- und Kontinuitätsbewußtsein dadurch möglich macht, daß sie die „akkumulierten" Kindheitsidentifikationen in der Synthese der Ich-Identität zusammenfaßt, ist auch die Theorievariante *Bettelheims*, welche das Verständnis des Identitäts- und des Ich-Begriffs der ich-psychologischen Schule verdeutlicht.[27]
Die bereits oben angeführte Einschätzung, daß die völlige oder weitgehende Kongruenz von gesellschaftlichen Verhaltensnormen und individuellen Bedürfnisdispositionen, wie sie im Idealfall des *Parson*schen Integrationsmodells impliziert ist, eigentlich eine pathologische *Reaktionsbildung* darstellt, wird von *Bettelheim* explizit geteilt, aber *als* Pathologie positiv gewendet.
Die synthetische Leistung des Ichs bezieht sich hier nicht primär auf die biografische Identitätsdimension (wie bei *Erikson*), sondern auf die aktuell-horizontale Ebene: Das Ich nimmt gesellschaftlich legitimierte Stereotypen auf, es „stärkt" sich durch die Übernahme projektiver Vorurteile. Ich-Stärke wird also gerade aus der Ich-Integration gesellschaftlich akzepierter Projektionen abgeleitet; je gelungener die Übernahme der gesellschaftlichen Vorurteile ist, umso höher ist der Gewinn an Ich-Stärke für das Individuum(!):

„. . . prejudice facilitates the discharge of hostility, and if hostility is discharged anxiety is reduced. Prejudice reduces anxiety because it suggests to the person that he ist better than others, hence does not need to feel so anxious."[28]
„Thus prejudice stengthens or weakens a person within himself, depending on the prevailing social norm toward his particular prejudice."[29]

Die Reaktionsbildung wird „. . . a means to buttress a weak sense of identity . . ."[30]
Die *Freud*sche Erkenntnis, daß Reaktionsbildungen gerade den Aktionsspielraum des Ichs einengen[31], wird hier im Effekt umgedreht: Das Ich profiliert sich mit Hilfe von gesellschaftlich legitimierten Projektionen. Die integrative Unterwerfung des Individuums unter gesellschaftliche Normen wird erkannt als im Kern auf neurotischen Mechanismen be-

---

27 Wir folgen mit dieser Einschätzung *Horn* (1971), der sich insbesondere bezieht auf *Bettelheim/Janowitz*, Social Change and Prejudice, London-Toronto 1964.
28 *Bettelheim* zit. n. *Horn* (1971), S. 96.
29 Ebenda.
30 *Bettelheim* zit. n. *Horn* (1971), S. 97.
31 Vgl. *Freud*, GW XIV, S. 125.

ruhend. Aber die Pathologie wird zur Tugend umstilisiert.[32] So kommt es dann, daß hier

„... nicht etwa die Aufklärung von Vorurteilen als ichstärkend hingestellt wird, sondern die Vergesellschaftung projektiver Abwehr."[33]
„... in Gestalt vorurteilsgebundenen Denkens soll dieses Gesellschaftliche ‚Identität' stiften, nicht nur Angst abwehren."[34]

Hier wird der Begriff der Identität als „Einzigartigkeit" völlig aufgelöst; das „Problem der Ich-Stärke allein in den Bereich des Gesellschaftlichen"[35] verschoben.
So wie die Ich-Psychologie der *Freud*schen Orthodoxie mit einigem Recht eine psychologistische Ontologisierung des Unbewußten vorgeworfen hat, so führt nun ihre Revidierung des *Freud*schen Triebkonzepts zur Tendenz einer „Ontologisierung des Gesellschaftlichen"[36]. Die innere *Naturhaftigkeit* der Persönlichkeit, die auch in der Vergesellschaftung des Subjekts nie ganz aufgeht, ist hier soziologistisch ausgelöscht. Als Sinnkriterium für die Bedürfnisbestimmung können der Ich-Psychologie immer nur die jeweils gesellschaftlich legitimierten Verhaltenserwartungen gelten.
Wichtig ist aber gerade das

„... Festhalten am Grundsatz der Triebbestimmtheit alles Erlebens. Trieb ist in psychoanalytischer Anschauung ja ein dem Erleben nicht äußerlicher sondern immanenter Bestandteil. Erleben ist *inhaltlich* triebbestimmt. Genau das macht den Kern der psychoanalytischen Persönlichkeitstheorie aus, daß von den unstrukturiert-emotionalen Zuständen bis zu den elaborierten rationalen Akten alles Psychische vom Trieb auch inhaltlich abhängig zu denken ist."[37]

Nur so kann die Theorie dem Tatbestand gerecht bleiben, daß das durch Reaktionsbildungen aus der innerpsychischen Verständigung mit sich selbst Ausgeschlossene, das Verdrängte, ja in der Bestimmung seiner gesellschaftlichen Funktionalisierung nicht aufgeht.[38] Das Verdrängte bleibt pathoplastisch aktiv und schlägt sich im Subjekt – durch sein eigenes Verhalten *hindurch* – nach wie vor nieder.

---

32 Hier sehen wir eine paradoxe Übereinstimmung zu manchen „linken Einschätzungen" des stärkenden Potentials massenhafter psychischer Erkrankung. (Vgl. z. B. SPK (1972), S. 77 ff.). Die Krankheit wird hier natürlich als Widerstandspotential interpretiert – aber sie wird eben doch als „Kraft" aufgefaßt.
33 *Horn* (1971), S. 99.
34 Ebenda, S. 98.
35 Ebenda, S. 103.
36 Ebenda, S. 131.
37 *Lorenzer* (1972), S. 38.
38 Vgl. *Horn* (1971), S. 109.

„Die Dynamik des Abgewehrten ist ja nicht bewußt gemacht und damit befreit worden, also auf jenen Begriff gebracht, dessen materielles Substrat sie, nach der Verdrängung, ständig am Bewußtsein scheitern läßt. Jene Realität, an welcher der Trieb Interesse gewonnen hatte, bleibt tabuiert, soviel auch agiert wird. Der Funktionswechsel, dem das Abgewehrte mit seiner Vergesellschaftung unterworfen wird, befreit die selbstverborgene innere Dramatik nicht . . ."[39]

Die durch Abwehrmechanismen erreichte Ich-„Stärke" erweist sich so als Individualität auslöschende Ich-*Starrheit.* Die so gebildete Identität ist Ergebnis sozio-psychischer Gewalt.

„Der als ‚Identität' qualifizierte Zustand bezeichnet eher eine Art und Weise, wie das Opfer sich mit dem Angreifer identifiziert als einen Zustand der Autonomie, des mit sich selber Einsseins."[40]

Die eben angedeutete theoriegeschichtliche Entwicklung beinhaltet also, daß gerade der *psychoanalytische* Identitätsbegriff (wie ihn die der Ich-Psychologie verpflichteten Autoren einführten) letztlich die *lebengeschichtliche* Besonderheit des Subjekts der sozialen Integration unterordnet und ihr schließlich opfert, so daß er sich am Ende mit dem ordnungssystematischen Erkenntnisinteresse der Struktur-Funktionalisten wieder trifft. Diese „Opferung" der in der *Freud*schen Lehre implizierten Erkenntnis, daß es sich bei der Konstitution psychischer Strukturen um eine „Dialektik von Natur und Gesellschaft *in* den Subjekten selbst"[41] handelt, ist Ergebnis einer Modifizierung des Libido- und des Ich-Begriffs und des Verständnisses, das man von deren Verhältnis zueinander hat.

Die Modifizierung durch die Ich-Psychologie kann sich in ihrem Selbstverständnis auch als freudianisch begreifen, weil der Ich-Begriff bei *Freud* selbst ambivalent ist.

„Hat der Akt der Verdrängung uns die Stärke des Ichs gezeigt, so legt er doch in einem auch Zeugnis ab für dessen Ohnmacht und für die Unbeeinflußbarkeit der einzelnen Triebregungen des Es. Denn der Vorgang, der durch die Verdrängung zum Symptom geworden ist, behauptet nun seine Existenz außerhalb der Ich-Organisation und unabhängig von ihr."[42]

Schon *Adorno* hat darauf verwiesen, daß im *Freud*schen System eine Unterscheidung „positiver" und „negativer" Ich-Funktionen fehlt.[43] *Fenichel* stellt fest:

---

39 Ebenda, S. 101.
40 Ebenda, S. 110.
41 *Lichtner-De Clerk* (1974), S. 64 (Hvg. v. Verf.).
42 *Freud,* GW XIV, S. 125.
43 Vgl. *Adorno* (1972a, S. 70):
„Im Freudschen System fehlt es insgesamt an jedem ausreichenden Kriterium für die Unterscheidung der ‚positiven' und ‚negativen' Ich-Funktionen, zumal

„Der Begriff der ‚Stärke des Ich' ist nicht klar ... Ein Ich ist stark, wenn es seine Vorsätze sogar angesichts äußerer Widerstände ausführen kann. Aber ein Ich ist auch stark, wenn es Impulse, die ihm unangenehm sind oder seine Absicht ändern können, erfolgreich hemmen kann."[44]

Der Begriff der Ich-Stärke repräsentiert damit (im analytischen Extremfall) diametral Entgegengesetztes: Widerstand gegen sozialen Anpassungsdruck wie auch aktive Unterwerfung unter diesen. Je nach Erkenntnisinteresse kann man sich auf die eine oder die andere Implikation beziehen, wenn man eine Ich-„Stärkung" als wünschenswert bezeichnet.

Nun ist diese „Wahl" aber denn doch nicht so beliebig (und nicht *nur* durch verschiedene Erkenntnisinteressen bedingt). Die *Qualität* der Stärke ist ja *auch* eine verschiedene und nicht nur die „Richtung" ihres „Einsatzes".

Die Ich-Stärke, die auf eine *Anpassungsleistung* hinzielt, ist Ergebnis von Angst.

„Soziale Gewalt, ursprünglich repräsentiert durch die ersten Erzieher, zwingt die Individuen zur Anerkennung der jeweils geltenden gesellschaftlichen Definition der Realität; Abweichungen werden durch Aufrichtung von Angstschranken verhindert."[45]

Die Ich-Leistung der Anpassung ist, wie gesagt, dem Anpassung fordernden Aggressor „Gesellschaft" gegenüber eigentlich eine Unterwerfung; sie hat ihr innerpsychisches Abbild in der Identifikation des Ichs mit dem Überich als Abwehr der Überich-Angst.[46] Die Qualität dieser „Stärke" ist die einer angstvoll aufrechterhaltenen *Starre;* Ich-Stärke als Anpassungsleistung ist defensives Aufrechterhalten einer *inflexiblen* Persönlichkeitsstruktur.[47]

Dieser Gedankengang hat seine Gültigkeit für die Ich-Psychologie wie für die oben erwähnten Ansätze von Theorien des Rollenhandelns.

Wenn dort „Stabilität" des Rollenhandelns als um so gewährleisteter an-

---

der Sublimierung und Verdrängung. Statt dessen wird von außen her der Begriff des gesellschaftlich Nützlichen oder Produktiven einigermaßen vertrauensselig herbeizitiert."

44 *Fenichel* (1972), S. 229. Vgl. a. *Dahmer* (1973, S. 236): „Die Metapsychologie weist der Ich-Instanz des psychischen Apparats zwei einander widersprechende Aufgaben zu: das Ich soll die Realität (illusionslos) prüfend erkennen und ist zugleich Autor, wenigstens aber Exekutor der Verdrängungen. Verdrängung richtet Widerstandsgrenzen zwischen Ich und Nicht-Ich auf. Abwehr verteidigt eine Identität, die nichts als sie selbst sich zu sein getraut."

45 Ebenda, S. 240.

46 Vgl. auch oben, Teil 6, Abschn. 3.1.

47 Vgl. *Linke* (1970, S. 385): „So starre Ich-Instanzen sind nicht Ausdruck wirklicher Ich-Stärke. Sie entlehnen ihre Macht dem Überich, mit dem sie sich verbündet haben."

gesehen wird, je präziser die Verhaltensnormen festgelegt sind,[48] so ist diese „Stabilität" ein Verhaltensstarrheit bewirkender Unterwerfungszustand, der Ich-Autonomie und Identität gerade zerstört hat. Dieser Zustand ist aber nichts weniger als stabil im Sinne sozialer Unanfechtbarkeit, sondern äußerst verletzlich und gefährdet im Augenblick notwendig werdender Verhaltens*änderung*.[49] Rigide Normen

„. . . geben dem Individuum keine Chance, sie aufzuarbeiten, sondern zwingen es, alles, was es außerhalb dieser Interaktion ist und war, also seine Ich-Identität, fallenzulassen."[50]

„Die Beobachtungen *E. Goffmans* zeigen immer wieder, daß die angebliche Stabilität von Systemen, die Normen und Bedürfnisse scheinbar zur Deckung bringen, eher als Starrheit zu bezeichnen ist. Dies offenbart sich dann, wenn das eingeübte Ritual mit einem Ereignis konfrontiert wird, das neue Interpretationen verlangt, wenn es den beteiligten Individuen gelingen soll, Identität zu wahren."[51]

Anstatt nun die (im Ich-Begriff potentiell *auch* enthaltene) Widerstandsqualität von Ich-Stärke in ihren möglichen Funktionen und Entstehungsbedingungen zu erarbeiten, wird „Ich-Stärke" von einigen Autoren auf die Anpassungsbedeutung festgelegt.
Dies geschieht in der Regel im Rückgriff auf diejenigen Analysen, die die *bürgerliche* Genesis des Ichs herausgearbeitet haben: also seine Ausformung als relativ „eigenständige" Persönlichkeitsinstanz im Zuge der Herausbildung des kapitalistischen Sozialcharakters – nach dem Idealtypus des autonomen Kapitalbesitzers.
In der Tat läßt sich das Ich bei *Freud* als innere Sphäre des „freien Tauschverkehrs" psychischer „antagonistischer Interessen" interpretieren, die in Analogie zu den Kapitalbesitzern konkurrierend miteinander um ihren Vorteil streiten:

„Das Ich ist eine Organisation, es beruht auf dem freien Verkehr und der Möglichkeit gegenseitiger Beeinflussung unter all seinen Bestandteilen."[52]

Reiche ist (unter historischen Gesichtspunkt) im Recht, wenn er sagt:

„Die Kategorie des Ich entschlüsselt ihren ganzen Sinn nur, wenn man sie im Kontext einer auf Konkurrenz aufbauenden gesellschaftlichen Formation sieht; sie ist gebunden an den warenverkaufenden, marktorientierten Bourgeois, der

---

48 *Krappmann* (1973, S. 104) belegt diese Auffassung am Beispiel des Struktur-Funktionalisten Linton.
49 S. auch oben, Teil 6, Abschn. 3.1.
50 *Krappmann* (1973), S. 116.
51 Ebenda, S. 127.
52 *Freud*, GW XIV. S. 125.

seine Konkurrenten auf Leben und Tod, aber eben mit affektneutralen Mitteln, also ohne direkten Totschlag, aus dem Feld räumen muß."[53]

Der sozialgeschichtlichen Konkretisierung des Ich-Begriffs aus seiner bürgerlich-kapitalistischen Genesis heraus entsprechen (hierzu komplementäre) Untersuchungen einer kulturanthropologisch-vergleichenden Psychoanalyse: hier wird für nicht-bürgerliche Gesellschaften das *Fehlen* eines Ichs als eigenständiger Persönlichkeitsinstanz belegt.[54] Die historische (und damit auch kulturvergleichende)Konkretisierung des Ich-Begriffs ist wichtig, um den Schein einer anthropologischen Konstante zu zerstören, den das Bürgertum dem Ich als quasi natürlichem Persönlichkeitskern zu geben versucht hat. Die Konkretisierung ist allerdings dann auch als *historische* ernstzunehmen:[55] d.h. der bürgerliche Charakter des ideologiekritisch entzauberten Ichs darf nicht als notwendig *bleibender* hypostasiert werden, ohne nicht selbst einer erneuten Enthistorisierung zu verfallen. Die Explikation der bürgerlichen Substanz des Ichs erfaßt somit auch – als historische Möglichkeit – dessen „*Entbürgerlichung*".

1.3. Kollektive Ich-Schwäche als Problem

Problematisch ist es u.E., aus der Negation des bürgerlichen Gehalts des Ich-Begriffs zu folgern:

„Keine revolutionäre Bewegung kann sich aus *Freuds* gut entwickelten Ichs zusammensetzen, die sich verbinden, um ein gemeinsames Ziel zu erreichen. Der Genitalprimat ist gerade nicht die Bedingung revolutionärer Aktion, sondern ihr eher schädlich."[56]

Das Festschreiben individueller Autonomiefähigkeit auf die Eigenschaft der konkurrierenden egoistischen Monade des klassisch-bürger-

---

53 *Reiche* (1972), S. 170.
Vgl. ähnliche Interpretationen bei *Reiche* (1969), S. 78; *Wulff* (1969), S. 245; *Dahmer* (1973), S. 244–249 sowie *Schneider* (1973), S. 182–194.
54 Vgl. *Parin* (1972) und *Wulff* (1969).
55 Vgl. *Reiche* (1969, S. 79): in den vorbürgerlichen Kulturstufen ist „der Sexualtrieb nicht über die Ziele der legitimen Fortpflanzung hinaus frei, sondern das genitale Primat ist noch nicht hergestellt und die ihm entsprechende freie Organisation des Bewußtseins hat sich gesellschaftlich noch nicht durchgesetzt."
56 *Fernbach* (1972), S. 295.
Zwiespältiger bzw. uneindeutiger ist die Aussage von *Schneider* (1973, S. 334): „. . . die sozialistische Bewegung hat heute die Aufgabe, Formen der politischen Organisation und Praxis zu entwickeln, die nicht mehr an das Durchsetzungsvermögen des klassischen bürgerlichen Konkurrenz- und Individual-Ichs gebunden sind, sondern gerade dem ‚ich-schwachen', ‚regressiven', ‚kranken' Individuum die Möglichkeit der Selbstverwirklichung in einem kooperativen Rahmen ermöglichen." (Vgl. auch ebenda, S. 322).

lichen Sozialmodells reproduziert lediglich bürgerliche Ideologie. Gerade die utopische Idee von Individualität gilt es ja zu bewahren – gegen ihre *reale* Verunmöglichung im Rahmen tauschvermittelter Verkehrsformen.[57]

Wenn die kollektive Zusammenfassung von vielfacher individueller Ich-Schwäche als Stärkungspotential interpretiert wird, so wird damit eigentlich noch nichts erklärt, sondern nur eine metaphorische Analogie aufgestellt (eine Analogie zur politischen Stärke, die im massenhaften Zusammengehen von gesellschaftlich Ausgebeuteten liegt). „Ich-Stärke" und „Ich-Schwäche" sind als solche aber noch keine politischen Kategorien, sondern psychodynamische mit gesellschaftlichen Implikationen.

Gerade die psychodynamischen Prozesse, die der Begriff der Ich-*Schwäche* bezeichnet, müssen ernst genommen werden und dürfen nicht auf eine politische Metapher reduziert werden. Sonst sitzt man dem gleichen Soziologismus auf, der mit Recht der Ich-Psychologie vorgeworfen wird.

Ich-Schwäche ist Einschränkung der Verfügungsmöglichkeit des Bewußtseins über die eigene (innere wie äußere) Realität. Durch sie wird die Vermittlungsleistung des Ichs transformiert in Verhaltens- und Wahrnehmungsmuster, die dem eigenen Begreifen und der intersubjektiven Verständigung entzogen sind. Das Subjekt versteht nicht mehr seine Beziehung zur Realität und auch nicht, was die Realität mit ihm „macht". Das Ergebnis ist nicht die Widerstandsmöglichkeit gegen die *erkannte* Realität, sondern gegen eine *projektiv* reproduzierte.

„Indem die Vergesellschaftung ...
(und die ist jetzt zu verstehen als „Vergesellschaftung" des Subjekts in einem politischen Gruppenzusammenhang)
„... Vergesellschaftung individueller Psychopathologie den Kranken ihre Ich-Schwäche als Ich-Stärke erscheinen läßt ... können gesellschaftliche Interessen hinter dem Schleier der Projektion, in dem die Paranoiden, ohne es zu wissen, es zuerst – wenngleich in organisierter Form – mit sich selber zu tun haben, ein relativ undurchschautes und deshalb autonomes Dasein führen."[58]

Die *soziologistische* Unterschätzung von Ich-Schwäche kann so – paradoxerweise – eine Praxis zeitigen, die unter der Hand durch eine *psychologistische* Qualität der Wahrnehmung geprägt ist. In *diesem*

---

57 Vgl. hierzu *Marcuse* (1968, S. 105), der betont, daß im „Veralten" des Individuum-Begriffs der Psychoanalyse auch die Bewahrung seines utopischen Gehalts liegt, der sich gegenwärtigen technokratischen Vergesellschaftungstendenzen entzieht.

58 *Horn* (1971), S. 100.

Falle wird die Gesellschaftskritik von der Projektion des inneren Konflikts nicht mehr unterscheidbar.
Es dürfte deutlich geworden sein, daß es – bei der Einschätzung von Politisierungspotentialen von Jugendlichen – nicht darum gehen kann, eine zwangsläufige Alternativwahl zwischen „bürgerlicher" Ich-Stärke und „emanzipatorischer" Ich-Schwäche zu behaupten. Beides verstellt Erkenntnis und Kommunikation; beides bedeutet letztlich starre Unterwerfung (unter die „herrschende" Realitätswahrnehmung oder unter die gruppen-vermittelte).

„... Verdrängungen ... entstellen mit der ‚inneren' die äußere Realität: sie entziehen unbewältigte, widersprüchliche Realität der Erkenntnis, machen sie durch Kommunikationsabbruch (Sprachverwirrung) unzugänglich. Soll die Realitätsprüfung der Verdrängung gewachsen sein, muß sie zur Kritik der Erscheinungen werden, als Selbstreflexion die Fassade des Ichs, als Dialektik die der Gesellschaft durchbrechen."[59]

Die Kollektivität solcher Projektion ergibt noch keine „neue Qualität", im Gegenteil, sie kann den Charakter einer gegenseitigen narzißtischen Zufuhr annehmen, die die falsche Wahrnehmungsstruktur gerade stabilisiert. Die Realität der Gruppe und „der Gesellschaft" ist dann nur insoweit erträglich, als sie das Gefühl gegenseitiger narzißtischer Abstützung nicht trübt und dem projektiven Wahrnehmungssystem entspricht. Ich-Schwäche

„... meint eben nicht, daß man weniger Frustration erleiden will und die Anlässe dieser Frustration deshalb bekämpft, sondern daß man so wenig Frustration bewußt aushalten kann, daß man sich regressiv vor ihrer Wahrnehmung versperrt und ihre Anlässe weder bestimmen noch bekämpfen kann."[60]

1.4. Ich-Schwäche und Gruppenerfahrung

Wenn eben gesagt wurde, daß es keine falsche Alternative zwischen „bürgerlicher" Ich-Stärke und „emanzipatorischer" Ich-Schwäche aufzubauen gilt, so sollte damit gleichzeitig ausgedrückt werden, daß die Dialektik von Vergesellschaftung und biografischem Triebschicksal *in* den Kategorien der Ich-Stärke und der Ich-Schwäche selbst aufgehoben bleiben muß.
Weder dürfen diese Kategorien substantialistisch gebraucht werden, so als seien sie mit ihrer klassenspezifischen Genesis ein für allemal in-

59 *Dahmer* (1973), S. 234.
60 *Becker* (1974), S. 118.

haltlich festgelegt (Ich-Stärke als „notwendig" bürgerliche Kategorie); noch dürfen sie im Stil der orthodoxen Analyse[61] formalistisch entleert werden, so als seien sie unabhängig von der historischen Qualität der Objektbeziehungen zu bewerten (Ich-Stärke als „innere" Kategorie des psychischen Apparates).

„Ichstärke und Ichschwäche sind Resultat der gesellschaftlichen Stellung der Individuen, ihrer realen Autonomie und Ohnmacht, die am Kräfteverhältnis der seelischen Instanzen ihr psychologisches Abbild hat."[62]

Die „Stärke" oder „Schwäche" des Ichs sind „als solche" gar keine bewertbaren Größen; entscheidend ist – dies sollte mit den vorangegangenen Darlegungen verdeutlicht werden – die spezifische *Qualität* dieser Stärke oder Schwäche: d.h. die Frage ihrer gesellschaftlichen Entstehungsbedingungen, die Frage ihrer psychodynamischen Wirkungsweise und die Frage ihrer sozialen Funktion.[63]

Dabei hat sich des weiteren ergeben, daß eine Identitätstheorie einer doppelten Gefahr zu entgehen hätte: der Gefahr, die *horizontale* Dimension der Identität soziologistisch und integrationistisch, oder die *vertikale* Dimension der Identität psychologistisch und monadologisch zu verzerren.

Unseres Erachtens ist eine so verstandene differenzierende Problematisierung des Ich- und des Identitätsbegriffs von entscheidender Bedeutung, um die psychosozialen Bedingungen einzuschätzen, in die die Politisierungsmöglichkeiten des „neuen Sozialisationstyps" gestellt sind. Wir wollen die bis hierher erfolgte begriffliche Erörterung nun auch auf eine Ebene beziehen, die mit der zitierten Forderung nach Kollektivierung von Ich-Schwäche bereits angeführt worden ist: die Ebene des Verhältnisses zur peer-group und/oder zu politisierten Gruppe Dies ist einmal angebracht, um nicht in der abstrakten Gegenüberstellung von „Individuum" und „Gesellschaft" zu verharren, zum anderen aber auch, weil bereits ausführlich gezeigt worden ist, daß der „neue Sozialisationstyp" in hohem Maß durch seine affektive Abhängigkeit von der subkulturellen peer-group geprägt ist; und schließlich, weil

---

61 Vgl. hierzu Nunberg zit. in *Horn* (1971), S. 97 u. 111.

62 *Dahmer* (1973), S. 239.

63 Dieser Gedankengang ist nicht eigentlich „neu" in dem Sinne, daß er in voller Bedeutung *nach*-freudianisch wäre.
„Für die Psychoanalyse ist alles Erleben und Verhalten nicht nur genetisch sondern auch immer nur als ‚in Beziehung zu', also nur im Kontext der Objektbeziehungen und der bewußten und unbewußten Vorstellungen von diesen Objektbeziehungen verstehbar. Soweit die Psychoanalyse diesen Anspruch durchhält . . . , unterläuft sie die in ihrem eigenen Ich-Begriff implizierte bürgerliche Monadologie." *Becker* (1974), S. 116. Vgl. hierzu ebenso *Lorenzer* (1971), S. 35.

praktische Politisierung sicherlich immer an einen *Gruppenzusammenhang* gebunden ist.

Für das Verhältnis Individuum-Gruppe erweist sich nun das Problem eines (soziologistischen) Integrationismus und das eines (psychologistischen) Autonomismus als gleichermaßen virulent.

Auch hier kann die überzogene „Ideologiekritik" an der Idee der Autonomie des Individuums in eine repressive (Gruppen-) Integration einmünden; und auch hier kann die überzogene Integrationskritik den Zustand solidarisierungunfähiger Monaden verfestigen. D.h. wie schon bei der „gesamtgesellschaftlichen" Rollentheorie taucht hier die Gefahr der *Erstarrung* von Identität ebenfalls auf (als Kongruenz von individuellen Bedürfnisdispositionen und Gruppenerwartungen) und die Gefahr der *Diffusion* von Identität (als privatsprachlicher Rückzug aus kollektiver Verständigung).

Das Entscheidende dieser Problem-Parallelität beider Ebenen (der „gesamtgesellschaftlichen" und der Gruppenebene) liegt nun allerdings für den Zusammenhang unserer Untersuchung real darin, daß diese *Parallelität* durch je *verschiedene*, ebenenspezifische, historisch bedingte *Akzentuierungen* charakterisiert ist.

Gemeint ist folgendes: Die Kritik an den Implikationen des Integrationsmodells des Struktur-Funktionalismus ist selbst historisch zu begreifen. Der Vorwurf, dort würde einseitig eine „Abweichungs"-Problematik konstruiert und das *Aufgehen* des Individuums in gesellschaftlichen Verhaltenserwartungen nicht als pathologisch erkannt, behält seine analytische Richtigkeit; jedoch hat sich die *empirische* Dringlichkeit dieser Betonung einer Gefahr der Identitätserstarrung historisch eindeutig verlagert.

Die Integrationstheoretiker (und ihre Kritiker) bezogen sich in erster Linie auf die sozio-kulturell vergleichsweise stabilen Verhältnisse in den USA der 50er Jahre.

Wir hoffen, im Gang der vorliegenden Untersuchung jedoch klar gemacht zu haben, daß der Vergesellschaftungsprozeß der Gegenwart eine *kognitive Verunsicherung* der Subjekte zeitigt[64], die den gesellschaftlich tradierten Normenbestand[65], das Verhältnis zu Sozialisationspraktiken[66] und den Prozeß der Identifikation mit internalisierten Normen[67] erheblich *„diffusioniert"* haben. Von daher ergibt sich, und die ganze bisherige Erörterung fußte ja bereits hierauf, eine *„neue"* Relevanz des

64 S. oben, bes. Teil 5, Abschn. 2.
65 S. oben, Teil 4, Abschn. 2.4.
66 S. oben, Teil 5, Abschn. 2.
67 S. oben, Teil 6, Abschn. 3.1.

*Erikson*schen Theorems der Identitäsdiffusion, nun allerdings nicht im ideologischen Sinne einer „Abweichung", sondern als gesamtgesellschaftliches, sich in den einzelnen Subjekten niederschlagendes Syndrom.
Die von der „linken" Integrationskritik akzentuierte Gefahr der Identitätserstarrung ist also – bezogen auf den gesellschaftlichen Traditionsbestand und hierauf fußende Normen- und Rollensysteme – vom Vergesellschaftungsprozeß und seinen permanent umwälzenden Folgen überholt worden. Diese Integrationskritik behält dennoch ihre Wahrheit – allerdings primär auf der Ebene des Verhältnisses zur Gruppe.
Wir haben diesen Aspekt hier nur auf die jugendliche peer-group hin zu untersuchen: dabei hat sich bereits ergeben, daß die peer-group erlaubt, archaische Introjektionen von Schutz- und Allmachtszügen vorzunehmen, die dem „neuen Sozialisationstyp" die narzißtische Abstützung in einem sozialen „Uterus" gewährten.[68] Die *Kongruenz*, die die Integrationstheorien idealtypisch behaupten, taucht hier auf als angestrebte Übereinstimmung von archaisch-narzißtischem Ichideal und einem „Aufgehoben-Sein" in der Gruppe, daß intrauterine Omnipotenz-Zustände phantastisch reproduziert und vor der Gefahr unerträglicher narzißtischer Kränkungen abschirmt.
Halten wir also fest: Es kann eine historische Situation konstatiert werden, in der die erörterten Gefahren der Identitätserstarrung und der Identitätsdiffusion ihre Wahrheit behalten – allerdings vorwiegend *behalten* auf zwei verschiedenen Ebenen; die *Diffusions*tendenz auf der *„gesamtgesellschaftlichen Ebene"* treibt die Subjekte gerade in eine Gruppenabhängigkeit, die eine neue *Erstarrungs*gefahr auf der *Gruppenebene* zeitigt.
Gesamtgesellschaftlich ist die Situation durch die Erfahrung von kulturellen *Brüchen*, auf der Gruppenebene durch die Erfahrung von *Verschmelzungs*erlebnissen bestimmt; gesamtgesellschaftlich handelt es sich um eine desorientierende Diffusionierung, gruppenbezogen um eine narzißtisch-angstbesetzte Erstarrung.
Im folgenden soll nun gezeigt werden, daß auch diese Situation nicht etwa „restaurativ beklagt" zu werden braucht: die kulturelle Bruchsituation erzeugt *nicht notwendig* Desorientierung und *Schwäche;* und die Gruppenintegration erzeugt *nicht notwendig* die Erstarrung des Individuums.
Beziehen wir dies zunächst auf die Gruppenebene:
Die Bildung einer Identitätsbalance, die das Gleichgewicht zwischen sozialer und persönlicher Identität bewahrte, stände in Bezug auf das

---

68 S. oben, Teil 6, Abschn. 6.2.

Verhältnis zur Gruppe (sei diese subkulturell und/oder „politisch“[69])
vor folgendem Problem:
– eine soziale Identitätsdimension zu erhalten oder auszubilden, die nicht auf der archaischen Introjektion von peer-group-Idealen beruht und/oder keine Integration in einen politischen Gruppenzusammenhang bedeutet, der repressiv ist;
– eine persönliche Identitätsdimension zu erhalten oder auszubilden, die nicht in narzißtischer Selbstspiegelung verharrt und/oder kollektives politisches Handeln verunmöglicht.
Hierbei ist die affektive Abhängigkeit von der Gruppe zunächst positive *Grundlage* und *Hindernis* zugleich; nicht die Fähigkeit zu einer Orientierung der eigenen Interessen an denen der Gruppe soll ja beseitigt werden, sondern die gegenseitige Funktionalisierung der Gruppenmitglieder untereinander zum Zwecke der narzißtischen Selbstspiegelung, da dies projektive Wahrnehmungsverzerrung und Konfliktunfähigkeit verursacht.
Es braucht an dieser Stelle nicht mehr wiederholt zu werden, daß die Abhängigkeit von der Gruppe, die der „neue Sozialisationstyp“ erfährt, nicht einer libidinösen Besetzung konturierter Objekte und auch nicht einer ich-vermittelten sekundären *Identifikation* zugeordnet werden kann. Vielmehr handelt es sich um den Verschmelzungswunsch mit idealisierten Zügen von diffus-primärnarzißtisch wahrgenommenen bewunderten Objekten, der seinem Befriedigungsziel nach der archaischen narzißtischen Urszene im Unbewußten und dem hiervon gespeisten primitiven Ichideal entspricht.
Die Objekte werden „ersatzweise“ um eines Zustandes willen gesucht, der realiter nie mehr wieder herzustellen ist. Menschliche Beziehungen in einer narzißtisch strukturierten Gruppe erhalten dadurch ein Element halluzinatorischer und prinzipiell unersättlicher Sehnsucht:
Die psychischen Energien des narzißtisch gestörten Kindes bleiben

„. . . an ein archaisches Objektbild fixiert und seine Persönlichkeit wird später und sein ganzes Leben hindurch in einer offenbar intensiven Form von Objekthunger von gewissen Objekten abhängig bleiben. Die Intensität der Suche nach solchen Objekten und die Abhängigkeit von ihnen erklärt sich aus der Tatsache, daß in ihnen ein Ersatz für fehlende Segmente der psychischen Struktur gesucht wird. Sie werden nicht um ihrer Eigenschaften willen geliebt, und ihre Aktionen werden nur undeutlich wahrgenommen; sie werden vielmehr benötigt, um die Funktionen eines Segments des seelischen Apparats zu übernehmen, das sich in der Kindheit nicht ausbilden konnte.“[70]

69 Vgl. zur Bestimmung des hier gemeinten Politikbegriffs oben, Teil 2, Abschn. 1.
70 *Kohut* (1969), S. 324.

Das Streben nach Geborgenheit bleibt immer scheinhaft, da ja nicht ein solidarisch ausgeglichenes Geben und Empfangen von Affektationen erfolgt, sondern die prinzipiell selbstgerichtete Funktionalisierung der jeweils anderen für sich selbst versucht wird. Das Fühlen dieser vorgenommenen Funktionalisierung der idealisierten Objekte erzeugt beim Narzißten gleichzeitig jedoch Schuldgefühle und die Angst, daß die so Funktionalisierten sich entziehen könnten: der sich in Verschmelzung befriedigende Größenwahn ist stets gefolgt von massiver narzißtischer Trennungsangst. Es ist eine Situation

„. . . , in der das Gefühl nicht ganz glaubwürdiger Hochstimmung abwechselt mit der Furcht vor dauerndem Objektverlust, Befangenheit und einer schmerzhaften Mischung von Scham, Spannung und Hypochondrie, die auf das entdifferenzierende Eindringen von Größenphantasien und narzißtisch-exhibitionistischer Libido in das Ich zurückzuführen ist.“[71]

Das Ziel der realitätsgerechten Selbsteinschätzung, welche Grundlage jeglicher politischer Erkenntnisfähigkeit ist, kann nur erreicht werden, wenn die schlechte Allianz von primitivem Ichideal und mit Trennungsangst besetzten Objekten gelöst wird. Die Richtung der grundlegenden Schritte hierzu, die im Prinzip durch die Gruppe angegangen werden können, sind aus der analytischen Therapie narzißtischer Störungen zu ersehen.[72]

1.5. Angstentlastung und Gruppenidentifikation

Ansatzpunkte eines Lernprozesses, der narzißtisch strukturierte Gruppensituationen verändern will, ist zunächst die Thematisierung und Bearbeitung von Trennungsangst. Nur wenn Trennungsangst als *Signalangst* (als Angst vor der traumatischen Erfahrung des Nicht-allmächtig-Seins) und als *Realangst* (als Angst vor dem Verstoß aus der Gruppenkommunikation) abgebaut werden kann, ist eine Selbstveränderung der narzißtischen Struktur möglich.
Dies kann nicht dadurch geschehen, daß durch eine „Hauruck“-Interpretation eine schonungslose Desillusionierung über die Scheinhaftigkeit der gegenseitigen Erwartungen vorgenommen wird: Im Gegenteil, das Erzeugen von Scham und Kränkungen hat allemal einen regressiven

71 Ebenda, S. 332.
72 Dies gilt für die sich abzeichnenden psychostrukturellen Probleme des „neuen Sozialisationstyps“. Es soll hier nicht behauptet werden, schwerere pathologische Syndrome seien durch die Praxis von Laiengruppen therapierbar. Hier geht es lediglich um die „Richtung“ einer kollektiven Ich-Stärkung, die durchaus analog zur analytischen Therapierichtung entwickelt werden kann.

Rückzug zum grandiosen Selbst zur Folge, der die Möglichkeit einer Selbstveränderung vollends verstellt.[73]
Vielmehr ist der Angstabbau ganz entschieden daran gebunden, dem einzelnen das Gefühl zu geben, in seinen Verschmelzungswünschen und in seinen Größenphantasien insoweit durch die anderen akzeptiert zu werden, als er nicht dauernd einen Objektverlust zu befürchten hat.
Dazu bedarf es einer

„... Atmosphäre analytisch-emphatischen Sich-angenommen-Fühlens ..., anstatt ihn (den Narzißten, T.Z.) dazuzu treiben, daß er die ärgerliche Zurückweisung seiner irrealen Wünsche ... "[74]

durch die Gruppe nachahmt.
Damit soll längst nicht einem harmonistischen Treibhausklima das Wort geredet werden. Sich in einer Gruppe gegenseitiger Akzeptierung zu versichern, ist nicht identisch mit der Ausklammerung von Konflikten, der Tabuisierung von Aggresivität oder der Vermeidung eigener Interessenwahrnehmung; es verbietet *allerdings* den Versuch der Veränderung von Interaktionsformen über Kränkungen, nicht zu verarbeitende Provokationen oder eine hierarchische „Hackordnung" der sich Emanzipierenden, je nach erreichtem „Bewußtseinsgrad".

Indem die Gruppe in ihrer *praktischen* „Außen"-Tätigkeit sich als solidarische erfährt, baut sie allmählich die Realangst (vor Gruppenverstoß, vor Kontaktverlust, vor Isolierung) der einzelnen ab. Indem sie in kollektiver *Selbstreflexion* ihre Binnenstruktur bearbeitet, kann sie die Signalangst angehen, (die Angst vor dem unwiederbringlichen Verlust der Verschmelzungsphantasien).
Bezogen auf die analytische Übertragungssituation beschreibt dies *Kohut:* Der Patient lernt zu verstehen

„..., wie er für das idealisierte Elternbild und seine Funktionen Stellvertreter zu finden versuchte, indem er erotisierte Ersatzobjekte schuf und andererseits das grandiose Selbst heftig überbesetzte. (...) Kindheitserinnerungen und vertieftes Verständnis analoger Übertragungserlebnisse vereinigen sich zur Hilfeleistung für das Ich des Patienten, und die ehemals automatischen Reaktionen werden allmählich zielgehemmter.
Das Ich wird zunehmend fähiger, die Abwesenheit des Analytikers wie auch sein gelegentliches Versagen im Verstehen zu ertragen. Der Patient lernt, daß die idealisierende Libido nicht sofort vom idealisierten Bild abgezogen werden muß und daß die schmerzlichen und gefährlichen regressiven Verschiebungen der narzißtischen Besetzungen verhütet werden können. Zugleich mit der wachsenden Fähigkeit, einen Teil der idealisierenden Besetzung trotz der Trennung zu bewahren, kommt es zu einer verstärkten Internalisierung, d.h. die psychische Organisation

73 Vgl. ebenda, S. 329 sowie *Blos* (1973), S. 255.
74 *Kohut* (1969), S. 337 f.

des Analysanden erwirbt die Kraft, einige der Funktionen auszuüben, die vorher vom idealisierten Objekt geleistet wurden."[75]

Auf diesem Wege kann das primitive Introjekt (die Allmachtszüge der Gruppe) allmählich transformiert werden zu einem Objekt der Ich-Identifikation. Das Erlebnis des realen Gruppenzusammenhalts, der Abbau von Trennungsängsten, das Begreifen der symbiotischen Mechanismen: dies erst ermöglicht die konturierende, nicht auf narzißtische Spiegelung hin angelegte Wahrnehmung der Objekte – und damit auch die Identifikation mit ihnen.
Die sekundäre Identifikation wiederum ermöglicht die Neutralisierung von vorher primär-narzißtisch gebundener Energie; sie erlaubt es, diese in den Dienst eines somit erstarkenden Ichs zu stellen – eines Ichs, das sich solidarisch *verbünden* kann und nicht mehr zu angstbesetztem Verschmelzungsstreben gedrängt wird.
Gleichzeitig mit der Stärkung des Ichs kann auch das archaische Ichideal bekämpft werden. Das Selbstwertgefühl kann in der Realität der Gruppe bestehen bleiben und Bestätigung finden; es ist nicht auf Halluzinationen verwiesen, die die Furcht vor narzißtischen Kränkungen permanent zu verdecken trachten. Ermöglicht wird die

„... Umwandlung des grandiosen Selbst, deren Ergebnis eine Festigung des Handlungspotentials des Ichs (infolge des wachsenden Realismus der Ambitionen der Persönlichkeit) sowie eine realistischere Selbstachtung ist."[76]

Gruppensolidarität, Gruppenidentifikation und Ich-Stärkung werden somit eng aneinander gekoppelt. Die als sinnvoll erkannte Praxis *und* das Gefühl des Angenommen-Seins sind gleichermaßen Grundlage des neuen Selbstbewußtseins und -gefühls.
Der hohe Grad an Gruppenidentifikation bedeutet keine Preisgabe der persönlichen Identität, sondern ist deren unabdingbare Entstehungsgrundlage. Es handelt sich hier nicht mehr um sich wechselseitig abstützende Verschmelzungsbedürfnisse, sondern um gegenseitige bewußte Bejahung. Eine solche Identifikation ermöglicht,

„... Normen trotz Internalisierung (zu) reflektieren und unter Berücksichtigung von hinzutretenden Umständen modifiziert an(zu)wenden ..."[77]

Statt des hypochondrischen, narzißtisch vereinzelten (wiewohl kollektiv gespeisten) Ichideals ermöglicht die Gruppenidentifikation die Ausbildung eines *kollektiven Ichideals*[78] wie auch die angstfreie Darstellung

---

75 Ebenda, S. 330.
76 Ebenda, S. 336.
77 *Krappmann* (1973), S. 139.
78 Vgl. hierzu auch *Negt/Kluge* (1972), S. 82.

eigener *Individualität.* Das Individuum braucht den Ausdruck seiner Einzigartigkeit nicht mehr mit Angst vor Gruppenverstoß und Objektverlust zu koppeln. Es ist auf der anderen Seite jedoch in der Lage, seine „einzigartige" Wirklichkeit als Selbst vom Nicht-Selbst zu unterscheiden.

Erst die Fähigkeit zu nicht-projektiver Wahrnehmung und zum Ertragen von Allmachts-Einschränkungen durch die Realität transformiert das narzißtische Abwehrsystem zur psychischen Organisation von Konfliktfähigkeit. Erst Konfliktfähigkeit erlaubt es dem Individuum, erfahrene Widersprüche nicht halluzinativ ins grandiose Selbst aufzunehmen, sondern sie zu erkennen, auszuhalten und in den Horizont praktisch-politischen Handelns miteinzubeziehen.

Beziehen wir nun die therapeutisch entwickelte *Möglichkeit* der Realitätserkenntnis wieder auf das, *was* erkannt wird, also auf die Ebene der Erfahrungen in einer kulturellen *Bruch*situation:

Wir haben oben bereits unsere Auffassung vorweggenannt[78a], daß eine solche Bruchsituation zwar ein gesamtgesellschaftliches Diffusionssyndrom darstellt, daß es aber gleichzeitig möglich ist, zu *lernen,* auf kulturelle Brüche anders als mit psychisch-struktureller Schwäche zu reagieren.

Stärke des Ichs, auch das wurde bereits angeführt, ist eben nicht gebunden an die Anpassung an eine als invariant unterstellte Normenstruktur, im Gegenteil: diese „Stärke" ist eigentlich die Inflexibilität einer Identitätserstarrung.

Die gesellschaftliche Situation eines irreversibel zersetzten Traditionsbestands, die gleichzeitig eine nicht-intendierte Flexibilisierung des Normensystems bedeutet, braucht sich nicht als desorientierende Erfahrung niederzuschlagen, sondern kann – wenn sie kognitiv aufgearbeitet und verstanden wird – genauso als Verhaltens*spielraum* erfahren und genutzt werden.

Die kulturelle Bruchsituation

„. . . erlegt dem Individuum . . . auf, sein Handeln ständig an einem Bezugsrahmen diskrepanter und inkonsistenter Anforderungen zu orientieren."[79]

Diese „Diskrepanz der an das Individuum gerichteten Erwartungen"[80] kann aber gerade als „angebotene Chance zur Individuierung"[81] betrachtet werden. Entgegen dem falschen Stärkebegriff, der auf dem

---

78a Vgl. oben, Teil 5, Anm. 19a.
79 *Krappmann* (1973), S. 207.
80 Ebenda, S. 9.
81 Ebenda.

struktur-funktionalistischen Kongruenztheorem beruht, ist das Individuum

„. . . als belastbarer anzusehen, wenn seine Identifikationen weniger fest sind, so daß ihm Spielraum und Distanz bleibt und damit ein Potential verfügbar wird, Konflikte aufzuarbeiten . . ."[82]

Dies gilt ab dem Augenblick, in dem Widerspruchserfahrungen vom Subjekt nicht halluzinativ oder integrationistisch eskamotiert werden müssen, sondern in dem es die Erfahrung und Erkenntnis von Widersprüchen auszuhalten vermag – und die Bedingung der Möglichkeit hierzu haben wir soeben anhand des Gruppenlernprozesses entwickelt.

„Ein Individuum, das Ich-Identität behaupten will, muß auch widersprüchliche Rollenbeteiligungen und einander widerstrebende Motivationsstrukturen interpretierend nebeneinander dulden. Die Fähigkeit, dies bei sich und bei anderen, bei denen Interaktionsbeziehungen unterhalten werden, zu ertragen, ist Ambiguitätstoleranz. Sie eröffnet dem Individuum Möglichkeiten zur Interaktion und zur Artikulation einer Ich-Identität in ihr."[83]

Bei einer aus kollektiver Indentifikation erwachsenden Ich-Stärke brauchen die gesellschaftlich erfahrenen Widersprüche weder durch neurotische Selbstverneinung noch durch narzißtischen oder psychotischen Selbstrückzug mit psychischer Gewalt überformt zu werden. Anstatt diese Widersprüche zu unterdrücken, vermag das Individuum, „sie in seinem Handeln in ihrer Widersprüchlichkeit präsent zu machen."[84] Das Individuum wird durch die Gruppe von seiner Identitätsauslöschung qua gruppen-„kongruenter" *Erstarrung* befreit; es wird befähigt, die gesamtgesellschaftlich stattfindende *Diffusion* für seinen eigenen Entwicklungsspielraum zu nutzen. Die so sich bildende Ich-Stärke ist hier theoretisch als eine *Möglichkeit* entwickelt worden. Als so verstandene Ich-Stärke wäre sie, indem sie *im Individuum* verankert ist, die Grundlage

82 Ebenda, S. 92.
83 Ebenda, S. 155.
84 Ebenda, S. 105. Vgl. auch *Habermas* (o.J., S. 47):
„Ich-Identität, die als die Fähigkeit zur Stabilisierung und Wiederherstellung eines balancierten Verhältnisses zwischen sozialer und persönlicher Identität begriffen wird, bewährt sich innerhalb gegebener Rollensysteme daran, Rollenkonflikte bewußt zu lösen und Rollenambivalenzen als solche zu ertragen (Dimension Repressivität); prinzipiell mehrdeutige Handlungssituationen aufzulösen, Rolleninkonsistenzen auszugleichen, und sich selbst indirekt ebenso angemessen zu repräsentieren wie den anderen in seiner Selbstrepräsentation anzuerkennen (Dimension Rigidität); sich reflexiv auf verinnerlichte Normen zu beziehen, Rollen flexibel anzuwenden und Rollendistanz zu üben (Dimension Verhaltenskontrolle)."

kollektiver Widerstandsfähigkeit gegen eine repressive Realität.[85] Sie ist nicht rückwärts-gewandte Utopie, sondern reale Möglichkeit für kollektiv lernende Gruppen – auf der Grundlage der psychischen Struktur des „neuen Sozialisationstyps".
Diese theoretisch entwickelte Möglichkeit ist empirisch gebunden an politische Lernprozesse, die wiederum eingebunden sind in veränderte Interaktionsformen von Gruppen. Die inhaltliche Struktur dieser spezifisch interaktionell eingebundenen Lernprozesse soll noch einmal Gegenstand der weiteren Erörterungen sein – diesmal unter psychodynamischem Gesichtspunkt.

2. NARZISSTISCHE PROTOSYMBOLE ALS FERMENT NEUER VERKEHRSFORMEN

Wir haben oben[86] bereits darauf hingewiesen, daß die Schwierigkeiten, die sich selbstreflektorischer Erkenntis entgegenstellen, nicht nur als kognitive aufgefaßt werden können; d.h. die Schwierigkeit, Pseudo-Konkretheit durch begriffliche Strukturierung der unmittelbaren Erfahrung zu destruieren, ist nicht nur in gesellschaftlich aufrechterhaltener Ideologie begründet, sondern auch *psychodynamisch* verankert. Es stellt sich hier dann nicht mehr (nur) die Frage nach der *kognitiven* Struktur des selbstreflektorischen Lernprozesses, sondern auch die nach der *Motivation zur* bzw. des affektiven *Widerstandes gegen* Selbstreflexion. Hierüber vermag uns durch die kritische Weiterentwicklung des psychoanalytischen Symbolbegriffs Auskunft gegeben werden, wie sie von *Lorenzer* (und in einem vergleichbaren Ansatz auch von *Habermas*) entworfen worden ist.

2.1. Symbol als Begriff und Repräsentanz

Lorenzer verknüpft in seinem Konzept Sprachsystem und Trieb: Das Sprachspiel (welches sich interaktionell in der Mutter-Kind-Dyade gebildet hat) und die Triebrepräsentanzen sind miteinander im Prozeß

---

85 Vgl. an ähnlichen Konzepten einer Ich-Stärkung als Widerstands-Funktion *Büttenbinder/Rittelmeyer* (1971), S. 45; *Berndt/Reiche*(1969), S. 119; *Dahmer* (1973), S. 250; *Kupffer* (1974), S. 103; *Vinnai* (1973), S. 147.
86 S. oben, Teil 2, Abschn. 2.4.

der Symbobildung vermittelt. Die psychoanalytische Metatheorie ist wesentlich eine, die versucht, den analytischen Zusammenhang von Symbolbildung, pathogener Symbolzerstörung und therapeutischer Symbolrekonstruktion zu entwickeln.
In welcher Weise sind im Symbol Sprache und Trieb vermittelt? Den Symbolen kann eine „äußere" und eine „innere" Funktion zugesprochen werden.

„In ihnen vollzieht sich eine Synthesis von Innen- und Außenwelt."[87]

Als *Begriffe* sind sie Teil eines intersubjektiven handlungsanweisenden Bedeutungsgefüges, das die Explikation des intendierten Sinnes von Interaktionen ermöglicht. Erst durch Symbolbildung können bewußtlos eingeübte Interaktionformen in das Sprachsystem miteinbezogen und somit zum Gegenstand bewußter Verständigung werden.[88] Die Interaktionsform wird zum Symbol verselbständigt und damit der Erkenntnisorganisation durch das Ich verfügbar.
Die Fähigkeit zur intersubjektiven Verständigung läßt sich auch sehen als Fähigkeit zur bedeutungsstabilen Verständigung mit sich selber: Die amorphen Bedürfnisse des plastischen menschlichen Antriebspotentials werden – wenn sie symbolisiert sind – damit in sprachlich interpretierte Handlungsmotive übersetzt (und zwar zunächst „im" Sprecher). Indem die eigene Interaktionsform als Symbol verselbständigt worden ist, kann sie halluzinatorisch reproduziert und auch *antizipiert* werden. Dies macht die Reflexion der eigenen Interaktionen erst möglich: denn nun

„. . . können alternative Handlungsketten versuchsweise durchgespielt, eben kalkuliert werden."[89]

Dies wiederum gestattet

„. . . den *Vergleich* differenzierter Interaktionsformen, die so zum Repertoire bewußt verfügbarer Handlungsanweisungen werden"[90],

und damit auch die *Diskussion* über den Sinn (oder Unsinn) der Interaktionsformen mit den anderen Subjekten.
Sobald die Motive des Sprechenden und Handelnden die Form intersubjektiv gültiger Symbole angenommen haben, können sie auch von den anderen Mitgliedern der Sprachgemeinschaft nachvollzogen werden: Dessen Bedürfnisse werden „verstanden", ihre Befriedigung wird

---

87 *Rossbroich* (1972), S. 64.
88 Vgl. *Lorenzer* (1972), S. 80.
89 *Habermas* (1968a), S. 292.
90 *Lorenzer* (1972), S. 81.

innerhalb des gemeinsamen Interaktionsgefüges vorausdenkbar und (im Prinzip) vollziehbar.[91]

Die symbolische Ablösung von Interaktionsformen und die grammatische Ordnung dieser Symbole in der umgangssprachlichen Verständigung ist also Bedingung der Bewußtmachung der Reflexion und der Diskussion eben dieser Interaktionsformen. Erst so lassen sich reziprok verschränkte Handlungsmotive explizieren, erst so kann der (inter)subjektiv gemeinte Sinn einer Interaktion verständlich werden. Sich selbst und anderen verstehbare Handlungsmotivationen setzen also Symbolbildung voraus, so wie Symbolbildung handlungsanleitend ist.

Nun hat das Symbol nicht nur eine „äußere" und „innere" *Verständigungsfunktion* innerhalb des Bedeutungsgefüges der Sprachgemeinschaft. Das Symbol hat auch einen *Triebaspekt.* Symbole sind nämlich nicht nur als Begriffe aufzufassen, sondern *gleichzeitig* als bewußte psychische *Repräsentanzen:* An den Repräsentanzen spielen sich Besetzungsvorgänge ab; sie sind die imaginären Abbilder des Triebobjekts bzw. der Partialobjekte; die Aktualisierung der Abbilder bietet Gelegenheit zu einem halluzinatorischen Abführen von Triebenergie und damit zur (partiellen) Triebbefriedigung. Somit gelangt *Lorenzer* zu folgender Argumentationskette:

„1. Repräsentanzen sind Symbole, d.h. Produkte eines Symbolbildungsprozesses,
2. Repräsentanzen sind die Elemente der Besetzungsvorgänge, an ihnen als der inneren Welt der Menschen spielen sich die Triebbesetzungen ab.
Es ist naheliegend beide Positionen zu verbinden und zu schließen:
3. Die Triebbesetzungen spielen sich an Symbolen ab."[92]

Lorenzer unterscheidet

„. . . das Zentrum der Symbolbildung . . . von den Reizquellen, aus denen Symbole erwachsen. Jenes Zentrum ist im ‚Ich' zu suchen, die ‚Reizquellen' dagegen können ganz unterschiedlich beheimatet sein, u.a. zählt hierzu das Ubw mit dem Schatz seiner verdrängten Gehalte. Die Symbolbildung läuft demnach folgendermaßen ab: Unbewußte Inhalte werden unter bestimmten Bedingungen vom Unbewußten ‚freigegeben', um vom erkennenden Ich aufgenommen und verarbeitet zu werden."[93]
„Einzig das Ich darf als eine formgebende, symbolbildende Instanz gelten, während umgekehrt die Funktion des Ubw als eines Reservoirs an reizaktivem, *noch nicht* oder *nicht mehr* bewußtseinfähigem Material aufzufassen ist."[94]

Als Repräsentanzen unterliegen die Symbole also den Vorgängen der Triebökonomie, indem sich an ihrem Inhalt – der Halluzination von als

91 Vgl. *Habermas* (1968a), S. 293.
92 *Lorenzer* (1970b), S. 78.
93 Ebenda, S. 76.
94 Ebenda, S. 77.

befriedigend erlebten Interaktionen – spannungslösende Besetzungen mit libidinöser Energie abspielen.
Nun haben die Symbole als Repräsentanzen (wie als Begriffe auch) immer schon eine interaktionelle Dimension: Da das ursprüngliche Erleben des Liebesobjekts immer schon in eine libidinös befriedigende *Interaktion* eingebettet gewesen ist, ist auch die Objektrepräsentanz immer Repräsentanz einer Interaktion, d.h. Repräsentanz eines „Verhaltens-in-Beziehung-zu". Jede Objektrepräsentanz ist daher unzertrennbar verbunden mit einem korrespondierenden Teil der Selbstrepräsentanz („Mutter-inBeziehung-zu-mir" und „Ich-in-Beziehung-zur-Mutter").

Wenn Symbolisierung von Interaktionen jetzt auch *Symbolisierung von Objektbeziehungen* bedeutet, so muß sich ein ungelöster Konflikt in der Objektbeziehung, die Neurose also, auch symboltheoretisch fassen lassen: als Symbolzerstörung, als „Sprachzerstörung".
Die Neurose ist dann so zu verstehen, daß der betreffende konflikthafte Triebwunsch bzw. die hiermit verbundene Objektrepräsentanz aus dem Bereich des Bewußtseins herausgezogen wird: mit ihr verschwindet auch das implizierte bewußtseinsfähige Handlungsmotiv. Das „Ziel" ist erreicht, wenn es einen sprachlich interpretierbaren Wunsch nach der ursprünglich angestrebten Objektbeziehung „nicht mehr gibt".

„Weil die Objektrepräsentanz weder freigegeben werden kann noch auch ‚mit Besetzung' bewußt ertragen werden kann, wird sie ‚verleugnet'. In Umkehrung der *Freud*schen Bemerkung kann die Verdrängung so als ‚innere Verleugnung' aufgefaßt werden."[95]

Das verdrängte Symbol, oder anders ausgedrückt, die desymbolisierte Objektrepräsentanz nennt *Lorenzer* „Klischee". *Klischees* stammen von bewußten Repräsentanzen ab und sind ins Unbewußte verdrängt worden, sie sind *unbewußte Repräsentanzen.* Klischeebildung ist also Desymbolisierung und damit Herauslösen des Bedürfnisses „aus der Bedürfnisinterpretation selbst"[96]. Das Bedürfnis ist dann weder dem eigenen Ich noch anderen kommunizierbar.
Das dem Ich selbst nicht verständliche symptomhafte Verhalten wird stets der sekundären Bearbeitung, der Rationalisierung durch nicht-tabuisierte Bedeutungen unterworfen.
Der neurotisch Kranke spricht „normal weiter".

„Man kann . . . sagen, die sekundäre Bearbeitung hebt den Sprachverlust auf, wie auch, sie vertieft ihn. Das ‚Bewußtsein' erweist sich in diesem Punkte als Danaergeschenk. Denn durch die unablässige Überformung allen Verhaltens wird der

95 Ebenda, S. 84.
96 *Habermas* (1968a), S. 295.

Verlust an subjektiver Verfügung (als der ein Verfall in klischeebestimmtes Verhalten gelten muß) ebenso ausgeglichen wie irreführend zugedeckt."[97]

Die Abspaltung der interpretierbaren Motive hat also nicht Sprachlosigkeit zur Folge, sondern *Sprachzerstörung.*

Der „grammatische Zusammenhang ist . . . gleichsam unterirdisch geworden. Er gewinnt seine Gewalt dadurch, daß er die Logik des öffentlichen Sprachgebrauchs durch semantisch falsche Identifikationen verwirrt."[98]

Das klischeebestimmte Verhalten ist nicht mehr mit der Umgangssprache kongruent, Handlungen und Bedeutungen werden – bei intakter Grammatik! – auseinandergerissen. Teile der Sprache haben weiterhin den intersubjektiv verständlichen semantischen Gehalt, andere Teile wiederum sind zwar in die grammatische Struktur reintegriert, aber der semantische Gehalt ist „privatisiert":[99] Es entsteht eine „pseudokommunikative Privatsprache"[100].
Nicht nur ist der Neurotiker *den anderen* dadurch nur scheinbar verständlich, sondern

„. . . die Kommunikation des sprechenden und handelnden Subjekts mit sich selbst (ist) unterbrochen."[101]
Es ist „eine Operation, die an und mit der Sprache durchgeführt wird", eine „Flucht des Ich vor sich selbst."[102]

2.2. Primär-narzißtische Schwäche der Symbolbildung

Nun ist es allerdings für unseren Zusammenhang fruchtbarer, nicht *Lorenzer*s theoretische Rekonstruktion der Symbol*zerstörung* weiterzuverfolgen, sondern stattdessen die Problematik der Symbol*bildung* eingehender in Betracht zu ziehen. Es wird sich nämlich erweisen, daß die affektiven Widerstände des *„neuen Sozialisationstyps"*, um deren Analyse es ja an dieser Stelle geht, vom Problem der Symbolbildungsfähigkeit her angegangen werden müssen.
Die Fähigkeit zur Symbolbildung bildet sich beim Kind allmählich aus der „Einführungssituation von Sprache"[103] heraus, d.h. in der (immer

---

97 *Lorenzer* (1970b), S. 91.
98 *Habermas* (1968a), S. 313.
99 Ebenda.
100 *Lorenzer* (1970b), S. 92.
101 *Habermas* (1968a), S. 278.
102 Ebenda, S. 294.
103 Vgl. *Lorenzer* (1972), S. 56 ff.

schon) symbol-vermittelten Praxis der ursprünglichen Mutter-Kind-Dyade.[104]

Die Urform der Kommunikation zwischen Mutter und Kind – als Vorstufe zur Symbolbildungsfähigkeit – besteht im dialogischen Zeigen.

„1. Worauf ‚gezeigt' wird in der Mutter-Kind-Dyade, ist kein ihr äußerlicher Gegenstand. Der Gegenstand der initialen Prädikation ist vielmehr die Mutter-Kind-*Dyade selbst* oder, genauer gesagt, die in der realen Szene ‚realisierte' Interaktionsform. Diese Interaktionsform erhält einen Namen.
2. Der gezeigte Gegenstand ist mit der Mutter-Kind-Dyade einer *aktuell vorliegenden* Form identisch.
3. Der zeigende Partner besteht als abgegrenztes Subjekt für das Kind sowenig, wie dieses selbst sich als Subjekt erfahren könnte. Mutter und Kind sind identisch als ein Kontinuum, das sich noch nicht voll aufgespalten hat."[105]

Die Fähigkeit des Kindes zur Symbolbildung entsteht im Verlaufe eines stufenweisen Prozesses[106]. Aus der Grundsituation des Mutter-Kind-Kontinuums erwächst die Möglichkeit zu Differenzierungsschritten, die über die Unterscheidung zwischen wärmespendend-befriedigenden und kalt-frustrierenden Interaktionen zur Unterscheidung von „gutem" und „bösem" Mamabild gelangen, und die diese Bilder schließlich zur „lieben und gleichzeitig bösen Mama" integrieren lassen.
Die symbolische Repräsentanz wird in dem Augenblick gebildet, in dem das Kind sich als vom mütterlichen Objekt *getrenntes,* „selbständiges" Subjekt erfährt und erkennt. Die Fähigkeit zur Bildung von Repräsentanzen ist gleichbedeutend mit der zur Prädizierung von Interaktionsformen.
Es handelt sich also hierbei um eine Entwicklung, bei der

„. . . der Sprachaufbau von den sprachlos eingeübten Interaktionsformen über prädizierte Interaktionsformen letztendlich zu einer reichen Entfaltung davon abhängiger Subjekt-Objekt-Repräsentanzen führen wird."[107]

Die mit der Prädizierung bezeichnete Abgetrenntheit vom Mutterobjekt kann nun aber gleichzeitig vom Kind *ertragen* werden, weil auch die verselbständigte *Halluzination* des Mutterobjekts partiell ausgleichende Befriedigungsmöglichkeiten bietet.

---

104 Vgl. ebenda, S. 71: „Die vorsprachliche Situation in der Mutter-Kind-Dyade ist nie ‚außersprachlich', wie das Interaktionsspiel der Mutter-Kind-Dyade immer schon eingebettet ist in die Sprachspiele der Mutter innerhalb der Praxisgemeinschaft, in der sie steht."

105 Ebenda, S. 77.
Die Prädikation ist die „zeigende" Verknüpfung eines bestimmten Lautkomplexes, mit dem ihm innerhalb eines Sprachsystems zukommenden Bedeutungsgehalt.

106 Vgl. ebenda, S. 101–104.

107 Ebenda, S. 100.

„Die Möglichkeit, bestimmte Interaktionsformen prädizieren zu können und damit Interaktionsform im Symbol zu verselbständigen, erweitert die Verfügung des schrittweise aus der Mutter-Kind-Dyade sich lösenden Individuums. Die Ablösung . . . aus dem szenischen Verband der Einführungssituation . . . erlaubt . . . die selbständige Reproduktion als ‚geistige Vergegenwärtigung' der ursprünglich realen Szene, unabhängig vom Vorliegen der realen Reizkombination . . . "[108]

Die Vorformen der Symbole, in die die präverbalen Interaktionsformen eingehen und die nicht bewußtseinsfähig sind, nennt *Lorenzer* „Protosymbole". Wenn die Fähigkeit zur Symbolbildung erlangt ist,

„(verschwinden) die Protosymbole nicht einfach . . . , sondern (werden) im Netz ihrer Beziehung im ‚Hintergrund' des Bewußtseins gehalten."[109]

„Protosymbole sind mithin jene benannten Interaktionsformen, die auf dem als Ausgliederung und Identitätenbildung gekennzeichneten Weg ‚auf der Strecke bleiben'."[110]

Als in diesem Sinne ‚auf der Strecke geblieben' können sowohl diejenigen Interaktionsformen gesehen werden, die

„. . . nie in den Bereich sprachlich begriffener Handlungsnormen aufgenommen wurden",

als auch

„diejenigen Interaktionsformen, die aus dem Sprachkonsensus wieder ausscheiden, weil die Entwicklung mehr oder minder zwanglos forschritt . . . ",[111]

indem sie im Verlaufe der phasenspezifischen Umorganisierung von Interaktionsformen abgelöst wurden.[112]
Die Mutter-Kind-Dyade ist also, solange sie vom Kind noch nicht symbolisch prädiziert werden kann, durch nicht bewußtseinsfähige *Protosymbole* repräsentiert, die demnach auch noch keine Subjekt-Objekt-Trennung zum Inhalt haben:

„Erst die Symbolarbeit hebt die Verschmelzung von Selbst und Welt auf . . . "[113]

---

108 Ebenda, S. 80 f.
109 Ebenda, S. 119.
110 Ebenda.
111 Ebenda, S. 133.
Wir können damit drei Arten von Interaktion unterscheiden, die aus der Sprachfähigkeit ausgeschlossen sind: die beiden eben angeführten (die als Protosymbol verbleibende oder die auf ihren Status **„abgeschobene")** und „diejenigen Interaktionsformen, die unter Zwang aus der Sprache ausgeschlossen, zugleich aber als Interaktionsformen fixiert werden" (ebenda, S. 133): die Klischees.
Eine zusätzliche Form der Veränderung von Symbolen liegt dann vor, wenn sie zunehmend ihren emotionalen Beziehungsgehalt verlieren und zu formalisierten „Zeichen" vergegenständlicht werden; vgl. *Lorenzer* (1970a), S. 109 f.; (1970b), S. 85 f.; (1972), S. 134.
112 Vgl. ebenda, S. 126.
113 *Rossbroich* (1972), S. 66.

An diesem Punkt nun mündet der Gedankengang wieder in die Problemlage des „neuen Sozialisationstyps" ein.
Wir haben ausführlich entwickelt, daß dessen Objektbeziehungen nicht primär durch neurotizide Konfliktkonstellationen geprägt sind, die zur Folge hätten, daß nicht lizensierte Triebwünsche aus der sprachlichen Kommunikation ausgeschlossen bzw. die triebbesetzten Objektrepräsentanzen desymbolisiert würden.
Wir haben es hier also auch nicht primär mit der Neurose-Symptomatik, der Sprachzerstörung, zu tun bzw. mit dem therapeutischen Rekonstruktionsversuch, die neurotische Privatsprache durch „szenisches Verstehen"[114] zu entschlüsseln und ihre Klischeegehalte der Resymbolisierung zugänglich zu machen.
Wir haben es nicht mit *De*symbolisierung zu tun (die ja voraussetzt, daß die Schlüsselinteraktion der Mutter-Kind-Dyade erst einmal *symbolisiert* worden ist), sondern – quasi am anderen Pol – mit einer Schwäche der Symbol*bildung, soweit* die ursprüngliche Mutter-Kind-Interaktion betroffen ist.[115]
Die Bedeutung der *Diffusität* des Mutterobjekts, die die halluzinative Verschmelzung mit ihm *in Permanenz* sicherstellen soll, haben wir für die narzißtische Persönlichkeitsentwicklung ausführlich erörtert.[116]
Die Konturierung der Objekte zu libidinös besetzbaren Entitäten wird als unerträgliche Gefahr erlebt, da sie die Illusion des Omnipotenz gewährenden Verschmelzungszustandes zerstören würde. Der Narzißt ist daher darauf verwiesen, jeglichem sich libidinös intensivierenden Objektkontakt auszuweichen.

„Das Objekt darf keine körperlichen Formen annehmen, sondern muß die diffuse Kontur eines Elementes wie Wasser oder Luft beibehalten . . . In der Luft oder im Wasser kann ihm (dem halluzinierenden Narzißten, T.Z.) wie im Mutterleib nichts zustoßen, vorausgesetzt, daß er seinen eigenen Körper nicht spürt, d.h. einem anderen Schweregesetz unterliegt."[117]
„Die ursprüngliche Motivation mit negativem Ziel, sich der Triebgefahr zu entziehen, wird durch eine Motivation mit positivem Ziel verstärkt. Sie legt die Richtung des Rückzuges zu einer Vereinigung mit einem elementaren Objekt fest. Im Kontrast mit ihm verlieren alle Triebgefahren ihren bedrohlichen Akzent. Eine solche Motivation wirkt wie ein Sog, die gefährlichen menschlichen Kontakte gegen einen unendlich wohligen Zustand des primären Narzißmus einzutauschen."[118]

114 Vgl. *Lorenzer* (1970b), S. 104 ff.
115 Das bedeutet gleichzeitig, daß die Symbolbildungs-Schwäche nicht *nur* mit *psychotischem* Realitätsverlust in Verbindung gebracht werden darf, wie *Lorenzer* (1972, S. 148) es nahelegt.
116 S. oben, Teil 5, Abschn. 5.
117 *Argelander* (1972), S. 57.
118 Ebenda. S. 102. Vgl. bereits oben. Teil 6. Anm. 114.

Die nutritive Einheit mit dem primär-narzißtischen Mutterobjekt kann nun dadurch beibehalten werden, daß die primär-narzißtische Mutter-Kind-Interaktion *nicht* symbolisiert wird, sondern in ihrer Symbolvorform verbleibt: d.h. die Repräsentanz der Mutter-Kind-Symbiose *behält* ihren Status als *Protosymbol.* Die homöostatische Erlebnisqualität der vorsprachlichen Interaktionsform wird somit weiteren (symbolischen) Veränderungsprozessen entzogen und gewissermaßen protosymbolisch „festgehalten".
Fortan ist auch der narzißtische Symbiose-Wunsch von der weiteren Sprachentwicklung abgekoppelt und wird nicht mehr in die sprachliche Bedürfnisartikulation mit einbezogen.
Wohlgemerkt, es handelt sich nicht um einen Defekt, der das Subjekt gegen Symbolbildung *überhaupt* „verriegelt"[119], wie es für die in Psychose einmündende Sozialisationsentwicklung typisch ist: Das Verharren auf einer vorsymbolischen Stufe betrifft inhaltlich *nur* die ursprüngliche symbiotische Mutter-Kind-Beziehung.
Da das narzißtisch strukturierte Kind *auch* eine phasengerechte *Triebentwicklung* eingeht – die allerdings nicht als ich-gerecht integriert werden kann –[120], geht es auch phasenspezifisch veränderte Interaktionsformen ein, symbolisiert diese und bildet (zusätzliche) nicht-narzißtische Mutterrepräsentanzen.
Die über libidinöse Besetzungen der Symbole vermittelte Sprachentwicklung ist also *insgesamt* nicht gefährdet; es wird lediglich eine einzige Objektbeziehung aus dieser Entwicklung ausgeklammert – allerdings die für die weitere psycho-strukturelle Entwicklung entscheidend prägende.
Die Mutterrepräsentanzen spalten sich also in ein vielgliedriges System auf: Ein Teil dieser Repräsentanzen hat (als primär-narzißtische) den Charakter von Protosymbolen und ein Teil (als libidinös-phasenspezifische) den von Symbolen und ggf. (nämlich im Falle des „zusätzlichen" neurotischen Konflikts) auch den Charakter von Klischees.
Sogar noch eine weitere Variante der Entwicklung der Mutterrepräsentanzen scheint nahegelegt:
Da die eben erwähnte „zusätzliche" libidinöse Besetzung des Mutterobjekts beim „neuen Sozialisationstyp" – triebökonomisch gesehen – ungleich *schwächer* ist als beim „klassischen" Typus, bleibt die Beziehung zum (aktuellen) Mutterobjekt vergleichsweise oberflächlich und formalisiert. Damit aber verändert sich das (aktuelle) Muttersymbol

119 *Lorenzer* (1972), S. 145.
120 S. oben, S. 142 ff.

genau in dem Sinne, den *Lorenzer* als „Zeichenbildung“[121] charakterisiert hat.

„Repräsentanzen können ihren Charakter als ‚Symbole‘ zunehmend in den von ‚Zeichen‘ umwandeln. Das ist eine ansteigende Entleerung der Bedeutung, die als eine Abschwächung von ‚emotionaler Bedeutung für das Subjekt‘ zu verstehen ist. (. . .)
(Beim Zeichen, T.Z.) erscheint die psychologische Erfahrung der fehlenden Wärme und affektiven Lebendigkeit bei Intellektualisierung und Isolierung als zunehmende Auflösung des Beziehungscharakters und d.h. als Auflösung des ‚gestischen Charakters‘ mit ansteigender Abgrenzung von Selbst und Objekt.“[122]

Das Verhältnis zur Mutter als das einer „Zeichenbildung“ vermag auch die *strukturelle* Divergenz begreiflich zu machen, die wir oben[123] als Kennzeichen der Nicht-Verständigung zwischen Eltern und „neuem Sozialisationstyp“ angeführt haben.

2.3. Subkulturell vermitteltes „Erwecken“ narzißtischer Protosymbole

Durch die Protosymbolisierung der ursprünglichen Mutter-Kind-Symbiose wird diese also der weiteren sprachlichen Reflexion entzogen. Analog zur Exkommunikation des Klischees kann man auch hier sagen, daß

„. . . der Verlust an subjektiver Verfügung . . . ebenso ausgeglichen wie irreführend zugedeckt (wird).“[124]

Dies verhindert nun aber die Artikulation und Reflexion eben derjenigen symbiotischen und Omnipotenzbedürfnisse, die den „neuen Sozialisationstyp“ in der ausgeführten Weise in eine mit narzißtischer Trennungsangst verbundene Abhängigkeit von der peer-group bringen.
Die primär-narzißtischen Protosymbole sind einerseits also Reflexionshindernis und bedürfen daher der bewußtmachenden Symbolisierung, andererseits ist in ihnen gerade auch ein *positiv*-affektives Moment der Mutter-Kind-Beziehung *aufbewahrt*, dem durchaus ein *real-utopischer* Gehalt zugesprochen werden kann, der nicht zerstört werden sollte.
Die Protosymbole machen

121 Vgl. Anm. 111 dieses Teils. Wobei hier anzumerken ist, daß *Lorenzer* die Zeichenbildung lediglich mit dem zwangsneurotischen Mechanismus der Isolierung in Verbindung bringt (1970b, S. 86). Es scheint aber plausibel zu sein, die Zeichenbildung *auch* als Folge der narzißtischen „libidinösen Investitionssperre“ (*Horn* 1972b, S. 67) aufzufassen.
122 *Lorenzer* (1970b), S. 85 f.
123 S. oben, Teil 6, Abschn. 4.3. Wir werden auf dieses Problem noch einmal bei der Behandlung des affektentleerten Verhältnisses des „neuen Sozialisationstyps“ zum Lehrer kommen: vgl. unten, Teil 8, Abschn. 2.
124 *Lorenzer* (1970b), S. 91.

„. . . die Grundlage des Phantasierens aus, das als Stachel des Nicht-Identischen gegen das allgemein Anerkannte lebendig bleibt."[125]

Folgt man – in Analogie – *Lorenzer*s Bestimmung des psychoanalytischen Therapieziels:

„Der Patient versteht sich und sein Objekt, wenn er die Beziehung zu ihnen verstanden, wenn er die Situation reflektierend als Symbol begriffen hat. Die Situation als Symbol gibt dem Patienten die Freiheit der Reflexion und der Handlung zugleich, die er in der Befangenheit in einer unbewußten, nicht symbolisierungsfähigen Beziehung nicht besaß."[126],

so heißt das für die narzißtisch strukturierte Gruppe: erst wenn die Gruppe in der im vorigen Abschnitt entwickelten Weise die gegenseitig verschränkte narzißtische Trennungsangst überwindet, ist es möglich, das Protosymbol der narzißtischen Abhängigkeit zu symbolisieren und in ichstärkende Identifikationsprozesse zu überführen..
Die Protosymbole sind nicht vollends „erloschen" und nicht der Gruppenkommunikation prinzipiell unerreichbar.

„Vor dem totalen Erlöschen bewahrt sie eben dasselbe, was alle Protosymbole am Leben erhält: der Kontakt zu den prädizierten Interaktionsformen, deren Vorgänger sie . . . sind."[127]

Allerdings gilt hierbei:

„Um sie . . . irgendwie zu erwecken, muß zweierlei geschehen: Es bedarf einer realen Interaktion, die gezielt evoziert, und das System der in Sprache eingeholten Interaktionsformen muß Platz machen, was zugleich ja auch heißt: Die Interaktionsform muß mit dem System der sprachlich lizensierten Handlungsnormen koalieren können."[128]

Eine solche Gruppeninteraktion, bei deren Entwicklung gegenseitige Angstfreiheit sich aufbaut und in der gelernt wird, die Abhängigkeitsbeziehungen und Trennungsängste zu artikulieren, vermag die primärnarzißtischen Protosymbole sukzessive zu „erwecken", mit dem Vorgang des „Erweckens" aber wiederum die entstandene Angstfreiheit und Artikulationsfähigkeit weiter abzustützen. Die ersten Folgen der sich *anbahnenden* Symbolisierungsfähigkeit unterstützen somit die *Fortsetzung* eben dieses Lernprozesses.

„Daher muß festgehalten werden, daß die Bedingungen der Möglichkeit von Reflexion als Symbolbildung . . . nicht als die Kompetenz eines solitären Individuums begriffen werden kann, sondern aufzusuchen ist in der historischen Objek-

125 *Lorenzer* (1972), S. 119.
126 *Lorenzer* (1970b), S. 193.
127 *Lorenzer* (1972), S. 126:
128 Ebenda.

tivität von Praxis, deren Struktur den Prozeß der Selbsterzeugung des heranwachsenden Individuums, sein praktisches Handeln als (vor)subjektive Leistung immer schon einbettet."[129]

In welcher Form aber kann das System der Interaktionsformen „Platz machen" (wie *Lorenzer* sagt), um die Symbolisierung zu ermöglichen, zumal wenn die gesellschaftlich dargebotenen Interaktionsmuster vom real-utopischen Gehalt der Mutter-Kind-Symbiose weit entfernt sind? Der Gehalt der Protosymbole *ist* ja ein lebensgeschichtlich aufbewahrter, der auch im kollektiven Lernprozeß *als Symbol* aufbewahrt *bleiben* soll.

Zunächst kann man feststellen, daß dieser Gehalt in seiner protosymbolischen Verhüllung – und gerade durch sie – sich der Verdinglichung der empirisch angebotenen gesellschaftlichen Interaktionsmuster entzogen hat.

„. . . gerade die geringe Einbindung der Interaktionsformen ins Sprachsystem bietet . . . Chancen: Eben weil die ‚gestörten' Interaktionsformen weniger systematisiert und d.h. stärker punktuell abgegrenzt sind, und weil die Interaktionsformen insgesamt noch gründlicher emotional verankert wie auch in Gruppensolidarität einbezogen sind, stellen sie ein unverstümmelteres Reservoir an solidarischer Potenz in den Subjekten dar."[130]

An welchen Symbol-„Vorlagen" könnten sich nun die Symbolisierungsbemühungen orientieren?

Es sind dies weniger diskursive (also dem syntaktisch gegliederten Symbolsystem entnommene) Symbole, sondern weit eher *präsentative* Symbole.

„Präsentative Symbole . . . werden jene Symbolformationen genannt, die, wie z.B. die Musik, ihre Gehalte nicht nach Art der gegliederten, ein festes Vokabular benutzenden Rede zum Ausdruck bringen."[131]

Präsentative Symbole (nicht-verbale, künstlerisch-spielerische Auseinandersetzungen) sind nicht in den vergleichweise engeren Rahmen des empirischen Angebots an allgemein-gesellschaftlich lizensierten Interaktonsformen eingebunden. In ihnen wird „Sprachloses zur Sprache"[132] gebracht. Präsentative Symbole haben daher eine *Brückenfunktion,* aus der die Erweiterung des Symbolsystems bzw. die *Neueinführung* diskursiver Symbole folgen kann.

„Wenn präsentative Symbolbildung – abgekürzt also ‚Kunst' – Emotionalität artikulieren soll, heißt dies im hier entwickelten Verständnis: sie bringt Inter-

---

129 *Rossbroich* (1972), S. 68. Vgl. ebenso *Lorenzer* (1972), S. 154.
130 Ebenda, S. 153.
131 Ebenda, S. 114.
132 Ebenda, S. 115.

aktionsformen in allgemein-vereinbarten Formen zur Darstellung. Präsentative Symbolbildung . . . ist Einigung über Interaktionssymbole, genauer: gemeinsam verbindliche Formulierung von bis dahin unbegriffenen, weil außerhalb des Konsens stehenden Verkehrsformen."[133]

Der Gehalt der präsentativen Symbole (oder anders ausgedrückt: die Substanz künstlerischer Kreativität) wird im Rückgriff auf *Protosymbole* gewonnen:

„Über ‚künstlerische Dialogsituationen' werden abgewiesene Protosymbole (abgewiesen in der primären Sozialisation) mobilisiert und in den allgemeinen Konsens als neu zugelassene Symbolformationen aufgenommen."[134]

Damit ist nicht nur die Affinität des „neuen Sozialisationstyps" zu regressiven „totalen" Musikerlebnissen erklärt: sie kann nun so verstanden werden, daß die Beatmusik gerade an „Frühstadien der Symbolorganisation"[135] ansetzt, indem sie den „Totalitätsgehalt" der primär-narzißtischen Protosymbole aufweckt.
Es kann nun auch begründet werden, daß die präsentative nicht-verbale Symbolik nicht vorschnell als „regressionsfördernd" disqualifiziert werden darf: daß ihr vielmehr eine wichtige Brückenfunktion für die *Neueinführung* diskursiver Symbole zukommt.
Damit haben künstlerisch-spielerische Ausdrucksformen eine bestimmbare *therapeutische* Funktion: sie ermöglichen den Bezug zu den „schlummernden" Protosymbolen, „wecken" diese „auf" – was durch ihre Symbolisierung ermöglicht wird – und können dabei dennoch den real-utopischen Gehalt *bewahren,* indem sie die Erweiterung der verfügbaren symbolfähigen Interaktionsmuster initiieren.[136]
Die Auflösung der primär-narzißtischen Ängste verbindet sich hier also mit einem *kreativen* Potential: nämlich der qualitativen Veränderung der Verkehrsformen.
Diese Funktion neuer Symbole wird nicht überschätzt – in dem Sinne, daß sie als *Substitut* für die politische Auseinandersetzung mit *bestehenden* gesellschaftlichen Verhältnissen mißverstanden würde.[137]
Die Neueinführung von Symbolen – als Anschluß an primär-narzißtische Protosymbole und als Erweiterung der subjektiv verfügbaren Verkehrsformen – wird hier aber als *unerläßliche Voraussetzung* für einen materialistischen Selbstreflexionsprozeß angesehen, der *seinerseits* Grundlage einer „Aneignung der eigenen Subjektivität" ist und damit

133 Ebenda, S. 117.
134 Ebenda, S. 120.
135 Ebenda.
136 Vgl. hierzu *Kerbs* (1970).
137 Vgl. hierzu ebenso *Lorenzer* (1972), S. 120 f.

– im Sinne der hier entwickelten Ausführungen[138] – eine emanzipatorische Politisierung bedeutet.
Vor dem Hintergrund dieser Gedankengänge haftet nun der Analyse der psychosozialen Politisierungsbedingungen des „neuen Sozialisationstyps" keine restaurative Trauer mehr an. Die Persönlichkeitsstrukturen, die diesen Typus vom „klassischen" unterscheiden, brauchen nicht beklagt zu werden; ihre Analyse ergibt vielmehr, daß sich in den *erschwerenden* psychosozialen Bedingungen gleichzeitig ein Potential der *Veränderung* von Verkehrs- und Reflexionsformen zeigt; daß dieser „neue" Typus sich qualitativ in einer Weise vom „klassischen" unterscheidet. die definitiv *positiv* bewertet werden kann.

138 Vgl. oben, Teil 2, Abschn. 1.

Teil 8

Narzißtisches Vermeidungsverhalten und methodische Schwierigkeiten der Selbstreflexion in Unterrichtssituationen

Es soll nun der Versuch unternommen werden, die psychosozial konstituierte „Rezeptionsbasis" der Jugendlichen in ihrem Verhältnis zu den Möglichkeiten und Grenzen von Selbstreflexion *in der Schule* zu bestimmen. Dies wird insbesondere unter dem Aspekt von möglichen Angstprozessen zu erörtern sein, die – von der Institution Schule hervorgerufen oder verstärkt – eine auf Selbstreflexion zielende Kommunikation erschweren bzw. verzerren können.

Diese Kommunikation erstrebt die Reflexion der lebensgeschichtlichen und der horizontal-interaktionellen Dimension von Identität; als Bewußtwerden der „balancierenden" Konstitution von Identität – als *kollektiv produziertes* Bewußtwerden – ist Selbstreflexion im schulinstitutionellen Rahmen immer an die hierdurch gesetzten Kommunikationsmöglichkeiten und -beschränkungen gebunden.

„Die Schule kann nur dann positiv zur Konstitution der Identitätsbalance auf einem der lebensgeschichtlichen Entwicklung der Schüler entsprechenden Niveau beitragen, wenn sie den Schülern die Chance bietet, auch ihre frühkindlichen Erfahrungen mit Triebimpulsen und Affekten in den schulischen Kommunikations- und Handlungszusammenhang einzubringen, ohne bestraft oder benachteiligt zu werden. Das szenische Arrangement der Schule dürfte deshalb die Abwehr unerwünschter Impulse und Affekte der Individuen nicht unreflektiert verstärken und verhärten. Vielmehr müßte nach Möglichkeiten gesucht werden, das Arrangement für eine ungebrochenere Darstellung früherer Erfahrungen der Interaktionspartner zu eröffnen. Dazu gehört zugleich, daß die interaktionellen Erfahrungen und schulischen Szenen und die in ihnen relevanten Bedingungen von Interaktion einer bewußten Reflexion und Bearbeitung zugänglich gemacht werden müßten."[1]

Bezogen auf den Akt der Selbstreflexion ist die Identität des Schülers Kommunikations*inhalt* und Kommunikations*bedingung zugleich;* das, *worüber* kommuniziert wird, ist gleichzeitig Bestimmungsfaktor darüber, *wie* kommuniziert werden kann.

---

1 *Wellendorf* (1973), S. 261; zum Verständnis der Schule als „szenischem Arrangement" vgl. ebenda, S. 24–25.

Die *inhalts*bezogene Kommunikation über die Identität der Kommunizierenden ist ein Prozeß *materialistischen Denkens*, die *bedingungs*bezogene Kommunikation ist ein Prozeß der *Metakommunikation*.[2] Jeder Prozeß ist durch den anderen bedingt: Die Reflexion der Identität ist an Metakommunikation gebunden, so wie die Metakommunikation nur im Lichte der Identität sinnvoll sein kann. Das heißt konkreter: diejenige psychosoziale Situation des „neuen Sozialisationstys", auf deren Verstehen die Reflexion sich richtet, ist bereits real wirkende Bedingung eben dieser Reflexion.
Die Schule ist in diese Doppeltheit von inhaltlicher und Meta-Ebene insoweit miteinbezogen, als sie im Prozeß der Selbstreflexion sowohl als Kommunikations*inhalt* präsent ist (Schule als Erfahrungsfeld der Jugendlichen) als auch als Kommunikations*bedingung* (Schule als Ort der zu organisierenden Selbstreflexion). Kommunikationstheoretisch gesehen handelt es sich hier um das, was *Watzlawick* u.a. unter der Differenzierung von Inhalts- und Beziehungsaspekt der Kommunikation verstehe

„Wenn man untersucht, *was* jede Mitteilung enthält, so erweist sich ihr Inhalt vor allem als Information. (. . .) Gleichzeitig aber enthält jede Mitteilung einen weiteren Aspekt, der viel weniger augenfällig, doch ebenso wichtig ist – nämlich einen Hinweis darauf, wie ihr Sender sie vom Empfänger verstanden haben möchte. Sie definiert also, wie der Sender die Beziehung zwischen sich und dem Empfänger sieht, und ist in diesem Sinn seine persönliche Stellungnahme zum anderen."[3]
„Jede Kommunikation hat einen Inhalts- und einen Beziehungsaspekt, derart, daß letzterer den ersteren bestimmt und daher eine Metakommunikation ist."[4]

Die Ignorierung dieser Tatsache hätte für eine intendierte Selbstreflexion die Folge, das Wissen über den Inhalt der Reflexion (bzw. die psychosoziale Situation des „neuen Sozialisationstyps", soweit sie im Vorverständnis der Beteiligten bereits entschlüsselt werden konnte) gar nicht mehr in die Einschätzung der Reflexions*bedingungen* (d.h. der Frage, welche psychischen Abwehrstrukturen der Selbstreflexion entgegenstehen) miteinzubeziehen. Selbstreflexion ist aber unter dem Aspekt ihrer Kommunikationsproblematik Inhalts- *und* Beziehungsproblem der Beteiligten.

---

2 Vgl. *Watzlawick* u.a. (1969), S. 41 f.: „Wenn wir Kommunikation nicht mehr ausschließlich zur Kommunikation verwenden, sondern um *über* die Kommunikation selbst zu kommunizieren . . . , so verwenden wir Begriffe, die nicht mehr *Teil* der Kommunikation sind, sondern (im Sinne des griechischen Präfix *meta*) *von* ihr handeln."
3 Ebenda, S. 53.
4 Ebenda, S. 56.

1. METHODIK ALS THEORIE DER UNTERRICHTS-KOMMUNIKATION

Die Reflexion der Kommunikationsbedingungen, unter denen die Selbstreflexion der Jugendlichen in der Schule stattfindet bzw. stattfinden kann, wird hier als ein Problem der *Methodik* verstanden. Das hierbei implizierte Verständnis von Methodik bedarf allerdings einer kurzen Erläuterung:

Die gegenwärtige Diskussion um den Bedeutungsgehalt des Methodikbegriffs wird in der Regel mit der um den Didaktikbegriff verbunden. Grob strukturiert lassen sich hierbei drei Positionen ausmachen:[5]

Eine, die einen erweiterten Didaktikbegriff repräsentiert, in dem Didaktik als allgemeine Theorie der Unterrichtskommunikation verstanden wird[6]; eine zweite Position, die Didaktik enger, nämlich als Theorie der Bildungsinhalte auffaßt und diese der Methodik (als Theorie der Vermittlungstechniken) überordnet[7]; schließlich eine dritte Position, die Didaktik als Theorie der Steuerung von Lernprozessen definiert, sich strikt auf informationstheoretische Fragestellungen zu beschränken sucht und die Frage der Inhalte gerade aus der Didaktikkompetenz ausgrenzen möchte.[8] Einmal ist die Methodik der Didaktik inhärent, einmal ist sie ihr untergeordnet und einmal ist sie mit ihr identisch.

Ohne auf eine Diskussion dieser Ansätze eingehen zu wollen, sei hier nur gesagt, daß der hier gebrauchte Methodikbegriff dort nicht ohne weiteres eingeordnet werden könnte; er ist weit und eng zugleich; „weit", weil er als *Theorie der Unterrichtskommunikation* verstanden sein soll; „eng", weil er sich nicht anheischig macht, die zu behandelnden Inhalte vorweg als „Ziel" zu implizieren.[9]

---

5 Vgl. ähnlich *Klafkis* (1970, S. 64–73) Unterscheidung.

6 So die sog. „lerntheoretische Didaktik" der Berliner Schule Heimanns und Schulzes. (Deren Bezeichnung als „lerntheoretisch" hat nichts mit der behavioristischen Lerntheorie zu tun.) Vgl. hierzu auch *Blankertz* (1972), S. 89–113 sowie *von Staehr* (1973), S. 29–38.

7 So die bildungstheoretische Didaktik der geisteswissenschaftlichen Pädagogik-Richtung im Gefolge v.a. Wenigers. (Vgl. *Blankertz,* 1972, S. 28–50, sowie *Klafki,* 1970, S. 70–73). So auch die Curriculumtheorie Robinsohns; vgl. *Blankertz* (1972), S. 162–176.

8 So die informationstheoretische Didaktik der kybernetischen Ansätze Franks und Cubes; vgl. *Blankertz* (1972), S. 51–61 sowie *von Staehr* (1973), S. 11–13.

9 Vgl. oben, Teil 1, Abschn. 1.1., die Ausführungen zur Technologisierung der Pädagogik durch Ziel-Mittel-Bestimmungen.

Hierbei orientieren wir uns vor allem am Methodikverständnis *Giesecke*s[10]. *Giesecke* verdeutlicht, daß zunächst das Verständnis der im Unterricht vollzogenen *Kommunikation* von der einengenden begrifflichen Koppelung an den tatsächlichen oder intendierten Lernprozeß freigesetzt werden muß. Kommunikation im Unterricht ist *mehr* als der Unterrichts-Lernprozeß, ja nicht selten auf diesen überhaupt nicht bezogen.[11] Und auch dort, wo Kommunikation sich auf den Lernprozeß bezieht, geht sie funktional über diesen hinaus.

„Damit ist ausgedrückt, daß das Lernen niemals den Zweck allein in sich selber trägt, auch nicht allein ‚für spätere' soziale Handlungen erfolgt, sondern immer auch *unmittelbar* befriedigenden Zielen dienen muß."[12]
„Gemeint ist, . . . daß Lernen, abstrakt gefaßt, überhaupt kein soziales Handlungsziel sein kann, daß es vielmehr immer mit anderen sozialen Handlungszielen gekoppelt erscheint."[13]

Damit ist Methodik, wie weit oder eng auch immer, nicht mehr einfach durch ihr Verhältnis zur Didaktik (im Sinne der Inhaltsentscheidungen) zu bestimmen.

„Das Verhältnis von Methodik und Didaktik ist nicht einfach das der Deduktion. Methodik ist nicht nur die unterrichtstechnische Anwendung von Didaktik. (. . . Die relative Autonomie der Didaktik zur Methodik und umgekehrt hängt vor allem damit zusammen, daß beide nach meiner Auffassung nicht in erster Linie vom *Endergebnis* her zu strukturieren sind, von einem zu antizipierenden Bewußtseins- und politischen Sozialisationsergebnis, sondern von der wissenschaftlichen Bearbeitung des immer schon vorliegenden Bewußtseins-und Erfahrungsstandes her."[14]

Wenn hier Selbstreflexion als kollektives Bearbeiten der persönlichen und sozialen Identität verstanden wird, können wir also *Giesecke* folgen, wenn er sagt:

„Methodik hat in diesem Zusammenhang die Aufgabe, die Kommunikationsbedingungen und -chancen solcher kollektiver Bearbeitungen zu untersuchen und darzustellen."[15]
„Die methodische Theorie ist weniger eine Theorie über den *gelungenen* Unterricht als vielmehr eine Theorie über die Faktoren des möglichen Mißlingens und darüber, wie man die Zahl und das Ausmaß solcher Faktoren möglichst gering halten kann."[16]

10 Vgl. *Giesecke* (1973), S. 7–23.
11 Dies veranschaulicht z.B. die Beschreibung des „heimlichen Lehrplans" ein jeder Schule, vgl. *Jackson* (1973).
12 *Giesecke* (1973), S. 42.
13 Ebenda, S. 99.
14 Ebenda, S. 7.
15 Ebenda, S. 8.
16 Ebenda, S. 24.

2. NARZISSTISCHES VERMEIDUNGSVERHALTEN UND TECHNOLOGISIERUNG DES SCHULBETRIEBS

Vor allem *Fürstenau*[17] und *Wellendorf*[18] haben erläutert, daß der eben angeführte kommunikative „Überschuß", der stets durch diejenigen Kommunikationsgehalte gegeben ist, die über den jeweiligen Lernprozeß hinausreichen oder auch „neben" ihm bestehen, in hohem Maße unbewußt ist; er ist unbewußt, weil er auf einer Übertragungs- bzw. Gegenübertragungsebene Triebgeschehen repräsentiert, dessen zugrundeliegenden konflikthaften Ursprungsszenen[19] aus der „inneren" und intersubjektiven Kommunikation ausgeschlossen werden.

Schon *Bernfeld* hat diese Übertragungsdimension des institutionalisierten Erziehungsverhältnisses analysiert:

„Entsteht zwischen Kind und Erzieher überhaupt eine Beziehung, so wird unweigerlich und unvermeidlich die Ödipusbeziehung sich aus ihr entwickeln. Und zwar von beiden Seiten her. Das Kind wird den Erzieher lieben (oder hassen oder lieben und hassen), wie es Vater oder Mutter liebt oder liebte. (. . .) Und der Erzieher, was bleibt ihm anderes übrig, als die Rolle anzunehmen. (. . .) Er spielt seine Rolle freiwillig, mit Begeisterung und Hingabe, unter dem Widerholungszwang, wenigstens unter den Einwirkungen seines eigenen Ödipuskomplexes. Dies Kind vor ihm ist er selbst als Kind."[20]

Hierbei ist es nun von besonderer Bedeutung, daß die Verdrängung der *in* der Kommunikation enthaltenen Triebimpulse *aus* der Kommunikation nicht nur im *lebensgeschichtlich* gebildeten Abwehrsystem der Beteiligten ihren Grund hat, sondern auch in der Struktur der pädagogischen Institution selbst. Individuelle Abwehrvorgänge erlangen hier (in der Institution) noch einmal eine gewissermaßen institutionsoffizielle sekundäre Bearbeitung.[21]

---

17 Vgl. *Fürstenau* (1964).
18 Vgl. *Wellendorf* (1970), (1973).
19 Wobei gezeigt werden wird, daß es sich hierbei *nicht* nur um *libidinöses* Triebgeschehen handelt, sondern auch um narzißtische Strebungen.
20 *Bernfeld* (1971), S. 114.
21 Vgl. *Freud*, GW IX, S. 117: „Eine intellektuelle Funktion in uns fordert Vereinheitlichung, Zusammenhang und Verständlichkeit von jedem Material der Wahrnehmung und des Denkens, dessen sie sich bemächtigt, und scheut sich nicht, einen unrichtigen Zusammenhang herzustellen, wenn sie infolge besonderer Umstände den richtigen nicht erfassen kann. (. . .) In allen Fällen können wir dann nachweisen, daß eine *Umordnung* des psychischen Materials zu einem neuen Ziel stattgefunden hat, oft eine im Grunde recht gewaltsame, wenn sie nur unter dem Gesichtspunkt des Systems begreiflich erscheint.
Es wird dann zum besten Kennzeichen der Systembildung, daß jedes der Ergebnisse desselben mindestens zwei Motivierungen aufdecken läßt, eine Motivierung aus den Voraussetzungen des Systems – also eventuell eine wahnhafte – und eine versteckte, die wir aber als die eigentliche wirksame, reale. anerkennen müssen."

Damit soll nicht gesagt sein, daß schulische Interaktionsprozesse nur als Verlängerung unbewußter frühkindlicher Muster des Konfliktverhaltens interpretiert werden können; wohl aber, daß die spezifische Struktur schulischer Interaktion diese Muster aktualisiert, verstärkt und absichert.[22] Dies liegt vor allem im verengten Kommunikationsverständnis (und verengter Kommunikationspraxis) begründet, welches die Schule tradiert (und welches häufig, wie wir bereits angedeutet haben, von einem verengten Methodikbegriff in der Erziehungswissenschaft reproduziert wird).
Durch das Eigenverständnis der Schule als Ort zweckgebundener und zweckgesteuerter Informations- und Rezeptionsprozesse wir der *Beziehungs*aspekt der Kommunikationsinhalte völlig ausgeblendet bzw. als „nicht zur Sache gehörender" Störfaktor eingeordnet. Die Inhalte werden als affektneutrale Informations„bits" aufgefaßt, die einzig nach dem Kriterium ihrer Relevanz als Einzelglied innerhalb eines schrittweisen Lernprozesses zu arrangieren seien. Dadurch, daß die Inhalte ihrer Gefühls- und Erfahrungsdimension entledigt werden, unterliegen sie – auch und *gerade* wenn sie planvoll für Lernprozesse neu arrangiert werden – einer Ritualisierung[23], der eine psychodynamische Abwehrfunktion zugesprochen werden muß.
In der Terminologie *Lorenzer*s gesprochen, handelt es sich hierbei um einen Vorgang, bei dem Repräsentanzen zu Zeichen verdünnt werden und damit ihren Symbolcharakter verlieren. Es kommt zu einer Bedeutungsentleerung der Inhalte bzw. zu einer „Entleerung von ‚emotionaler Bedeutung für das Subjekt' "[24]. Die zunehmende Tendenz der Schule, alle Inhalte unterrichtstechnologisch zu instrumentalisieren und ihrem Realitätszusammenhang zu entreißen, erfüllt damit, psychodynamisch gesehen, die Funktion eines „zwangsneurotischen Abwehrarrangements"[25].
Geht man davon aus, daß in die schulischen Interaktionen die aktualisierten frühkindlichen Verhaltensmuster mit einfließen, so kann dies im Lichte der von uns erörterten psycho-strukturellen Entwicklung des „neuen Sozialisationstyps" interpretiert werden: Wir hatten oben[26] dessen Verhältnis zu den ödipalen Elternobjekten weniger dadurch charakterisiert, daß es sich im Verlauf intensiv libidinöser Konflikte prägte; vielmehr hält das Kind (vor dem Hintergrund seiner primärnarzißtischen Besetzung des archaischen Mutterobjekts) einen gewis-

---

22 Vgl. *Wellendorf* (1973), S. 46.
23 Vgl. *Fürstenau* (1964), S. 72, sowie *Wellendorf* (1973), S. 206.
24 *Lorenzer* (1970a), S. 109.
25 Ebenda, S. 110.
26 Vgl. oben, Teil 5, Abschn. 6.

sen „Abstand" zu den ödipalen Objekten aufrecht, der, statt des „klassichen" Objektverlangens (nach dem gegengeschlechtlichen Elternteil) eher aus einem *„negativen"* Motiv heraus verständlich ist, nämlich der Vermeidung kränkender Einschränkungen des eigenen Omnipotenzanspruchs durch die Realität.

Übertragen auf das Verhältnis zum Lehrer, bedeutet dies, daß dieser kaum mehr als kastrationsdrohender „Übervater" erlebt wird, der aggressive Triebabfuhr oder masochistische Unterwerfung provoziert. Der Lehrer ist weit eher jemand, von dem man, soweit es sich nicht um seine systembedingte Funktion als Leistungsbemesser und -gratifikateur handelt, nicht tangiert werden möchte. Er wird nicht in einem geliebt und gehaßt, sondern ist – angesichts des hohen Betrags an narzißtisch gebundener Energie – gar kein Objekt nennenswerter Triebbesetzung mehr; auch dem Verhältnis zum Lehrer unterliegen wesentlich „negative" Motive: er soll in seiner Systemfunktion möglichst wenig sanktionieren (und damit die „Laufbahn" des Schülers nicht gefährden) und er soll – als Repräsentant des Elternobjekts – nicht das narzißtisch-omnipotenzgerichtete Ichideal kränken.

Das narzißtische Vermeidungsverhalten des Schülers der Schule gegenüber *konvergiert* nun mit der unterrichtstechnologischen Affektneutralisierung der Inhalte.

So wie der Schüler vor seine psychische Energie eine „libidinöse Investitionssperre"[27] errichtet hat, so eskamotiert die Unterrichtstechnologie die affektive Dimension der „Stoffe" durch ihre Desymbolisierung zu Zeichensystemen. Narzißtische und technologische Affektneutralisierung gehen so eine „streng zweckgerichtete" Allianz ein.

Für die schulische Alltagserfahrung der Schüler äußert sich dies folgendermaßen:

„Ihr ‚schulisches' Wissen und Können ist einerseits von ihrem lebenspraktischen und sozialen Leben getrennt und andererseits auf separierte Fächer und das in ihnen nachprüfbare Wissen abgerichtet; die Integration der Erfahrungselemente findet entweder überhaupt nicht statt oder in einer Gegenbewegung zur Schule, in privater Beschäftigung. Ein großer Teil der Aktivität eines motivierten und interessierten 16jährigen Schülers ist z.B. orientiert an der Auseinandersetzung mit literarischen, politischen, sexuellen, künstlerischen und technischen Problemen, die seiner Bedürfnisstruktur und seinem spezifischen Interesse entsprechen und gleichzeitig mit hohem Lernerfolg verbunden sind, der bewußt als ‚Gegenwelt' zum gegängelten Lernen der Schule aufgebaut wird und die psychische Selbstdefinition begründet."[28]

---

27 *Horn* (1972), S. 67.
28 *Stubenrauch* (1971a), S. 158.

So kann man sagen, daß das *individuell* verankerte narzißtische Abwehrverhalten der Affektneutralität der technologischen Lernstruktur entgegenkommt; die von der *Institution* betriebene Desymbolisierung aber ihrerseits die narzißtische Abwehr der Individuen stützt.

„Kollektive und individuelle Formen der Abwehr stützen sich gegenseitig."[29] „In der gemeinsamen Inszenierung, die eine Kommunikation von Triebimpulsen und Affekten, die in den offiziellen Bedeutungszusammenhang des Arrangements nicht integrierbar sind, nicht zuläßt, sichern die Interaktionspartner zugleich ihre individuellen Praktiken der Abwehr. Umgekehrt sichern die individuellen Abwehrformen, daß im szenischen Arrangement kein kollektiver Aufklärungsprozeß in Gang kommt, durch den der Sinnzusammenhang, der in typischen Szenen rituell dargestellt wird, in Frage gestellt und aufgebrochen werden könnte."[30]

Trotz dieser Übereinstimmung individueller und institutioneller Strukturen in Hinsicht auf Affekt-„Sparsamkeit" ist das Verhältnis Schüler/Schule nicht im Sinne eines in sich geschlossenen widerspruchsfreien Systems zu sehen.
Die meisten Reformansätze und Schulversuche (insbesondere die Gesamtschulgründungen[31]) sind durchaus nicht in ihrem Selbstverständnis und in ihrer Realität auf die Dimension des Leistungsprinzips und entsprechender Kontrollverfahren zu reduzieren. Sowohl die auf programmatische Topoi wie „Selbstverwirklichung" und „Emanzipation" festgelegte reformistische Schulpolitik und -verwaltung, als auch das „pädagogische" Selbstverständnis der Lehrer können sich mit einer Legitimation der Schule vom „Leistungsprinzip" her nicht begnügen. Damit kommt es auch immer wieder zu konzeptionellen und praktisch-pädagogischen Initiativen, die letztlich immer darauf hinauswollen, eine nicht nur instrumental begründete, sondern *intrinsische* Motivation für schulische Lernprozesse aufzubauen. Hier ist besonders an die Didaktiken zu denken, die um das Prinzip der „Betroffenheit" oder der „Wahrnehmung eigener Interessen" zentriert sind.[32] Die Schule ist in der Regel um *zusätzliche*, über die technokratische „Produktionsweise" von Bildungsprozessen hinausreichende Legitimation programmatisch und praktisch bemüht. Die technokratische Selbstlegitimation ist zu zirkulär („Die Schule dient der Leistungsmessung, die Leistungen dienen dem Schulabschluß"), als daß sie sich nicht selbst anderen „Zielvorstellungen" öffnen müßte. Genau hier aber liegt der Ansatzpunkt für schulische Arbeitsformen, die versuchen, die „Affektneutralität" der

29 *Wellendorf* (1973), S. 201.
30 Ebenda.
31 Vgl. hierzu *Stubenrauch* (1971a), S. 208 ff.
32 Vgl. oben, Teil 1, Abschn. 1.1.

Stoffe und die „Affektneutralität" der Schüler nicht einfach als „gegeben" zu betrachten.
Viele der „intrinsischen" Ansätze stoßen auf eine nur schwer zu durchbrechende Mauer an affektiver Distanz und resignativer „Apathie" auf seiten der Schüler.[33] Die Distanz und Resignation ist sowohl (wie bereits aufgezeigt wurde) Erfahrungsprodukt – Erfahrung damit, wie die Schule „Wirklichkeit" „behandelt" – als auch erklärlich aus psychostrukturell verankerten Ängsten.[34]
Erst die Bearbeitung dieser Schulerfahrungen und die Reflexion eben dieser Ängste gelangt zu dem dahinter liegenden individuellen Leidensdruck, der aus den narzißtischen Persönlichkeitsstrukturen und deren Möglichkeiten der Realitätsverarbeitung resultiert. Erst dieser Leidensdruck läßt sich als Anstoß für eine *intrinsische* Motivation auffassen; er ist Ausdruck eines weigehend verschütteten Interesses nach Veränderung der eigenen Situation. Ein Interesse, das sich zunächst dadurch äußert, daß der gemeinsamen Bearbeitung von Inhalten, die den Jugendlichen eine *tatsächliche* Möglichkeit der Selbstreflexion plausibel erscheinen lassen, spontane Aufmerksamkeit entgegengebracht wird.

3. NARZISSTISCHES VERMEIDUNGSVERHALTEN UND BESTÄTIGUNGSBEDÜRFNISSE DES LEHRERS

Der erste Durchbruch hinter die scheinbar widerspruchsfreie Entsprechung von instrumentaler Schulrezeption auf seiten der Schüler und instrumentaler Inhaltsfragmentierung auf seiten des Schulsystems geht häufig auf Iniativen der Lehrerseite zurück.
Dies erklärt sich daraus, daß das psychische Verhältnis der Lehrer zu den Schülern anders strukturiert ist als das umgekehrte (Gegen-) Verhältnis. Auch hier können Gemeinsamkeiten mit dem veränderten Eltern-Kind-Verhältnis konstatiert werden.

---

33 Vgl. *Lepper* (1971, S. 34): „Schüler haben zu ihren Interessen bzw. deren Gegenständen ein gebrochenes Reflexionsverhältnis: sie werden ihnen entweder durch persönliche Abhängigkeitsverhältnisse vermittelt oder sind von ihnen gerade wider diese anachronistischen Sozialbeziehung angenommen ..."

34 Vgl. oben, Teil 6, Abschn. 3.2.

Das Verhältnis, das sich als Vorgang der Gegenübertragung interpretieren läßt, ist bereits von *Bernfeld*[35] zutreffend charakterisiert worden: als Neigung des Lehrers, die Schüler für die eigene affektive Abstützung, insbesondere für die Stabilisierung des eigenen Selbstwertgefühls zu funktionalisieren.

Wir hatten für das Eltern-Kind-Verhältnis und das dort auftretende Problem der gegenseitigen „Entfremdung" schon auf *strukturell* verschiedene Bedürfnisse hingewiesen, die dem unterschiedlichen Verhalten von Eltern und Jugendlichen zugrundeliegen: Während der Jugendliche einen *narzißtischen Rückzug* aus familialen libidinösen Erwartungen sucht, da diese für ihn eine Überforderung bedeuten, haben die Eltern libidinöse Kompensationsbedürfnisse an ihr Kind, durch welches sie in eine tendenziell neurotische *Abhängigkeit* vom Kind – als Entlastungsfaktor – geraten können.[36]

Jugend- und Erwachsenenbedürfnisse sind nicht nur der „Richtung" nach verschieden (Flucht vs. Integration) sondern auch der Qualität nach: narzißtischer Vermeidungswunsch und libidinöses Streben können sich nicht einmal auf einer gleichen Ebene des Konflikts treffen, sie sind sich gegenseitig nicht verständlich – zumindest nicht als unreflektiert ausagierte Verhaltensimpulse.

Auch bezogen auf den Lehrer läßt sich ein solches hohes kompensatorisches Abhängigkeitsverhältnis und Bestätigungsbedürfnis feststellen.

Der Lehrer ist, als professionalisierter Vermittler des tradierten Kulturbestandes, vom irreversiblen Bruch dieses Bestandes zentral betroffen: Die Tatsache, daß es zunehmend keinen solchen „Bestand" mehr gibt oder geben wird, geht an die Basis der Legitimation seines Berufsstandes.

Aus der Mittlerstellung zwischen einem solchen „Bestand" und der heranwachsenden Generation ist seine Funktion gerade erwachsen; ist der Lehrer nicht mehr oder kaum mehr „Mittler" in diesem Sinne, ist seine Berufsrolle, sein Selbstverständnis und sein Verhältnis zu den Schülern immens bedroht.

---

35 „So drängen sie den Wunsch nach Weib oder Mann, Kind, Liebe, Selbstsicherheit und Geliebtheit auf die fremden Kinder, die dieses nicht erfüllen können, selbst wenn sie wollten, und jenes nicht einmal soviel dürfen, als sie vielleicht könnten. So trägt die scheinbare sublime Liebe des Erziehers den Keim zur tiefsten Unbefriedigung in sich, denn sie ist es aus Not – innerer und auch äußerer – und damit bloß zur Not schon der geringsten Belastungsprobe nicht gewachsen." , *Bernfeld* (1971b), S. 138.

36 S. oben, Teil 6, Abschn. 4.2.

„Die in bezug auf den lehrplanmäßigen Wissensstoff und seine Verantwortung als ‚Vorbild' für die Schüler definierte institutionelle Überlegenheit des Lehrers in der Schule wird durch den gesellschaftlichen Wandel prinzipiell relativiert und in Frage gestellt, nicht zuletzt durch die Fülle von Informationen und von Mustern der Realitätsdeutung, die die Massenmedien den Schülern anbieten. (...) Der Lehrer wird ... permanent in die Situation eines Repräsentanten der Erwachsenenwelt gedrängt, der ein Monopol der Weltdeutung gegenüber den Schülern beansprucht, während er zugleich den Verlust seiner Repräsentativität erfährt. Die Schüler nehmen *beides* wahr: den Anspruch des Lehrers, Repräsentant der Gesellschaft zu sein, und die Tatsache, daß er nicht auf der Höhe der Zeit ist."[37]

Hieraus resultiert eine Einschränkung des Selbstwertgefühls, die den Lehrer zu Techniken der Verlagerung der „Quellen" veranlaßt, aus denen er sein Selbstwertgefühl speist. Weder kann also diese „Quelle" in dem nicht mehr intakten Spezialistenstatus als „Wirklichkeits"-Vermittler liegen noch im Aufrechterhalten einer disziplinarischen Ordnung, deren quasi-militärische Normen gesellschaftlich kaum noch gratifiziert würden. Die Verlagerung tendiert vielmehr zur geniun „pädagogischen" Qualität der Lehrerfunktion: zur „Erziehung", zur „menschlichen" Dimension. Dadurch aber ist das Lehrerverhalten in hohem Maße durch das Bedürfnis nach Akzeptierung und emotionaler Bestätigung durch die Schüler bestimmt: der „beliebte" Lehrer, der dennoch „Herr der Lage" sein kann, wenn er es für nötig hält, wird tendenziell zum neuen Leitbild bzw. zum Richtpunkt unbewußter Motivation des Lehrerverhaltens.

Daß diese Motivation so beträchtlich in die ganze Unterrichtsorganisation eingehen kann, ist dadurch gewährleistet, daß der Lehrer im Unterrichtsprozeß nach wie vor als zentrale „Steuerungsinstanz" fungiert. Denn nach wie vor gilt für die Lerngruppe de facto:

„Der institutionelle, d.h. hier: der unterrichtliche und erzieherische Effekt dieser Versammlung liegt in der möglichst vollständigen Monopolisierung der Trieb- und Interessenbefriedigung beim Lehrer."[38]

Die Dominanz der Lehrermotive, die sich unbemerkt durchsetzen und das eigene Verhalten unter die Erwartung stellen, emotionale Bestätigung durch die Schüler zu erfahren, stößt allerdings in der Dynamik der Lerngruppe in der Regel auf Grenzen: Grenzen, die – wie bereits dargelegt – durch die psycho-strukturelle Disposition zum narzißtischen Rückzug gesetzt werden bzw. dadurch, daß sich das Übertragungsverhältnis für den „neuen Sozialisationstyp" nicht mehr nach dem Muster des ödipalen Haß-Liebe-Konflikts herstellt.

37 *Wellendorf* (1970), S. 47.
38 *Fürstenau* (1964), S. 71.

Die strukturelle Diskrepanz zwischen Lehrer- und Schülermotiven hat *Richter* eindrücklich wiedergegeben:

„Ein Lehrer. Er weiß nicht mehr richtig, ob das Sinn hat, woran er glaubt. Deshalb will er unbedingt, daß seine Schüler ihn in seinen Idealen bestätigen. Er fühlt sich einsam und verloren. Also will er unbedingt, daß seine Schüler ihn benötigen und gernhaben, um dadurch seine Vereinsamungsbefürchtungen beschwichtigen zu können. (. . .)
Da er die Schüler so sehr zur eigenen Stützung braucht, fehlt es ihm an Kraft, sich hinreichend um die Wünsche der Kinder selbst zu kümmern. Das bringt ihn in Konflikt mit dem ihm anerzogenen pädagogischen Ideal. Also verdrängt er das, was er von den Schülern für sich will, aus dem Bewußtsein. Das bereitet ihm um so mehr innere Spannung. Infolge seines Verdrängungsprozesses kann er nun den Schülern sein Bedürfnis nicht mehr in einer Weise zeigen, daß diese darauf eingehen könnten. (. . .)
(Die Schüler) spüren, daß der Lehrer unter dem Einfluß eines eigenen Problems mit ihnen nur irgendetwas machen will, was für ihn selber wichtig ist. Der frustrierte Lehrer beginnt nun, seine verdrängten Forderungen an die Schüler in maskierter Form als ‚pädagogische Methode' zu applizieren:
(. . .) Um so weniger fühlen sich die Schüler angesprochen, die eigentlichen Bedürfnisse des Lehrers zu erfüllen. Sie fühlen sich im Gegenteil gezwungen, sich gegen dessen irrationalen Druck auf die eine oder andere Art zu wehren.
Dieses System pflegt sich kreisförmig selbst zu verstärken. Jede Seite frustriert die andere immer mehr, so daß sich der Gegensatz laufend verschärft."[39]

Das aus der Kommunikation ausgeschlossene Motiv setzt sich hinterrücks durch und kann – bleibt es so unbegriffen wie in dem eben zitierten Falle – zu ernsthaften Kommunikationsstörungen und rascher affektiver „Verhärtung" beider Seiten führen.
Aber auch dann, wenn die Beteiligten ihre Verhaltensweise zu durchschauen und einzuschätzen gelernt haben, bleibt die Situation für den Lehrer prinzipiell *dilemmatisch:* Seine affektiven Bestätigungsbedürfnisse stehen mit der pädagogischen Notwendigkeit im Konflikt, die „Andersartigkeit" der Schüler nicht nur zur Kenntnis zu nehmen, sondern auch zu bejahen. Seine pädagogisch einzig sinnvolle Bestätigung muß er darin erkennen, daß die Schüler lernen, ihn ggf. *nicht* zu bestätigen (im Sinne einer instrumentalen Bestätigung seiner Rollenfunktion, aber auch im Sinne einer möglichen Bestätigung durch Überidentifikation[40]).
Das bedingt für den Lehrer die schwierige Aufgabe, seine affektiven Bedürfnisse einerseits als motivationale Grundlage seiner Tätigkeit über-

39 *Richter* (1972b), S. 21 f.
Die kreisförmige Verstärkung der gegenseitigen Frustrations-Reaktionen von Lehrer und Schülern analysiert die *Projektgruppe* (1974, S. 288 f.) kommunikationstheoretisch. Vgl. ebenso *Watzlawick* u.a. (1969), S. 57–61.
40 Daß die Möglichkeit zur Überidentifikation durchaus gegeben ist – trotz der narzißtischen Persönlichkeitsstrukturen –, wird weiter unten noch ausgeführt werden.

haupt „einzusetzen", andererseits die daran geknüpften affektiven Erwartungen selbstreflektierend kontrollieren und begrenzen zu können. Der Erzieher muß bereit sein,

„. . . sich durch die von ihm selbst praktizierte Erziehung überwinden zu lassen . . . "[41]

Seine „Verantwortung" liegt gerade „in dem Verzicht darauf . . . , den Partner zu überwältigen."[42]

Damit sind die affektiven Erwartungen des Lehrers für einen Emanzipationsprozeß der Schüler Stimulus und Hindernis zugleich. „Hindernis" wegen der Gefahr der Funktionalisierung der schulischen Kommunikation für die eigenen Bestätigungsbedürfnisse; „Stimulus" wegen des über das instrumentale Selbstverständnis von Schule hinausreichenden Gehalts dieser Bedürfnisse: immerhin gehen mit ihnen überhaupt noch *kommunikative Erwartungen* an kollektives Lernen in den ansonsten „affektneutralisierten" Unterricht mit ein.

4. METAKOMMUNIKATION ALS HERRSCHAFTSPROBLEM

Kann dieser Widerspruch zwischen Lehrerbedürfnissen und Selbstbefreiungsnotwendigkeit der Schüler in erster Linie als *Dilemma des Lehrers* aufgefaßt werden, so gibt es noch eine weitere Komplizierung der unterrichtlichen Kommunikationsbedingungen, die *die Schüler* vor eine dilemmatische Situation stellt. Diese dilemmatische Situation droht immer gerade dann zu entstehen, wenn der Lehrer die in „seinem" Dilemma deutlich werdende Verschiedenheit der Bedürfnisstrukturen verbalisieren möchte.

Aus dem Wunsch heraus, eine „verfahrene" Kommunikationssituation zu verändern, ergreift der Lehrer häufig die Initiative dazu, die Bedürfnisdisposition und die auftretenden unterrichtlichen Kommunikationsmuster einer Selbstreflexion zugänglich machen zu wollen. Beim Versuch, über unbefriedigende oder unverstandene Kommunikationsmuster zu kommunizieren, handelt es sich also um eine *Metakommunikation,* und zwar in diesem Falle um eine Metakommunikation mit dem vom *Lehrer* verbalisierten Interesse der Kommunikations*veränderung.*

41 *Kupffer* (1974), S. 33.
42 Ebenda, S. 175.

Kommunikationstheoretisch gesehen, handelt es sich zunächst um eine *komplementäre* Situation, da der Lehrer vom Schüler „etwas will" und sich dabei von seinem Status her in einer superioren Position befindet.

„In der komplementären Beziehung gibt es zwei verschiedene Positionen. Ein Partner nimmt die sogenannte superiore, primäre Stellung ein, der anderen die entsprechende inferiore, sekundäre."[43]

Hiervon unterschieden werden symmetrische Beziehungsformen, bei denen die Kommunikationspartner sich in einer Gleichheitsposition befinden. *Fordert* nun der Lehrer die Schüler dazu *auf,* sich in ihren Bedürfnissen als gleichberechtigt und als selbsttätig zu begreifen, so *fordert* er aus einer komplementären (hierarchischen) Beziehung heraus das Herstellen einer symmetrischen (gleichen) Beziehung. Diese Situation kann nach *Watzlawick u.a.*[44] als „metakomplementär" bezeichnet werden.

„Eine metakomplementäre Interaktionssituation ist dadurch gekennzeichnet, daß Partner A auf Grund seiner superioren Position in einer komplementären Beziehung seinen Partner B auffordert oder zwingt, selbst die superiore Position einzunehmen oder eine symmetrische Beziehung zu A zu entwickeln."[45]

Aus der Sicht des Schülers handelt es sich bei dieser Metakomplementarität um eine paradoxe Handlungsanweisung:

„Folgt B der Aufforderung oder dem Zwang A's, selbst die superiore Position einzunehmen oder Symmetrie zwischen ihm und A herzustellen, dann begibt er sich zwangsläufig in die inferiore Position, indem er die ‚Befehle' A's ausführt. Lehnt B aber die Anweisungen A's ab und zeigt so ein selbständiges Verhalten und einen autonomen Willen, dann muß er ebenso zwangsläufig die Übernahme der primären Komplementärposition oder die Symmetrie verweigern. In beiden Fällen gelangt A nicht zu der von ihm erwünschten oder ‚befohlenen' Beziehungsform."[46]

Die Folgen im Schulalltag sind bekannt: gerade auf metakommunikative Reflexion, wenn sie vom Lehrer in dessen Veränderungsinteresse gesteuert wird, reagieren Schüler häufig mit Kommunikationsverweigerung oder „Ratlosigkeit" als den einzigen Verhaltensformen, die sich ihnen im Rahmen paradoxer Erwartungen noch anbieten. Das kann hingehen bis zu spannungsgeladenen Zuständen kollektiver Deprimiertheit, die keine kommunikative Klärung herbeiführen, sondern bei den Schülern lediglich ein Schuldbewußtsein produzieren, trotz der „Angebote" des Lehrer „unfähig" zu sein, diese wahrzunehmen. Das zu bil-

43 *Watzlawick* u.a. (1969), S. 69.
44 Vgl. ebenda, S. 70.
45 *Projektgruppe* (1974), S. 303.
46 Ebenda.

dende Selbstvertrauen in die Fähigkeit zur Selbsttätigkeit wird also gerade zerstört.[47]

Für das berechtigte Bedürfnis nach Veränderung der Kommunikationsbedingungen ist also nicht der „gute Wille“ des Lehrer allein entscheidend, reflektiert auf seine superiore Position verzichten zu wollen, sondern die *Form,* in der metakommunikativ reflektiert und interaktionell verändert werden soll. Immer dann, wenn in der Metakommunikation der *Lehrer* sich die führende Interpretationskompetenz zusichert, erzeugt er für die *Schüler* eine *dilemmatische* Situation, die den Veränderungsintentionen zuwiderläuft.

„Je stärker der Zwang zur Veränderung und je kürzer der Zeitraum für den Veränderungsprozeß bemessen wird, desto wahrscheinlicher müßte das Auftreten pragmatischer Paradoxien . . . “[48]

der geschilderten Art sein.

Diese methodische Gefahr kann sicherlich nicht bedeuten, daß auf Metakommunikation verzichtet wird; aber es muß bei allen „Meta“-Reflexionen die eventuell dilemmatische Schülersituation mit bedacht werden. Herrschaft erweist sich als ein strukturelles Abhängigkeitsverhältnis, das sich auch auf einer Metaebene etablieren kann, die gerade Herrschaftsaufhebung intendiert. Metakommunikation, deren Interpretation und Begründungen nicht primär durch die Schüler getragen sind, *ist* Herrschaftsausübung auf einer höheren Ebene: die „Beherrschten“ werden auf ihren Status fixiert, indem der „Herrschende“ seine Übermacht auch noch dadurch demonstrieren kann, daß er die Beherrschten „durchschauen“ kann. Für eine metakommunikative Reflexion kann der Lehrer nur Anstöße geben, anhand derer sich erweisen muß, wie sehr die Metaebene vom empirischen Interesse der Schüler aufgenommen wird oder nicht.

„Die wirklich wichtigen und fundamentalen Motivierungen kann der Lehrer nicht herstellen, er kann nur dazu verhelfen, daß sie als undeutlich vorhandene stärker ins Bewußtsein treten. So gesehen ist das Verbum ‚motivieren‘ nur intransitiv zu verwenden, d.h. nur so, daß jemand sich selbst motiviert, aber nicht von anderen motiviert wird.“[49]

Es ist somit für die Metakommunikation deutlich geworden, daß ihr nicht einfach ein aufklärender Befreiungseffekt zugesprochen werden kann, sobald der Lehrer sich in der Lage sieht, *selber* angstfrei auf sie eingehen zu können. Auch wenn die metakommunikative Interpreta-

47 Vgl. auch ebenda, S. 317.
48 Ebenda, S. 305.
49 *Giesecke* (1973), S. 29 f.

tion *wahr* sein mag, hat sie nicht notwendig eine verbessernde Wirkung auf die Kommunikationsstrukturen.

5. UMSTRUKTURIERUNG DES WELTBILDS UND NARZISSTISCHE TRENNUNGSÄNGSTE

Ähnliches soll nun auch noch über die *inhalts*bezogene Kommunikation (Kommunikation über die psychosoziale Situation der Kommunizierenden) gesagt werden, die wir als Prozeß eines materialistischen Denken charakterisiert haben.
Für diese Ebene dürfte es unmittelbar einleuchtend sein, daß der kommunizierte Inhalt nicht nur einen informatorischen, sondern auch einen psychodynamischen Stellenwert innehat. Auch hier stehen dem Aufklärungs- und Befreiungspotential der Inhalte ganz bestimmte Angstmuster gegenüber, die gerade während des Kommunikationsprozesses aktualisiert werden können und seine intendierten Reflektionsfolgen verstellen oder verzerren. Auch hier kann nicht die *Wahrheit* des Kommunizierten einziges methodisches Beurteilungskriterium sein; vielmehr steht die Frage nach der *Verarbeitungs*möglichkeit der Inhalte bzw. die Frage nach den möglicherweise ausgelösten Angstmechanismen dem in nichts nach.

„Die gleiche Aussage kann wahr und falsch sein, je nachdem, ob sie an der Realität oder ihrem psychodynamischen Stellenwert gemessen wird . . . "[50]

Zunächst seien zwei grundsätzliche Angstbarrieren genannt, die einer Selbstreflexion von vornherein im Wege stehen können, wobei sich die eine eher auf intersubjektive und die andere eher auf „innere" Verständigung bezieht.
Zum einen kann davon ausgegangen werden, daß in der Lerngruppe ein breites Spektrum extrem auseinanderliegender Lebenserfahrungen, insbesondere ein divergenter Stand der jeweiligen psycho-sexuellen Entwicklung zu verzeichnen ist. Das bedeutet, daß sich diejenigen Schüler, die in ihrer psycho-sexuellen Entwicklung „zurück"liegen, einem latenten, gelegentlich auch massiven manifesten Erwartungsdruck von seiten der Gleichaltrigen ausgesetzt sehen.
Hierbei verschärft das über Warenästhetik und Medien vermittelte Weltbild bzw. das in ihm enthaltene sexualisierte Jugendleitbild die-

50 *Adorno* (1972a), S. 63.

sen Druck und steigert die adoleszenten Ängste, im eigenen Entwicklungsstand nicht „normal" oder nicht altersadäquat zu sein.[51]
Dies bedeutet, wenn wir gleichzeitig das hochfliegende Ichideal des „neuen Sozialisationstyps" in Betracht ziehen, eine eventuell erhebliche Angst vor der „Veröffentlichung" derjenigen eigenen Identitätsaspekte, die dem Ichideal widersprechen und deren Kenntnisnahme durch die Gleichaltrigen als eine schwere narzißtische Kränkung gefürchtet werden kann. Das heißt, in der narzißtisch strukturierten Lerngruppe besteht zunächst die Tendenz gegenseitiger Absicherung voreinander, um das eigene verwundbare Ichideal zu schützen.[52] Ist diese Situation starr verhärtet, so läßt sie sich als ein wechselseitiges „Bluff"-System interpretieren:

„(Bluff erzeugt Gegenbluff.) Sowohl den Autoritäten wie den Konkurrenten gegenüber nimmt die Fähigkeit, mit sachlichen und psychischen Unsicherheiten fertig zu werden, ohne daß jemand etwas merkt, eine Schlüsselstellung ein. Angst davor, schlechter zu sein, isoliert zu werden, darf man nicht zeigen."[53]

Aber Selbstreflexion ist nicht nur durch die Angst vor ihren Rezeptionsfolgen bei den anderen erschwert. Selbstreflexion ist auch fest an die Struktur des Alltagsbewußtsein gebunden; wird dieses Alltagsbewußtsein mit neuen Kommunikationsinhalten und -formen konfrontiert, so wehrt es sich zunächst, um das eintarierte kognitive und psychodynamische Gleichgewicht zu bewahren oder wieder herzustellen.[54]

Dem „Alltagsbewußtsein, dem verdinglichte, erstarrte Erfahrungsmuster institutionalisiert sind, gelingt die Bereicherung des Erfahrungsvorrats (auch des Wissensvorrats) nur unzulänglich. (. . .)

. . . gesellschaftliche Veränderung, Veränderung der sozialen Umgebung wirkt eher bedrohlich, da sie zwanghafte Erneuerung der eingeschliffenen ‚Deutungsschemata' abfordern. Der kollektive Narzißmus des Wir bindet das Verhalten der an der Konstitution dieses Wir beteiligten Individuen an die bekannte soziale Umgebung fest. Das Unbekannte wird nicht mehr auf Bekanntes zurückgeführt, sondern abgewehrt."[55]

Eine derartige Bedrohung verursacht psychische Konflikte, auf die der Betroffene mit biografisch eingespielter Abwehr zu reagieren geneigt ist.

---

51 Vgl. oben, Teil 6, Anm. 51.
52 Daß in dieser Hinsicht innerhalb der außerschulischen subkulturellen Gruppe „offenere" Kommunikationsformen bestehen, wurde bereits angeführt; vgl. oben Teil 6, Abschn. 6.2.
53 *zur Lippe* (1974), S. 7.
54 Vgl. auch *Negt* (1971), S. 46. Für die politische Didaktik versucht *Roloff* (1972, S. 102–110) ähnliche Überlegungen fruchtbar zu machen.
55 *Leithäuser* (1972), S. 107 f.

„Gegen jede Mobilisation solcher Konflikte, die in seiner früheren Erfahrungswelt durch bestimmte Abwehrmechanismen dem Bewußtsein ferngehalten wurden (Verdrängung, Verlegung, Projektion, usw.), wird er zunächst mit den gleichen Abwehrmechanismen reagieren, und zwar so lange, bis ihm durch entlastendes methodisches Vorgehen genügend angstfreie Hilfen angeboten werden, sich mit den abgewehrten, neuen Inhalten allmählich vertraut zu machen und schließlich sich mit ihnen zu identifizieren."[56]

Die eingespielten Abwehrmuster sind beim „neuen Sozialisationstyp" nun vorrangig solche, die einen regressiven Rückzug auf das grandiose Selbst halluzinativ gewährleisten. Will man also die Aktivierung eines derartigen defensiven „Größenwahns" vermeiden, so ist es von entscheidener Bedeutung, daß die kommunizierten Inhalte in *Lernprozessen* verarbeitet werden können. Dies aber bedingt (wieder insbesondere für den Lehrer) die Berücksichtigung möglicherweise verschiedener Zeitrhythmen, in denen diese Lernprozesse stattfinden. Gerade der Lehrer kann der Gefahr einer *Routinisierung* seines Kommunikationsverhaltens erliegen, auch wenn es sich um (für den Schüler) höchst konflikthaltige und angstbesetzte Inhalte handelt. Die Routinisierung hätte eine Veränderung der Zeitstruktur zur Folge, die den Schüler (von dessen Erlebnisqualität der „Einzigartigkeit" aus) allemal überfordern und überwältigen würde.
Eine kollektive Selbstreflexion, die der Erfahrungs- und Zeitstruktur der Schüler nicht entspricht, ist *keine*. Sie ist dann ein angstbesetzter und provokanter Vorgang, der Abwehr oder Überidentifikation mit den Inhalten verursacht. Beide Reaktionsformen wären aber kein Lernprozeß, sondern narzißtische Regression: Verschmelzung entweder mit dem unantastbaren archaischen Selbst oder mit der neuen Umwelt als sozialem Uterus.
Die Reaktionsformen der regressiven *Abwehr* von Selbstreflexion sehen wir vor allem in einem Zusammenhang mit folgenden möglichen methodischen „*Fehlern*" (wiederum vor allem im Lehrerverhalten):
– es werden zu sehr provozierende Äußerungen oder Interpretationen gegeben, deren Inhalt durch keine Vermittlungsschritte mehr mit dem eigenen Welt- und Selbstbild verbunden werden kann, sondern der diesem schroff gegenübersteht (z.B. bei krass „libertinären" Äußerungen zu sexuellen Fragen):
– die Interpretationskompetenz aller Kommunizierenden (also auch des Lehrers) wird nicht von vornherein relativiert und als begrenzt erklärt; manche Schüler erliegen von daher einem Exponiertheitsgefühl, das sich in quasi magischen Ängsten äußert, sie könnten unbegrenzt

56 *Brocher* (1967), S. 43.

„psychologisch" durchschaut werden (z.B. bei laienhaften psychoanalytischen Deutungen von biografischen Erfahrungen, die in hohem Maße konflikthaltig sind);

– die kategorial-theoretische Strukturierung der Inhalte erfolgt derart affektneutral, daß der Eindruck entstehen kann, die bearbeiteten Jugenderfahrungen fungierten in erster Linie als „Material", das für vorgegebene Kategoriensysteme instrumentalisiert wird; die subjektiv erlebte Qualität der Einzigartigkeit wird dann gewissermaßen kategorial „profanisiert", was eine erhebliche narzißtische Kränkung bedeutet (z.B. bei einer Arbeitsform, die die Darstellung formalisierter Modelle sozialen Verhaltens stark in den Vordergrund rückt);

– die Darlegungen und Interpretationen erlangen einen Grad an „Totalität" und innerer Geschlossenheit, der es verwehrt, sich selbst über die Diskussion möglicher Brüche, Unverständlichkeiten oder Widersprüche *schrittweise* in das Kommunizierte hineinzudenken. Die formale Geschlossenheit der Inhalte kann geradezu einschüchternd wirken und den Betroffenen vor die Alternative der „Flucht" oder der „Totalrezeption" stellen (z.B. bei einer so gearteten Darstellung geschichtsphilosophisch fundierter Gesellschaftstheorien).

Im Falle des letztgenannten methodischen „Fehlers" kann auch eine zweite Reaktionsform verursacht werden, bei der Selbstreflexion nicht durch regressiven Rückzug versperrt wird, sondern durch Überidentifikation mit den neuen Inhalten.

Bei dem individuellen Rückzug liegt eine Trennungsangst vor, bei der der Verlust des *lebensgeschichtlich* und alltäglich affirmierten Weltbildes unter allen Umständen vermieden werden soll. Bei der Überidentifikation mit den neuen Inhalten handelt es sich auch um eine Trennungsangst, allerdings diesmal um eine vor dem Verlust an Zuwendung und Anerkennung durch die aktuelle Lerngruppe oder einzelne Mitglieder (vornehmlich wieder den Lehrer).

Das Bedürfnis nach solcher Zuwendung kann in dem Augenblick auftauchen, in dem die veränderten Kommunikationsformen bewirkt haben, daß der Unterricht nicht mehr reduziert instrumentell erfahren wird, sondern mit dem bereits erwähnten Veränderungsinteresse aus subjektivem Leidendruck heraus in Verbindung gebracht wird. Die systemtypische affektive Distanz der Schüler wird dann durch Erwartungen und Bedürfnisse ersetzt, die eher der bereits dargelegten Affinität zur subkulturellen peer-group entsprechen, damit aber auch die hierin sich äußernden Verschmelzungswünsche auf die Unterrichtssituation übertragen und Selbstreflexion verstellen.

– Dies wird durch solche Verhaltensweisen des Lehrers unterstützt, durch die (seinen Äußerungen entsprechende) Schüleräußerungen latent libidinös gratifiziert werden, also Liebesentzugsmechanismen sich einspielen;

– und durch die Referierung gesellschaftskritischer Gehalte in einer Weise, die dem Abwehrmuster der projektiven Abspaltung entspricht, also dazu tendiert, die Gruppenkohärenz durch Feindbild-Projektionen herzustellen. Gerade dieser Vorgang verstellt materialistisches Denken als ein Denken in Kategorien des Produzierens gesellschaftlicher Verhältnisse bzw. des Produktcharakters der eigenen Subjektivität.[57]

In ihrer Gänze stellen sich die behandelten methodischen Probleme als Schwierigkeiten des „neuen Sozialisationstyps" dar, mit *Ohnmachtserfahrungen* fertig zu werden.

Die Angst vor Ohnmachtserfahrungen *methodisch* zu berücksichtigen, ohne die Erfahrungen selbst *inhaltlich* zu verleugnen, ist ein verletzlicher, aber notwendiger Weg, den die Selbstreflexion zu durchlaufen hat.

„. . . die Erfahrungen der realen Ohnmacht sind alles andere als irrational . . ."[58]

Die „Verdrängung der Ohnmacht deutet nicht nur aufs Mißverhältnis zwischen dem einzelnen und seiner Kraft im Ganzen, sondern mehr noch auf die Verletzung des Narzißmus und auf die Angst, einzusehen, daß die falsche Übermacht, vor der zu ducken sie allen Grund haben, eigentlich aus ihnen selber sich zusammensetzt."[59]

Die reale Ohnmachtssituation der Subjekte *ohne* die Berücksichtigung ihres Niederschlages in narzißtischen Ängsten zu reflektieren, hieße, der realen Ohnmacht das Bewußtsein der Ohnmacht resignativ hinzuzufügen. Die Ohnmachtsituation zu *leugnen,* hieße, die *reale* Ohnmacht durch eine Ohnmacht des Bewußtseins zu reproduzieren.

Selbstreflexion ist eine kollektive Veränderung von Interaktionsformen, die es ermöglich, die *Angst* vor erfahrener Ohnmacht abzubauen, um die *Erkenntnis* von Ohnmacht verarbeitbar zu machen. „Erkenntnis von Ohnmacht" heißt: Erkenntnis der gesellschaftlichen Widersprüchlichkeit, die Ohnmacht produziert und befestigt, aber auch auf Möglichkeiten ihrer Durchbrechung und Aufhebung hinweist.

Angstfreiheit ist dann nicht die Sicherheitsillusion des Omnipotenzgefühls, sondern Illusionslosigkeit, die ermöglicht, daß die

„. . . Emanzipation verhindernden Tendenzen gleichzeitig als eine positive Erfahrungsbasis (gesehen werden können, T.Z.), auf der sich durch Reflexionsprozesse (Lernen) das darin enthaltene Potential der gesellschaftlichen Veränderung entfalten kann."[60]

---

57 Vgl. hierzu auch *Fritz* (1973), S. 71 u. 90; sowie *Negt/Kluge* (1972), S. 82 f.; sowie *Richter* (1972b), S. 28.
58 *Adorno* (1972a), S. 73.
59 Ebenda, S. 74.
60 *Ortmann* (1974), S. 153.

Der „Narzißmus" ist dann ein reflektierter: als Fähigkeit, an erfahrener Ohnmacht praktisch zu *leiden,* ohne sie als neurotischen Bruch in sich selbst hineinverlegen oder als psychotischen Bruch zwischen sich und die äußere Realität stellen zu müssen. Narzißmus ist dann das Potential, nicht-verdinglichte *Interaktionsformen* im *Kollektiv* produzieren zu können wie auch durch Interaktionsveränderungen *Kollektivität* zu *produzieren.*

Literaturverzeichnis

1. *Adorno:* (1972a) „Zum Verhältnis von Soziologie und Psychologie", in: Gesammelte Schriften, Bd. 8, Ffm.
2. *Adorno:* (1972b) „Theorie der Halbbildung", in: wie 1.
3. *Adorno:* (1972c) „Soziologie und empirische Forschung", in: wie 1.
4. *Adorno:* (1972d) „Gesellschaftstheorie und empirische Forschung" in: wie 1.
5. *Altvater:* (1971) „Der historische Hintergrund des Qualifikationsbegriffs" und „Industrieschulen und Fabrikschulen im Frühkapitalismus", in: ders./Huisken (Hrsg.), Materialien zur politischen Ökonomie des Ausbildungssektors, Erlangen.
6. *Argelander:* (1971) „Narzißmus", in: Psyche XXV.
7. *Argelander:* (1972) Der Flieger, Ffm.
8. *Ausubel:* (1971) Das Jugendalter, München
9. *Baacke:* (1970) Beat – die sprachlose Opposition, München.
10. *Baacke:* (1972) Jugend und Subkultur, München.
11. *Bateson* u.a.: (1972) Schizophrenie und Familie, Ffm.
12. *Bateson* u.a.: (1972a) „Auf dem Weg zu einer Schizophrenietheorie", in: 11.
13. *Becker:* (1974) „Rezension." (Michael Schneider, Neurose und Klassenkampf), in: Ästhetik und Kommunikation 15/16.
14. *Berndt/Reiche:* (1969) „Die geschichtliche Dimension des Realitätsprinzips", in: Habermas (Hrsg.), Antworten auf Herbert Marcuse, Ffm.
15. *Bernfeld:* (1971a) „Über eine typische Form der männlichen Pubertät", in: Antiautoritäre Erziehung und Psychoanalyse, Bd. 3, Ffm.
16. *Bernfeld:* (1971b) Sisyphos, Ffm.
17. *Blankertz:* (1972) Theorien und Modelle der Didaktik, München.
18. *Blos:* (1973) Adoleszenz, Stuttgart.
19. *Bolte:* (o.J.) Struktur und Entwicklung der Bevölkerung, Opladen (zus. m. Kappe).
20. *Bowen:* (1972) „Die Familie als Bezugsrahmen für die Schizophrenieforschung", in: 11.
21. *Brocher:* (1967) Gruppendynamik und Erwachsenenbildung, Braunschweig
22. *Brocher:* (1970) „Zur psychoanalytischen Theorie des Jugendalters", (zus. m. D. Eckensberger), in: 123.
23. *Brocher:* (1973) Aufstand gegen die Tradition, Stuttgart u. Berlin.
24. *Brückner:* (1972) Zur Sozialpsychologie des Spätkapitalismus, Ffm.
25. *Bruder:* (1971) „Taylorisierung des Unterrichts. Zur Kritik der Instruktionspsychologie". in: Kursbuch 24.

26. *Büttenbender/Rittelmeyer:* (1971) „Selbsterfahrung als Ausgangspunkt politischer Bildung – Voraussetzungen und Methoden“, in: Lüers u.a., Selbsterfahrung und Klassenlage, München.
27. *Christensen:* (1971) Sexualverhalten und Moral, Reinbek.
28. *Dahmer:* (1973) Libido und Gesellschaft, Ffm.
29. *Duhm:* (1973) Revolution ohne Emanzipation ist Konterrevolution, Köln.
30. *Duhm:* (1974)[10] Angst im Kapitalismus, Lampertheim.
31. *Eisenstadt:* (1971) „Altersgruppen und Sozialstruktur“, (Auszüge), in: 42.
32. *Enzensberger:* (1973) „Zur Kritik der politischen Ökonomie“, in: Kursbuch 33.
33. *Erikson:* (1970) Jugend und Krise, Stuttgart.
34. *Erikson:* (1971a) „Das Problem der Ich-Identität“, in: Identität und Lebenszyklus, Ffm.
35. *Erikson:* (1971b) „Wachstum und Krisen der gesunden Persönlichkeit“, in: wie 34.
36. *Fenichel:* (1972) Psychoanalyse und Gesellschaft, Ffm.
37. *Fernbach:* (1972) „Sexualität und Revolution“, in: Gente (Hrsg.), Marxismus, Psychoanalyse, Sexpol, Bd. 2, Ffm.
38. *Fischer:* (1970/71) Einführung in die politische Bildung, Stuttgart.
39. *A. Freud:* (o.J.) „Probleme der Pubertät“, in: Meng (Hrsg.), Psychoanalyse und Alltag, München.
40. *A. Freud:* (1964) Das Ich und die Abwehrmechanismen, München.
41. *Freud:* Gesammelte Werke (Wdauflg. d. 1. Aufl., London 1948), Ffm.
    Freud: GW V, „Drei Abhandlungen zur Sexualtheorie“.
    Freud: GW VIII, „Über ‚wilde‘ Psychoanalyse“.
    Freud: GW IX, „Totem und Tabu“.
    Freud: GW X, „Zur Einführung des Narzißmus“.
    Freud: GW XII, „Aus der Geschichte einer infantilen Neurose“.
    Freud: GW XIII, „Der Untergang des Ödipuskomplexes“.
    Freud: GW XIV, „Hemmung, Symptom und Angst“.
    Freud: GW XIV, „Das Unbehagen in der Kultur“.
    Freud: GW XV, „Neue Folge der Vorlesungen zur Einführung in die Psychoananlyse“.
    Freud: GW XVII, „Abriß der Psychoanalyse“.
42. *Friedeburg* (Hrsg.): (1971) Jugend in der modernen Gesellschaft, Köln u. Berlin.
43. *Friedeburg:* (1971a) „Zum Verhältnis von Jugend und Gesellschaft“, in: 42.
44. *Fritz:* (1973) Gruppendynamik und Jugendarbeit, München.
45. *Fürstenau:* (1964) „Zur Psychoanalyse der Schule als Institution“, in: Das Argument 29.
46. *Fürstenau:* (1967) Soziologie der Kindheit, Heidelberg.
47. *Gastager:* (1973) Die Fassadenfamilie, München.
48. *Giegel:* (1971) „Reflexion und Emanzipation“, in: Apel u.a., Hermeneutik und Ideologiekritik, Ffm.
49. *Giesecke:* (1971a)[6] Didaktik der politischen Bildung, München.
50. *Giesecke:* (1971b) Die Jugendarbeit, München.
51. *Giesecke:* (1973) Methodik des politischen Unterrichts, München.
52. *Goffmann:* (1968) Stigma, Ffm.
53. *Gronemeyer:* (1972) „Individuelle und institutionelle Bedingungen der Beteiligung“, in: Bahr (Hrsg.), Politisierung des Alltags. Gesellschaftliche

Bedingungen des Friedens, Darmstadt u. Neuwied.
54. *Guha:* (1971) Sexualität und Pornographie, Ffm.
55. *Habermas:* (1968a) Erkenntnis und Interesse, Ffm.
56. *Habermas:* (1968b) „Erkenntnis und Interesse“, in: Technik und Wissenschaft als Ideologie, Ffm.
57. *Habermas:* (1968c) „Technik und Wissenschaft als Ideologie“, in: wie 56.
58. *Habermas:* (1971)² Zur Logik der Sozialwissenschaften, Ffm.
59. *Habermas:* (1973) Legitimationsprobleme im Spätkapitalismus, Ffm.
60. *Habermas:* (o.J.) Thesen zur Theorie der Sozialisation, Vorlesungsmanuskript.
61. *Hack:* (1968) „Zur neuen Faszination der Unmittelbarkeit“, in: ders. u.a., Protest und Politik, Ffm.
62. *Haller/Wolf:* (1972) „Selbstreflexion der Lerngruppe auf ihr eigenes Verhalten als didaktische Kategorie der politischen Bildung“, in: Fackiner (Hrsg.), Handbuch des politischen Unterrichts, Ffm–Berlin–München.
63. *Hartwig:* (1972) „Sexualerziehung als Sprachproblem“, in: wie 62.
64. *Haug:* (1971) Kritik der Warenästhetik, Ffm.
65. *Holzkamp:* (1972) Kritische Psychologie, Ffm.
66. *Horkheimer:* (1970) „Autorität und Familie“, in: Traditionelle und kritische Theorie. Vier Aufsätze, Ffm.
67. *Horkheimer:* (1973) „Autorität und Familie in der Gegenwart“, in: Claessens u. Milhoffer (Hrsg.), Familiensoziologie, Ffm.
68. *Horn:* (1969a) „Zur Formulierung der Innerlichkeit“, in: Schäfer/Nedelmann, Der CDU-Staat, Ffm.
69. *Horn:* (1969b) „Über den Zusammenhang zwischen Angst und politischer Apathie“, in: Marcuse u.a., Aggression und Anpassung in der Industriegesellschaft, Ffm.
70. *Horn:* (1971) „Insgeheime kulturistische Tendenzen der modernen psychoanalytischen Orthodoxie“, in: Lorenzer u.a., Psychoanalyse als Sozialwissenschaft, Ffm.
71. *Horn:* (1972a) „Entwicklungen einer psychoanalytischen Sozialpsychologie“, in: Wehler (Hrsg.), Soziologie und Psychoanalyse, Stuttgart–Berlin–Köln–Mainz.
72. *Horn:* (1972b) „Einleitung: Bemerkungen zur Situation des ‚subjektiven Faktors‘ in der hochindustrialisierten Gesellschaft kapitalistischer Struktur“, in: Gruppendynamik und der subjektive Faktor, Ffm.
73. *Hornstein:* (1970) „Aspekte und Dimensionen erziehungswissenschaftlicher Theorien zum Jugendalter“, in: wie 123.
74. *Huffschmid:* (1969) Die Politik des Kapitals, Ffm.
75. *IFS* (Institut für Sozialforschung): (1956) Soziologische Exkurse, Ffm.
76. *Israel* u.a.: (1970) „Sexuelle Verhaltensformen der schwedischen Großstadtjugend“, in: Bergström-Walan u.a., Modellfall Skandinavien?, Reinbek.
77. *Jackson:* (1972) „Was macht die Schule? Die Lebenswelt des Schülers“, in: betrifft: erziehung, Heft 5/1973.
78. *Joas:* (1973) Die gegenwärtige Lage der soziologischen Rollentheorie, Ffm.
79. *Joffe* u. *Sandler:* (1967) „Über einige begriffliche Probleme im Zusammenhang mit dem Studium narzißtischer Störungen“, in: Psyche XXI.
80. *Kerbs:* (1970) „Das Ritual und das Spiel. Bemerkungen über die politische Relevanz des Ästhetischen“, in: Kerbs (Hrsg.), Die hedonistische Linke, Neuwied und Berlin.

81. *Kern/Schumann:* (1970) Industriearbeit und Arbeiterbewußtsein, 2. Bd., Ffm.
82. *Kinsey:* (1966) Kinsey-Report. Das sexuelle Verhalten des Mannes, Ffm.
83. *Kinsey:* (1967) Kinsey-Report. Das sexuelle Verhalten der Frau, Ffm.
84. *Klafki:* (1970) „Der Begriff der Didaktik und der Satz vom Primat der Didaktik (im engeren Sinne) im Verhältnis zur Methodik", in: Klafki u.a., Erziehungswissenschaft (Funkkolleg), Bd. 2, Ffm.
85. *Klausmeier:* (1973) „Pubertät und Beatmusik", in: Psyche XXVII.
86. *Kohut:* (1972) Die Analyse des Selbst, Ffm.
87. *Kohut:* (1969) „Die psychoanalytische Behandlung narzißtischer Persönlichkeitsstörungen", in: Psyche XXIII.
88. *Kosik:* (1970) Dialektik des Konkreten, Ffm.
89. *Krappmann:* (1971) „Neuere Rollenkonzepte als Erklärungsmöglichkeit für Sozialisationsprozesse", in: Bernstein u.a., Familienerziehung, Sozialschicht und Schulerfolg, b:e tabu, Weinheim.
90. *Krappmann:* (1973) Soziologische Dimensionen der Identität, Stuttgart.
91. *Kulischer:* (1971) Allgemeine Wirtschaftslehre des Mittelalters und der Neuzeit, Bd. 2, München–Wien.
92. *Kupffer:* (1974) Jugend und Herrschaft, Heidelberg.
93. *Laplanche:* (1972) Das Vokabular der Psychoanalyse, (zus. m. Pontalis), Ffm.
94. *Leithäuser:* (1972) Untersuchung zur Konstitution des Alltagsbewußtseins, Hannover.
95. *Lepper:* (1971) (1972) „ ‚Ökonomie im Gymnasialunterricht'. Bericht über ein fächerübergreifendes Unterrichtsprojekt", in: Ästhetik und Kommunikation, Heft 4 u. 7.
96. *Lichtner-De Clerk:* (1971) „Diskussion zur Entstehung gruppenspezifischer Bewältigungsprozesse. Ein Vergleich von Ulcusleidenden und Angehörigen der amerikanischen Hippie-Bewegung.", in: Ästhetik und Kommunikation, Heft 4.
97. *Lichtner-De Clerk:* (1974) „Zum Verhältnis von Pathologie und Entfremdung", in: wie 13.
98. *Lidz* u. *Rothenberg:* (1970) „Psychodelismus. Die Wiedergeburt des Dyonisos", in: Psyche XXIV.
99. *Lingelbach:* (1970) „Zum Verhältnis der ‚allgemeinen' zur ‚besonderen' Didaktik. Dargestellt am Beispiel der politischen Bildung", in: wie 84.
100. *Linke:* (1970) „Das Überich – eine gefährliche Krankheit?", in: Psyche XXIV.
101. *Löwenfeld* u. *Löwenfeld:* (1970) „Die permissive Gesellschaft und das Überich", in: Psyche XXIV.
102. *Lorenzer:* (1970a) Zur Kritik des psychoanalytischen Symbolbegriffs, Ffm.
103. *Lorenzer:* (1970b) Sprachzerstörung und Rekonstruktion, Ffm.
104. *Lorenzer:* (1971) „Symbol, Interaktion und Praxis", in: wie 69.
105. *Lorenzer:* (1972) Zur Begründung einer materialistischen Sozialisationstheorie, Ffm.
106. *Mandel:* (1972) Theo.ie des Spätkapitalismus, Ffm.
107. *Mahler:* (1972) Symbiose und Individuation, Stuttgart.
108. *Marcuse:* (1968) „Das Veralten der Psychoananlyse", in: Kultur und Gesellschaft 2, Ffm.
109. *Marx:* (1969a) Das Kapital, Bd. 1, MEW Bd. 23, Berlin.

110. *Marx:* (1969b) Die deutsche Ideologie, MEW Bd. 3, Berlin.
111. *Marx:* (1971) Grundrisse der Kritik der politischen Ökonomie, Ffm.
112. *Mead:* (1973) Der Konflikt der Generationen, Olten u. Freiburg i.B.
113. *Mendel:* (1972) Generationskrise, Ffm.
114. *Michel:* (1971) „Wer wann warum politisch wird – und wozu. Ein Beispiel für die Unwissenheit der Wissenschaft“, in: Kursbuch 25.
115. *Milhoffer:* (1973) Familie und Klasse, Ffm.
116. *Mitscherlich:* (1963) Auf dem Weg zur vaterlosen Gesellschaft, München.
117. *Mitscherlich:* (1967) Die Unfähigkeit zu trauern, Ffm.
118. *Mitscherlich:* (1971) „Pubertät und Tradition“, in: 42.
119. *Müller/Grösch:* (1971) „Klassenlage als Ausgangspunkt politischer Bildung – Voraussetzungen und Methoden“, in: wie 26.
120. *Murdock:* (1972) „Struktur, Kultur und Protestpotential. Eine Analyse des Jugendlichen-Publikums der Popmusik“, in: Prokop (Hrsg.), Massenkommunikationsforschung 2: Konsum, Ffm.
121. *Negt:* (1971)[6] Soziologische Phantasie und exemplarisches Lernen, Ffm.
122. *Negt/Kluge:* (1972) Öffentlichkeit und Erfahrung, Ffm.
123. *Neidhardt* (Hrsg.): (1970a) Jugend im Spektrum der Wissenschaften, München.
124. *Neidhardt:* (1970b) „Bezugspunkte einer soziologischen Theorie der Jugend“, in: 123
125. *Neidhardt:* (1970c) Die junge Generation, Opladen.
126. *Neidhardt:* (1971) Die Familie in Deutschland, Opladen.
127. *Neumann-Schönwetter:* (1973) Psychosexuelle Entwicklung und Schizophrenie, Ffm.
128. *Nyssen:* (1972) „Profitlogik, Leistungsprinzip, Generationsverhältnis. Zur Kritik der Arbeitslehre“, in: Polytechnik in der Bundesrepublik Deutschland, Ffm.
129. *Offe:* (1972a) „Bürgerinitiativen und Reproduktion der Arbeitskraft im Spätkapitalismus“, in: Strukturprobleme des kapitalistischen Staates, Ffm.
130. *Offe:* (1972b) „Tauschverhältnis und politische Steuerung. Zur Aktualität des Legitimationsproblems“, in: wie 129.
131. *Offe:* (1972c) „Demokratische Legitimation der Planung“, in: wie 129.
132. *Ortmann:* (1974) „Emanzipation – Über die Notwendigkeit der Entfetischisierung eines Begriffs“, in: wie 13.
133. *Osterland* u.a.: (1973) Materialien zur Lebens- und Arbeitssituation der Industriearbeiter in der BRD, Ffm.
134. *Parin:* (1972) „Der Ausgang des ödipalen Konflikts in drei verschiedenen Kulturen“, in: Kursbuch 29.
135. *Preuss-Lausitz:* (1973) „Vom Schwinden der ‚Fähigkeit‘, sich mit dem politischen System zu identifizieren“, in: betrifft: erziehung, Heft 2 u. 3/1973.
136. *Projektgruppe:* (1974) = Projektgruppe ‚Textinterpretation und Unterrichtspraxis‘: Projektarbeit als Lernprozeß, Ffm.
137. *Reiche:* (1968) „Die Beschränkung der jugendlichen Protestbewegung“, in: wie 61.
138. *Reiche:* (1969) Sexualität und Klassenkampf, Ffm.
139. *Reiche:* (1972) „Ödipus. Ein bürgerlicher Komplex?“, in: Kursbuch 29.
140. *Reiß:* (1970) Freizügigkeit, Doppelmoral und Enthaltsamkeit, Reinbek.
141. *Richter:* (1967) Eltern, Kind und Neurose, Reinbek.

142. *Richter:* (1972a) Patient Familie, Reinbek.
143. *Richter:* (1972b) Die Gruppe, Reinbek.
144. *Rolff:* (1972) Sozialisation und Auslese durch die Schule, Heidelberg.
145. *Roloff:* (1972) Erziehung zur Politik. Eine Einführung in die politische Didaktik, Bd. 1, Göttingen.
146. *Rosenmayr:* (1970) „Jugend als Faktor sozialen Wandels (Versuch einer theoretischen Exploration der Jugendrevolten)“, in: 123.
147. *Rossbroich:* (1972) „Problemeeiner kritischen Theorie und Praxis der Spracherziehung“, Teil II, in: Ästhetik und Kommunikation, Heft 7.
148. *Rote Hilfe:* (1973) „Staatsgewalt, Reformismus und die Politik der Linken“, In: Kursbuch 31.
149. *Schaeffer/Lambrou:* (1972) Politische Bildung als Unterrichtsprinzip, Ffm.
150. *Schmiederer:* (1971) Zur Kritik der Politischen Bildung, Ffm.
151. *Schneider:* (1973) Neurose und Klassenkampf, Reinbek.
152. *Schneider, P.:* (1970) „Die Frauen bei Bosch“, in: Kursbuch 21.
153. *Sinz:* (1971) „Thesen über den Zusammenhang zwischen Verwertungsprozeß, Arbeitsprozeß und Sozialisation“, Unveröff. Manuskript, TU Hannover.
154. *Schwanenberg:* (1971) „Psychoanalyse versus Sozioanalyse oder die Aggression als kritisches Problem im Vergleich Freud und Parsons“, in: wie 69.
155. *Schwendter:* (1971) Theorie der Subkultur, Köln u. Berlin.
156. *SPK:* (1972) = Sozialistisches Patientenkollektiv: Aus der Krankheit eine Waffe machen, München.
157. *Stubenrauch:* (1971a) Die Gesamtschule im Widerspruch des Systems, München.
158. *Stubenrauch:* (1971b) „Operationalisierte Lernziele – Objektivierte Leistungsmessung – credit-system – item-bank: Einige Bemerkungen zum ‚Maschinenpark‘ kapitalistischer Lernfabriken“, in: Informationsdienst des Sozialistischen Lehrerbundes, Nr. 7 (zusammen mit Jost und Nitschke), Offenbach.
159. *Teschner:* (1968) Politik und Gesellschaft im Unterricht, Ffm.
160. *van Ussel:* (1971) Geschichte der Sexualunterdrückung, Reinbek.
161. *Vester:* (1970) Die Entstehung des Proletariats als Lernprozeß, Ffm.
162. *Vinnai:* (1971) „Identitätszerstörung im Erziehungsprozeß“, in: wie 96.
163. *Vinnai:* (1973) Sozialpsychologie der Arbeiterklasse, Reinbek.
164. *Volpert:* (1973) „Psychologie der Ware Arbeitskraft. Zur Kritik der Arbeits- und Betriebspsychologie“, In: Bruder (Hrsg.), Kritik der bürgerlichen Psychologie, Ffm.
165. *von Staehr:* (1973) Kritische Theorie und politische Didaktik, Bonn.
166. *Watzlawick* u.a.: (1969) Menschliche Kommunikation, Bern/Stuttgart.
167. *Weber:* (1920) Gesammelte Aufsätze zur Religionssoziologie, Bd. 1, Tübingen.
168. *Wellendorf:* (1970) „Zur Situation des höheren Schülers in Familie und Schule“, in: Liebel/ders., Schülerselbstbefreiung, Ffm.
169. *Wellendorf:* (1973) Schulische Sozialisation und Identität, Weinheim und Basel.
170. *Wolf:* (1974) „Individuum/Subjekt/Vergesellschaftung der Produktion. Subjektiver Faktor und materialistische Gesellschaftstheorie“, in: wie 13.
171. *Wünsche:* (1972) Die Wirklichkeit des Hauptschülers, Köln.

172. *Wyatt:* (1968) „Motive der Rebellion – Psychologische Anmerkungen zur Autoritätskrise bei Studenten", in: Psyche XXII.
173. *Wynne* u.a.: (1972) „Pseudo-Gemeinschaft in den Familienbeziehungen von Schizophrenen", in: 11.
174. *zur Lippe:* (1974) „Objektiver Faktor Subjektivität", in: Kursbuch 35.
175. *Der Spiegel* 13/1971: „Jugend forscht. Spiegelreport über das Sexualverhalten der Jugend".
176. *Der Spiegel* 40/1972: „Draufschlagen, die Wahrheit unterschlagen".
177. *Der Spiegel* 48/1972: „Mein Gott, was soll aus Hösel werden?"
178. *Der Spiegel* 3/1974: „Wo aber fängt das Petting an? Spiegelreport über Jugendpolitik und Jugendfreizeitzentrum in der Bundesrepublik".
179. *Frankfurter Rundschau* v. 19. 6. 1974: „Mit 17 kennt bereits jeder zweite Jugendliche die ‚körperliche Liebe' ".
180. *Giesecke:* (1970) „Didaktische Probleme des Lernens im Rahmen von politischen Aktionen", in: ders. u.a., Politische Aktion und politisches Lernen, München.

Taschenbücher Syndikat / EVA

Band 2	**Arthur Rosenberg** Entstehung und Geschichte der Weimarer Republik ISBN 3-434-42002-0
Band 3	**Hans Peter Duerr** Traumzeit – Über die Grenze zwischen Wildnis und Zivilisation ISBN 3-434-46003-9
Band 4	**Giovanni Jervis** Kritisches Handbuch der Psychiatrie Aus dem Italienischen von Maja Pflug und Traudi Pulz ISBN 3-434-46004-7
Band 5	**Peter Gorsen** Salvator Dali, der ≫kritische Paranoiker≪ ISBN 3-434-46005-5
Band 6	**Gesellschaften ohne Staat** Gleichheit und Gegenseitigkeit Herausgegeben von Fritz Kramer und Christian Sigrist ISBN 3-434-46006-3
Band 8	**Maud Mannoni** Der Psychiater, sein Patient und die Psychoanalyse Aus dem Französischen von Katharina Bischoff und Hans-Jürgen Grune ISBN 3-434-46008-X
Band 9	**Paul Parin** Der Widerspruch im Subjekt Ethnopsychoanalytische Studien ISBN 3-434-46011-X
Band 10	**Carlo Ginzburg** Der Käse und die Würmer Die Welt eines Müllers um 1600 ISBN 3-434-46010-1
Band 12	**Bronislaw Malinowski** Das Geschlechtsleben der Wilden in Nordwest-Melanesien ISBN 3-434-46012-8

Taschenbücher Syndikat / EVA

Band 13 **Nahum Goldmann**
Das Jüdische Paradox
Zionismus und Judentum nach Hitler
ISBN 3-434-46013-6

Band 14 **Soziologische Exkurse**
Nach Vorträgen und Diskussionen
Frankfurter Beiträge zur Soziologie
Im Auftrag des Instituts für Sozialforschung
herausgegeben von Theodor W. Adorno und Walter Dirks
ISBN 3-434-46014-4

Band 15 **Wolfgang Neuss**
Wir Kellerkinder
Serenade für Angsthasen
Genosse Münchhausen
ISBN 3-434-46015-2

Band 16 **Hermann K.A. Döll**
Philosoph in Haar
Tagebuch über mein Vierteljahr in einer Irrenanstalt
ISBN 3-434-46016-0

Band 17 **Giorgio Colli**
Nach Nietzsche
Aus dem Italienischen von Reimar Klein
ISBN 3-434-46017-9

Band 18 **Die neuen Narzißmustheorien: zurück ins Paradies ?**
Herausgegeben vom Psychoanalytischen
Seminar Zürich
ISBN 3-434-46018-7

Band 19 **Erich Fried**
Höre, Israel!
Gedichte und Fußnoten
ISBN 3-434-46018-7

Band 20 **Gesellschaften ohne Staat II**
Genealogie und Solidarität
Herausgegeben von Fritz Kramer und Christian Sigrist
ISBN 3-434-46020-9

Taschenbücher Syndikat / EVA

Band 26 **Bronislaw Malinowski**
Argonauten des westlichen Pazifik
ISBN 3-434-46026-8

Band 27 **Klaus Dörner**
Bürger und Irre
Zur Sozialgeschichte und Wissenschaftssoziologie der Psychiatrie
ISBN 3-434-46027-6

Band 28 **Ernesto Grassi**
Die Macht der Phantasie
Zur Geschichte abendländischen Denkens
ISBN 3-434-46028-4

Band 29 **A. Mitscherlich / T. Brocher / D. von Mering / U. Horn (Hrsg.)**
Der Kranke in der modernen Gesellschaft
ISBN 3-434-46029-2

Band 30 **H. G. Adler / Hermann Langbein / Ella Lingens-Reiner (Hrsg.)**
Auschwitz
Zeugnisse und Berichte
ISBN 3-434-46030-6

Band 31 **Raymond Roussel**
In Havanna
Ein Romanfragment
ISBN 3-434-46031-4

Band 32 **Michael Müller**
Architektur und Avantgarde
Ein vergessenes Projekt der Moderne?
ISBN 3-434-46032-2

Band 33 **Rudolf zur Lippe**
Autonomie als Selbstzerstörung
Zur bürgerlichen Subjektivität
ISBN 3-434-46033-0

Band 34 **Thomas Ziehe**
Pubertät und Narzißmus
ISBN 3-434-46034-9

Band 35 **Ulrich Sonnemann**
Die Einübung des Ungehorsams in Deutschland
ISBN 3-434-46035-7